DE LA
GUERRE MARITIME

AVANT ET DEPUIS
LES

NOUVELLES INVENTIONS

ATTAQUE ET DÉFENSE DES CÔTES ET DES PORTS.
GUERRE DU LARGE.

ÉTUDE HISTORIQUE ET STRATÉGIQUE

PAR

RICHILD GRIVEL
CAPITAINE DE VAISSEAU.

Blocus. — Entrées de vive force, Obstructions et Torpilles. — Siéges et Bombardements.
Expéditions et Débarquements. — Défense permanente et mobile.
Monitors et Garde-Côtes cuirassés. — Personnel de la défense.
Flottes cuirassées de haut-bord. — Combat par le choc, l'éperon et l'artillerie.
Grande Guerre et Guerre de Croisières.

Accompagné de 2 planches gravées et de figures
dans le texte.

PARIS

ARTHUS BERTRAND	J. DUMAINE
LIBRAIRIE MARITIME	LIBRAIRIE MILITAIRE
Libraire de la Société centrale de sauvetage	Libraire de l'Empereur
21, RUE HAUTEFEUILLE.	RUE DAUPHINE, 30.

1869

ARTHUS BERTRAND, ÉDITEUR
LIBRAIRIE MARITIME ET SCIENTIFIQUE
Libraire de la Société de géographie et de la Société de sauvetage maritime
21, RUE HAUTEFEUILLE.

L'ARTILLERIE

DE LA

MARINE FRANÇAISE

EN 1868

PAR

GADAUD,

LIEUTENANT DE VAISSEAU.

Accompagné de nombreuses figures.

PRIX : 4 fr. 50 c.

TABLE DES MATIÈRES.

Introduction. Mouvement des projectiles dans le vide et dans l'air. — De la poudre. — Vitesse initiale. — Mouvements de rotation des projectiles.

I. Bouches à feu rayées adoptées dans la marine. — Rayures. — Projectiles. — Charges. — Canons divers. — Obus. — Mécanismes percutants. — Boîtes à mitraille. — Canons obusiers.

II. Bouches à feu rayées destinées à agir contre les murailles cuirassées.

III. Fabrication. — Frettage. — Chargement par la culasse. — Métaux employés. — Grains de lumière. — Fermetures de culasse. — Dimensions des appareils de fermeture. — Soins à prendre, dégradations, etc.

IV. Affûts divers. — Armements. — Gréements. — Écouvillons et refouloirs. — Appareils de chargement et de démontage. — Gargousses. — Étoupilles. — Caisses à poudre.

V. Formules balistiques en usage dans la marine. — Lignes de mire. — Angle de relèvement. — Dérivations et déviations. — Calcul des hausses. — Appréciation des distances.

Tableaux des dimensions des bouches à feu.
Tables de tir.

ARTILLERIE (LA GROSSE) DE MARINE ET LES NAVIRES A TOURELLE. — La nouvelle artillerie de marine en France. — Les canons Blakeley. — Fabrication et manœuvre des gros canons. — Les navires à tourelle en Angleterre et aux États-Unis. — Les affûts modernes pour les canons de gros calibre. Br. in-8 accompagnée de figures dans le texte et de 6 grandes planches. 4 fr. 50 c.

ALONCLE, ancien élève de l'école polytechnique, chef d'escadron d'artillerie de marine. — **ÉTUDES SUR L'ARTILLERIE NAVALE DE L'ANGLETERRE ET DES ÉTATS-UNIS.** 1 très-fort volume de 800 pages, accompagné de 11 grandes planches et renfermant 190 figures. 12 fr.

L'artillerie rayée en France et en Angleterre. — Opinions du commandant Robert Scott, du capitaine Fishbourne et de sir Williams Armstrong sur le meilleur canon pour la marine. — Dernières expériences de Shœburyness. — Résultats. — Conclusion. — Opinion des principaux officiers sur la valeur militaire des systèmes Armstrong. — Défense de sir W. Armstrong. — État présent de la question. — Construction des canons aux États-Unis. — Systèmes Rodmann, Treadwel, Parott et Ames. — Tables de tir des canons lisses et rayés. — Renseignements divers sur les différents systèmes Jeffry, Britten, Thomas, Lancaster, Haddam, Scott, Armstrong et Français. — Résultat final des expériences entreprises en Angleterre pour la comparaison des rayures des canons se chargeant par la bouche. — Adoption officielle sur tous les navires de la flotte du canon de marine français modifié.

Notes de l'auteur. — Conditions indispensables au canon destiné au service de la flotte. — Murailles cuirassées des navires. — Plaques d'armure. — Artillerie à grande puissance. — Projectiles perforants ou contondants. — Fabrique et rayure des canons et des projectiles. — Vitesse des projectiles. Dernières expériences en France, etc., etc.

ALONCLE. — **PERFORATION DES CUIRASSES EN FER** par les projectiles massifs ou creux, en acier ou en fonte dure, épreuves de **DIVERS SYSTÈMES** de blindage pour les navires et les casemates. In-8 avec figures dans le texte et 3 grandes planches gravées. 4 fr.

BONNEFOUX (DE), capitaine de vaisseau. — **MANŒUVRIER COMPLET.** Traité des manœuvres de mer à bord des bâtiments à voiles et à vapeur. 1 vol. in-8 avec figures dans le texte et 2 grandes planches gravées. 7 fr.

BOUET-WILLAUMEZ, amiral. — **TACTIQUE NAVALE A L'USAGE D'UNE FLOTTE CUIRASSÉE ;** principes généraux, ordres habituels, marche régulière, passages d'un ordre à un autre, évolutions, observations, tableaux, etc. Broch. in-8° avec de nombreuses figures. 2 fr.

BOURGOIS, c. amiral. — **MÉTHODES DE NAVIGATION, D'EXPÉRIENCES ET D'ÉVOLUTIONS** pratiquées sur l'escadre de la Méditerranée sous le commandement de l'amiral Bouet-Willaumez. In-8. 1 fr. 50 c.

Conduite des machines et navigation en escadre. — La vitesse de l'escadre réglée par les nombres de tours des machines. — Observations du roulis. — Systèmes de transmission des ordres pendant le combat. — Expériences de gyration. — Évolution. — Nouvelle tactique.

CAVELIER DE CUVERVILLE, capitaine de frégate. — **ÉTUDES THÉORIQUES ET PRATIQUES SUR LES ARMES PORTATIVES, COURS DE TIR,** à l'usage des officiers qui n'ont pu suivre les cours de l'école normale du tir de Vincennes; développements des leçons professées à l'école normale impériale ; étude pratique des armes à feu portatives, étude théorique et pratique du tir, étude des armes rayées et de leur projectilité, études complémentaires, etc. 1 vol. accompagné de grandes planches gravées. 15 fr.

CHAUVINIERE (DE LA), lieutenant de vaisseau. — **DE LA DÉFENSE DES COTES,** barrages des passes, barrages coulés et flottants, torpilles s'enflammant par les acides, par le choc et par l'électricité, torpilles à friction, effets des torpilles sous l'eau, manières de les placer, leurs avantages et leurs inconvénients, des torpilles au point de vue de la guerre offensive, bateaux-torpilles, éclairage des passes, in-8 avec 5 grandes planches gravées. 3 fr.

COLLOMBEL, capitaine d'artillerie de marine. — **ESQUISSES DES CONNAISSANCES INDISPENSABLES AUX OFFICIERS** qui servent dans la marine militaire et dans l'artillerie de la marine, avec des considérations sur la spécialité de ces deux armes. 1 vol. in-8. 3 fr.

COLOMB, commandant. — **LA TACTIQUE NAVALE MODERNE.** Broch. in-8 avec deux grandes planches gravées. 1 fr. 50 c.

CORDES, lieutenant de vaisseau. — **THÉORIE DES RELÈVEMENTS POLAIRES** et leur application à diverses questions de **TACTIQUE NAVALE**. In-8 avec planches gravées. 2 fr. 50 c.

Définition d'un relèvement polaire et sa mesure. — Description du compas polaire. — Gouverner sur un relèvement polaire donné. — Description du cadran indicateur. — Emploi des routes curvilignes au point de vue de l'artillerie d'un navire. — Combat contre un point fixe. — Chasse d'un navire. — Combat. — Différents cas qui peuvent se produire. — Formation des ordres circulaires. — Passages des différents ordres aux ordres nouveaux. — Des ordres de front. — Conversions. — Ordres de relèvement. — Ordres de chasse et de retraite. — Chasse par une escadre. — Conclusion.

CUNNINGHAM, capitaine de vaisseau. — **MANŒUVRE MÉCANIQUE ET NOUVELLE DISPOSITION DES VOILES** à bord des cuirassés anglais. Broch. in-8 avec une planche gravée. 50 c.

DU TEMPLE, capitaine de frégate. — **RETOURS DES MANŒUVRES COURANTES SUR LE PONT D'UN NAVIRE DE GUERRE**, représentant le pont d'un navire avec toutes les manœuvres et le nom des cordages y aboutissant. Une grande feuille jésus in-plano. 1 fr. 25 c.

FOLIN (DE), capitaine de port. — **GUIDE DU CAPITAINE ET DU PILOTE** dans les rapports qu'ils doivent avoir pour diriger un navire, recueil de toutes les communications qui peuvent être échangées entre un capitaine et un pilote dans les **PRINCIPALES LANGUES DE L'EUROPE**, disposé de telle sorte que tous deux puissent lire en même temps la même phrase, 1 fort vol. in-8. 10 fr.

La première partie traite les différentes phases de la navigation, depuis l'abordage du navire par le pilote jusqu'à l'arrivée au port, et depuis la sortie du port jusqu'au congé que reçoit le pilote. La seconde partie est un vocabulaire comprenant les mots usités dans la marine dans les principales langues européennes.

Ouvrage approuvé par LL. Exc. MM. les Ministres de la marine de France et de la marine d'Italie, rendu réglementaire à bord des navires de la flotte par le Ministre de la marine des Etats-Unis, et approuvé par les chambres de commerce des ports de Bordeaux, le Havre, Nantes, Marseille, etc., etc.

Leitfaden für Capitaine und Lootsen.	Guide for Captains and Pilots.
Gids voor Kapitein en Loods.	Guia do Capitão e do Pratico.
Wagledare for Kaptein och Lots.	Guia del Capitan y Practico de puerto o costa.
Ledetraad for Captainer og Lodser.	Guida del Capitano e del Piloto.

FOLIN (DE), capitaine de port. — **NOTIONS THÉORIQUES** des principes sur lesquels reposent les **MOUVEMENTS** et les **ÉVOLUTIONS DU NAVIRE**. Broch. in-8 avec une planche gravée. 1 fr.

FORTS DE MER CUIRASSÉS (les), in-8 avec une planche. 1 fr. 50 c.

GRIVEL, capitaine de vaisseau. — **DE LA GUERRE MARITIME AVANT ET DEPUIS LES NOUVELLES INVENTIONS ; ATTAQUE ET DÉFENSE DES COTES ET DES PORTS. ÉTUDE HISTORIQUE ET STRATÉGIQUE.** Un beau volume in-8 avec fig. et planche.

L'attaque. — La guerre des côtes au temps passé. — Blocus. — Entrées de vive force. — Guerre des fleuves. — Barrages. — Obstructions. — Torpilles. — La marine en face des fortifications. — Attaques combinées de terre et de mer. — Siéges maritimes. — Expéditions navales. — Transport et débarquement des troupes. — Bombardements maritimes.

La défense. — Défense *permanente* des frontières maritimes. — Défense mobile des ports et des rades par la marine. — Flotte garde-côte. — Monitors. — Batteries. — Béliers cuirassés. — Les populations maritimes. — Le personnel et le commandement des côtes et des ports.

L'avenir. — Combat par le choc. — L'éperon et l'artillerie dans les batailles navales. — Considérations nautiques et militaires sur la flotte

— 4 —

cuirassée de haut bord. — Attitudes diverses à prendre dans l'hypothèse d'une guerre maritime.

LA PLANCHE (DE), capitaine de frégate. — **NOUVELLES BASES DE TACTIQUE NAVALE DES NAVIRES A VAPEUR**, ouvrage traduit du russe de l'amiral *Boutakoff*. 1 vol. in-8, avec de nombreuses figures dans le texte, et accompagné de 26 planches gravées, dont une grande partie en couleurs. 15 fr.

Ouvrage publié par les ordres de S. Exc. M. le Ministre de la marine.

LEWAL, capitaine de frégate. — **TRAITÉ PRATIQUE D'ARTILLERIE NAVALE**, 3 vol. grand in-8 avec figures dans le texte et accompagnés de dix-sept grandes planches gravées. 48 fr.

— **PRINCIPES DES ÉVOLUTIONS NAVALES ET DE LA TACTIQUE DES COMBATS DE MER** pour les flottes cuirassées à hélice. 1 vol. grand in-8° accompagné d'un atlas renfermant 31 planches gravées et de très-nombreux tableaux d'expériences. 18 fr.

Courbes décrites par les navires à une hélice, dans la marche en avant. — Diamètres, durées et formules qui permettent de les calculer. — Données d'expériences. — Angles de dérive. — Décroissement de la vitesse du bâtiment qui stoppe. — Courbes décrites en partant du repos. — Courbes, diamètres, durées dans la marche en arrière. — Renversement du mouvement. — Données d'expérience sur la manœuvre des bâtiments à deux hélices. — Courbes qu'ils décrivent. — Gouvernails ordinaires et gouvernails équilibrés. — Expériences sur ces derniers. — Tables et tracés des évolutions. — Méthodes diverses d'évolutions dans les escadres. — Principes de la navigation en escadre. — Manœuvres de peloton. — Passage d'une formation à une autre. — Changements de direction. — Évolutions d'escadre. — Passage d'un ordre à un autre. — Changements de direction. — Évolutions et conversions en ordre serré. — Attaque par le choc. — Solution générale du problème pour les bâtiments : un contre un, deux contre un, un contre deux, trois contre un. — Propriétés offensives et défensives des navires, des lignes, des ordres. — Études sur les engagements des navires, des divisions et des escadres.

LEWAL. — **GUIDE POUR L'INSTRUCTION DES BATTERIES DES VAISSEAUX**. 1 vol. in-8° accompagné d'une planche. 8 fr.

Pointage et chargement des pièces de mer. — Manœuvres, exercices et tirs des batteries, des gaillards des vaisseaux. — Instruction d'une deuxième batterie de vaisseau. — Instruction d'une première batterie de vaisseau armée de canons rayés.

Manœuvres des pièces d'embarcations et des batteries de canons rayés de 4 employées à terre. — Manœuvres de force à bord et à terre. — Données d'expérience sur la manœuvre et le tir des bouches à feu marines.

— **TIR CONVERGENT, TIR PRÉCIPITÉ, TIR A RICOCHET**. 1 très-fort vol. in-8° accompagné de nombreuses figures dans le texte et d'un atlas renfermant 8 grandes planches, et les tables de graduation pour l'établissement et l'exécution du tir convergent. 20 fr.

Historique des travaux relatifs au tir convergent en France et en Angleterre. — Exposition du système du tir convergent. — Discussion du système et des résultats obtenus. — Adoption réglementaire de la méthode. — Principes d'exécution du tir précipité. — Discussion. — Application. — Installation. — Examen des principes et des règles du tir à ricochet. — Justesse du tir : données d'expérience sur les déviations. — Données d'expérience sur le ricochet du projectile sphérique. — Angles de chute, angles de réflexion, perte de vitesse. — Données d'expérience sur le tir ricoché.

Ces ouvrages sont autorisés par M. le Ministre de la marine.

OWEN (le commandant), professeur d'artillerie à l'Académie royale de Woolwich. — **EXAMEN COMPARATIF DU CANON A AME LISSE ET DU CANON RAYÉ** dans leurs applications à l'artillerie navale. — Armement des navires de guerre. — État actuel de la question de l'artillerie. — Conclusion. Brochure in-8, avec une planche gravée. 1 fr. 25 c.

PAGEL, capitaine de frégate. — **TACTIQUE NAVALE POUR LES NAVIRES A VAPEUR**, définitions, évolutions par contre-marche, par conversion ; règles générales à suivre, comparaison des deux genres d'évolution, changement de route, etc., etc. Broch. in-8, avec une planche gravée. 1 fr.

TOUCHARD, vice-amiral. — **LES NAVIRES DE CROISIÈRE** et leur armement. Broch. in-8. 1 fr. 50

TORPILLES (LES) SOUS-MARINES comme moyens de défense de guerre, systèmes divers. In-8, avec planche gravée. 1 fr. 25 c.

Paris. — Imp. Bouchard-Huzard, r. de l'Éperon, 5.

DE LA
GUERRE MARITIME

AVANT ET DEPUIS

LES

NOUVELLES INVENTIONS

ATTAQUE ET DÉFENSE DES CÔTES ET DES PORTS.
GUERRE DU LARGE.

ÉTUDE HISTORIQUE ET STRATÉGIQUE

PAR

RICHILD GRIVEL

CAPITAINE DE VAISSEAU.

Blocus. — Entrées de vive force, Obstructions et Torpilles. — Siéges et Bombardements.
Expéditions et Débarquements. — Défense permanente et mobile.
Monitors et Garde-Côtes cuirassés. — Personnel de la défense.
Flottes cuirassées de haut-bord. — Combat par le choc, l'éperon et l'artillerie.
Grande Guerre et Guerre de Croisières.

Accompagné de 2 planches gravées et de figures
dans le texte.

PARIS

ARTHUS BERTRAND	J. DUMAINE
LIBRAIRIE MARITIME	LIBRAIRIE MILITAIRE
Libraire de la Société centrale de sauvetage	Libraire de l'Empereur
21, RUE HAUTEFEUILLE.	RUE DAUPHINE, 30.

1869

TABLE DES MATIÈRES.

		Pages.
Note de l'auteur		1
Introduction		3

L'ATTAQUE.

I. La guerre des côtes au temps passé, les blocus............ 10

II. Des entrées de vive force. — Les barrages, obstructions et torpilles. — Guerre des fleuves...................... 30

III. La marine en face des fortifications.— Les attaques combinées de terre et de mer ou siéges maritimes................. 49

IV. Des expéditions combinées d'outre-mer. — Le transport des troupes et les débarquements........................ 63

V. Des bombardements maritimes........................ 89

LA DÉFENSE.

VI. La garde des côtes. — La défense permanente des frontières maritimes. — Les fortifications des ports et la défense des îles, autrefois et aujourd'hui......................... 97

VII. Défense mobile des ports et rades par la marine. — Flotte garde-côte, batteries flottantes, monitors, béliers à éperon, canonnières, torpilles et obstacles sous-marins........... 129

VIII. Le personnel de la défense.— Des gens de mer.— La navigation et les intérêts maritimes sur le littoral, le commandement des côtes et des ports........................... 153

LA GUERRE DU LARGE.

IX. Les flottes cuirassées de haut-bord. — Considérations nautiques et militaires.................................. 183

X. L'éperon et l'artillerie dans les futures batailles navales.— Du combat par le choc................................ 225

XI. De l'attitude à prendre dans les diverses hypothèses de guerre maritime. — Grande guerre et guerre de croisières....... 249

Conclusion.. 277

DE

LA GUERRE MARITIME

AVANT ET DEPUIS

LES

NOUVELLES INVENTIONS

NOTE DE L'AUTEUR.

L'accueil indulgent que notre première étude sur les *Attaques et Bombardements maritimes*[1], publiée à l'issue de la guerre de Crimée, rencontra, en 1857, de la part des lecteurs de l'armée et de la marine, nous imposait, en quelque sorte, une obligation morale de persévérer dans cet ordre de recherches. Tel fut notre mobile quand, au lendemain de l'application des canons à grande puissance, de la cuirasse et de l'éperon, en 1864, nous entreprîmes une nouvelle étude, suite de la première, où, sous le titre de *Guerre des côtes*[2], nous tentâmes de résumer les nouveaux moyens d'attaque et de défense des frontières maritimes et des ports.

---

[1] Paris, Dumaine, 1857.
[2] *La Guerre des côtes. — Attaque et défense des frontières maritimes.* Paris, Dumaine, Arthus Bertrand, 1864.

Aujourd'hui que la révolution causée par l'emploi des nouvelles armes a pu se caractériser plus nettement, après la guerre d'Amérique et la bataille de Lissa, une nouvelle édition de la *Guerre des côtes*, ou, pour mieux dire, un ouvrage nouveau devenait de tout point indispensable.

Enfermé dans le cadre spécial de l'attaque et de la défense des ports, tout examen de la nouvelle stratégie maritime demeurait nécessairement trop limité. Nous avons donc été entraînés, bon gré, mal gré, à faire quelques excursions dans le champ si varié des combinaisons nautiques et militaires où peut entrer la nouvelle marine. — Une fois lancé dans le domaine général de la guerre maritime, il fallait bien l'examiner sous ses divers aspects, présents et passés. Il ne convenait pas moins de chercher à rendre ces questions techniques, plus intelligibles, pour la généralité des lecteurs. — Comme déduction morale de notre ouvrage, autant que comme conclusion, nous offrons donc aujourd'hui un aperçu des diverses attitudes qui peuvent convenir à telle ou telle nation, dans l'hypothèse d'une lutte maritime. Si improbables qu'elles soient, si regrettables qu'elles fussent, ces éventualités doivent, il nous semble, être étudiées de sang-froid. — Autant d'adversaires possibles, autant d'objectifs et de plans de campagne différents, qui veulent être élaborés non plus, comme d'ordinaire, *à la hâte*, dans le tumulte des préparatifs d'action, mais bien comme une partie d'échecs, dans le calme et les loisirs de la paix. — La nation qui aurait eu cette sage prévoyance de l'avenir pourrait, si le malheur des temps l'y contraignait jamais, en appeler avec un redoublement de confiance à la justice de sa cause comme au Dieu des armées.

En réunissant en faisceau de nombreux documents français et étrangers que d'heureux hasards de la carrière, non moins que les traditions paternelles, avaient mis entre nos mains, nous pensâmes surtout faire une œuvre de quelque utilité pour nos camarades de la marine. C'est que nous savions par expérience quelle difficulté nos officiers, sans cesse dispersés aux quatre points de l'horizon, éprouvent à se tenir au courant de la marche du progrès. — Echanger leurs pensées sur tant de questions nautiques et militaires qui se pressent en foule à notre époque agitée, n'est-ce pas cependant, pour eux, une nécessité d'honneur, en même temps qu'un grave intérêt?

Et qu'on ne s'étonne pas de ce désir d'observer et de comparer qui se manifeste dans nos rangs. La flotte compte aujourd'hui bon nombre d'esprits réfléchis qui ont puisé ces habitudes d'investigation au contact stimulant des nations étrangères. Éclairés par de lointains voyages, nos marins, comme tous les exilés, doivent à leur existence cosmopolite une absence de préjugés nationaux et une sorte de patriotisme courageux qui étend parfois leur horizon au delà des limites ordinaires. — La France compte peu d'enfants plus dignes d'elle que ceux qui, dans leur cœur solitaire, ont longtemps porté la patrie absente.

D'ailleurs, pourquoi ne pas l'avouer ici, si nous avons pris assez de confiance dans ces pages pour affronter le vent parfois orageux de la publicité, c'est que la plupart des idées qu'elles renferment nous ont été inspirées dans de longs et bienveillants entretiens, par de nombreux officiers de tout grade dont les noms, s'il nous était permis de les citer, serviraient sans doute de patronage et d'égide à ce travail.

C'est à ces amis de tous les corps et, nous pourrions dire de toutes les nations, dont les encouragements et les sympathies nous ont soutenu à travers ces laborieuses et pénibles recherches, qu'en prenant la plume, sans doute pour la dernière fois, nous éprouvons le besoin d'adresser ici un témoignage de reconnaissance et d'affectueux souvenir.

Brest, 6 juin 1868.

INTRODUCTION.

> « La préparation des hommes et des
> « choses, en matière de stratégie, n'est-
> « ce point l'âme du succès?
> « L'Auteur. »

Nulle part peut-être, depuis quarante ans, les progrès des sciences modernes n'ont entraîné de révolution plus radicale que dans le matériel naval. — Au vent, pendant tant de siècles l'unique moteur des flottes, a succédé la vapeur. — D'indispensable qu'il était autrefois, l'édifice élégant des voiles et des mâts, encore si cher à tous les cœurs marins, s'est vu réduit au rôle de champ de manœuvre des équipages et d'auxiliaire économique de ces machines puissantes, désormais cachées dans les flancs du navire. Au vieux canon lisse de 36, si longtemps l'*ultima ratio* des batailles navales, la science balistique, sans s'arrêter à l'invention déjà si redoutable des boulets creux, a substitué le canon rayé, lançant ses messagers de mort à des distances plus que doubles des portées d'autrefois.

A la même époque, le perfectionnement continu des organes de locomotion mécanique tendait à imprimer aux flottes ces vitesses accélérées inconnues aux générations d'autrefois. L'hélice venait remplacer les roues.

Au milieu de cette période de progrès incessants des armes de guerre, l'esprit de destruction qui avait enfanté les boulets creux et les canons rayés rencontrait enfin comme un temps d'arrêt, dans l'invention des navires cuirassés.—Un moment, on put espérer que la *défense* allait l'emporter sur l'*attaque*. — Cet instant fut bien court. Le souffle de destruction qui anime le monde militaire moderne reprit son essor, en créant l'artillerie à grande puissance, les torpilles et le navire à éperon. Sous la menace de ces armes redoutables, le bâtiment cuirassé ne va-t-il pas devenir aussi vulnérable que l'était l'ancien vaisseau en bois, en face des boulets creux et des canons rayés?

Que reste-t-il donc, en définitive, de cette course au clocher des inventeurs et de cette vaste compétition de moyens matériels, sinon la ruine des budgets et un retour, facile à prévoir, vers l'ancien équilibre entre la défense et l'attaque? Si tel était le résultat final des inventions militaires modernes, comment ne pas croire à la grande parole de Bossuet qui, après avoir longtemps médité sur les évolutions de l'humanité, s'écriait: « L'homme s'agite et Dieu le mène ! »

Il suffit d'ailleurs d'arrêter son regard sur la nouvelle tactique des armées pour se convaincre que la marine ne saurait revendiquer, pour elle seule, l'onéreux privilége des inventions meurtrières.— Si le second tiers du dix-neuvième siècle a vu la stratégie maritime s'enrichir, coup sur coup, de la vapeur, des projectiles explosifs et des canons à long tir, si nos flottes ont revêtu depuis 1860 la cuirasse et l'éperon, sur terre, l'art de la guerre n'a pas fait de moins rapides progrès. — Par une sorte de compensation providentielle, les armes forgées pour l'attaque ont été aussitôt utilisées pour la défense.

En Amérique comme en Europe, les États-Unis et la Prusse ont fait entrer en ligne de nouveaux et puissants engins militaires.— Les victoires de la carabine à répétition américaine ont précédé celles du fusil à aiguille.— Avant la campagne de Bohème, les Américains ont montré à l'Europe le rôle immense que les chemins de fer et la télégraphie électrique devaient jouer à l'avenir dans le mouvement des armées. Mais, comme conséquence de ce travail d'équilibre constant entre la défense et l'attaque, si, d'une part, les armées entraînent désormais à leur suite des brigades d'ingénieurs et d'ouvriers spéciaux, chargées de rétablir sans délai les ponts et les chemins de fer coupés par l'ennemi, dans sa retraite, de l'autre, la cavalerie Virginienne, dans ses célèbres et rapides incursions, a aussi enseigné à nos escadrons avec quelle facilité on détruisait ces moyens de communication sur les derrières de l'envahisseur. — La *vitesse* tend à devenir le grand *desideratum* de la cavalerie, comme la *solidité* et l'*agilité* demeurent les qualités essentielles de l'infanterie. — Aux désolants ravages du fusil à tir continu qui frappait les Autrichiens dans une proportion *quintuple*, l'art de la défense va opposer l'usage protecteur des *tranchées-abris* improvisées. — En même temps une ceinture de forts détachés éloignera bientôt de nos places fortes les effets de brèche de la nouvelle artillerie de siége.

L'ère du progrès semble si loin de sa fin qu'au moment même où nous écrivons, la tactique et l'art des constructions navales sont en voie d'appliquer la double hélice et les machines indépendantes, les gouvernails compensés, la lumière électrique et les feux de couleur pour signaux de nuit. Enfin, pour clore cette liste de nos derniers progrès, les officiers militants réclament instamment des ingénieurs le seul remède spécifique aux blessures de l'éperon comme des gros boulets : les compartiments étanches.

Il n'est pourtant au pouvoir d'aucun peuple, si grand qu'il soit dans l'histoire, de répudier le legs onéreux des inventions militaires modernes. Tout en reconnaissant que l'humanité tourne dans un cercle vicieux, tout en le déplorant, la légitime fierté des nations ne viendra-t-elle pas longtemps encore exiger d'elle d'austères devoirs et parfois de douloureux sacrifices ? Faire en tout temps respecter le pavillon dans les contrées lointaines, défendre ses ports et ses rivages, au besoin menacer le commerce, la navigation et les territoires ennemis, tel est le mandat confié à la marine militaire de tous les pays.

Pour s'en acquitter dignement, ne faut-il pas que les forces navales soient de longue main constituées en vue de répondre à ces obligations si différentes ? Attaque et défense des côtes et des ports, grande guerre ou guerre d'escadre, expéditions combinées de terre et de mer, guerre de course ou guerre de croisières, tels sont, en effet, les champs d'action très-divers où l'Etat peut vouloir jeter l'épée maritime de la nation.

C'est dans ce choix du théâtre stratégique ou du genre de guerre à adopter, contre tel ou tel adversaire que réside la difficulté principale. — Là est le secret de la haute mission confiée aux gouvernements. — Or, comment se flatter d'éclairer le présent et l'avenir, sinon par les enseignements du passé ? — Non contents de puiser aux sources nationales, il faut savoir les compléter par la confrontation des historiens étrangers. Nous ne sommes plus au temps où des esprits étroits semblaient interdire aux jeunes générations de tirer parti de la mâle sévérité de l'histoire. S'il est facile de raconter des victoires, si, pour les entreprises couronnées de succès, les narrateurs abondent, pourquoi ne pas le dire, dans bien des pays, un silence de convention semble envelopper comme de droit les campagnes malheureuses. Pour porter la lumière au sein de cette regrettable obscurité, pour nous ouvrir enfin les trésors d'expérience de nos pères, il fallut à un rare talent d'écrivain unir l'esprit de tradition et le patriotisme courageux du capitaine de frégate Jurien de la Gravière. — C'est à ses *Guerres maritimes*, excellent ouvrage aujourd'hui populaire, c'est aussi aux *Batailles navales de la France*, du capitaine de frégate Troude, ce calme et impartial reflet de nos archives corroboré par le témoignage des historiens étrangers, que nous devons, en partie, de pouvoir éclairer notre route. — Parmi les sources étrangères, le *Naval history of Great Britain* de M. James, le *Naval Gunnery,* du général Douglas, ne méritent pas moins d'être cités.

C'est par une étude attentive de la géographie, de l'histoire, comme des *états de situation,* exprimant la puissance relative des belligérants et leurs *facultés de renouvellement*, que le choix de l'attitude à observer pourra devenir souvent une simple question de bon sens. Et s'il est vrai que l'art de la guerre consiste « à faire le plus de mal possible à l'ennemi et à en essuyer le moins possible soi-même, » le système stratégique qui réunirait le mieux cette double condition ne devrait-il pas être adopté de science certaine ?

Rien de plus variable, en effet, que l'attitude à prendre, selon les objectifs très-différents en face desquels les événements auront pu soudainement nous placer. S'agit-il de lutter contre des puissances possédant un vaste commerce répandu sur toutes les mers et une marine militaire supérieure ou prépondérante ? Il est alors facile d'apercevoir que la guerre de croisières, la plus économique pour la flotte la moins riche, est en même temps la plus propre à ramener promptement la paix, en ce qu'elle frappe directement le commerce et l'industrie, c'est-à-dire les sources mêmes de la prospérité de l'ennemi.

S'agit-il, au contraire, de lutter contre une puissance continentale, ne possédant qu'une marine inférieure? Dans ce cas, la certitude d'être le plus souvent *maîtres* de la mer, permet d'employer la grande guerre, c'est-à-dire les expéditions combinées de terre et de mer, les blocus, l'attaque des ports ennemis, les débarquements sur son littoral, etc., etc...

En tout état de choses, soit qu'on adopte la grande guerre ou la guerre de croisières, il reste pour toutes les nations fières un devoir commun à remplir : défendre vigoureusement sa base d'opérations, frontières maritimes et ports. C'est là, en effet, une de ces obligations primordiales, à laquelle les peuples ne sauraient se soustraire, sous peine de déchéance.

En définitive, il demeure constant que, sur mer comme sur terre, une grande révolution vient de s'accomplir simultanément dans la stratégie comme dans la tactique. S'il peut paraître prématuré de vouloir définir un changement aussi considérable, ne serait-il pas permis d'entrevoir dès à présent que des opérations plus rapides, des chocs plus violents et des résultats plus souvent décisifs seront, sans nul doute, le caractère distinctif de nos batailles prochaines? — Dans cette voie, qui ne doit tendre à des finances bien gérées, des cadres fortement constitués pour les régiments comme pour les équipages, à un passage rapide de l'état de paix à l'état de guerre et à une puissance de *renouvellement*, garantie par des arsenaux bien remplis autant que par de bonnes institutions? Enfin, des plans de campagne soigneusement étudiés, une stratégie et des objectifs prévus, selon l'ennemi *probable ;* en un mot, la *préparation* ne va-t-elle pas plus que jamais, dans l'histoire, devenir l'âme du succès?

Puisse cette image affaiblie des maux de la guerre maritime augmenter de jour en jour le nombre de ces esprits éclairés, citoyens du monde, qui ne voient d'avenir raisonnable pour l'Europe que dans un désarmement simultané, précurseur d'une longue paix! Puissent les souverains et les nations qui n'ont pas oublié la redoutable crise née de la guerre d'Amérique, comprendre enfin que dans ce siècle de libre échange, les peuples voisins sont devenus trop solidaires, pour que le malheur et la ruine des uns n'engendrent pas fatalement la misère et la souffrance des autres !

L'ATTAQUE.

Depuis la vapeur, la cuirasse, l'éperon et les canons rayés, les frontières maritimes, et surtout les ports, courent des dangers inconnus aux siècles passés.

Si l'offensive plaît à plus d'un caractère, s'il est ordinairement avantageux de porter le théâtre de la guerre en pays ennemi, en revanche, sur les frontières maritimes, demeurer maître chez soi sera toujours le premier besoin des gouvernements et des peuples. Régler cette défense primordiale d'après la géographie et les ressources particulières de chaque pays apparaît donc comme une noble tâche pour quiconque apprécie le vieux proverbe : *Si vis pacem, para bellum.*

Désormais cette protection de leurs ports n'intéressera pas moins les gouvernements que l'assiette de leurs frontières continentales. En regard d'avantages immenses qu'un demi-siècle de paix maritime a largement développés, les nations appelées par la Providence à partager le magnifique domaine de l'Océan ont aussi de grands devoirs à remplir. N'est-ce pas, en effet, au bord même de la mer que grandissent ces belles cités commerciales et ces populations actives et industrieuses, qui jouent un si grand rôle dans l'échange des richesses du monde ? Est-il permis d'envisager sans en être ému les dangers que les nouvelles armes feraient courir à ces grands centres de prospérité nationale ? C'est à peine si les maux bien connus de la guerre de siége pourraient en offrir une image affaiblie ; car, si rapide que soit l'invasion d'un territoire, les places-frontières menacées sont averties de l'approche de l'ennemi. Les préparatifs de l'investissement, l'ouverture des tranchées et l'établissement des batteries nécessitent toujours d'assez longs délais, pendant lesquels bien des intérêts auront pu se mettre à couvert.

Il n'en est pas de même des attaques maritimes. — Préparées dans le secret des cabinets ennemis, confiées à des forces invisibles sorties des ports étrangers sans destination connue, ce n'est pas sans raison qu'un illustre marin les comparait naguère à ces orages qui, sortis du sein de l'Océan, viennent s'abattre avec fureur sur les cimes du premier continent qui fait obstacle à leur course impétueuse. Aussi, sur les rivages que la nature n'aura pas revêtus de ces escarpes naturelles, telles que nos falaises de la Manche, dans les ports où de récents travaux n'auront point élevé la protection à la hauteur des engins modernes, comment échapper au danger ? Qu'on se représente la situation de la frontière maritime dont les places principales se verraient tour à tour assaillies par un grand armement naval disposant d'une flotte de siége et de troupes de débarquement. — Descente, coup de main ou bombardement, siége par mer ou par terre, la marine, maîtresse de l'Océan, pourra choisir la saison, le jour et l'heure favorables à son projet d'attaque.

Mesurer les calamités que pareille expédition pourrait répandre en quelques jours sur les places ainsi surprises, semble une tâche plus facile que l'indication de moyens de défense efficaces. — Arsenaux maritimes, flottes et ports de commerce, mobilier commercial ou matériel de guerre, valeurs immenses en usines et en marchandises, se présentent, dans un espace resserré, aux coups de l'agresseur. — Là où les conditions de la défense ôteraient à l'assiégeant la tentation d'un siége maritime ou celle d'un débarquement, il s'efforcera de ruiner la ville et le port par une grêle de projectiles incendiaires. — Nul doute que le gouvernement, ainsi attaqué avant d'avoir échangé sa vieille armure contre des défenses modernes, ne pût être gravement atteint dans ses richesses maritimes et surtout dans sa fierté nationale.

Devant d'aussi grands intérêts, l'étude des nouvelles conditions d'attaque et de défense s'impose d'elle-même à la pensée. Sans sortir du domaine des généralités, où la plus simple discrétion commande de se maintenir, nous essayerons de soulever un coin du voile qui nous cache l'avenir des guerres maritimes. En donnant essor à un courant d'idées qui commence à se répandre dans le corps de la marine et dans les armes spéciales, nous ne commettrons pas, nous l'espérons, la faiblesse de pallier certains dangers évidents, pas plus que de semer d'inutiles alarmes.

C'est aux comités compétents, aux armes spéciales, qu'il appartiendra d'ailleurs d'apprécier la valeur de ces idées, et d'en tirer celles qui leur paraîtront dignes d'entrer dans la pratique. Mais si l'exemple de l'Angleterre est de nature à nous servir de stimulant, pourrions-nous contempler d'un œil indifférent les gigantesques efforts accomplis par elle depuis la guerre de Crimée, pour placer la défense de ses rivages sur un pied inattaquable? Sans avoir besoin d'aller aussi loin en France, souvenons-nous, comme l'a dit Lord Palmerston, que l'organisation d'une respectable défense a été de tout temps, entre nations civilisées, l'une des garanties de cette paix, au maintien de laquelle aspirent aujourd'hui tous les hommes éclairés, sans en excepter ceux qui ont embrassé la carrière des armes.

I.

LA GUERRE DES COTES AU TEMPS PASSÉ, LES BLOCUS.

Durant les luttes maritimes du dernier siècle, alors que le vent était l'unique moteur des forces navales, les difficultés de la navigation circonscrivaient dans d'étroites limites les opérations de la guerre des côtes. Aussi longtemps que les mouvements des flottes demeurèrent soumis aux capricieuses variations de l'atmosphère, les chefs d'escadre, à moins d'une supériorité décisive ou de résultats considérables à conquérir, tentèrent rarement l'attaque en règle des ports ennemis. Ne suffisait-il pas, en ce temps-là, d'un de ces calmes, suite des combats d'artillerie, d'un courant contraire ou même d'un simple changement de vent, pour paralyser leur action, voire même pour leur fermer la retraite? Aussi, avant la vapeur, sauf quelques grandes entreprises, parmi lesquelles figurent en première ligne la belle entrée de Duguay-Trouin à Rio-Janeiro et l'audacieuse expédition de Nelson contre Copenhague, les annales de la guerre des côtes ne comprennent guère que de longs blocus, des colonies prises et reprises, quelques débarquements plus ou moins heureux, et des bombardements peu efficaces, tels que ceux du Havre et de la flottille de Boulogne.

Avec la vapeur, la scène change. De jour en jour, depuis trente ans, la marine voit augmenter l'énergie de ses moyens d'action. Du modeste aviso à vapeur portant quatre petits canons, qui figurait à peine en 1830, à la prise d'Alger, nous passions, vers 1840, sous l'impulsion du prince de Joinville, aux frégates à vapeur à roues, armées de cette belle artillerie bientôt imitée de toutes les nations, les obusiers à la Paixhans. Puis, comme d'un bond, des novateurs de génie enfantaient, il y a dix ans, le vaisseau à hélice le *Napoléon*. Enfin, la guerre d'Orient imprimait une allure décisive à la transformation de la flotte. — Une auguste initiative donnait naissance à la batterie flottante bardée de fer et à son accompagnement obligé de canonnières et de bombardes. — Tout récemment enfin, nous passions de la flotte de siége à la frégate cuirassée à grande vitesse, type inauguré par la construction de la *Gloire*. Les ressources des attaques maritimes semblent donc bien près de parvenir à leur *maximum* d'efficacité.

En serait-il de même des moyens de la défense ? La plupart des arsenaux de l'Europe se trouveraient-ils dotés de l'invulnérabilité de Cronstadt et de Sébastopol ? Sans oublier tout ce que la nature avait fait pour la protection de ces deux centres maritimes, ce ne sera que rendre justice aux Russes si nous rappelons qu'une grande prévoyance, secondée d'une rare activité, avait su accumuler autour de ces deux arsenaux un système de défenses sans précédents dans l'histoire. D'ailleurs, la guerre d'Orient se termina trop tôt pour que l'on pût apprécier le mérite de la grande flotte de siége préparée contre Cronstadt.

Le fort de Kinburn fut, il est vrai, écrasé par nos batteries flottantes cuirassées, et le bombardement de Sweaborg causa à cet arsenal des dommages sérieux. Néanmoins, ces deux opérations, tout en fournissant des indications utiles, n'offraient pas des chances assez égales pour résoudre le problème : — *Batteries de mer contre batteries de terre !* — On peut donc dire que la question reste posée entre la défense et l'attaque.

Cette histoire veut être posée de haut et de loin. Revenons donc au temps passé, et examinons sous quel aspect la guerre des côtes se présentait pour nos pères. Aux temps de Louis XIV et de Louis XVI, ces deux rois qui portèrent si haut la fortune navale de la France, alors que nos escadres tenaient tête, sur toutes les mers, à celles de l'Angleterre, on se battait au Canada, dans les Antilles et dans l'Inde, et plus rarement sur les deux rives de la Manche. Cependant, sous le règne de ces deux monarques, ce fut au tour de nos voisins à se croire sérieusement menacés. — Saisir l'Angleterre corps à corps, derrière son fossé de huit lieues de large, avait été plus d'une fois le rêve de l'ancienne monarchie. — Louis XIV, moins enivré de succès, moins prompt à compromettre l'excellente flotte de Tourville contre les escadres de Hollande et d'Angleterre réunies, eût pu le réaliser avant la bataille de la Hogue ; il échoua par une grave imprudence militaire, fruit d'un orgueil trop oublieux du nombre.

C'était le temps où Du Quesne, vainqueur des Espagnols comme des Hollandais, venait d'affirmer notre suprématie dans la Méditerranée. Peu s'en fallut que, de son côté, Tourville n'obtînt les mêmes succès dans la Manche. De 1688 à 1692, on voit nos escadres parcourir librement l'Océan, la Manche et effectuer des débarquements heureux sur les côtes d'Angleterre [1]. C'est d'abord le chef d'escadre Gabaret qui transporte Jacques II en Irlande. Deux mois après, le 10 mai 1688, Châteaurenault débarque 6,000 Français dans la baie de Bantry, et repousse l'escadre anglaise de l'amiral Herbert. En 1690, c'est d'Amfreville qui apporte à Cork 7,000 soldats. Durant cette même année, Tourville exécute sa belle campagne de la Manche. Rendu, par une habile concentration de nos forces, supérieur à l'ennemi de dix vaisseaux, le 10 juillet, il livre bataille à l'armée anglo-hollandaise, la bat et la poursuit jusque sur les rivages d'Angleterre. Pour mieux affirmer sa victoire, Tourville mouille à Torbay et débarque à Tinemouth : finalement il fait essuyer à l'ennemi une perte totale de vingt-neuf vaisseaux, coulés, brûlés ou forcés de se jeter à la côte.

Ne semblait-il pas que ce fût là un moment favorable pour agir vigoureusement et jouer contre l'Angleterre une de ces grandes parties qui souvent décident du sort des peuples ? Tout au contraire, la campagne maritime de 1691 se perd à guetter des convois ennemis qui nous échappent. Tourville bat inutilement la mer avec ses soixante-neuf vaisseaux. En 1692 seulement, Louis XIV, sous l'influence du Stuart exilé, réunit 12,000 hommes sur le littoral de la Manche, et se décide à un nouvel effort. Jacques II promet que la moitié de la flotte anglaise passera dans nos rangs à la vue des fleurs de lis. — Louis XIV et Pontchartrain, par une faute de jugement vraiment inexplicable de la part d'un si grand prince, sont dupes de ces illusions d'exilés. Le souverain, que la concentration d'une flotte supérieure, par les soins de l'habile et regrettable Seignelay, avait rendu maître de la Manche en 1690, s'oublie, en 1692, au point de donner à un amiral comme Tourville, l'ordre de combattre *fort ou faible et quoi qu'il pût en arriver !* — Cet ordre était de la main du roi.

---

[1] Toutes les opérations de la marine de Louis XIV dans la Manche et sur les côtes d'Angleterre sont racontées ici d'après le tome Ier des *Batailles navales de France*, par M. le commandant Troude. Paris, Challamel, 1867. — Cet excellent ouvrage a sa place marquée d'avance dans toutes les bibliothèques publiques et privées.

On sait le reste. Notre flotte rencontre les Anglais et les Hollandais réunis. Tourville, contraint, avec ses quarante-cinq vaisseaux, d'attaquer 97 vaisseaux ennemis, réunit ses capitaines et après avoir pris l'avis résolument négatif des officiers généraux éprouvés qui l'entouraient, prononça ces seules paroles : — « *Messieurs, ordre du roi d'attaquer l'ennemi, fort ou faible !* » —Il ne restait plus qu'à combattre. — Jamais la marine française ne se montra plus grande que dans cette terrible journée, qu'on pourrait appeler sa bataille de Leipzig. — Le 29 mai 1692, au soir, grâce aux solides éléments que commandaient les de Nesmond, d'Amfreville, de Villette, de Langeron, de Coëtlogon, Gabaret et Pannetier, pas un vaisseau de Tourville n'avait amené son pavillon, pendant que l'ennemi en comptait *un* sauté et *un* brûlé. Si la bataille de la Hogue avait été splendide, le brouillard et les courants de la Manche en rendirent les suites funestes durant les journées du 30 et du 31. Quinze de nos vaisseaux n'ayant pu passer à temps le Raz-Blanchart, furent contraints de s'échouer à Cherbourg et à la Hogue, où, sans protection du rivage, ils furent incendiés par l'ennemi, malgré la résistance de leurs équipages. Ce revers mit fin aux projets de Louis XIV contre l'Angleterre.

A son tour, Louis XVI, que l'apparition de l'armée navale du comte d'Orvilliers rendait maître de la Manche, vit ses projets de descente paralysés par une série de contrariétés maritimes sans précédents dans la l'histoire. Rejetés sur la côte méridionale d'Angleterre par la persistance des vents d'est, non moins que par la lenteur de la flotte de Cordova; pressés par le manque de vivres et par une violente épidémie de scorbut, les soixante-six vaisseaux français et espagnols, après avoir balayé l'entrée de la Manche, capturé le vaisseau l'*Experiment* sous les falaises britanniques, et forcé les escadres ennemies à se renfermer dans leurs ports, se virent contraints de rentrer à Brest sans avoir pu donner la main aux 40,000 hommes rassemblés par le maréchal de Vaux sur les côtes de la Normandie [1]

Sous Louis XVI, la guerre des côtes aura pour théâtre le littoral des États-Unis et les Antilles.—Avec la guerre d'Amérique, s'ouvre une période de renaissance où, sous un prince qui l'aimait, notre marine, impatiente de venger les affronts du règne de Louis XV, sut retrouver le fier esprit qui l'animait au temps

---

[1] *Guerres maritimes de la République et de l'Empire*, par le capitaine de frégate Jurien de la Gravière.

de Louis XIV. — Non contentes de porter aux États-Unis des troupes et de l'argent, avec La Fayette et Rochambeau, nos flottes, de longue main préparées à la guerre par un ministre habile, profitèrent, en 1778, de tous les avantages habituels d'une offensive hardie.—Cherchons à résumer en quelques mots la part que la marine de Louis XVI prit à ces événements mémorables [1].

Suivons d'abord l'escadre du comte d'Estaing, ce chef d'escadre d'une si populaire bravoure, que, dix ans plus tard, au milieu des premiers orages révolutionnaires, « les équipages de la flotte de Brest redemandaient encore à grands cris. » En avril 1778, d'Estaing sort de Toulon avec douze vaisseaux et quatre frégates. En juillet, il paraît sur les côtes d'Amérique, devant la Delaware, puis devant New-York, où se trouvaient dix vaisseaux anglais, sous l'amiral Howe. Les pilotes américains prétextant que l'escadre française tirait trop d'eau pour franchir les passes et attaquer l'ennemi dans la baie de New-York, d'Estaing se dirige sur New-Port, afin de soutenir l'attaque des Américains contre Rhodes-Island. L'apparition subite de notre escadre dans les passes a, pour premier résultat, la destruction volontaire de six frégates anglaises ; le 8 juillet, d'Estaing force l'entrée de la rade de New-Port, pendant que les Américains débarquent sur Rhodes-Island.

Dès le lendemain, l'escadre anglaise apparaît avec du renfort. D'Estaing, exposé à être pris entre deux feux, appareille au petit jour et franchit de nouveau les passes, sous le feu des forts. Au moment où les deux flottes allaient se disputer la mer, un coup de vent de N.-E. éclate et disperse Anglais et Français. Après avoir essuyé des avaries graves et livré des combats isolés, d'Estaing rallie ses vaisseaux dans le sud de Rhodes-Island, et, en août, va se réparer sur la rade de Nantucket, devant Boston. Sans perdre un instant, il assure sa position en établissant des batteries à terre avec les canons de ses vaisseaux avariés. — Aussi, l'escadre anglaise renonce-t-elle à troubler ses réparations. — En novembre, l'escadre française se dirige sur la Martinique, ayant de nouveau capturé ou fait détruire deux frégates et cinq bâtiments légers.

A peine arrivé aux Antilles, c'est la *guerre des îles* qui com-

---

[1] Tout ce qui a trait à la guerre d'Amérique, c'est-à-dire aux opérations sur les côtes des États-Unis et dans les îles, est emprunté à un résumé du tome II des *Batailles navales de la France*, par M. le commandant Troude. — Paris, Challamel, 1867.

mence. — D'Estaing embarque 6,000 hommes et se porte au secours de Sainte-Lucie, attaquée par les Anglais ; mais, à son tour, il les trouve si solidement embossés dans la baie du Carénage, qu'après un débarquement infructueux, il abandonne la partie. Une division légère détachée de son escadre enlève en février et juin les petites îles de Saint-Martin, Saint-Barthélemy, Saint-Vincent et Cariacou.—En juillet 1779, des renforts ont porté l'escadre française à vingt-cinq vaisseaux. — D'Estaing débarque à l'anse Molinier, et, à la tête de 1,400 hommes, enlève l'île de la Grenade, où il prend trente navires marchands, 100 bouches à feu et 700 prisonniers. Dès le lendemain de la capitulation, l'amiral anglais Byron paraît avec vingt et un vaisseaux. L'escadre française, appareillée sur-le-champ avec la même promptitude qu'à New-Port, reçoit l'attaque en bon ordre. Après un combat de manœuvre qui dure six heures, l'escadre anglaise abandonne le champ de bataille. A la fin d'août, nous retrouvons d'Estaing, avec vingt vaisseaux et 3,000 hommes embarqués à Saint-Domingue, prenant part au siége de Savannah, en Géorgie. Malgré la saison d'équinoxe, qui rendait fort dangereux son séjour sur cette côte, d'Estaing, sans se laisser arrêter par les déradages fréquents et les avaries de son escadre, établit le blocus de Savannah, franchit la barre de la rivière avec ses bâtiments légers et débarque ses troupes. Mais une armistice maladroitement accordée au gouverneur anglais, au moment même où il eût fallu brusquer les opérations, change la face des affaires.— La garnison de Savannah est renforcée.— Il faut dès lors entreprendre un siége en règle, en débarquant l'artillerie de nos vaisseaux. On arrive ainsi au mois d'octobre. Après un assaut infructueux dirigé par d'Estaing en personne, qui en revient grièvement blessé, le rembarquement des troupes et le départ de l'escadre, entre deux coups de vent, viennent clore cette campagne.

Cependant, la situation des Américains réclamait de nouveaux secours. — Affranchir les États-Unis était pour nous le principal enjeu de cette guerre.—Le mois de mai 1780 voit sortir de Brest huit vaisseaux et deux frégates, escortant vingt-six transports portant 6,000 hommes de troupes. Après un engagement contre une division anglaise, à la hauteur des Bermudes, le chef d'escadre de Ternay arrive heureusement en juillet à Rhodes-Island, suivi à six jours de distance par onze vaisseaux ennemis que ses bonnes dispositions d'embossage découragèrent de toute attaque. La mort de M. de Ternay, en décembre, investit du commandement le chevalier Destouches, qui organise des croisières sur la côte de Virginie et détruit plusieurs navires anglais. — En mars 1781, la division Destouches, qui portait 1,200 hommes dans la rivière James, livre combat aux forces navales de l'amiral Arbuthnot et reste maîtresse du champ de bataille.

Les combats de M. de Guichen contre Rodney servent de trait d'union entre la campagne de d'Estaing et celle du comte de Grasse.—Le théâtre de la guerre continue à alterner entre les Antilles et les côtes de l'Amérique du Nord. — Aidé ou non des escadres, le marquis de Bouillé, gouverneur général des îles Sous-le-Vent, signale sa présence dans ces parages par les coups de main les plus hardis. — En septembre 1778, avec quatre frégates et 1,800 hommes, il enlève le fort de la Dominique par une surprise de nuit. — En mai 1781, de concert avec M. de Grasse, qui venait d'arriver avec vingt vaisseaux et de débloquer la Martinique de la croisière de l'amiral Hood, le marquis de Bouillé dirige une expédition contre Tabago. Une fausse attaque contre Sainte-Lucie, ayant habilement donné le change aux Anglais, 4,000 hommes furent débarqués dans la baie de Courlande et, le 1er juin, quand l'amiral Rodney arriva au secours de l'île, ce fut pour voir le pavillon blanc flottant sur Tabago. — Avant la fin de l'année, l'infatigable gouverneur de la Martinique reprend encore sur les Anglais l'île de Saint-Eustache.

L'ascendant pris par notre pavillon dans les Antilles favorisait une nouvelle coopération de la marine à la délivrance des États-Unis. Rochambeau et Washington engageaient de Grasse à leur amener des troupes, de l'argent et des munitions. Le gouverneur de Saint-Domingue consentit à fournir 3,300 hommes; quant à de l'argent, il fallut en envoyer *emprunter* à la Havane. — De Grasse, pour mieux cacher le but de son expédition, traverse le vieux canal de Bahama, et, à la fin d'août, mouille devant la Chesapeak. — Après avoir établi le blocus des rivières York et James, nos troupes sont dirigées sur James-Town par les embarcations de l'escadre, et leur jonction permet à La Fayette de se préparer au siège de York-Town, position stratégique de grande importance, alors occupée par l'armée de Lord Cornwallis. Malgré l'absence de ses embarcations, l'apparition de vingt et un vaisseaux anglais le 5 septembre au matin oblige l'escadre française à appareiller subitement; car, dès cette époque, il était admis en principe que, dans un mouillage ouvert, on ne devait jamais attendre l'attaque de l'ennemi à l'ancre, ainsi que Brueys à Aboukir. Le caractère du combat de la Chesapeak ressemble à la plupart des batailles d'escadre livrées pendant la guerre d'Amérique. — Entre des ennemis qui se respectaient, une tactique circonspecte semblait de rigueur. — Cependant le champ de bataille reste à M. de Grasse qui, sans poursuivre ses avantages, revient bloquer la rivière de Chesapeak et y trouve un renfort de huit vaisseaux, des vivres et des munitions, amenés par le chef d'escadre de Barras, qui venait de succéder à M. Destouches.—Toutes ces faveurs signalées de la fortune permettent à Rochambeau et à Washington, désormais rassurés du côté de la mer, d'assiéger vigoureusement York Town, avec le concours des marins et des canons de l'escadre. — Le 19 octobre 1781, la capitulation de lord Cornwallis, commandant en chef de l'armée britannique, vint couronner cette campagne, en assurant l'indépendance des États-Unis d'Amérique. — Ajoutons que le Congrès, par un vote solennel du 28 octobre 1781, témoigna sa reconnaissance au général comme à l'amiral français, grand et beau souvenir qui fut consacré par l'érection d'un monument en marbre à York Town, et par le don de deux canons anglais offerts aux comtes de Grasse et de Rochambeau.

Sous Louis XV, pendant la Révolution et le premier Empire, la France et l'Angleterre semblèrent avoir changé de rôles ; ce fut alors aux côtes de France à se voir bloquées, menacées et comme assiégées. — Durant ces deux périodes de revers maritimes, les flottes de la Grande-Bretagne, devenues prépondérantes, prirent résolûment l'offensive. Dès l'origine de nos ruptures, on vit les divisions légères ennemies balayer nos bâtiments de commerce surpris à l'atterrage de nos ports. A deux reprises différentes, en 1756 comme en 1803, au moyen d'ordres lancés quelques mois *avant* la déclaration de guerre, les Anglais réussirent à nous enlever, sur toutes les mers, plusieurs milliers d'excellents marins.

« De juillet 1755 à juin 1756, date de la déclaration de guerre,
« l'Angleterre, observait un journal anglais, nous avait déjà pris
« huit cent soixante-dix navires. »

Vainement la France en appela à l'Europe de cette violation du droit des gens ; le mal était pour longtemps irréparable, et, comme une nouvelle preuve du droit du plus fort, cet acte de piraterie passa au nombre des faits accomplis. — « Pendant la guerre de Sept ans, observe notre grand ouvrage sur la *Défense des frontières maritimes de la France,* les Anglais fondirent sur nos côtes de l'Océan, bombardèrent le Havre, Cherbourg, Dieppe et Saint-Malo, et enlevèrent, dans ces ports, un grand nombre de navires chargés de marchandises. Ces exemples et mille autres prouvent que les agressions qui s'adressent à la fortune commerciale de nos établissements maritimes seront toujours celles que tentera de préférence l'Angleterre [1]. »

Durant les vingt-deux années de guerre qui remplirent la période de la Révolution et de l'Empire, tandis que nos armées victorieuses parcouraient les capitales de l'Europe, notre frontière maritime avait, au contraire, à subir toutes les privations d'un long et pénible blocus. Non contents de fermer la mer à nos populations du littoral, ruinées par la cessation de tout commerce extérieur, les Anglais s'emparèrent de plusieurs de nos frontières. — Ces positions insulaires, devenues dans leurs mains des centres de station et de ravitaillement, leur fournirent des abris précieux contre ces dangereux coups de vent, qui, pendant nos longs et pénibles hivers, balayent incessamment les atterrages des côtes de France. — C'est ainsi que les îles de Saint-Marcouf, de Molène, des Glénans, de Chausey, d'Houat et d'Hœdic, voire même les îles d'Hyères, furent occupées à diverses reprises par les troupeaux ou les malades des escadres anglaises [2].

En même temps, les amiraux ennemis s'installaient franchement dans quelques baies de nos côtes, telles que Quiberon et Douarnenez, et y établissaient des mouillages permanents et sûrs, au moyen de fortes ancres disposées en *corps-morts*. Les forces navales anglaises, gagnant à tour de rôle ces mouillages de refuge, auxquels il faut ajouter la rade des Basques, Groix et Belle-Ile, venaient s'y reposer des fatigues de l'hivernage et y travailler en paix à leurs réparations.

Le blocus des côtes occidentales de France, si souvent visitées par les coups de vent de l'Atlantique, fut d'ailleurs pour la marine ennemie une école de navigation de la plus grande valeur. La croisière devant Brest, dans les eaux de l'Iroise, entre Ouessant et la chaussée de Sein, mission aussi importante que difficile, demeura, de tout temps, le grand centre de ce blocus. On

---

[1] *Mémoire de la Commission de 1843 sur la défense des frontières maritimes de la France,* p. 6. — Paris, Imprimerie royale.

[2] *Mémoire de 1843 sur la Défense des frontières maritimes de la France,* p. 15 et 106.

comprend à quel point cette situation devait développer parmi les forces assiégeantes les qualités de vigilance, de hardiesse et de savoir faire qui jouent un si grand rôle dans les traditions d'une flotte.—On raconte même qu'un amiral anglais, un moment affalé par une saute de vent subite, entre Ouessant et les Seins, et n'espérant plus se relever de la côte, fut à la veille de jouer le tout pour le tout, en donnant dans la rade de Brest.

Le plus souvent, les croiseurs anglais, stationnés dans l'Iroise, manœuvraient de manière à pouvoir toujours *se relever* en doublant Ouessant, bâbord amures, quand le temps devenait menaçant. Lors des grands coups de vent d'hiver, l'escadre de blocus allait se réfugier à Torbay, sur la côte d'Angleterre ; mais, quand l'ennemi eut appris, par un long séjour, à mieux connaître ces parages, il vint souvent chercher des abris dans la baie de Douarnenez.

Par analogie, la croisière chargée du blocus de Lorient mouillait fréquemment sous Groix, sous les Glénans et à Quiberon ; celle de Rochefort, dans la rade des Basques ; enfin, la croisière devant Toulon trouvait encore plus d'abri sur les côtes de Provence.

Bien que la marine à vapeur donne le moyen de les resserrer, en approchant les côtes, plus souvent et de plus près, observons que les blocus effectifs deviennent désormais bien difficiles à maintenir pour peu qu'ils s'appliquent à un littoral d'une certaine étendue. — Aussi la déclaration du 16 avril 1856, annexée au traité de Paris, s'exprime-t-elle en ces termes : — « Les blocus, « pour être obligatoires, doivent être effectifs, c'est-à-dire main- « tenus par une force suffisante pour interdire réellement l'accès « du littoral ennemi. »—La guerre de la Sécession offre la preuve de la difficulté des blocus effectifs.—Les vapeurs à grande vitesse qui descendaient à cette époque des chantiers anglais ont bien souvent trompé la vigilance des croiseurs fédéraux. Ces *blockade runners*, ou « coureurs de blocus, » comme on les appelait, longs, effilés, ras sur l'eau, dirigés par d'excellents pilotes, ne montrant en guise de mâture qu'une longue cheminée (machines puissantes dans des coques légères), et se glissant le long de la terre à la faveur de la nuit, ne pouvaient être interceptés que par des croiseurs rapides autant que vigilants et possédant au même degré la connaissance des lieux. — L'intérêt puissant qui les conduisait dans les passes de Mobile et de Charleston rendait « ces coureurs de blocus » capables des plus grands efforts comme des plus habiles stratagèmes. Les rapports du secrétaire de la marine des États-Unis offrent, à cet égard, bien des enseignements à recueillir :

« Si l'Angleterre et la France, selon l'opinion d'un membre
« du Congrès et d'un ingénieur naval américain, avaient fer-
« mement voulu le triomphe de la cause du Sud, elles pouvaient
« en décider sans envoyer un seul soldat de l'autre côté de
« l'Atlantique. — Il suffisait que ces puissances maritimes, refu-
« sassent de reconnaître le blocus des ports du Sud. — Dès lors,
« les confédérés recevant librement des neutres, armes, vivres,
« hommes, argent et munitions, eussent retrouvé tous les moyens
« qui leur manquèrent à la fois pour continuer la lutte et
« couronner leur première victoire par un traité de séparation. »
L'influence prépondérante des blocus effectifs est trop nettement caractérisée par ce simple jugement pour qu'il nous soit nécessaire de nous étendre davantage sur leur portée politique dans l'avenir.

Le blocus maritime des ports offre un moyen facile d'obtenir justice de certains pays, à demi civilisés ou en état de révolution permanente, sans recourir aux embarras toujours considérables et aux chances fort aléatoires des expéditions par terre. — En dehors d'une guerre proprement dite que des considérations politiques multiples commandent le plus souvent de ne point déclarer, il existe enfin un dernier procédé pour obtenir réparation et de se faire payer les indemnités dues aux nationaux :
— « La saisie des douanes d'un port étranger et la perception
« des droits, pour le compte du gouvernement débiteur, jusqu'à
« concurrence des sommes dues. » C'est à la sagesse des gouvernements, après une pondération équitable des intérêts engagés, et une étude approfondie du pays en face duquel on se trouve, qu'il appartient de faire un choix entre ces divers moyens de contrainte maritime. Un recrutement judicieux des agents diplomatiques ou commerciaux, envoyés à l'étranger, serait, en tout état de cause, la meilleure des garanties contre la naissance de conflits lointains que leur disproportion même rend souvent si embarrassants pour les plus grandes nations européennes.

Mais revenons au blocus des côtes de France. Qu'on se figure le long cours et les grandes pêches supprimées, le cabotage traqué en toute occasion par les croiseurs ennemis, qui, parfois, ne respectaient pas même la pêche côtière, en un mot, la mer fermée à des populations habituées à lui demander leur pain quotidien ; qu'on y ajoute l'enlèvement forcé de tous les marins valides, levés par l'inscription maritime, pour le service des vaisseaux de l'Etat, le dénûment et la misère de ces villages riverains où l'on ne trouvait plus que des vieillards, des femmes et des enfants, et l'on s'étonnera moins des conséquences, à peine *croyables* aujourd'hui, qu'avaient engendrées ces souffrances multipliées. Sur cette frontière, si misérable et si peu surveillée depuis que nos grandes guerres continentales attiraient ailleurs notre attention et nos forces, les Anglais débarquaient la nuit, nouaient des intelligences avec les habitants, et se procuraient sans difficultés des renseignements utiles, des vivres frais, du poisson et jusqu'à des bœufs sur pied [1]. — Faut-il ajouter que la misère de ces pontons, qui comptèrent un moment jusqu'à 30,000 prisonniers français, leur avait livré un certain nombre d'excellents pilotes de nos côtes, dont la naturalisation anglaise, et souvent les liens d'un mariage étranger, avaient achevé de payer la trahison ? Enfin, comme dernier trait de cette déplorable période, il faudrait mentionner cette tradition, vraie ou fausse, d'après laquelle, à la suite d'un pari considérable, deux officiers de la croisière anglaise auraient poussé l'audace de ces communications jusqu'à venir, sous un déguisement, passer la soirée au théâtre de notre premier port militaire.

Si ces temps malheureux sont désormais loin de nous, la France ne doit pas moins songer à retourner, au besoin, contre l'ennemi extérieur la tactique et les moyens dont les escadres anglaises se servirent jadis contre elle.

Avec la vapeur, les navires rapides et les grands tirants d'eau, point de défense complète ni de navigation assurée sur les côtes de France, sans deux éléments inséparables : les *ports de refuge* et les *pilotes cotiers*. — Quant aux îles, aux mouillages et aux baies qu'occupaient si paisiblement les Anglais pendant la dernière guerre, elles ne doivent plus s'ouvrir que pour les Français. C'est là une de ces questions de fierté nationale qui, s'il en était besoin, appellerait le concours des Travauxs publics, de la Guerre et de la Marine. On a beaucoup travaillé déjà en ce sens, ainsi que nous le verrons en traitant de la défense permanente. Aux mouillages de refuge déjà connus, sachons en ajouter de nouveaux, notamment *entre* nos deux grands ports de Cherbourg et

---

[1] L'expérience des guerres maritimes a prouvé, dit le *Mémoire de* 1843, qu'il était utile d'observer les communications de la côte avec les croisières ennemies. Trop souvent les équipages des bâtiments anglais ont, à prix d'argent, réussi à se procurer, sur nos côtes, des vivres frais, de l'eau et des renseignements utiles.

Brest. Multiplions les balises et les stations locales de pilotage, sans perdre de vue que, de mauvais temps, la plupart des ports de refuge ne sont accessibles qu'avec de bons pilotes côtiers. Pour être réellement utiles, ne faut-il pas que les stations locales de pilotage des ports soient toutes pourvues de bonnes embarcations *pontées* qui leur permettent d'aller chercher les navires au moins en dehors des passes, sinon et à plusieurs lieues *au large*, ainsi que le font les pilotes du Havre ? Que les officiers disponibles, parcourant nos côtes, nos grands ports comme nos petits ports, sur des garde-pêches, acquièrent eux-mêmes, si faire se peut, la connaissance locale de tous nos mouillages, forains ou autres.

L'escadre cuirassée du contre-amiral de la Roncière, allant établir son centre de croisières dans la baie de Quiberon, ces îles d'Hyères de l'Océan, et de là rayonnant sur les côtes Ouest de France, nous a frayé la voie avec une hardiesse remarquable. Pendant les années 1866 et 1867, cette escadre à grand tirant d'eau a côtoyé notre littoral à la façon du cabotage et visité tous les mouillages accessibles de notre littoral, depuis Biarritz et l'entrée de la rivière de Bordeaux jusqu'à la baie de Saint-Brieuc et la rade de Saint-Malo. Il est facile de comprendre quelle expérience les capitaines et les officiers auront retirée de cette difficile navigation. De tous les rivages du globe, on peut affirmer sans hésitation que les côtes de France étaient jusqu'ici les moins connues de nos officiers.

Ajoutons que le décret du 14 juillet 1865 et le règlement du 16 janvier 1867, sur l'institution des pilotes brevetés de la flotte, sont récemment venus satisfaire à un vœu devenu général dans le corps de la marine. Recrutés parmi l'élite des aspirants pilotes et des maîtres au cabotage, ces pilotes de la flotte, parcourant sans cesse sur un vapeur-école nos rivages de l'Océan et de la Manche, devront connaître les côtes occidentales de France, les uns, de Dunkerque au Raz de Sein, les autres, de l'île Vierge à Saint-Jean-de-Luz. N'oublions pas qu'une solde élevée et *un exercice permanent* sont les conditions *sine quâ non* d'un bon service de ce genre. — Dépenser 3,000 francs par an, pour chaque pilote de la flotte, serait encore d'une sage économie, en comparaison de la chance de perdre, un jour ou l'autre, par ignorance des lieux, des bâtiments cuirassés valant *cinq* millions [1] !

---

[1] La *Gloire* coûte 5 millions et tire au delà de 8 mètres d'eau ; le *Solférino* en coûte 7 et tire au delà de 9 mètres.

En temps de guerre et même en temps de paix, dans une navigation active et à grande vitesse le long des côtes, le service si important de la *route* ne réclamerait-il pas encore d'autres éléments de sécurité ? Grâce à l'initiative éclairée de M. le vice-amiral Paris, directeur du dépôt, nos cartes marines sont en voie de réaliser un progrès depuis longtemps attendu et accompli dans l'hydrographie anglaise : — l'indication des phares avec leurs zones éclairées et la position des bouées et tourelles du balisage. Il n'est pas un marin instruit, qui ignore tous les succès de guerre et de navigation que l'institution des *Masters* a valus à la marine anglaise. Dans quelle mesure le concours de ces excellents *officiers de route*, allégeait la tâche des capitaines et contribuait à la sécurité comme à la hardiesse des opérations sur les côtes, c'est ce qu'il est aisé de comprendre. Il suffit d'ailleurs d'ouvrir les *Mémoires du temps* ou la *Vie des amiraux anglais célèbres*, pour en trouver des preuves surabondantes. Sans croire que cette institution soit compatible avec nos mœurs, pourquoi, dans les autres marines, renoncerait-on bénévolement à toute autre combinaison de nature à alléger la surveillance de jour en jour plus lourde du commandement ?

Ainsi une inspection sérieuse de nos capitaines au cabotage permettrait bien vite de découvrir, *à l'avance*, des *pratiques* de la navigation de certaines mers resserrées qu'en 1854 et 1855, *faute d'y avoir songé à temps*, nous fûmes obligés de demander en Angleterre. Nul doute cependant que certains maîtres au cabotage français ayant fait un grand nombre de voyages dans la mer du Nord, comme dans la Baltique, n'eussent rendu à cette époque des services équivalents à ceux de leurs collègues anglais ?

Qui empêcherait enfin d'agrandir dans une juste mesure, au moins sur les grands bâtiments, le rôle de l'*officier de route*, chargé des montres, en l'exemptant de toute autre obligation, pendant la navigation des côtes ?

Ainsi associé à la surveillance de la route et aux préoccupations du chef, ne serait-ce pas, pour cet officier, un poste fort instructif à remplir et pour le service du pays, un nouveau gage de succès ? L'extinction des phares et l'enlèvement des balises, en temps de guerre maritime, la nécessité fréquente des entrées et des sorties, de nuit et de brume, par les passes les plus difficiles, l'obligation éventuelle de forcer les blocus, telles sont les considérations qui militent de plus en plus pour une nouvelle et meilleure organisation du service de la route, le premier en importance comme en difficulté ?

De 1792 à 1815, les côtes de l'empire français, depuis la Hollande jusqu'à l'Adriatique, furent le théâtre d'une véritable petite guerre, de nature à resserrer leur blocus et à étendre l'ascendant moral des escadres ennemies partout où flottait notre pavillon. Il serait aisé de multiplier les exemples. Pour ne citer qu'un des plus considérables, il n'est pas un de nos vétérans qui ne se souvienne des obstacles sans nombre que nous suscita la marine anglaise durant l'expédition d'Egypte. Chaque fois que notre armée touchait aux bords de la Méditerranée, on voyait accourir ces infatigables adversaires. — Otez le commodore Sidney Smith, les canons et les 1,500 marins de ses deux vaisseaux, et qui oserait contester que Saint-Jean-d'Acre et la Palestine tout entière ne fussent tombés aux mains du vainqueur des Pyramides ?

Une marine prépondérante, ennuyée de longs mois de croisière, ne résiste guère à la tentation de sortir d'un service monotone par quelques coups d'éclat. — L'ardeur pour ce *prize-money*, que le gouvernement anglais a de tout temps trouvé si politique de payer religieusement à ses marins, ne contribuait pas peu à nourrir dans ses escadres ce vieil esprit d'entreprise commun à tous les descendants des Normands. — Point de guerre navale sans parts de prise exactement payées ! — Cet axiome de droit maritime n'a jamais été contesté en Angleterre ni aux Etats-Unis. Tout récemment, l'amiral Dupont, qui commandait l'escadre fédérale devant Charleston, avait déjà recueilli pour sa part plus d'un *million*. —En France, au contraire, il n'est pas une guerre récente où les droits des capteurs n'aient été plus ou moins méconnus. — Si les avantages pécuniaires ne sont pas les premiers pour le caractère français ; si, en face de convenances politiques, nos marins, créanciers de l'Etat, ont fait généreusement le sacrifice des droits à eux garantis par la législation des prises, le principe n'en est pas moins demeuré intact. — Il convient de le rappeler. — Rien de plus noble que le désintéressement dans les hautes positions ; mais n'est-il pas permis d'être d'un autre avis quand on se trouve en présence de nos marins de l'inscription maritime ? Pour cette milice, mobilisée au premier signal, il ne s'agit pas seulement d'un service de garde nationale derrière les remparts d'une place, mais bien de la guerre extérieure la plus périlleuse. Pour ces pères de famille, qui, au premier bruit de guerre, quittent barque, femmes, enfants et patrie, le droit de prise n'acquiert-il pas une véritable importance ? Douterait-on de sa légitimité, si l'on réfléchissait que ce privilége est la récompense traditionnelle d'une population spéciale de 500,000 âmes, décimée, de père en fils, au service de l'Etat? Depuis le pacte de Colbert, l'inscription maritime est devenue pour la France une sorte de *colonie militaire*, prenant les armes au premier son du tambour, absolument comme les régiments-frontières de la Russie et de l'Autriche : ses priviléges ne sont que la compensation des plus austères devoirs. Aussi, quand il s'agit des droits acquis par un de ces marins morts en Crimée, en Chine ou au Mexique, c'est-à-dire du denier de la veuve et de l'orphelin, qui pourrait se croire autorisé à en prononcer l'abandon ? Il y a là une question d'humanité et de justice, de nature à éveiller l'attention de nos hommes d'État.

Durant les guerres de la Révolution et de l'Empire, chaque fois que les croiseurs anglais apercevaient sur nos rivages, soit des caboteurs ou des corsaires à enlever, soit une batterie côtière à détruire, on voyait se détacher de leurs flancs une flottille d'embarcations. Ces histoires de péniches « fondant sur le petit port ou le convoi mal protégé, avec une rapidité d'oiseau de proie, » défrayent encore aujourd'hui les récits de nos vieux pêcheurs. Tout ce que l'ennemi ne parvenait pas à enlever était rigoureusement brûlé ou coulé. Les annales du *Naval History*, de James [1], sont remplies de ces expéditions d'embarcations, parfois combinées avec de petits débarquements destinés à prendre nos batteries à revers. Cette petite guerre fournissait un stimulant précieux à des équipages fatigués de ces longs blocus : aussi, l'Amirauté anglaise encourageait-elle volontiers cet esprit d'aventure par quelques promotions distribuées à propos. —Voici quelle était d'ordinaire la tactique des Anglais : si la côte était accessible, et qu'on craignît une certaine résistance, un petit corps de 200 ou 300 soldats de marine, bien connus de nos riverains sous le nom « d'habits rouges, » était débarqué un peu avant le jour, pour surprendre et tourner le petit fort, les batteries ou les bâtiments à enlever. Les embarcations armées de « *volontaires* » n'attendaient qu'une fusée ou un signal quelconque du corps de débarquement pour s'élancer à force d'avirons et aborder la position de front, pendant que les soldats de marine l'envahissaient par derrière.

Quoique ces petits débarquements comptassent leurs hasards et de loin en loin valussent à l'ennemi une retraite meurtrière,

---

[1] *Naval history of Great-Britain*, from 1792 to 1815, by William James.

cette méthode de *prise entre deux feux* réussissait presque toujours, et en vérité il n'en fallait pas tant pour disperser quelques petits postes de gardes-côtes et de malheureux pêcheurs, sans chefs capables et sans organisation. La plupart du temps, nos rares troupes d'infanterie, en observation sur le littoral, n'arrivaient que pour assister au départ de l'ennemi, emmenant nos caboteurs ou nos corsaires. — On cite telle batterie de la côte de Provence, trois fois ruinée par les Anglais, et trois fois rétablie par nous, de 1792 à 1815.—Dans la baie de Camaret, à l'ouverture du goulet de Brest, une expédition de canots, détachée de l'escadre de blocus, enleva à l'abordage, pendant la nuit du 22 juillet 1801, la corvette de 20 canons, la *Chevrette*. Cet audacieux coup de main, accompli par dix canots et cent quatre-vingts hommes, sur un bâtiment amarré à terre et vaillamment défendu tant par son équipage que par les batteries de Camaret, ne montre que trop fidèlement à quel point le succès avait grandi l'audace de nos adversaires. Pendant cet abordage (considéré par l'historien anglais comme le chef-d'œuvre du genre), en même temps qu'on combattait pied à pied sur le pont de la *Chevrette*, un canot anglais, désigné d'avance, coupait ses câbles et une vingtaine de matelots ennemis grimpaient pour larguer ses voiles.—La corvette se trouvait déjà appareillée depuis quelques minutes que l'on combattait encore sur le pont. Ajoutons que cette résistance obstinée coûta aux Anglais 69 tués et blessés, c'est-à-dire la moitié de leur effectif. — Dans le même ordre de faits, il convient de citer l'enlèvement de la frégate la *Désirée*, prise à l'abordage sur rade de Dunkerque par la corvette le *Dart*, dans la nuit du 7 juillet 1800, et le trait extraordinaire de la corvette le *Bull-Dog*, enlevée dans le port même d'Ancône, où elle était amarrée le long du quai, mais reprise la même nuit sur les Anglais, avec une audace plus grande encore, par ses officiers et quelques matelots revenant d'un bal.

Parmi les grandes expéditions dirigées contre les côtes de France, figure au premier rang celle de Quiberon, demeurée si tristement célèbre par la mort cruelle de plusieurs milliers de Français, dont beaucoup avaient marqué comme officiers dans la marine de Louis XVI.—En 1809, c'est l'*affaire* dite des *brûlots*, où lord Cochrane, rappelé tout exprès de la Méditerranée, incendia sans beaucoup de peine, en s'aidant du vent et de la marée, une partie de notre escadre mouillée sur la rade de l'île d'Aix.

Pour permettre l'entrée des Anglais à Toulon, il fallut la guerre civile ; pour permettre l'expédition d'Anvers, il fallut la seconde campagne d'Autriche. — Concluons qu'à moins d'une grande guerre européenne absorbant sur le Rhin toutes nos forces, ce ne sont pas les côtes de France qui ont à craindre les grands débarquements. — En traitant les questions de défense, nous reviendrons sur les moyens de mettre notre littoral à l'abri de tous malheurs semblables à ceux de la Révolution et de l'Empire. — En attendant, on nous pardonnera un récit pénible, mais plein d'enseignements de nature à porter leurs fruits pour les générations futures.

Ces faits appartiennent à l'histoire. L'action morale des flottes anglaises, ramenant le commerce et la liberté à ces grandes villes maritimes, à qui la domination française n'offrait en perspective que le régime militaire et le blocus continental, n'a été que fidèlement retracée par l'illustre historien du *Consulat et de l'Empire*.

Les succès sans exemple de l'Angleterre durant cette période ne sauraient d'ailleurs s'expliquer sans une rapide esquisse de l'état de la marine pendant la Révolution. — C'est là un élément de justice historique que nous ne saurions refuser à la mémoire de nos devanciers de cette époque. — Comment cette belle flotte de Louis XVI, que la guerre d'Amérique avait laissée si florissante, était-elle subitement tombée dans la dernière des détresses? Pour apprécier les causes de cette décadence, ce n'est pas trop d'interroger à la fois nos meilleurs écrivains et les documents révélateurs fournis par les historiens étrangers eux-mêmes. — Dans un coup d'œil d'ensemble sur les campagnes maritimes de la Révolution, le commandant Jurien de la Gravière s'écriait : — « De pareilles expéditions semblent fabuleuses au-
« jourd'hui. Des navires manquant de vivres quinze jours après
« leur départ ou sombrant de vétusté au premier coup de vent,
« comme dans la croisière dite du Grand-Hiver, où trois vais-
« seaux de ligne, le *Neuf-Thermidor*, le *Scipion* et le *Superbe*
« coulèrent à la mer, des mâts craqués, des gréements hors de
« service, des coques mal calfatées, faisant eau de toutes parts:
« ce sont là des misères que notre génération n'a pas connues
« et a peine à comprendre [1]. »

Si le matériel offrait ce spectacle si affligeant, le personnel était tombé dans un état de désorganisation encore plus lamentable, car ses conséquences devaient peser comme un legs fatal sur toutes nos entreprises maritimes de 1792 à 1815. Trois

---

[1] *Guerres maritimes de la République et de l'Empire.*

années de proscriptions et d'excès révolutionnaires avaient suffi pour détruire ce brillant état-major naval, à bon droit considéré par les Anglais eux-mêmes comme un des plus éclairés et des plus braves de l'Europe. — Cependant, le fanatisme républicain, en implantant les clubs à bord de nos vaisseaux, ne s'était pas borné à contraindre à la retraite un corps d'officiers pleins de valeur, dont le seul crime était son attachement au roi et aux anciennes traditions de la France.—La loi des suspects et l'échafaud avaient bientôt achevé de balayer les derniers représentants du *grand corps*, trop lents à prendre le chemin de l'émigration. Non contente de décapiter la flotte, la persécution n'avait même pas respecté ses plus humbles membres : — « Qu'on se représente, dit l'historien anglais, le mécontentement des équipages français de la flotte de l'Océan, condamnée à une déplorable inaction, par les ordres inexplicables du Comité de salut public, pendant que la Manche et le golfe de Gascogne étaient couverts de convois ennemis, naviguant la plupart sans escorte. »—Parmi ces malheureux matelots consignés à bord dans la baie de Quiberon, « sans chemises et sans souliers et décimés par le scorbut, » en vue de leur terre natale, les représentants délégués n'avaient trouvé qu'un moyen de ranimer le patriotisme : détruire les institutions qui venaient de subir l'épreuve de la guerre de 1778 ; car l'élite de nos équipages, avec la judiciaire habituelle aux gens de mer, n'avait guère tardé à regretter tout haut ce que l'on appelait « l'ancien régime. » — En tête de cette opposition trop justifiée figurait la corporation nombreuse des *canonniers bourgeois* ou *matelots-canonniers*, dont l'*Encyclopédie de Marine* disait, en 1783 : « On doit en grande partie à ces écoles de matelots-canonniers les succès brillants que nous avons eus durant la guerre d'Amérique, dans les affaires particulières. »

Un rapport présenté à l'Assemblée constituante, le 31 décembre 1789, porte que le corps royal des matelots-canonniers, formé à l'origine de quatre-vingt-une compagnies, commandées par des lieutenants de vaisseau, comprenait encore à cette date un effectif de 6,000 marins. — Trois ans après, le 16 mai 1792, un décret de l'Assemblée législative leur accordait cent et quelques mille livres, pour décomptes de solde et arriérés de part de prise,—« comme un témoignage de satisfaction de la patrie *pour les services passés des matelots-canonniers* et sa confiance dans ceux qu'elle en attendait encore. »—Cette juste récompense n'était pourtant que les dernières fleurs jetées sur le tombeau de cette belle institution. Quelques jours après, le 14 juin 1792, paraissait le décret de suppression des matelots-canonniers. C'est ainsi qu'à la veille des grandes luttes de la Révolution, ces hommes de mer et d'expérience, ce corps de pointeurs habiles, dont les Anglais avaient si bien senti les coups dix ans auparavant, dans les Antilles, aux Etats-Unis et dans l'Inde, s'étaient vu disperser systématiquement, pendant que de véritables conscrits venaient remplacer dans nos batteries ces vieux compagnons de Suffren et de d'Estaing.—Car, pour exclure radicalement ces anciens matelots-canonniers, le décret organisateur de l'artillerie de marine stipulait qu'elle se recruterait « d'engagés volontaires âgés de dix-huit à vingt-quatre ans [1]. » — Bientôt, plus d'une bataille perdue vint montrer toute l'étendue de la faute commise, en confiant à des mains inexpérimentées un tir, qui, comme celui de l'oiseau au vol, exigera toujours le pied et le coup d'œil marins des matelots-canonniers.

Tels étaient les éléments novices que, dans leur impassible outrecuidance, la Convention et le Directoire ne cessèrent de lancer à la mer, de 1793 à 1799, contre la flotte la plus aguerrie de l'Europe, sans que les sinistres et les batailles perdues parvinssent à les éclairer. Le génie de Napoléon tenta de généreux efforts pour reconstituer cette marine ruinée par le coupable fanatisme qui avait engendré cette série de désastres sans exemple dans notre histoire.—Cent vaisseaux s'élevèrent comme par enchantement des chantiers du continent ; mais dix années de revers laissaient derrière elles un long effet moral que le système et la plupart des choix du ministre Decrès n'étaient pas de nature à effacer. D'ailleurs, sous l'Empire, nos escadres, sans cesse bloquées, ne formaient plus de marins. Si le courage était toujours le même, l'expérience de la guerre maritime et la confiance qui en découle n'existaient plus que chez quelques natures privilégiées.— Il fallut la Restauration, le règne de Louis-Philippe et celui de Napoléon III, secondés par quarante années de paix, pour relever nos anciennes institutions, et rendre enfin à notre pays une marine digne de la France.

---

[1] *De l'Inscription maritime et du régime des classes*, par M. H. Holker, lieutenant de vaisseau, ancien élève de l'École polytechnique.—Paris, Amyot. 1846. — Tel est le titre de l'ouvrage aussi curieux que peu connu où nous avons puisé une partie des faits qui précèdent. — M. Holker, trop tôt enlevé à la marine, appartenait à cette nouvelle école à qui nous devons d'avoir jeté de si précieuses lumières sur cette période de décadence où la Révolution plongea la marine française.

II.

DES ENTRÉES DE VIVE FORCE. — LES BARRAGES, OBSTRUCTIONS ET TORPILLES. — GUERRE DES FLEUVES.

> « Désormais, la rencontre d'une tor-
> « pille contenant quelques kilogrammes
> « de poudre, suffira à détruire le plus
> « grand navire cuirassé, c'est-à-dire
> « une valeur de plusieurs millions.
> L'Auteur.

En dehors de la guerre de blocus, les expéditions maritimes, dirigées contre les ports, peuvent revêtir différentes formes, telles qu'entrée de vive force, attaque combinée de terre et de mer, ou enfin bombardement. Parmi les entreprises les plus sérieuses dont les arsenaux seront désormais menacés, ne faut-il pas prévoir l'entrée d'une flotte rapide, qui, sans s'arrêter aux batteries des passes extérieures, irait frapper des coups décisifs au centre même des rades envahies ?

Depuis l'entrée de Duguay-Trouin à Rio-Janeiro, depuis l'époque où Nelson s'embossait intrépidement au milieu des batteries de Copenhague, sans oublier l'amiral Duckwoorth franchissant les Dardanelles en 1807, et l'amiral Roussin forçant l'entrée du Tage en 1831, l'application de la vapeur a singulièrement favorisé les entrées de vive force. Mais, qu'on ne l'oublie pas : cette invasion maritime n'admet pas de demi-mesures. L'envahisseur doit désormais éviter ou balayer, à ses risques et périls, les dangers *sous-marins* semés sur sa route, puis vaincre de haute lutte la flotte garde-côte de l'assiégé, sous peine de subir un échec dont il serait difficile de mesurer les conséquences.

Une entrée de vive force ne saurait donc être tentée sans qu'une laborieuse étude des cartes marines, des ouvrages terrestres, de la défense mobile et des obstacles sous-marins naturels ou artificiels, justifie le calcul de ces chances. — Là où il existe des passes larges et profondes conduisant à des rades d'une belle superficie, les services intéressés à la défense ont-ils apprécié à quel point la vapeur, la cuirasse et la grande vitesse facilitaient une rapide invasion ? — Si, chez les nations essentiellement maritimes, telles que l'Angleterre et les États-Unis, ces questions ont été approfondies dans de longs et consciencieux débats, en serait-il de même chez les puissances du Continent, d'ordinaire plus préoccupées de leurs frontières terrestres ? — Si les difficultés naturelles varient selon la configuration des lieux, n'oublions pas à quel point le génie de la défense peut compliquer la tâche de l'agresseur. — Donc, franchir les passes, trouver dans les eaux intérieures qu'il s'agit d'envahir un champ d'opérations assez spacieux ou un mouillage tenable, à la limite de *portée utile* des ouvrages terrestres ; s'y présenter avec une supériorité décisive, vis-à-vis des forces garde-côtes, chargées de la défense mobile, telles semblent être les conditions *sine quâ non* d'une entrée de vive force.

La guerre d'Amérique nous fournit plus d'un exemple récent de ce genre d'invasion.

Pour arriver jusqu'à la Nouvelle-Orléans, il fallait forcer l'entrée du Mississipi, où les Confédérés avaient accumulé une série d'obstacles qui paraissaient infranchissables. Deux forts, Saint-Philippe et Jackson, défendaient le passage du fleuve dont ils commandaient le cours. A l'abri de leurs canons, une chaîne, soutenue par huit pontons, barrait le Mississipi, et, en arrière de cette estacade, on trouvait des brûlots, des machines à explosion et autres engins destructeurs. Enfin, une flottille de canonnières cuirassées, parmi lesquelles se trouvaient le *Mannassas* et la *Louisiane*, complétait la défense des Sudistes.

Dans les premiers jours d'avril 1862, l'expédition fédérale parut à l'entrée du Mississipi. Cette expédition se composait de trois éléments distincts : — 1° Flottille de bombardes du commodore Porter, composée de 20 schooners armés chacun d'un mortier monstre, lançant des bombes de 240 livres ; — 2° Escadre du commodore Farragut, comptant 35 bâtiments de guerre et canonnières, armés de canons du plus fort calibre ; — 3° Flotte de transport, portant un corps de débarquement, sous les ordres du général Butler. — Le 18 avril, les commodores Farragut et Porter pénétrèrent dans le Mississipi sur trois colonnes d'attaque parallèles, et ouvrirent un feu violent contre les forts Saint-Philippe et Jackson. Les Confédérés répondirent avec vigueur et lancèrent un certain nombre de brûlots dont l'effet fut presque nul.

Le bombardement se prolongeait depuis quelques jours, et sans succès, lorsque Farragut entreprit de forcer le passage en brisant l'estacade. Le 23 avril, suivi de 5 corvettes et de 9 canonnières, l'intrépide commodore se lance à toute vapeur contre le courant, brise la chaîne de fer de l'estacade, et, malgré le feu de l'ennemi, il réussit à passer au-dessus des forts: là, il se trouve en face de la flottille confédérée, et engage avec elle une action acharnée. Pendant que le *Manassas* est aux prises avec la canonnière fédérale le *Mississipi*, le commodore Farragut, monté sur le *Hartford*, est entouré par les Confédérés et menacé par un brûlot qui lui communique l'incendie et le force à s'échouer. Il parvient à se remettre à flot et rentre dans la mêlée. Ailleurs, les canonnières du Sud, *Palmetto*, *Phénix* et *Jackson*, parviennent à entourer la canonnière fédérale *Varuna*, qui coule après s'être échouée. Cette lutte opiniâtre se termine à l'avantage du commodore Farragut : 11 bâtiments confédérés, y compris le *Manassas* et la *Louisiane*, sont brûlés ou coulés. L'expédition fédérale, ayant désormais passé au delà du feu des forts, put facilement remonter devant la Nouvelle-Orléans qui dût bientôt capituler sous la menace de ses canons.

L'entrée de vive force de la flottille de l'amiral Farragut dans les passes de Mobile devait bientôt éclipser l'invasion du Mississipi et mériter d'être citée comme la plus brillante action navale de la guerre d'Amérique. Le 14 juillet 1864, trois semaines avant l'attaque, Farragut signalait à son escadre de *mettre tout en bas* et de se préparer à une action décisive. Les ponts au-dessus des parties *vitales* de ses navires étaient *blindés* avec des sacs à terre et les flottaisons préservées par des ceintures de chaînes et de gros cordages. Le 5 août, Farragut s'ébranle sur deux colonnes : celle de droite, formée de quatre monitors, est destinée à supporter les feux croisés du fort Morgan et du bélier confédéré *Tennessee*. Dans la colonne de gauche, composée de canonnières et de corvettes en bois, ses navires ont été *accouplés* deux à deux, de manière à n'exposer au feu que la moitié de la flotte et des appareils moteurs, et, l'un portant l'autre, à franchir sûrement le pas difficile.

La colonne des monitors, engagée la première, vient couvrir le passage de la colonne en bois ; mais le monitor, chef de file, est coulé par l'explosion d'une torpille. — Farragut, pour mieux dominer la fumée et les événements de la lutte, est monté dans sa grande hune, d'où il transmet ses ordres par un tube acoustique :

« Ordre est donné de n'employer contre les forts et batteries
« que la mitraille et les obus Shrapnell[1]. Le brave amiral, écrit

---

[1] Autrement dit *obus à balles*, ainsi nommés d'après leur inventeur.

« un marin illustre, a calculé que son principal but doit être
« d'éloigner les artilleurs confédérés, au moment du passage
« de la flotte, par une grêle de mitraille et d'obus. »

Le succès devait couronner cet habile ordre de bataille. — Pendant que la colonne des monitors reste impassible sous les boulets confédérés, les navires en bois, poussés par leur vitesse et la marée de flot, franchissent la passe avec peu de dommage. Seul, le serre-file, atteint dans son appareil moteur par l'explosion d'un obus, ne doit son salut qu'à la précaution d'accouplement; sa conserve l'entraîne hors de danger. — Restaient les torpilles, dont la destruction du monitor chef de file venait de révéler, une fois de plus, tout le danger. — Farragut, jouant le tout pour le tout, gouverne droit au milieu des bouées. — La fortune justifie son audace calculée ; il franchit impunément ces redoutables machines, avariées par un long séjour dans l'eau.

La passe était forcée. — L'habile Farragut continue sa route à toute vapeur, jusqu'à entraîner la flottille confédérée à 5 milles du fort Morgan. — C'est là qu'il livre au bélier *Tennessee* un combat homérique où ce dernier succombe, bien moins sous le choc répété de ses assaillants que sous les coups écrasants des boulets de 15 pouces[1].

Examinons les chances à courir par une escadre rapide, franchissant le goulet d'une rade ennemie. Ici se présente la question des barrages. — Ces obstacles artificiels, établis dans les passes pour arrêter la navigation, datent de la plus haute antiquité. Sans remonter jusqu'aux Athéniens fermant le Pirée, rappelons que les Grecs barrèrent l'entrée de la Corne d'Or, pendant le siége de Constantinople, en 1453, et obligèrent Mahomet II à faire passer sa flottille par-dessus une presqu'île, travail gigantesque, qui retarda de plusieurs mois la chute de l'empire grec. Pendant la guerre de Crimée, les Russes coulèrent une partie de leur flotte dans les passes de Sébastopol et de Cronstadt, résolution habile et hardie qui ajouta immédiatement aux ressources de leur défense un précieux renfort de quelques centaines de canons et de plusieurs milliers de marins. — Des barrages analogues ont longtemps protégé Richmond et Charleston, pendant la guerre d'Amérique. — Après les môles et les digues en pierres, les barrages de navires coulés constituent assurément pour les ports le mode de fermeture le plus infaillible; mais il

---

[1] On sait que le canon américain de $38^c/_m$ (15 pouces) appartient au système d'artillerie à âme lisse et à effets *contondants*.

faut reconnaître aussi que c'est là un moyen héroïque, en ce que, la paix venue, il devient souvent très-difficile de faire sauter ces carcasses pour rétablir la navigation.

Si les barrages permanents ne constituent qu'un remède *in extremis*, il n'en est pas de même des *estacades*. Ces obstructions mobiles, improvisées avec des corps flottants (drômes de mâtures, pontons, alléges, vieux bâtiments), reliés par de fortes chaînes, s'établissent assez facilement en travers d'une passe, à l'aide d'ancres de flot et de jusant, et de points d'appui terrestres. Ajoutons que si ces estacades ne constituent qu'une entrave passagère à la navigation, elles sont loin d'offrir la valeur défensive des barrages permanents.

Quelques mots sur l'*Affaire des Brûlots* en 1809 feront mieux comprendre le peu de confiance que méritaient généralement ces obstacles. Ainsi l'estacade de 1,558 mètres établie pour protéger les douze vaisseaux de l'escadre de Rochefort se composait « de 9 grelins passés dans l'œil de 9 aussières mouillées « avec des ancres à jet. Des espars tenaient les grelins flottés à « la surface de la mer. » — L'auteur des *Batailles navales de la France* [1], à qui nous empruntons ces détails, ajoute que le port de Rochefort n'ayant pas fourni à temps au vice-amiral Allemand les matériaux demandés, non-seulement il n'avait pu songer à établir une seconde estacade, mais que même il avait dû, pour établir la première, se démunir d'une partie des ancres et des amarres de ses vaisseaux. — Quant à ces derniers, ils étaient affourchés sur deux lignes distantes de 243 mètres seulement, laissant entre chaque vaisseau un intervalle de 195 mètres. — La direction de l'affourchage était malheureusement *dans le sens même du courant* [2], en outre du danger propre à un ordre aussi aggloméré. — De son côté, l'amiral anglais Gambier avait fait transformer douze grands navires en machines incendiaires. — D'autres brûlots et un grand approvisionnement de fusées à la Congrève, dirigées par leur inventeur en personne, lui avaient été envoyés d'Angleterre, ainsi que le célèbre capitaine de l'*Impérieuse*, lord Cochrane, promoteur de cette expédition. « Les bâtiments d'explosion contenaient 1,500 ba« rils de poudre dans des barriques liées entre elles par de forts

---

[1] Tome IV, pages 35 et suivantes.
[2] Au lieu d'être établi *par la perpendiculaire*, précaution qui eut permis à nos vaisseaux de *s'effacer*, lors du passage des brûlots, en filant brusquement un de leurs câbles.

« amarrages. Du sable mouillé garnissait les intervalles de ces
« pièces, de manière à en former une masse compacte ; 400 bom-
« bes chargées et 3,000 grenades complétaient ces formidables
« machines de destruction. »

Quand vint la nuit mémorable du 11 avril 1809, le flot était dans toute sa force et il ventait fraîche brise de N.-O., sur rade de l'île d'Aix. Dans ces conditions on comprend s'il fut aisé à des bâtiments anglais de 400 à 800 tonneaux, lancés avec vent et courant favorables et filant 7 à 8 milles à l'heure, de rompre la faible estacade de grelins qui seule couvrait l'escadre française. Il n'entre pas dans notre plan de raconter ici la scène terrible qui suivit l'irruption de ces brûlots au milieu de notre escadre groupée en ordre compact. Nous préférons renvoyer le lecteur au récit si émouvant et si autorisé du commandant Troude.

L'historien des *Batailles navales* incline à croire que de meilleures dispositions d'ancrage eussent pu rendre cette attaque aussi infructueuse que celle dirigée, en 1804, contre la flottille de Boulogne. — Cette opinion semble d'autant plus fondée que, circonstance bien curieuse à noter, aucun de nos bâtiments ne fut incendié par les brûlots qui les avaient accrochés. — Tous parvinrent à s'en dégager comme à éteindre des commencements d'incendie. Ce fut le regrettable sacrifice de ses câbles qui, ayant fait échouer notre escadre, la laissa exposée presque sans défense aux nouvelles attaques de l'ennemi. Cependant deux vaisseaux réduits à amener par les boulets ennemis furent *seuls* brûlés par les Anglais : deux autres et une frégate furent incendiés par leurs propres équipages. Le reste de l'escadre parvint à se relever et à s'abriter dans la Charente. — Concluons que, dans les conditions si inégales où s'accomplit ce coup de main, la destruction d'une partie de l'escadre de Rochefort fournit la meilleure preuve du danger de séjourner sur les rades ouvertes, en face d'un ennemi entreprenant.

Personne n'a encore vu à l'œuvre les béliers spéciaux (*Steam Rams*) ou nos puissants vaisseaux à éperon. Mais nul ne saurait douter que des masses de 2,000 à 7,000 tonneaux, lancées avec une vitesse de 12 nœuds, ne s'ouvrissent un passage immédiat à travers tous les systèmes d'estacades flottantes. Aussi doit-on leur préférer, à notre avis, les obstructions de nature à céder graduellement, en paralysant l'action des hélices. Les grands filets de pêche, connus sous le nom de *madragues*, des réseaux de cordages de diverses grosseurs, mouillés entre deux eaux, deviendraient des *impedimenta* fort dangereux pour les propulseurs ennemis. — En traitant de la défense mobile des rades, nous reviendrons sur un expédient de ce genre, proposé il y a quelques années, pour fermer l'entrée de la rade de Toulon, par un officier de marine distingué.

« C'est un défaut inhérent au système des hélices, écrivait « l'ingénieur américain Ericsson, dans une lettre du 18 juillet « 1864, que la moindre obstruction brise ou enveloppe le pro- « pulseur, et rend ainsi le navire inerte. »

Aujourd'hui que le système de la double hélice est appliqué non-seulement à la plupart des gardes-côtes, mais aussi aux nouvelles frégates cuirassées de haut-bord, le danger signalé par Ericsson acquiert des proportions tout à fait imprévues et de nature à faire multiplier les grands filets et les réseaux de cordages, dans la défense des ports et des passes.

Après les estacades flottantes de pontons réunis par des chaînes dont le combat d'Obligado, en 1845, dans la rivière de la Plata, nous offre un exemple récent, viennent les différents systèmes d'*obstructions* permanentes ou fixes. — En 1858, les Chinois avaient barré l'entrée de Peï-Ho, par des rangées de pieux, reliées avec des chaînes et solidement enfoncées dans la vase. Aussi les canonnières anglaises et françaises, dirigées par les amiraux Seymour et Rigault de Genouilly, durent-elles forcer ces obstacles sous le feu de l'ennemi, pour tourner et enlever les forts de l'entrée, avant de remonter hardiment le Peï-Ho jusqu'à Tien-Sin pour contraindre les Chinois à la paix. L'année suivante, en 1859, ces obstructions et l'adresse des pointeurs chinois avaient fait de tels progrès qu'elles opposèrent à la division anglaise de l'amiral Hope, chargé de ratifier le traité, une résistance victorieuse. — Ce fut cet échec aussi sanglant qu'imprévu qui, entraînant l'Angleterre et la France à la grande expédition de 1860, amena pour la première fois, sous les murs de Pékin, les drapeaux de l'Occident chrétien.

L'ascension rapide et hardie de la division des mers de Chine dans la rivière de Saïgon, en 1859, conduisit à la prise de cette place par l'expédition du vice-amiral Rigault de Genouilly. — Bien que cette entrée de vive force fût facilitée par la profondeur du fleuve, cette opération habile eut des résultats considérables, car elle fut le point de départ de la découverte du *delta* de la basse Cochinchine. — La conquête de Saïgon et les avantages signalés de cette position entraînèrent notre établissement définitif dans le royaume d'Annam et donnèrent à notre pavillon le port qu'il cherchait depuis longtemps dans l'extrême Orient.

Réserve faite de la question des barrages, des obstructions et des torpilles, l'importance des feux d'artillerie à essuyer en défilant rapidement dans un goulet peut s'apprécier, au moins pour l'ancienne artillerie *rayée*, à l'aide d'une table calculée par un de nos officiers généraux d'artillerie les plus compétents en matière de défense des côtes[1].—Supposons avec lui un vaisseau de 60 mètres de longueur, s'avançant parallèlement à l'épaulement d'une batterie de *six* pièces, sous la vitesse très-modérée de 6 milles à l'heure, soit environ 200 mètres par minute.

DISTANCES minimum du vaisseau à la batterie.	DISTANCES du vaisseau en arrivant dans le secteur battu.	ESPACES à parcourir à travers le secteur battu.	DURÉE du trajet.	NOMBRE de projectiles à essuyer.
mètres.	mètres.	mètres.	′ ″	
100	140	300	1.30	12 } soit 2 coups
200	280	500	2.30	12 } par pièce.
300	400	700	3.30	18, soit 3 coups.
500	700	1.100	5.30	24, soit 4 coups.
1.000	1.400	2.100	10.30	42, soit 7 coups.
1.500	2.100	3.100	15.30	60, soit 10 coups.

[1] Il faut ajouter à chacun des nombres de cette colonne la longueur propre du bâtiment. On a adopté 1′ 30″ pour l'intervalle moyen entre deux coups de canon rayé dans une batterie de côte.

A l'aide de cette table, selon la distance minimum à laquelle le vaisseau devra passer de la batterie, on connaîtra — « *la durée de son trajet* à travers le secteur garni de feux, » — et par suite le nombre total de projectiles à essuyer de la part de l'ennemi.

Appliquons maintenant cette méthode à une escadre défilant dans une passe de 600 mètres de largeur. Admettons, pour fixer les idées, que cette passe soit défendue par une série d'ouvrages ne comprenant pas moins de *cent* bouches à feu. Certes, ce sont là des conditions favorables à la défense ! Veut-on ap-

---

[1] M. le général de Blois, auteur du *Traité des Bombardements*. Paris, 1848.

précier l'intensité de cette résistance vis-à-vis d'une flotte de vingt-cinq bâtiments de toute grandeur, défilant à mi-canal? Cette colonne se trouvera passer à 300 mètres des batteries ennemies et occupera en ligne de convoi une longueur minimum d'une demi-lieue marine (2,800 mètres). — Eh bien, cette expédition n'emploiera que *quatorze* minutes à défiler dans le secteur battu par chaque pièce, et ne pourra, pendant ce temps, recevoir au delà de dix boulets par canon de côte. Ainsi, pour un goulet défendu par cent pièces d'artillerie, l'intensité du feu à essuyer s'exprimerait par un *millier* de projectiles adressés à l'ensemble de la flotte, c'est-à-dire dispersés en réalité sur une longueur d'une *demi-lieue*.

A *fortiori*, avec la nouvelle artillerie à grande puissance, on verra diminuer d'abord le nombre des canons de la défense, puis le feu éprouver, en lui-même, un nouveau ralentissement très-marqué par la nécessité de plus longs intervalles de tir qu'on ne saurait évaluer à moins de 3 à 4 minutes. En revanche, si les coups portés deviennent bien plus rares, ils seront infiniment plus pesants et pleins de dangers pour les navires atteints. — Maintenant que l'on tienne compte de l'incertitude du tir sur des buts mobiles et peu élevés sur l'eau ; que, sans se prévaloir des éventualités d'une entrée de nuit, d'une surprise ou d'un temps brumeux, l'on veuille bien songer simplement à la facilité toujours acquise aux bâtiments — « de se couvrir de fumée » en ripostant, ne fût-ce qu'à poudre ! Peut-être conclura-t-on que, si l'escadre d'invasion a trouvé des passes libres ou surmonté les dangers sous-marins, les grandes difficultés de l'entreprise l'attendront à son arrivée au mouillage dans la rade envahie.

Comme exemple de ce genre d'opération, on peut citer le passage de vive force des Dardanelles, dont la difficulté naturelle était encore accrue par la menace d'une artillerie extraordinaire, *fort heureusement servie par les Turcs*. — Les nations européennes ne font aujourd'hui, disons-le en passant, que reproduire, sous une forme civilisée et perfectionnée, ces calibres monstrueux des Turcs qui, dès le XVIe siècle, aux siéges de Rhodes et de Malte, lançaient déjà d'énormes boulets de pierre. — Cette artillerie gardait encore les Dardanelles quand, le 3 avril 1807, l'escadre anglaise de l'amiral Duckworth, qui avait pu les franchir sans opposition deux mois auparavant, descendit ce fameux passage sous un feu terrible. — Grâce à la rapidité que leur imprimait un vent et un courant favorables,

les Anglais ne furent atteints que par une *dizaine* de ces *boulets monstres*. Et cependant, le second vaisseau, frappé entre la dunette et le gaillard d'arrière, eut, du même coup, sa roue de gouvernail emportée, son mât d'artimon à moitié coupé, et 20 hommes hors de combat. Le troisième vaisseau, atteint deux fois, vit sa mâture endommagée et eut trente hommes tués ou blessés. Le cinquième reçut un énorme boulet de près de 6 pieds de circonférence, qui fit dans sa batterie basse un carnage affreux (55 tués ou blessés). Enfin, le neuvième vaisseau, frappé et ouvert à la flottaison d'une brèche — « *où passait le corps d'un homme,* » eût infailliblement coulé s'il lui avait fallu changer d'amures. Au résumé, ces dix boulets monstres infligèrent à l'escadre anglaise une perte de 177 tués ou blessés et des avaries matérielles considérables. Aussi le général Jomini estimait-il que, si les Dardanelles avaient été armées de pointeurs plus exercés, cette expédition aurait pu coûter à l'Angleterre son escadre tout entière.

Par les circonstances qui marquèrent ses débuts, le glorieux combat du Grand-Port, de l'Ile-de-France, se rattache lui-même à la question des entrées de vive force.—Le 13 août 1810, à la suite d'un coup de main nocturne, le fort et l'île de la Passe, qui commandent l'entrée du Grand-Port, tombaient aux mains du capitaine Pym, de la frégate anglaise le *Sirius*.—Aussi, quand la division du commandant Duperré parut au large, le 20 août, l'ennemi, maître de nos signaux, crut-il lui tendre un piége habile et l'attirer dans une impasse en arborant partout le pavillon français. En effet, tout marcha d'abord au gré des Anglais. Déjà la division française donnait dans la passe quand le *Victor*, son chef de file, vit la frégate et l'île changer soudainement de pavillon, en lui envoyant une bordée. Etourdi par cette brusque réception, le *Victor* avait déjà mouillé et amené ses voiles quand, passant près de lui avec la *Minerve*, le capitaine Bouvet lui intima l'ordre de le suivre. Le commandant Duperré, qui fermait la marche avec la *Bellone*, aussitôt la passe forcée, ne perdit pas un instant pour faire embosser sa division en ligne serrée, au fond d'un cul-de-sac, derrière les bancs de coraux, de manière à ce que l'ennemi ne pût la tourner.—Aussi quand les quatre frégates de la division anglaise vinrent l'attaquer, le 23 août 1810, trouvèrent-elles les Français prêts à leur faire le plus énergique accueil. On sait ce qui suivit, et nous ne voudrions pas priver nos lecteurs du plaisir de lire ce beau combat, raconté ailleurs, dans un vrai style d'homme de guerre, par un des principaux acteurs en personne [1]. Qu'il nous suffise de rappeler que, grâce au talent de deux capitaines renommés et à la solidité des équipages qu'ils avaient su former dans leurs belles croisières, ce fut la division anglaise tout entière qui tomba dans le piége imaginé contre nous.

Les croisières de l'Inde, ne fût-ce qu'en nous montrant comment, dans les temps les plus malheureux, on fait rebrousser chemin à la fortune ennemie, mériteraient, à ce seul titre, une étude spéciale.

L'entrée de vive force d'une escadre française dans le Tage, en 1831, mérite à tous les égards d'être citée parmi les exemples d'action de guerre que nous traitons dans ce chapitre. Il y avait quinze jours que le contre-amiral Roussin croisait devant Lisbonne avec six vaisseaux, trois frégates et six corvettes ou bricks, quand, le 11 juillet, à 1^h 30 de l'après-midi, les vents jusque-là contraires passèrent enfin au N.-N.-O. L'escadre, aussitôt appareillée et formée en ligne de bataille, donna dans la passe du Sud, canonnant les forts de Bugio et de San-Juliano. Etant parvenu sans avaries sérieuses jusqu'à Paço d'Arcos, ce qui était l'hypothèse la plus favorable de son plan d'attaque, l'amiral Roussin signala à l'escadre de continuer à remonter le Tage. A 4 heures, le vaisseau-amiral le *Suffren*, chef de file, ouvrait son feu sur le fort de Belem, à 100 mètres de distance, et allait mouiller ensuite en face du nouveau palais. Vaisseaux et frégates se dirigeaient sur la division portugaise composée d'un vaisseau, trois frégates, cinq corvettes ou bricks, qui amenait son pavillon aux premières bordées de la *Pallas*. Dès 5 heures du soir, un aide de camp de l'amiral portait au gouvernement portugais les sommations jusque-là dédaignées de la France. L'escadre française tout entière était mouillée sous les quais de Lisbonne. Il n'y avait plus à hésiter. Trois jours après, le 14 juillet, le traité était signé et un mois après, le contre-amiral Roussin quittait le Tage, emmenant ses prises. Cette action de vigueur, sur un fleuve et contre une capitale réputés inattaquables par mer, produisit en Europe un grand retentissement. Aussi, au nom du contre-amiral Roussin convient-il sans doute d'associer ceux du contre-amiral Hugon et des capitaines de vaisseau Moulac, La Susse et Casy, qui tous depuis ont fait *école* dans notre flotte.

---

[1] *Précis des campagnes de l'amiral Pierre Bouvet*. 2e édition. Paris, Michel Lévy, 1865.

En parlant barrages et obstructions, attaques et défenses des ports et des rades, comment ne pas signaler le nouvel et terrible engin qui est venu récemment s'ajouter aux ressources de l'ancienne stratégie maritime?—Les *torpilles* [1] ont fait leur première apparition dans les eaux de Cronstadt, en 1855, lors de la guerre de Crimée. — De l'invention du professeur Jacobi, elles consistaient en vases coniques et remplis de poudre. Profitant des découvertes scientifiques faites récemment, M. Jacobi avait relié quelques-unes de ses torpilles à la côte par des fils métalliques fixés à des batteries électriques. — C'était le navire ennemi qui enflammait lui-même les autres. En abordant les torpilles, il brisait un tube contenant de l'acide sulfurique sur un mélange de chlorure de potasse et de *sucre*, et mettait ainsi le feu à la charge. L'un de ces *Jacobis*, choqué par le vapeur anglais le *Merlin*, qui procédait à une reconnaissance avec les amiraux Pénaud et Dundas, fonctionna avec assez de succès pour faire craindre un instant la destruction de ce bâtiment.

A la suite des Russes sont venus les Américains, qui, pendant la guerre de la Sécession, ont perfectionné les torpilles en les employant sous toutes les formes. — Dans la flotte fédérale seulement, on n'a pas compté moins de 31 bâtiments *victimes* de ces pétards sous-marins. Aussi les Confédérés et les Fédéraux avaient-ils été amenés à créer des corps spéciaux de *torpilleurs*. Ils ont d'abord fait agir la torpille à percussion (*Singer torpedoes or stake-guns*), mouillée entre deux eaux, fonctionnant par un choc extérieur et attendant l'ennemi au passage. Les premières furent établies à l'extrémité d'espars mouillés dans le courant des fleuves ou fixés sur le lit même à l'aide de pieux. — On les appela pieux à canon (*stake-guns*). Ces engins étaient disposés de façon à ce que le courant ne leur permît pas d'approcher de la surface de l'eau à moins de trois pieds. La torpille même était une boîte de tôle remplie de poudre. L'ignition

---

[1] Nous avons emprunté la plus grande partie de ces renseignements historiques et descriptifs sur les torpilles à l'excellente étude de M. Léon Renard, bibliothécaire du Dépôt de la marine, *la Guerre sous l'eau*, qui a paru dans le *Correspondant*. Ce travail, le plus intéressant comme le plus complet que nous ayons trouvé sur la question de torpilles, n'est lui-même qu'un fragment d'un ouvrage : *le Fond de la mer*, qui va paraître chez l'éditeur Hetzel, et qui traitera de toutes les tentatives (cloches à plongeur, nautiles, scaphandres, etc.) faites pour pénétrer et séjourner au fond de la mer.

s'effectuait à l'aide de *détonateurs*. Ces derniers consistaient en un petit mamelon de bronze, renfermant de la poudre fine, et entourée d'une feuille de cuivre très-légère et contenant du fulminate d'argent. Toutes ces matières, inflammables à des degrés différents, communiquaient entre elles. Le moindre contact d'un corps solide avec cette capsule produisait l'ignition du fulminate qui mettait le feu à la poudre, laquelle faisait à son tour éclater la torpille. Deux canonnières fédérales en subirent les redoutables effets.

Concurremment avec les *stake-guns*, les Confédérés employèrent des torpilles reposant sur un principe à peu près semblable. Elles se composaient de cinq bouteilles de verre, contenant de la poudre et coiffées du terrible détonateur. On les mettait dans un panier et on les mouillait un peu au-dessous de la surface de l'eau. Si faibles qu'elles dussent être, ces torpilles n'en firent pas moins sauter trois canonnières fédérales sur le Cumberland et le Tennessee. — Puis vint la torpille *mobile*, portée, comme jadis les chemises soufrées, au flanc du bâtiment ennemi, par des canots à vapeur dits *bateaux-cigares*, montés de quelques hommes déterminés. — Enfin, les Américains ont beaucoup employé, sur leurs fleuves, la torpille *dormante*, c'est-à-dire reposant sur le fond et reliée au rivage par un fil électrique.

Les torpilles, enflammées par l'électricité, ne différaient point, quant à la forme, des torpilles détonantes. Elles étaient reliées par des fils de cuivre recouverts de caoutchouc à une batterie placée à terre. La station où étaient cachées cette batterie et le mineur chargé de la faire agir, consistait généralement en un trou creusé dans le sol, à l'abri des éclats, et, lorsqu'il se trouvait dans le voisinage de l'armée, protégé par l'artillerie. S'il est évident que l'étincelle donnée à propos à ces mines sous-marines doit déterminer la destruction des navires situés dans un certain rayon, il n'en demeure pas moins clair que le point difficile sera toujours de saisir l'ennemi au passage.

A l'attaque de Mobile, en 1864, les torpilles à percussion avaient été tellement perfectionnées, qu'une seule d'entre elles fit sauter le monitor fédéral *Técumseh*. — Ce malheureux chef de file de l'amiral Farragut coula avec tant de promptitude, qu'à peine put-on sauver 12 hommes de son équipage.

A Charleston, les Confédérés avaient coulé des torpilles dans diverses parties du port. C'étaient généralement des torpilles *détonantes* d'une qualité très-inférieure. Il y avait aussi plusieurs *dummies* ; les unes et les autres eurent le même effet qu'au fort Fisher : elles paralysèrent les intentions de la flotte fédérale qui, malgré ses murailles de fer, n'essaya pas de pénétrer en deçà des batteries. Elle fut moins prudente dans l'attaque du fort espagnol, à Mobile, au mois d'avril 1865, et paya cher sa témérité. Les canonnières *Milwaukee*, *Osage*, *Laura*, *Ida*, *Yberville*, *Blossom*, *Rover*, *Scotia* et le *Numéro* 48 furent détruites par des torpilles établies aux approches de cet ouvrage, ce qui n'empêcha point les Fédéraux de franchir la ligne défendue par les torpilles et de prendre le fort, démontrant ainsi à leurs ennemis la nécessité d'avoir une seconde ou même une troisième ligne de torpilles, puisqu'un assaillant déterminé pouvait, en sacrifiant quelques navires, traverser une ligne simple.

Un peu plus tard, le bélier confédéré *Albermale* était détruit dans la rivière Roanoke par une torpille amenée sous son avant par une chaloupe à vapeur fédérale.—Cet exploit du lieutenant Cushing s'accomplit par une nuit obscure.—Accueilli par un feu de mousqueterie formidable, il lance résolûment sa chaloupe à toute vapeur ; maniant lui-même le levier de la torpille, il la place sous le flanc du bélier et tire la détente.—Une explosion terrible retentit aussitôt.—La chaloupe fédérale remplie et brisée coule. Cushing et une partie de son équipage se sauvent à la nage et, à travers les bois, parviennent à rejoindre l'escadre du Nord.

S'il est une vérité incontestable depuis la guerre d'Amérique, c'est que tout port de mer, menacé par des forces prépondérantes, n'a pas de plus facile moyen de défense que les obstructions et les torpilles. — Ainsi que les colonnes d'assaut réunies devant une brèche, les escadres destinées à opérer une entrée de vive force devront se faire précéder d'une avant-garde *d'enfants perdus*. — C'est à ces navires légers, dont l'avant aura été garni d'espars installés en *balayeurs d'obstacles*, qu'appartiendra la mission essentielle d'éventer ou de balayer les torpilles et autres obstructions.

Quand les Fédéraux eurent reconnu que les *torpedoes* étaient devenus un des éléments réguliers de la tactique de leurs adversaires, ils cherchèrent naturellement à parer aux dangers qui menaçaient sans cesse leurs bâtiments. Pour les garantir des torpilles dérivantes, qui venaient les chercher jusqu'à leurs mouillages, ils suspendaient des filets autour du navire ou établissaient des bouts-dehors dans l'eau. Contre celles qui étaient placées un peu au-dessous de la surface, ils fixaient sur les joues du navire de petits espars qui empêchaient ces machines d'aborder et les forçaient d'éclater en dehors du cercle où elles auraient pu causer des avaries.

Si les croiseurs *sous vapeur* n'ont, à notre sens, que fort peu de chose à craindre de ces surprises, il en serait tout autrement de ceux attaqués *au mouillage* et de nuit par le choc de bateaux-torpilles. De tout temps, les flottes à l'ancre, dans les mouillages ouverts, furent menacées soit par des chemises soufrées, soit plus souvent par des *brûlots* ou navires incendiaires. Aujourd'hui ces moyens de destruction plus ou moins primitifs et efficaces, se trouvent remplacés par des canots à vapeur, bateaux-*plongeurs* ou bateaux-cigares, à peine visibles sur l'eau, mais capables de vous détruire *instantanément* si votre surveillance se relâche seulement pendant quelques minutes !—A des moyens aussi destructeurs, ne faut-il pas opposer des précautions extraordinaires? Ceintures d'espars, filets d'abordage, canons de campagne chargés à mitraille et toujours placés sur les passerelles, les dunettes et les gaillards d'avant, ainsi que les Américains nous en ont donné l'exemple ; enfin des canots à vapeur de ronde autour des bâtiments, de la pression et des chaînes prêtes à filer au premier signal ; par-dessus tout une vigilance exacte : tels semblent être les premiers moyens d'éviter désormais de trop coûteuses surprises.

En marche, si l'on soupçonnait que le cours d'eau sur lequel on naviguait fût miné, *des canots étaient envoyés en avant pour draguer.* — On repêchait alors les torpilles avec une sorte d'escope à main faite d'un bout d'embarcation.—Les marins fédéraux devinrent même si habiles à cet exercice, qu'ils en vinrent bientôt à ne plus regarder comme dangereuses les torpilles flottantes.—Mais ce mépris ne s'étendait point aux grandes mines de fond. — Quand il était avéré qu'une rivière était bien minée, ils n'avançaient qu'en prenant les plus grandes précautions, draguant le fond et fouillant les rives. Dans le cas où il n'y avait ni batteries ni troupes pour s'y opposer, on envoyait en avant du navire des embarcations avec des grappins à l'arrière ; elles étaient suivies par des canonnières, chacune avec deux grands grappins.—Si celles-ci déclaraient la place nette, les bâtiments blindés s'engageaient dans le canal, montrant le chemin aux navires en bois. — Pendant cette évolution, des compagnies de soldats de marine étaient envoyées à terre, ou déployées en tirailleurs ; elles avançaient avec les embarcations, examinant chaque buisson, chaque ouverture de terrain, passant leurs baïonnettes au travers et faisant feu sur tout ce qui leur offrait l'apparence d'une station électrique.

Si l'on nous demandait actuellement quelles conclusions tirer des faits qui précèdent, nous répondrions qu'une étude, faite sur les lieux-mêmes, peut seule inspirer le choix et préciser la nature des divers moyens à employer. — A ce point de vue, la création d'un corps de *torpilleurs* et, dans chaque port, d'un « *comité d'obstructions* » mériterait de figurer parmi les premières mesures de défense à étudier pendant les loisirs de la paix. Un cours de torpilles a été créé à l'Ecole navale américaine d'Annapolis.

Naturellement composé d'officiers de marine et de matelots-canonniers, dont une portion brevetés *artificiers*, le corps des torpilleurs pourrait être attaché, sous certaines conditions, au vaisseau-école des matelots-canonniers. — Un comité central de fabrication des torpilles serait le complément indispensable d'une organisation de cet important service.

Dans cet ordre d'idées, le comité des obstructions aurait à faire un choix entre les divers systèmes de torpilles que la nature des lieux, les courants, la largeur et la profondeur des passes permettraient d'employer avec le plus de chances. — A l'entrée des rivières, dans les ports d'une petite superficie, ou dans les passes étroites et à tirant d'eau réduit, la torpille *dormante*, fonctionnant par l'électricité, possède une supériorité manifeste : — explosion assurée, conservation meilleure, points d'obstacle à la navigation ; nul ne le conteste ! — Mais s'ensuit-il que cette variété de torpilles doive être préférée pour tous les ports comme pour toutes les positions, notamment si ces torpilles dormantes doivent nécessairement être placées *à grande distance* des stations occupées à terre par les mineurs ? — Dans les fleuves et dans les passes larges et profondes, pour la défense des vastes baies ou rades, des nappes d'eau d'une grande étendue, peut-on raisonnablement se flatter « de saisir, à « grande distance et *à la seconde près*, le passage de l'ennemi « dans la sphère d'action de l'une ou l'autre de ces mines sous-« marines ? » — Si *non*, ne faudra-t-il pas, au moins pour ces positions hydrographiques, en revenir aux filets traînants barrant les passes, comme aux chapelets de torpilles fonctionnant par *traction* ou *percussion*, c'est-à-dire par le choc même des navires ennemis ? Poser la question, c'est presque la résoudre !

L'usage de la torpille portée au bout d'une perche par une embarcation à rames ou à vapeur, sous le flanc d'un bâtiment ennemi au mouillage, exige le concours de quelques hommes parfaitement exercés et prêts à faire le sacrifice de leur vie. A ces conditions, il faut encore ajouter l'obscurité et un défaut de surveillance de l'ennemi, comme précautions extérieures. — Enfin le chapelet de torpilles remorqué par une embarcation, en amont d'un navire ennemi, pour venir ensuite l'envelopper, en dérivant, sous l'action du vent ou du courant, doit-il encore être mentionné, quoiqu'il nous semble d'un effet fort incertain ?

Quand on songe que quelques kilogrammes de poudre, renfermés dans un vase en tôle, suffisent à anéantir le plus grand navire cuirassé, *l'œuvre de plusieurs années et le prix de plusieurs millions*, ne paraît-il pas que Dieu ait voulu décourager les hommes de leur folle compétition dans l'ordre des inventions meurtrières ? — La torpille, ainsi que la fronde de David, ne semble-t-elle pas devoir jouer, dans les secrets de la Providence, le rôle de l'arme vengeresse du *faible* contre le *fort ?*

En parlant des opérations maritimes ayant pour théâtre les grands cours d'eau, on ne saurait omettre d'insister sur le caractère particulier de la *guerre des fleuves*.

Pour opérer sur les rivières et les fleuves, plus encore que sur les lacs ou dans les mers resserrées, il faut posséder ou créer tout d'abord une flottille « à tirants d'eau *gradués*. »—Cette condition de graduer les tirants d'eau parfois de *mètre* en *mètre*, parfois même de *pied* en *pied*, est *sine quâ non* et doit dominer toute pensée d'opérations fluviales. La seconde question à résoudre n'est pas moins importante. — Ou l'on pourra, de gré ou de force, franchir l'embouchure du fleuve et le remonter à ses risques et périls, pénétrant ainsi soudainement au cœur même du pays ennemi, ou, cette embouchure étant infranchissable, il faudra avoir recours à des canonnières démontables, transportées sur ses bords et utilisées seulement après que les opérations militaires auront atteint l'une de ses rives. — Les expéditions de Chine et de Cochinchine nous offrent un exemple du premier cas : la flottille traînée *à vide* à la remorque des grands bâtiments, recouvre son individualité dès l'embouchure des fleuves. — La guerre d'Italie nous montre enfin des canonnières démontables et une brigade de marins accompagnant notre armée, et à la veille d'opérer sur le lac de Garde. Dans l'incertitude, le parti le plus prudent pour une grande marine ne sera-t-il pas de construire une flottille partie *démontable* et partie *non démontable*.

Avant d'entreprendre des opérations fluviales, il faut encore posséder ou se procurer des cartes représentant, au moins à grands traits, l'hydrographie des fleuves, des lacs ou des mers resserrées qu'il s'agit d'envahir. A défaut de cartes, si l'on ne veut point marcher à l'aventure, il faut songer à découvrir quelques pratiques de cette navigation difficile.—Dans bien des circonstances, sur les fleuves étroits et rapides surtout, on comprend à merveille que la meilleure carte possible soit d'avoir un *bon pilote*. — Pour naviguer avec quelque sécurité au milieu de ces zones si changeantes de violents courants, de remous, de sinuosités et d'écueils qui constituent d'ordinaire les parcours fluviaux, il faut par-dessus tout des bateaux *très-manœuvrants*.

Si l'on observe avec quelque attention les vapeurs à hélice et à roues, affectés à la navigation des grands fleuves européens, il est aisé de se convaincre que des batteries-radeaux, même à hélice, mais taillées en forme de chaland, ne sont pas le seul type de flottille dont il faille se préoccuper.—Si l'on en juge par les steamers de l'Escaut, de la Meuse et du Rhin, les traits comme les besoins caractéristiques de ce service ne seraient-ils pas : développement maximum des facultés *giratoires*, avec usage éventuel d'un second gouvernail appliqué à l'avant, pour la marche en arrière; — vitesses, si faire se peut, de un ou deux nœuds supérieures à celle des plus forts courants observés; — échelle ou graduation des tirants d'eau, déterminée d'après la profondeur minimum des fleuves à parcourir; — armement militaire le plus puissant, en hommes, canons et petites armes?

Sur les vapeurs fluviaux déjà cités, munis de gouvernails de rivière, une grande roue à manettes, établie sur la passerelle, dans un plan horizontal, permet de gouverner avec cette extrême précision, indispensable dans les parcours étroits et sinueux. — Il s'agit bien moins, à notre sens, de songer à blinder les canonnières fluviales, exigence plus ou moins impraticable, que d'en faire avant tout de bons instruments nautiques de cette navigation spéciale. — Quant à les envelopper de pavois en tôle, protégeant les équipages de la fusillade, voire même de la menue mitraille, c'est chose facile à faire comme au Sénégal et en Cochinchine. — Pour ce qui est de l'artillerie, il y a à choisir entre le combat *de pointe*, entraînant l'obligation du masque à sabord, ou le combat par le travers, avec le gros canon établi au centre, sur affût à double pivot. En tout état de cause, le gros canon doit avoir comme satellites 2 ou 4 pièces légères en bronze de 4 ou de 12, formant une artillerie *volante*, précieuse dans une foule de circonstances.

Abandonnées à leurs propres moyens, les batteries-radeaux, en forme de chaland et à tirant d'eau minimum, seraient trop souvent impuissantes à se mouvoir avec sécurité.—Remorquées et accompagnées par de bonnes canonnières, très-manœuvrantes, ces batteries peuvent devenir au contraire, en raison même de leur invulnérabilité relative, des engins de rivière redoutables.— En un mot, pour composer une flottille fluviale effective, il faut *associer* le type du bateau manœuvrant à celui qui ne l'est pas.

Quant aux services militaires d'une flottille de ce genre, soit comme base d'opérations et facultés de ravitaillement d'une armée ainsi que lors des passages de rivière, des attaques de ponts ou de villes sur les fleuves, soit pour les invasions maritimes en pays ennemi, leur importance dépasse toute description imaginaire.— Les flottilles du Danube, de la Vistule, de Dantzick, et celle du siége de Cadix, pendant les campagnes d'Autriche, de Prusse et d'Espagne, sous le premier Empire, rappellent assez les souvenirs des marins de la Garde. — Sans ces mêmes flottilles, désormais à vapeur, l'invasion de la mer d'Azof, les expéditions de Chine et de Cochinchine, la victoire du Nord sur le Sud pendant la guerre d'Amérique, fussent demeurées impossibles.—Désormais, les armées de campagne, le long des grands fleuves, seront accompagnées d'un corps de marins et d'une flottille. — Si cette flottille a pu franchir l'embouchure et remonter de vive force, son action pourra coïncider avec l'arrivée de l'armée. — L'on aura, dans ce cas, gagné un temps précieux.—Sinon, la flottille démontable, amenée par les chemins de fer, ou, à défaut, portée par des voitures, suivra l'armée sur les derrières, comme les pontonniers et les équipages de pont.

III.

LA MARINE EN FACE DES FORTIFICATIONS. — LES ATTAQUES COMBINÉES DE TERRE ET DE MER OU SIÉGES MARITIMES.

L'attaque des ports et arsenaux, par une expédition combinée de terre et de mer, comprend une série d'opérations méthodiques qui justifient le nom de *siége maritime*. Mais, sur mer, à la différence des siéges terrestres, la configuration des lieux, la profondeur de l'eau, les forces relatives de l'assiégé et de l'assiégeant, peuvent seules déterminer la tactique qu'il convient d'adopter. — Ainsi, pendant que la flotte expéditionnaire prendra position, soit à l'ancre, soit à la vapeur, et se développera, hors de portée de canon, devant le port menacé, des avisos explorateurs, la sonde à la main, s'occuperont, sans perdre un instant, de la reconnaissance de la place. — Si, sans donner l'éveil à l'ennemi, d'une façon ostensible, ces investigations ont pu s'effectuer, quelques jours *à l'avance,* par une avant-garde de l'expédition [1], sage précaution qui précéda le débarquement en Crimée, la prise de Kertch et de Kinburn, on abrégera la période toujours délicate des tâtonnements. — L'assiégeant conservera dès lors les avantages marqués d'une brusque agression, voisine de la surprise.

Selon les résultats des reconnaissances, la nature et la distribution des ouvrages ennemis, la flotte assiégeante établira son plan d'attaque, choisira ses positions, sa distance et son heure. — Malgré l'importance qu'un bon système de défense mobile des ports réserve aux *sorties* maritimes de l'assiégé, nous devons momentanément faire abstraction de cette éventualité. Il sera temps d'y revenir en traitant la question de la flotte garde-côte. — Ainsi que dans un siége de place forte, nous supposerons l'assiégeant vainqueur de ces *sorties*, et n'ayant plus affaire qu'aux ouvrages de la défense terrestre.

S'il s'agit d'une vaste rade où l'on aura pénétré par une entrée de vive force, la dissémination des batteries de terre pourra

---

[1] Avant-garde qui doit toujours comprendre un ou plusieurs avisos, montés par des officiers hydrographes.

permettre à l'assiégeant de procéder par *égrénement*, c'est-à-dire par une série d'attaques de détail. Les îles et les presqu'îles de la rade envahie deviendront naturellement l'objectif de la flottille de siége, qui s'efforcera d'y prendre pied, soit par un coup de main, soit par une vive canonnade, suivie d'un débarquement. — Mais si, au contraire, comme il arrive le plus souvent, le port ennemi n'offre qu'un mouillage intérieur, étroit ou défendu par des feux croisés, avant de courir les hasards d'une entrée de vive force, l'assaillant préférera sans doute prendre position à l'extérieur. Il développera ses bâtiments au large, hors de portée utile des feux de la place, et aura d'abord recours à un bombardement méthodique.

Enfin la marine peut se trouver *isolément* et avec ses seuls moyens aux prises avec des fortifications permanentes. — Aussi convient-il d'examiner tout d'abord comment les choses se passaient au temps de la marine *en bois*, alors qu'elle acceptait la lutte contre des ouvrages bien situés.

— Un proverbe bien connu des habitants de notre littoral traduisait autrefois, en termes fort expressifs, toute l'inégalité de cette situation, en disant : — « *Un canon à terre vaut un vaisseau à la mer !* » A l'appui de cette « sagesse des nations », on pouvait naguère encore invoquer les faits de guerre les plus probants.

Ouvrant l'histoire de la marine britannique, nous voyons le fameux commodore Sir Sydney-Smith, à la tête d'une division composée du vaisseau de 80 le *Pompée* et de deux frégates, engager, sur la côte de Corse, une tour Martello, armée de deux canons à pivot. Le *Pompée* s'embossa à 600 mètres, l'*Hydra* de 38 et l'*Aurora* de 28 demeurèrent sous voiles, canonnant la tour toutes les fois que leurs pièces pouvaient parvenir à *découvrir* cet ouvrage, « difficile à atteindre, observe l'historien « anglais, par sa hauteur considérable au-dessus de la mer. » — Ce fut vainement que l'entreprenant commodore s'acharna pendant plusieurs heures, à réduire cette tour et ses deux canons au silence : sa division y consomma, en pure perte, toutes ses munitions ; le *Pompée*, demeuré stationnaire, avait reçu 40 boulets dans sa coque et comptait 35 hommes tués ou blessés. — La journée était perdue pour les bâtiments anglais, quand ils eurent recours à un débarquement à revers de leurs soldats de marine. Cerné et menacé d'un coup de main, le sergent commandant ce petit poste rendit immédiatement la tour. — Ainsi, quelques hommes venaient d'obtenir, en peu d'instants, par terre, un résultat pour lequel 80 bouches à feu avaient vainement combattu de la mer.

Sur la côte d'Espagne, en 1805, une nouvelle frégate anglaise, la *Loire*, de 38, capitaine Maitland, attaqua, dans la baie de Muros, un fort armé de 12 canons de 18 (long). La *Loire* s'embossa à 400 mètres de distance, et ouvrit un feu bien dirigé. Cependant ses boulets ne faisaient aucune impression sur le fort, placé dans une position *dominante* et défendu par une petite garnison espagnole, assistée des matelots d'un corsaire français mouillé dans la baie. L'habileté du tir de ces marins rendit bientôt très-fâcheuse la position de cette frégate, atteinte presque à chaque coup dans son bois. — La *Loire* essuya des pertes sensibles et allait être contrainte de prendre le large, si un hardi coup de main d'une partie de son équipage (de bonne heure débarqué pour tourner la position) n'eût, comme dans le cas précédent, réussi à enlever le fort par surprise.

Comment ne pas rappeler, dans des temps plus récents, la destruction du vaisseau danois de 80, le *Christian VIII*, incendié par 8 pièces holsteinoises, dans la baie d'Eckernfiord, en 1849, durant la guerre des Duchés? — Ces huit pièces appartenaient à deux petites batteries barbettes en terre, l'une de 2 obusiers de $22\%_m$ et de 2 canons de 24, établie à 6 mètres au-dessus de la mer, l'autre de 4 canons de 18 (long), à 4 mètres d'élévation ; cette dernière était munie d'un four à réverbère et tirait à boulets rouges. — En cette occasion les braves marins danois luttèrent tout le jour avec la dernière énergie, sans pouvoir démonter *une* seule pièce à terre ; aussi les Holsteinois purent-ils se vanter d'avoir incendié et *détruit un vaisseau de ligne*, au prix bien léger de 2 artilleurs tués et 3 blessés. — Nous pourrions multiplier les citations, en appeler à l'*Aide-mémoire* de l'artillerie française, comme au *Naval Gunnery* anglais ; il nous suffira de mentionner l'ancien axiome militaire, d'après lequel — « Quatre « pièces bien servies, derrière un épaulement en terre, doivent « avoir raison d'un vaisseau de 100 canons [1]. »

S'il fallait invoquer de plus récents témoignages de l'inefficacité de la marine en bois contre des fortifications bien entendues, il n'est pas un officier des marines française et anglaise qui ne fût prêt à citer la *diversion* hardie des flottes expéditionnaires,

---

[1] *Aide-mémoire* de 1836 (service sur les côtes). — En ce qui touche l'avantage des batteries barbettes en terre, consulter les *Attaques et Bombardements maritimes*. Paris, Dumaine, 1857.

le 17 octobre 1854, devant Sébastopol, diversion tentée pour venir en aide aux opérations de siége et d'assaut, projetées à cette date par les armées alliées. — En revanche, jamais plus belle occasion ne fut offerte à l'artillerie des vaisseaux, de déployer sa puissance dans un siége terrestre.

Dès l'ouverture des approches devant Sébastopol, les amiraux français et anglais, qui connaissaient les ressources, à ce moment bien restreintes, et le faible calibre de l'artillerie de siége alliée, offrirent spontanément aux généraux en chef les plus puissants canons et les meilleurs pointeurs de leurs vaisseaux. — L'escadre française fut bientôt représentée, dans les batteries, par 40 bouches à feu, servies par un corps de 1,500 officiers et matelots, le tout sous les ordres du contre-amiral Rigault de Genouilly.

Les effets puissants de nos obusiers de $22\%_m$ (80) et de nos canons de 30 long furent si promptement appréciés des hommes de l'art, que le nombre des pièces de la marine employées au siége dépassa plus tard le chiffre de 100, pendant que leur personnel, matelots et artilleurs de la marine, s'élevait à 2,500 hommes. — Aussi les pertes des marins et des artilleurs de la marine atteignirent-elles, devant Sébastopol, le chiffre d'environ 1,100 hommes tués ou blessés, dont 50 officiers, chiffre élevé, si on le compare à celui de leur effectif.

Les ordres du jour du général Canrobert et du maréchal Pélissier ont assez dit quels furent les services et l'adresse de nos marins débarqués, durant ce siége mémorable. — L'intelligence et l'entrain de nos officiers, les qualités solides, l'habileté de tir et l'esprit fertile en ressources de nos *matelots-canonniers*, furent particulièrement remarqués par les esprits observateurs de notre armée. — Heureux d'avoir trouvé une occasion de se faire connaître de leurs frères d'armes de terre, nos marins surent se montrer, dans les jours les plus difficiles, les dignes émules des artilleurs et les nobles représentants de leur corps.

Dans la dernière édition de son *Naval Gunnery* [1], le regrettable général Sir Howard Douglas semblait accepter comme un fait acquis, l'impuissance des vaisseaux en bois contre les ouvrages en maçonnerie.

— Il serait trop long de relater ici la part que le célèbre

---

[1] *Naval Gunnery, a Treatise, by lieutenant general Sir Howard Douglas, Bart. K. C. B.* (5e édition). London, 1855.

général sut prendre, pendant tant d'années, en Angleterre, à toutes les questions de défense nationale et d'artillerie navale, création du vaisseau-école l'*Excellent* et de l'institution du *Coast Guard*, etc., etc.

« Après la prise de Bomarsund, racontait le patriarche de l'artillerie navale britannique, le 4 septembre 1854, l'amiral Chads, si connu comme l'organisateur du vaisseau-école d'artillerie l'*Excellent*, résolut de tenter une expérience décisive. Le vaisseau *Edinburgh*, monté par les meilleurs *Seamen Gunners* de la flotte anglaise, fut embossé à 960 mètres de la forteresse russe. — Sept feux de bordée consécutifs ne produisirent point d'effet sensible sur la maçonnerie de Bomarsund. L'*Edinburgh* fut alors rapproché de moitié, et cinq nouvelles bordées à 430 mètres pratiquèrent, il est vrai, une petite ouverture dans l'escarpe, en très-mauvaise maçonnerie [1]. « Malgré ces dommages assez considérables, observe le *Naval Gunnery*, la brèche obtenue n'eût point été praticable pour un assaut. » — Il n'y a pas à s'en étonner. — L'action d'un feu de bordée et celle d'un tir de brèche, tel que celui qui se pratique dans les siéges, sont deux choses radicalement différentes. — En fin de compte, cette dépense de 640 projectiles (boulets pleins de 32 et de 68 et boulets creux de $0^m 20$ et de $0^m 25$) représentant 40 tonneaux de métal, n'aboutit pas à un résultat assez significatif, pour balancer les chances d'avaries graves que l'*Edinburgh* aurait eu à supporter, en engageant la forteresse à cette distance.

Voilà pour le passé. — Mais depuis les essais de l'amiral Chads, la révolution, qui des armes portatives s'est étendue à l'artillerie, a fait faire un pas immense aux moyens balistiques de la flotte. Depuis le remplacement de l'artillerie à âme lisse par les canons rayés, les partisans de la marine peuvent affirmer que la flotte de siége n'attend qu'un jour de bataille, pour faire ses preuves contre la maçonnerie. — L'expérience des canons rayés, acquise durant la guerre de Chine, et les différents tirs de brèche exécutés en France, établissent de la manière la plus incontestable les ravages effrayants du boulet creux ogival dans les murailles de pierres. — Si le boulet creux à *fusée*

---

[1] On remarqua que les boulets ronds, frappant dans les joints de la maçonnerie, produisaient seuls la disjonction et l'éboulement. — Un tir méthodique de brèche, à 430 mètres, aurait amené de plus grands résultats ; mais ce genre de tir, très-précis et très-lent, n'est guère praticable à bord des bâtiments, toujours obligés de procéder par une action rapide et décisive.

semblait être jusqu'ici le seul projectile capable de produire des effets de fougasse, dans les ouvrages en terre molle, de son côté, le boulet ogival *percutant* est devenu le véritable spécifique des escarpes en maçonnerie. — Comme mesure de sa pénétration, en pareil cas, on pourrait prendre, assure-t-on, environ les *deux cinquièmes* des pénétrations admises dans un massif en bois de chêne neuf.

L'histoire des attaques maritimes, entreprises depuis le commencement du siècle, confirmerait au besoin les appréciations qui précèdent. — Il nous suffira peut-être de rappeler que les succès de notre marine en bois à Tanger, Mogador, Saint-Jean-d'Ulloa, et ceux des Anglais devant Alger, en 1816, comme en 1840 devant Beyrouth, furent principalement dus, (il convient de ne jamais l'oublier), à l'inexpérience notoire d'adversaires tels que les Marocains, les Mexicains, les Turcs ou les Egyptiens [1]. — Dans les temps plus récents, l'honorable fait d'armes de Kinburn ne saurait lui-même faire loi, si l'on considère la supériorité écrasante des escadres alliées, vis-à-vis de la forteresse russe. — « A Kinburn, en 1855, fait observer le
« commodore américain Dahlgreen, bien connu par ses travaux
« sur l'artillerie [2], les batteries blindées, ce nouvel et formidable
« élément d'attaque, paraissent avoir rempli l'attente de l'Empe-
« reur des Français. — Mais la question principale, l'invulnéra-
« bilité de leurs armures, ne peut être considérée comme réso-
« lue par le choc des simples boulets de 32, tirés entre 600 et
« 1,000 mètres. Les fronts des forteresses maritimes seront dé-
« sormais défendus par une artillerie beaucoup plus puissante. »

Il est temps d'arriver à la flotte de siége cuirassée et d'examiner dans quelles conditions elle se présente, à son tour, devant les ouvrages terrestres. Pour aborder d'emblée les réalités de la pratique, reconnaissons tout d'abord qu'avec leurs munitions limitées et les chances d'avaries dont elles sont menacées, soit par les coups d'embrasures, soit par les feux courbes (voire même par les éclats du matelas en bois, à l'intérieur [3], ou la perforation accidentelle des plaques possible à petite portée), les batteries cuirassées attaquant des fortifications sont tenues de

---

[1] Consulter sur ce point les *Attaques et bombardements maritimes*. Paris, Dumaine, 1857.

[2] *Shells and shell-guns-Incidents of the war*, par le commodore Dahlgreen, de la marine des États-Unis.

[3] Hors le cas où ces murailles auraient été doublées en tôle mince, précaution d'humanité qui devrait être réglementaire pour tout navire cuirassé.

procéder par une action rapide et décisive. — Concluons que si, après quelques heures de feu, ces batteries cuirassées n'avaient pas réussi à éteindre les ouvrages ennemis, *à bout de forces comme de munitions*, il faudrait bien abandonner la lutte, si l'on n'était en mesure de les remplacer par des bâtiments tout frais. — La plus simple prudence exigerait donc que les batteries cuirassées, destinées à une attaque sérieuse, fussent toujours réparties en *deux* ou *trois divisions* d'attaque, prêtes à se relever en temps opportun, pour ôter à l'ennemi le temps de reprendre haleine comme de réparer ses brèches.

En pareil cas, combien ne serait-il pas important de faire soutenir les batteries flottantes par des canonnières combattant de pointe, et surtout par des *feux courbes* nombreux et puissants, lancés par des bâtiments embossés à grande distance pour remplacer nos anciennes bombardes ?

L'attaque du fort Sumter, devant Charleston, par 9 monitors, le 11 avril 1863, démontre que, si supérieurs qu'ils soient aux batteries flottantes, les monitors eux-mêmes demeurent quelquefois impuissants contre les ouvrages en terre. — « Les Fédéraux, écrivait un témoin oculaire, s'avancèrent dans un ordre parfait en ligne de bataille, à environ 1,300 mètres du vieux fort Sumter, qui les accueillit courtoisement par un salut à poudre de 13 coups pendant que la musique des Confédérés jouait l'air national du Sud. Le *Passaïc* arriva le premier à portée, et, selon l'ordre du général Beauregard, tous les forts confédérés concentrèrent leurs feux sur lui. Au bout de 20 minutes, le *Passaïc* dut se retirer en perdant l'engin *balayeur* d'obstructions qu'il portait à son avant. — Cette machine, construite en bois et en fer, portait des chaînes à crochets pour amener les *torpilles* à la surface de l'eau et les faire sauter. — Elle fut s'échouer sur Morris-Island. — Ce fut ensuite le tour du *Keokuk* qui, à 800 mètres, ouvrit le feu, avec ses canons de 38 $\%_{in}$ et ses canons rayés de 200. — Mais assailli à la fois par toutes les batteries confédérées, ce malheureux monitor dut se retirer en pompant à outrance ; ce qui ne l'empêcha point de couler le lendemain matin.[1] » — « L'*Ironsides* et deux autres monitors s'approchèrent successivement et furent salués par nos Colombiades et nos canons Brookes. Enfin l'ennemi s'éloigna ayant tiré 110 coups.

---

[1] Si l'on considère que ce navire n'était cuirassé qu'à la *moitié* de l'épaisseur ordinaire, la submersion du *Keokuk* ne prouve absolument rien contre l'invulnérabilité des monitors.

Bien qu'atteint par 40 projectiles dont plusieurs boulets de 38%, le fort Sumter ne fut pas sérieusement endommagé. » — « On pourrait même dire qu'il était dans de meilleures conditions qu'auparavant, car nous faisions exclusivement usage de sacs de sable pour réparer nos brèches. » C'est ainsi que, pendant de longs mois, les monstrueux boulets des cuirassés du Nord sont venus s'enterrer, sans résultat, dans les ouvrages en sable qui protégeaient Charleston.

En fait de siége maritime, la prise du fort *Fisher* (Wilmington) par les efforts combinés de la flotte des monitors et de l'armée fédérale, nous offre précisément le plus dramatique comme le plus récent exemple de siége maritime qu'il nous fût donné de souhaiter[1]. A l'entrée d'un des canaux sinueux qui découpent la côte basse et sablonneuse de la Caroline du Nord, les Confédérés avaient construit sur une presqu'île, un ensemble formidable d'ouvrages en terre. — Le fort Fisher, en couvrant les approches de la rivière du cap Fear, favorisait les hardis coups de main des *coureurs de blocus* sur cette côte dangereuse. Jusqu'à l'automne de 1864, il fut impossible au gouvernement fédéral de disposer d'un corps d'armée en mesure de coopérer avec la flotte. Cependant, il était évident que ce siége maritime, comme tous ceux de quelque importance, ne pouvait être mené à bonne fin sans une attaque combinée de terre et de mer. Rappelons que les parapets du fort Fisher variaient de 90 à 60 pieds d'épaisseur et que ses casemates contenaient 36 canons, les plus puissants que possédassent les Confédérés.— « Entre chaque canon, de spacieuses traverses pouvaient abriter environ 100 hommes chacune. En un mot, les casemates offraient un asile assuré à une garnison de 2,500 hommes. Enfin les fronts de cette espèce de redan étaient enfilés par le feu de bastions exhaussés de 28 pieds, au-dessus du niveau général des ouvrages. — Des palissades et des torpilles achevaient de garnir les approches du fort Fisher, qui semblait aussi invulnérable, pour le feu horizontal de la flotte, que pourraient l'être des terrassements de chemin de fer. »

« Quand cet ouvrage fut menacé de bombardement, les Confédérés avaient semé la rivière du cap Fear de torpilles élec-

---

[1] Nous devons les matériaux de cet émouvant récit à une Revue anglaise qui a fait une étude très-attentive des enseignements nautiques et militaires de la guerre d'Amérique, revue qui nous fut obligeamment communiquée par un de nos amis, capitaine de vaisseau bien connu de la marine britannique.

triques et de torpilles muettes. Ces précautions, jointes au changement des bancs, qui rendaient le chenal méconnaissable pour les Fédéraux, empêchèrent leurs navires cuirassés de remonter au delà du fort. A la rigueur, l'amiral Porter eût pu lever la seconde de ces difficultés, en n'employant que des navires d'un faible tirant d'eau et en prenant alors les batteries à revers ; l'existence des torpilles dans la rivière s'y opposa, et l'amiral fut obligé d'attaquer le fort dans une position très-désavantageuse, c'est-à-dire en mouillant vis-à-vis de la partie la plus solide de l'ouvrage, dans un endroit où il avait à subir l'influence du roulis de l'Atlantique [1]. »

Le siége commença, le jour de Noël 1864, par un bombardement que 56 navires fédéraux ouvrirent à des distances de 1,400 à 2,400 mètres. — Le 13 janvier 1865, de 8 heures du matin à 2 heures de l'après-midi, la flotte de l'amiral Porter débarquait, en pleine côte, la division du général Terry, avec armes et bagages et douze jours de vivres. Cette division, protégée par le feu des monitors, contre les sorties de la garnison, put aussitôt s'occuper de se retrancher solidement, en coupant, du côté de terre, la presqu'île du fort Fisher. — Pendant soixante-douze heures, les monitors *New-Ironsides, Tangus, Canonicus, Monadnock* et *Mahopac*, embossés à 800 ou 1000 mètres de la face assiégée du fort, firent pleuvoir sur elle leurs énormes projectiles de 13, 14 et 15 pouces.

Vainement, la garnison dévouée du fort Fisher tourna-t-elle contre ces cinq monitors toutes les ressources de la défense. — « Ce fut là, selon le récit d'un des survivants, un spectacle
« entre tous sinistre que de contempler la ténacité de ces noirs
« pontons et de ces mortelles tours, tournant sans relâche pour
« lancer à chaque nouvelle révolution leurs énormes boulets
« de 300 à 400 livres. Les plus braves de la garnison grinçaient
« des dents de désespoir, en voyant graduellement canons,
« hommes et parapets se confondre dans une inévitable ruine.
« — Impossible de faire reculer ces maudits *monitors* d'un
« pouce ! En vain, les officiers du Sud venaient l'un après
« l'autre se relever aux pièces comme pointeurs ; boulets et
« obus ricochaient sur les tourelles des monitors ou bondis-
« saient inoffensifs, sur leurs ponts au ras de l'eau. »

Nous le demandons au lecteur et aux partisans exclusifs des

---

[1] *La Guerre sous l'eau*, par M. Léon Renard.

cuirassés à sabords, est-ce avec des frégates à réduit ou des batteries blindées à embrasures qu'on eût pu se flatter d'obtenir cette invulnérabilité absolue et cette impassibilité au feu ?

« — Enfin un projectile heureux a réussi à détacher un « morceau de fer qui a *coincé* l'une des tourelles. — Une « longue acclamation retentit parmi les pauvres Confédérés. « Mais, à leur grand étonnement, voyez-vous ces deux matelots « sortir par l'embrasure de la tour, marteau et ciseau en main, « et travailler tranquillement à couper l'obstacle ? Une nuée de « tirailleurs du Sud s'apprêtent à mettre fin à la mission des deux « hardis marins, quand le général confédéré Witthing s'écrie : « Bas le feu ! mes enfants, ces deux braves méritent de vivre ! »

— Un instant après, la tourelle dégagée recommençait son feu.

— Chaque soir, au coucher du soleil, l'amiral Porter conduisait à l'attaque, une foule de frégates et de vapeurs en bois qui ouvraient un véritable *feu d'enfer*. — « Mais, selon l'expression « d'un officier confédéré, à l'encontre des petits monitors, cette « nombreuse flotte en bois faisait beaucoup plus de bruit que « de besogne, et deux pièces du fort suffisaient à la tenir en « respect. »

Enfin le 15 janvier, après 21 jours de siége et 72 heures de feu continu, les monitors avaient réussi à éteindre et à ruiner toute la face du fort qui regardait la presqu'île. — La brèche était praticable. — Du côté de terre, les 8,000 soldats du général Terry montent à l'assaut, pendant que, du côté opposé, 2,000 marins débarqués de la flotte s'élancent pour faire diversion à l'attaque principale. — En quelques minutes, 65 matelots sont tués, 200 blessés. — La brigade navale atteste par sa prompte retraite que, *sur la face opposée à la flotte en bois*, le fort était encore intact.

Une scène bien différente se passait du côté où les monitors avaient fait brèche. — Les troupes fédérales, malgré une résistance désespérée, gagnaient peu à peu du terrain. — Après quatre heures d'assaut, la nuit venait couvrir de ses voiles le combat sanglant qui continuait encore de traverse en traverse, de casemate en casemate. — Au jour, le pavillon étoilé du Nord flottait enfin sur les débris du fort Fisher.

Quelle morale retirer de ce siége maritime, sinon la supériorité éclatante des *monitors ?* — Sans leur invulnérabilité quasi-absolue, sans leurs gros canons de 15 pouces, il n'y eût eu au fort Fisher ni victoire sur les batteries en terre, ni brèche, ni assaut, ni prise de la place.

Voici, quant à présent, d'après les autorités compétentes [1], quels seraient les traits principaux de la tactique reçue, en matière de siéges maritimes. — Si les fortifications assiégées sont construites en pierre, *à fleur d'eau*, adossées à des rochers, mal défilées ou confiées à des mains peu sûres ; si elles se prêtent à l'égrènement ; si, par dessus tout, la profondeur de l'eau permet à l'assiégeant de concentrer sur elles, à petite portée, une somme de feux supérieurs, on admet que la flotte de siége aurait chance de les éteindre, sinon de les ruiner. — Mais qu'il s'agisse d'ouvrages *en terre*, bien flanqués, ayant sur la mer un *commandement* effectif ou défendus par des canonniers habiles, dans ce cas, la flotte de siége, sans la coopération d'un corps de débarquement proportionné au chiffre de la garnison, ne saurait ambitionner de succès complet. — En vain fera-t-elle pleuvoir une grêle de projectiles. Pour peu qu'ils aient quelque expérience de la guerre, les artilleurs de terre ferme trouveront plus d'une occasion de suspendre leur feu et s'abriter derrière leurs parapets, en laissant la flotte s'épuiser en coups à peu près inutiles. — Les artilleurs russes de la Quarantaine n'agirent pas autrement le 17 octobre 1854.

A l'exemple des Russes de Sébastopol, la même tactique réussit longtemps à la garnison américaine du fort Fisher comme à celle des forts de Charleston. Les projectiles ennemis venaient se perdre dans ces amas de sacs à terre ou de sacs de sable, sans produire beaucoup plus d'effet que le tir des armées alliées contre les ouvrages en terre de Sébastopol.

Personne n'a mieux exprimé toute la valeur du *commandement* que l'amiral américain Dalhgren, lorsque, rappelant l'insuccès des monitors fédéraux devant les fortifications dominantes de la rivière James, il émettait ce grand principe qui, à notre sens, devrait désormais servir de règle de conduite aux entreprises des marins ainsi qu'aux travaux des officiers du génie et de l'artillerie : — « Le feu de tout navire de guerre perd de « son efficacité *à proportion* du commandement que possède « l'ouvrage terrestre. »

Si nous avons réservé jusqu'ici la question des expéditions navales, du transport des troupes et des débarquements, le moment est venu de prouver que la doctrine du *concert préalable* des forces de terre et de mer n'est point d'invention récente.

---

[1] En tête desquelles il convient de citer le général Sir Howard Douglas. Voir la 5e édition de son bel ouvrage : *Naval Gunnery*, 1855.

En thèse générale, point de flotte expéditionnaire complète, point de siége maritime praticable, sans l'adjonction d'un corps de débarquement prêt à tourner la position et à l'assaillir du côté de terre.

A cette règle, on peut, il est vrai, opposer une brillante exception : — la prise du fort de Saint-Jean-d'Ulloa (Mexique, 1839), par une division navale française qui n'avait pas à son bord un seul soldat. — Mais les esprits sagaces ne s'y tromperont point : — « Les exceptions confirment les règles ! »

Veut-on la preuve de l'ancienneté de ce principe de tout temps indispensable au succès, sans oublier cette généreuse émulation que doit faire naître l'alliance de la marine et de l'armée ? Il suffit d'interroger l'histoire à toutes les époques, et notamment depuis deux siècles.

L'expédition de Vigo, entreprise sous Louis XIV par les Anglais, et qui fut, tout à la fois, une attaque combinée de terre et de mer et une entrée de vive force, offre un exemple éclatant du succès dont la fortune a souvent couronné ce genre d'opérations. — En octobre 1702, apprenant qu'une flotte française de 15 vaisseaux, aux ordres du vice-amiral de Châteaurenault, venait d'entrer à Vigo, pour escorter les galions espagnols du Mexique, l'amiral anglais Rooke, qui bloquait Cadix, avec 50 vaisseaux anglais et hollandais, se porta devant ce port [1].

L'entrée de Vigo, large à peine de 1,500 mètres, venait d'être fermée par une *estacade*. De plus, Châteaurenault avait fait embosser 5 vaisseaux en dedans de ce barrage et construire deux batteries sur les pointes d'entrée de la baie. — Néanmoins, l'amiral anglais, confiant dans le concours de ses troupes de débarquement et dans la force plus que triple de son escadre, résolut une attaque combinée de terre et de mer. — Le 22 octobre, la flotte anglo-hollandaise mouilla à 2 lieues dans le Sud de Vigo et débarqua 3,000 hommes qui marchèrent résolûment sur la ville. — Vigo et la batterie du Sud (c'est-à-dire les hauteurs qui commandaient la position), ayant été malheureusement abandonnées *sans combat*, la flotte anglaise, poussée par la brise du large, donna à toutes voiles contre l'estacade. — Ce barrage se rompit, et il s'ensuivit une mêlée où l'avantage resta au nombre. Châteaurenault, pris entre deux feux par la flotte ennemie et les troupes de débarquement, fit incendier ses vaisseaux. L'ennemi

---

[1] Le récit de l'affaire de Vigo est déduit du tome Ier des *Batailles navales de la France*, par le commandant Troude.

parvint malheureusement à en sauver la moitié, qui fut emmenée comme prises. — L'abandon des batteries et des hauteurs qui commandaient le port de Vigo, ne fut-il pas la faute capitale, cause de ce désastre? Les Français, demeurés maîtres de ces positions, n'eussent-ils pas paralysé l'escadre ennemie? Le Châteaurenault de Vigo était-il bien le vainqueur de la baie de Bantry?

Si, au contraire, les forces navales sont obligées d'opérer isolément, les résultats obtenus cessent d'être en proportion des efforts déployés. — Souvenons-nous qu'à la bataille de Copenhague, en 1801, où la marine combattait seule, Nelson ne fut sauvé d'un désastre que par sa persévérance héroïque et les feux courbes de ses bombardes. En l'absence d'un corps d'armée de débarquement, cette victoire, qu'il fallut acheter uniquement à coups de canon, du côté de la mer, exigea de cruels sacrifices. — L'historien de la flotte anglaise observe avec raison que Copenhague coûta plus de larmes à l'Angleterre que le triomphe d'Aboukir. — En regard de la destruction de la flotte française, accomplie lors de cette dernière bataille, au prix d'une perte de 896 Anglais hors de combat, le *Butcher's bill* [1] de Copenhague ne s'éleva pas à moins de 1,200 tués ou blessés. — En revanche, la prise de cette même capitale du Danemark, assiégée six ans plus tard, en 1807 (cette fois par une armée *combinée* de terre et de mer), s'obtint pour l'Angleterre au prix relativement léger de 235 hommes hors de combat [2].

L'expédition de Kertch et de la mer d'Azof, en mai et juin 1855, durant la guerre de Crimée, offre encore le double caractère d'une attaque combinée et d'une entrée de vive force. Un corps d'armée de 15,000 hommes, 23 navires de guerre français, une escadre de 33 bâtiments anglais, composaient l'expédition. Le 24 mai, les troupes anglo-françaises débarquent dans la plaine de Kamish, commandée au loin par les feux de la marine. Menacés d'être pris à revers et entre deux feux, par l'action simultanée des troupes et des escadres, les Russes incendient leurs navires et font sauter les fortifications de Kertch et du détroit de Iéni-Kalé. La retraite de l'ennemi, pressée par les flottilles anglaise et française, se termine dans la soirée.

Dès le lendemain de la prise du détroit, une flottille de 14 avi-

---

[1] *La note du Boucher*, selon l'énergique expression de nos voisins.
[2] *Naval Gunnery*, du général Sir Howard Douglas.

sos ou canonnières envahit cette mer intérieure d'Azof dont la navigation jouait un si grand rôle dans le ravitaillement de l'armée russe. — Cette invasion maritime, sur les *derrières* de l'ennemi, fut l'un des coups les plus décisifs portés à sa puissance et aux facultés de renouvellement de Sébastopol. — « En « trois jours, 106 navires de commerce sont détruits par la « flottille; » à Berdiansk, Genitché, Taganrok, Geisk, Marionpol, d'énormes approvisionnements de blé et de fourrage sont livrés aux flammes.—Dès le moment où les marines alliées eurent occupé la mer d'Azof, on put prévoir le jour prochain où Sébastopol succomberait, moins encore sous l'effort de nos armes que par la détresse croissante des subsistances de l'ennemi.

Dans les opérations de la guerre des côtes, la marine et l'armée demeurent donc étroitement solidaires, et leur action sur les frontières maritimes devra toujours être soigneusement *combinée*. Concluons enfin que si, à force de sacrifices et de persévérance, la flotte cuirassée est parvenue à envahir les eaux d'un port ennemi et à éteindre les feux de l'assiégé, le dernier acte du drame n'en appartient pas moins tout entier au généreux élan du corps de débarquement, ainsi qu'au fort Fisher. — Un siége maritime, comme un siége terrestre, ne saurait donc être couronné que par la menace d'un assaut heureux. — En principe, toute expédition ou attaque maritime, ayant pour objectif la prise d'une place ennemie du littoral, doit donc être concertée à loisir, entre les départements de la Marine et de la Guerre, comme exécutée en commun par les forces de terre et de mer. — Au canon de la marine, la mission de couvrir le débarquement, de bombarder la place et de préparer la brèche : à l'élan du fantassin, celle de tourner ou d'assaillir la position et de couronner la victoire, en plantant le pavillon sur les retranchements ennemis.

IV.

DES EXPÉDITIONS COMBINÉES D'OUTRE-MER. — LE TRANSPORT DES TROUPES ET LES DÉBARQUEMENTS.

> « La meilleure manière de savoir ce que l'on doit
> « devenir, n'est-ce pas de connaître ce que l'on a été ? »
> (*Réflexions sur l'histoire de France.*)

Depuis l'antiquité la plus reculée jusqu'à nos jours, toutes les expéditions d'outre-mer ont cherché à combiner les éléments d'action de la marine avec ceux de l'armée de terre. De tout temps, les flottes furent l'escorte et le moyen de transport des armées, aussi bien que leur base d'opérations et leur premier engin d'attaque, sur les rivages ennemis. — De tout temps aussi, ce furent les armées qui, une fois bien établies sur le sol ennemi, poursuivirent et atteignirent le but de l'entreprise.

Sans remonter aux expéditions navales des Grecs, des Perses, des Romains ou des Carthaginois, sans nous arrêter même aux Croisades, nous interrogerons les temps plus rapprochés et par suite mieux connus de tous. — S'il est vrai qu'il fallut le siége de la Rochelle et les nécessités maritimes qu'il entraîna, pour déterminer le cardinal de Richelieu à créer, en France, une marine régulière, on s'étonnera moins si les expéditions combinées de terre et de mer, qu'on peut interroger avec fruit, ne remontent, à notre sens, qu'au siècle de Louis XIV. — Nous laisserons donc de côté les événements qui s'accomplirent dans la Méditerranée, pendant la guerre contre l'Espagne et la Hollande. — Bornons-nous à rappeler que la marine française y joua un rôle très-important, notamment sous le grand Duquesne, vainqueur de Ruyter.

Au moment où la France, ayant établi sa prépondérance dans la Méditerranée, tournait naturellement ses regards du côté de l'Océan et de la Manche, survint la Révolution de 1688, qui fit monter sur le trône d'Angleterre l'ennemi acharné de Louis XIV et le promoteur de la coalition européenne, connue sous le nom de ligue d'Augsbourg. — La France eut dès lors à lutter contre les marines réunies de la Hollande, de l'Angleterre et de l'Espagne. — Avec l'appui des Anglais mécontents, une expédition combinée de 50 vaisseaux, 20 frégates et 400 transports, portant 14,000 soldats, débarquée le 15 novembre 1688, à Torbay, avait suffi au prince d'Orange pour renverser la dynastie des Stuarts. — Cependant Louis XIV ne désespéra point de rétablir Jacques II, alors réfugié en France. — Avec les deux grands ministres, Colbert et son fils Seignelay, qui venaient d'occuper, de 1669 à 1690, le portefeuille de la marine, nos flottes marchaient de succès en succès. — Au mois de mars 1689, le chef d'escadre Gabaret transporte le souverain exilé en Irlande, et le 6 mai, une expédition navale de 24 vaisseaux, 2 frégates et 6 brûlots, portant 6,000 soldats français, part de Brest, sous le lieutenant général de Chateaurenault. — Le 10 mai, les bâtiments légers effectuent le débarquement de nos troupes dans la baie de Bantry, pendant que Chateaurenault livre bataille à la flotte anglaise. — Cette double opération est couronnée de succès : l'amiral Herbert repoussé et ses troupes mises à terre, Chateaurenault rentre à Brest, le 17 mai. L'année d'après, en mars 1690, l'escadre du lieutenant général d'Amfreville, forte de 36 vaisseaux, débarque à Cork, en Irlande, un nouveau secours de 7,000 soldats français commandés par le comte de Lauzun.

Il faut bien convenir que toutes ces expéditions partielles, sans doute conçues d'après des promesses et des illusions d'exilés, péchaient par la base. — Si supérieure et si heureuse dans ses opérations que fût alors la marine du grand Roi, ce n'était pas avec de petits corps d'armée de quelques milliers d'hommes, débarqués à *un an* de distance, que l'on pouvait raisonnablement espérer de conquérir l'Irlande. — Aussi les troupes françaises furent-elles défaites à Limerick et Jacques II obligé de se réfugier de nouveau en France. — Toutefois la marine de Louis XIV était alors si prépondérante dans ces parages, que les débris de notre expédition purent se rembarquer à Cork, sur une partie de la flotte de Tourville, expédiée de Brest en septembre 1690.

Observons encore que, durant cette même année (1690), les flottes de France dominèrent si réellement la Manche, qu'à la condition de réunir une bonne armée de 60 à 80,000 hommes, Louis XIV, devenu *maître de la mer*, pouvait effectuer un débarquement sérieux en Angleterre. — La belle campagne de Tourville en fournit la preuve. — Sorti de Brest, le 23 juin, avec

70 vaisseaux, 5 frégates, 16 brûlots et 15 galères, *à la recherche* de la flotte anglaise, Tourville aperçoit, le 2 juillet, l'armée ennemie forte de 60 vaisseaux, mouillés à Sainte-Hélène (île de Wight). — Après sept jours de manœuvres pour se gagner le vent, la bataille de Bévéziers s'engage le 10 juillet. — Demeurée maîtresse du champ de bataille, notre flotte, qui avait détruit 3 vaisseaux ennemis, poursuit ses succès le lendemain et les jours suivants, brûlant 7 vaisseaux et en forçant 4 autres à se jeter à la côte. — Tourville constate sa victoire, en mouillant à Torbay, le 1er août. — Le 5, le vice-amiral d'Estrées débarque à Tynemouth, à la tête des détachements de la flotte, enlève une batterie et brûle 12 vaisseaux anglais. — En un mot, la bataille de 1690, dans la Manche, se traduisait, pour les Anglo-Hollandais, par une perte de 29 vaisseaux [1].

Par une aberration d'esprit dont la mort si intempestive de son habile ministre, Seignelay, peut seule nous donner la clef, au lendemain de la victoire navale de Bévéziers, Louis XIV laisse échapper l'occasion si propice de tenter une expédition décisive contre l'Angleterre. — L'année 1691 se passe à poursuivre des convois ennemis, et quand, au printemps de 1692, le grand Roi se décide à réunir un corps d'armée de 12,000 hommes, sur le littoral de la Manche, sa belle flotte de Brest, affaiblie par des détachements, n'est plus en état de dominer sur mer. — L'ardent Seignelay n'est plus là pour tout prévoir, et l'influence de son successeur Pontchartrain ne se ressent déjà que trop dans les conseils du roi. — Les 13 vaisseaux, expédiés de Toulon, contrariés par les vents, sont en retard, et c'est avec 45 vaisseaux (au lieu de 69 qu'il avait l'année précédente), que l'illustre Tourville reçoit l'ordre *impératif* d'aller combattre l'ennemi *fort ou faible!*

On sait quelle fut l'issue de cette déplorable suggestion des émigrés anglais. — La bataille de La Hague [2], où nous combattîmes follement *un* contre *deux*, mit fin à tout projet de débarquement en Angleterre, en offrant aux Anglo-Hollandais une trop facile revanche de Bévéziers. Et, observons-le ici, cette crédulité bizarre et cette faute impardonnable, encore incompréhen-

---

[1] L'analyse succincte de toutes ces opérations a été composée d'après l'excellente histoire de M. le capitaine de frégate Troude, *Batailles navales de la France*.

[2] La bataille indécise se livra près du cap La Hague, pendant que la destruction de nos vaisseaux avariés n'eut lieu que deux jours plus tard dans la rade de La Hougue.

sibles de la part d'un aussi grand politique, furent d'autant plus lamentables, qu'elles déplacèrent immédiatement le siége de la prépondérance navale. — Ainsi que nous l'avons dit au chapitre Ier, Jacques II, en assurant Louis XIV qu'une partie des capitaines anglais était disposée à embrasser sa cause, avait obtenu les ordres inexplicables donnés à Tourville, fallacieuse espérance que Guillaume d'Orange fit évanouir en arrêtant les chefs du complot. Malgré de grandes fautes, noblement avouées à son lit de mort, on ne saurait oublier que, de tous les princes qui ont régné sur notre pays, Louis XIV est encore celui qui a le plus fait pour la grandeur de la France, en lui laissant le Roussillon, l'Artois, l'Alsace, la Flandre et la Franche-Comté. — Pendant les quatre années qui suivirent notre glorieux revers de La Hougue [1], de 1693 à 1696, les Anglais vinrent à leur tour menacer les côtes de France, sans que le gouvernement français, sans doute découragé, renouvelât aucun des grands efforts maritimes qui avaient signalé le commencement et le milieu du siècle de Louis XIV.

Toutefois, la guerre de course et de débarquements partiels, magnifiquement dirigée par Jean Bart, Duguay-Trouin, le chevalier de Saint-Pol et Forbin, ne cessa de faire d'heureuses diversions jusqu'à la fin du règne. — Ainsi, au moment même où une escadre anglaise menaçait les côtes de France, Jean Bart, sorti de Dunkerque, en octobre 1693, avec 3 bâtiments, débarquait aux environs de Newcastle, en Angleterre, brûlait 500 maisons et revenait en France avec 11 prises. — Le chef d'escadre de Pointis, avec une expédition de 9 vaisseaux, des frégates, des corsaires et 2,800 hommes de débarquement, enlève Carthagène d'Amérique, en avril 1697, et lui impose une rançon de 15 millions. — En 1712, c'est le capitaine Ducasse qui, avec 6 vaisseaux et 2 frégates, s'empare de San Yago, aux îles du cap Vert, de Mont-Serrat, dans les Antilles, et rançonne la colonie de Surinam. — La belle expédition de Duguay-Trouin, contre Rio-Janeiro, ne comprenait pas plus de 6 vaisseaux, 7 frégates et 2 bombardes, avec 2,000 hommes de troupes. Et, cependant, grâce aux officiers éprouvés que Duguay-Trouin avait entraînés à sa suite, le succès fut complet. Rio-Janeiro capitula le 23 septembre 1711.

La période de Louis XV offre quelques exemples d'expéditions

---

[1] La bataille indécise se livra près du cap La Hague, pendant que la destruction de nos vaisseaux avariés n'eut lieu que deux jours plus tard, dans la rade de La Hougue.

combinées d'outre-mer, qu'il peut être utile de résumer brièvement. — Le 14 septembre 1746, La Bourdonnais, vainqueur du commodore Peyton et maître de la mer, en profite pour attaquer Madras avec 1,500 hommes de troupes et 9 vaisseaux. — Après une semaine de siége, Madras capitule et paye une rançon de 15 millions.

Il faut citer ensuite l'expédition du maréchal de Richelieu contre Mahon, armement considérable pour l'époque, car il comprenait 15,000 soldats, 12 vaisseaux, 6 frégates et 150 navires de commerce.

— Partie des îles d'Hyères le 12 avril 1756, l'armée mouillait le 18 devant Ciudadella, dans le Sud de Minorque. — Enlever le port de Mahon et le fort Saint-Philippe, clef de la place, excellente position navale et militaire, tombée aux mains des Anglais depuis la paix d'Utrecht, tel était le but de l'expédition. — Après six jours employés à débarquer l'armée et le matériel de siége, l'escadre de La Galissonnière vint bloquer de port de Mahon.

Longtemps incertain sur la destination de cet armement, ce ne fut que le 6 avril que le gouvernement anglais expédia l'amiral Byng au secours de cette place avec 13 vaisseaux, 5 frégates et 4,000 hommes de troupes. La traversée d'Angleterre à Gibraltar ayant duré vingt-six jours et celle du Roc à Mahon onze, on était au 19 mai quand les vigies françaises signalèrent la flotte de secours ennemie. Le lendemain 20, les deux escadres en vinrent aux mains, devant Mahon. — La Galissonnière, demeuré maître du champ de bataille, assura par son succès celui de Richelieu. Ce dernier, entré sans coup férir dans la ville de Mahon, assiégeait le fort Saint-Philippe depuis le 23 avril. Le fort Saint-Charles, situé sur le côté Nord de l'entrée, ayant été attaqué par des bâtiments légers et les chaloupes des vaisseaux, le fort Saint-Philippe capitula le 30 juin. — Aussi l'amiral anglais Hawke, successeur de Byng, n'arriva-t-il devant Minorque que pour voir le pavillon français flotter sur cette île.

Durant la même période, le vieux projet de débarquement en Angleterre que l'ancienne monarchie poursuivait avec plus de persévérance que de bien-jouer, fut l'objet de deux nouvelles tentatives. — Au printemps de 1744, une flotte de 26 vaisseaux escortant des transports chargés de troupes, partit simultanément de Brest et de Rochefort, sous le commandement du chef d'escadre de Roquefeuil. Cette flotte était destinée à débarquer le prince Edouard en Irlande ; mais il suffit d'un coup de vent, dispersant les vaisseaux, pour que les ministres de Louis XV abandonnassent toute pensée d'expédition en Angleterre, jusqu'en 1759. — Cette fois, l'Écosse fut choisie comme objectif. — Le duc d'Aiguillon, gouverneur de Bretagne et général en chef des forces de terre, dut échelonner un corps de 20,000 hommes entre Brest et la Loire, de manière à ce que le convoi pût partir simultanément de Nantes, de Lorient et du Morbihan, c'est-à-dire de Quiberon, en même temps que les 20 vaisseaux du maréchal de Conflans, formant l'escorte, quitteraient Brest. — Bien que le capitaine de Morogues, avec 5 vaisseaux et plusieurs frégates, eût d'abord été chargé d'escorter le convoi jusqu'au petit port d'Irvine, dans le golfe de la Clyde, sur la côte occidentale d'Écosse, les hésitations de M. de Conflans firent modifier ce plan. — Il obtint du ministre Berryer que la flotte de Brest escorterait elle-même le convoi du Morbihan.

On sait quel fut l'échec de cette expédition, dès sa sortie du port. Le 20 novembre 1759, devant la baie de Quiberon, notre armée navale paya chèrement les frais de l'inexpérience de son chef, inexpérience *prévue*, quelques jours auparavant, dans une lettre du ministre de la marine lui-même [1]. — Cette triste journée, si justement baptisée du nom de *déroute* de M. de Conflans, ne fut en effet qu'une sorte de poursuite de sa flotte, à travers les passes et les rochers de la baie de Quiberon, par les 30 vaisseaux de l'amiral Hawke. Ce n'est pas ici le lieu de nous étendre sur les récriminations échangées entre M. de Conflans et ses capitaines, pas plus que sur la hardiesse persévérante de l'amiral anglais, pénétrant résolument au milieu des dangers du Morbihan *et y perdant deux de ses vaisseaux*, plutôt que de ne pas consommer notre défaite. — Bornons-nous à observer que, pour arriver en Écosse, il eût fallu joindre à des forces plus considérables, un amiral assez habile pour donner le change à l'escadre ennemie. — Malheureusement, la mollesse du gouvernement ne se réflétait alors que trop fidèlement dans le choix des favoris de cour, placés à la tête de ses armées de terre et de mer.

Personne n'a mieux caractérisé cette période que le Bailly de Suffren, lorsqu'il écrivait dans un mouvement d'indignation patriotique : — « L'Angleterre n'a jamais été forte que par la faiblesse « et l'inertie de nos gouvernements ! » — La paix de 1763 lui

---

[1] Lettre du ministre Berryer au duc d'Aiguillon. — *Batailles navales de la France*, par M. le capitaine de frégate Troude, t. Ier, p. 381.

avait laissé au cœur une blessure. « Paix honteuse, s'écriait-il,
« et qui ne saurait être pardonnable qu'avec le ferme dessein
« de saisir la première occasion de nous venger ! [1] »

Tromper les croisières de blocus, telle sera dans tous les temps la seule chance de succès d'une escadre improvisée, inférieure en qualité ou en nombre. — Au contraire, rencontrer un ennemi bien exercé et se voir obligé de combattre *à la sortie du port*, avec des équipages de conscrits et un matériel en désordre, est en marine *synonyme* de défaite. — Voilà ce qu'il eût fallu savoir sur les bords de la Seine ! Ne serait-ce pas parce qu'on a trop souvent méconnu en France ce vieil axiome que — « *pour faire de la marine, il fallait y employer des marins* ? »

La campagne du bailli de Suffren, dans l'Inde, mérite à tous les points de vue de figurer parmi les expéditions combinées ; car, à elle seule, elle comprend une entrée de vive force, des débarquements, un siége maritime et une remarquable utilisation, tantôt des troupes de terre pour compléter les équipages des vaisseaux, tantôt des marins eux-mêmes pour concourir à la guerre de terre. — Par-dessus tout, cette campagne révèle, chez le héros de la guerre d'Amérique, une volonté indomptable et une fécondité de ressources qui n'avaient d'égales que sa grandeur d'âme et son rare patriotisme.

En mars 1781, 26 vaisseaux quittaient la rade de Brest. A la hauteur des Açores, Suffren se sépare de l'escadre de M. de Grasse et se dirige sur les îles du cap Vert. La division de 5 vaisseaux placée sous ses ordres, avait pour mission de secourir le cap de Bonne-Espérance et les colonies hollandaises des Indes contre une expédition anglaise. — En reconnaissant le mouillage de la Praya, Suffren y aperçoit la division du commodore Johnston, avec ses 26 transports. — Comptant sur les bénéfices de la surprise et sans souci de la neutralité portugaise, il force l'entrée de la rade et se jette sur l'expédition anglaise, en mouillant audacieusement au milieu d'elle.—Bien que les fausses manœuvres d'une partie de ses capitaines aient tenu deux de nos vaisseaux éloignés du feu et sauvé la division anglaise d'un échec, l'attaque de Suffren lui a causé *assez d'avaries* pour *retarder* sa marche. — Son but est atteint, puisqu'il devance l'ennemi au Cap et secourt cette colonie, en juin, quinze jours avant

---

[1] *Discours d'inauguration de la statue du Bailli de Suffren*, par le vice-amiral Jurien de la Gravière. — Saint-Tropez, 1866.

l'arrivée de l'expédition anglaise, qui renonce à son entreprise. En octobre, Suffren est à l'Ile de France. En février 1782, comme il atteint l'Inde, la mort de M. d'Orves l'investit du commandement en chef : 12 vaisseaux, 6 frégates ou corvettes, et un convoi portant 3,000 hommes de troupes, sont rangés sous son pavillon. — Selon l'heureuse expression d'un de nos amiraux : — « C'est une campagne d'Annibal qui commence ! »

Le 16 février 1782, on arrive devant Madras, où l'escadre ennemie est mouillée sous le fort Saint-Georges. — Malgré la force de cette position, Suffren songe à l'attaquer ; mais l'attitude d'une partie de ses capitaines l'oblige à y renoncer. Le lendemain 17, l'amiral anglais ayant cherché à surprendre notre convoi, les deux escadres se rencontrent pour la première fois. Vainement Suffren tente d'engager un combat décisif. — « Une « moitié de l'escadre se borne à tirer de loin et à s'étourdir par « le bruit de ses canons [1]. » Cependant les troupes françaises sont débarquées près de Porto-Novo, à la demande de notre allié Hyder-Ali, et s'emparent du comptoir anglais de Goudelour. Le 12 avril, Suffren, impatient de rencontrer les Anglais avant l'arrivée de leurs renforts, livre un nouveau combat sous l'île de Ceylan. — Mais les mêmes hommes et les mêmes causes qui avaient rendu *indécis* le combat de Madras, produisent encore les mêmes effets.

A en croire une tradition orale, assez répandue parmi les doyens de notre armée navale, les lois d'avancement, si différentes, en vigueur dans les deux marines, pourraient n'avoir pas été étrangères à la coupable inertie d'une partie des capitaines de l'Inde. — Si, en Angleterre, l'avancement au choix qui règne dans les grades inférieurs a surtout pour but de fournir au pays des capitaines jeunes et entreprenants, en revanche, les capitaines de vaisseau les plus distingués ne peuvent arriver officiers généraux qu'à leur tour d'ancienneté. — Nelson lui-même, malgré ses hauts faits, fut soumis à cette règle. — Ce grand homme de mer accordait une telle importance à l'union de ses capitaines entre eux et avec leur amiral, qu'il leur répétait souvent : — « N'oubliez pas qu'au milieu du danger, nous devons « être comme une bande de frères, — *a band of brothers!* — »

---

[1] *Batailles navales de la France*, t. II, p. 171. — Cette analyse de la campagne de Suffren, ainsi que celles des expéditions d'Anvers et d'Alger que l'on trouvera plus loin, ont été composées d'après l'ouvrage de M. le capitaine de frégate Troude.

Dans la flotte française au contraire, le principe du choix, et par suite une certaine rivalité, ont toujours régné pour l'obtention des grades supérieurs. — Aussi, s'est-on plus d'une fois demandé laquelle de ces deux méthodes offrait le plus de garanties, pour le bien du service, — Etant données les infirmités de la nature humaine et des principes d'avancement si différents, peut-on raisonnablement se flatter que : — « la « grande loi de l'abnégation personnelle et du secours réci- « proque, pendant le combat, » ait rencontré autant d'observateurs religieux, dans un pays que dans l'autre ?

Question grave et délicate entre toutes, que nous soumettons au jugement de nos lecteurs, sans oser la trancher ! — En ce qui touche les combats de l'Inde, bornons-nous à observer que le défaut de concours de plusieurs des capitaines de Suffren fut, à cette époque, attribué bien moins à un manque de vaillance qu'à leur lassitude de cette pénible campagne doublée d'une jalousie invétérée de leur chef. — Que ce fût l'opinion de Suffren lui-même, c'est ce dont il est impossible de douter ! Car, appelé, en 1787, au commandement d'une escadre préparée en vue d'une nouvelle rupture avec l'Angleterre, l'illustre amiral demanda, cette fois avec autorité et obtint du roi, le *choix* de tous ses capitaines.

Mais revenons à l'escadre française qui vient de mouiller à Benticolo. — Malgré les avaries graves de ses vaisseaux, malgré le mauvais vouloir d'une partie de ses officiers, malgré les ordres du ministère, Suffren persiste à prolonger sa croisière, sur les côtes de l'Inde. Quitter l'Inde, c'était abandonner notre allié le sultan de Mysore et le corps auxiliaire français. — « Plutôt ensevelir l'escadre sous les murs de Madras ! » s'écrie le héros de la guerre de 1778.

Grâce aux prises faites sur les Anglais et au secours des Hollandais de Benticolo, le Bailli a pu compléter six mois de vivres à ses vaisseaux, mais il manque à la fois d'argent, de médicaments, d'hommes et de rechanges. — A Goudelour, où Suffren vient d'entrer en rapport direct avec Hyder-Ali, il obtient du sultan 1,500 lascars pour combler les vides de ses équipages. Le 5 juillet, notre escadre est devant Négapatuam, dont l'attaque est projetée, quand elle rencontre l'amiral Hughes. — Pour la troisième fois, et sous l'influence du même défaut de concours, l'on combat sans résultat devant Négapatuam. — En revenant à Goudelour, l'escadre française a *dix-neuf* mâts de hune à changer, cinq de ses capitaines sont enfin démontés de leurs commandements et renvoyés en France. — Cependant le besoin d'un port sûr où l'on pût entreprendre des réparations importantes, se faisait absolument sentir. Laissant 2,000 hommes à l'hôpital de Goudelour, mais heureusement rallié à Benticolo par un renfort de 2 vaisseaux et d'un convoi de France dirigé sur Pointe-de-Galles, à la fin d'août Suffren attaque Trinquemalé. — Mouillé dans l'arrière-baie, en dehors des batteries de la ville, le Bailli débarque 2,400 hommes et dirige le siége en personne. Trois jours après, au moment même où le gouverneur de Trinquemalé capitulait, l'escadre ennemie apparaissait au large.

Malgré les avaries de ses vaisseaux, « le chef de l'escadre
« française recherchait avec trop d'empressement l'occasion de
« livrer bataille, pour rester au mouillage quand l'ennemi était
« en vue[1]. » — Dès le lendemain, 3 septembre, Anglais et Français se combattent pour la *quatrième* fois depuis *six* mois. —La lutte est acharnée ; notre escadre compte 337 hommes hors de combat. Malheureusement ces pertes portent presque uniquement sur 3 de nos vaisseaux, les autres s'étant tenus plus ou moins éloignés du feu. Le *Héros,* qui porte le pavillon amiral, est littéralement écrasé, pendant que 5 de nos bâtiments n'ont pas un seul homme blessé. — Suffren a vu tomber son grand mât et son mât d'artimon : — « Son désespoir éclate en
« un cri sublime : — *Couvrez mon vaisseau de pavillons*
« *blancs !*[2] »

Il faut lire les rapports de Suffren pour comprendre les anxiétés et la douleur patriotiques de ce grand homme[3]. — « Il est
« *affreux,* écrit-il au ministre, d'avoir pu quatre fois détruire
« l'escadre anglaise et de penser que cette escadre existe tou-
« jours. — Tout Suffren est dans ces paroles. — Il compte pour
« rien sa vie et sa gloire. — Ce qui le touche, c'est la gloire de
« son roi et la grandeur de son pays[4]. »

Rentrée à Trinquemalé le 8 septembre, l'escadre de l'Inde est à Goudelour en octobre. Viennent ensuite les mauvais temps de l'hivernage qui obligent le Bailli à se rendre à Achem, dans l'île de Sumatra, où il compte trouver des bois de mâture. — Il en sort à la fin de décembre, pour croiser sur la côte d'Orixa, où il

---

[1] *Batailles navales de la France,* t. II, p. 192, 200 et 201.
[2] *Discours d'inauguration de la statue du bailli de Suffren,* par le vice-amiral Jurien de la Gravière.
[3]   *Idem.*   p. 8.
[4]   *Idem.*   p. 7.

fait de nombreuses captures. — En mars 1783, il est rallié à Trinquemalé par le convoi du général de Bussy. Ces troupes sont débarquées à Porto-Novo, et l'escadre de l'Inde revient se caréner et refaire son gréement à Trinquemalé, pendant qu'une division composée des 2 seuls vaisseaux et de 2 frégates, en bon état, allait croiser devant Madras.

En juin, on apprend qu'à la suite de fausses opérations le corps expéditionnaire français est à la veille d'être enfermé dans Goudelour entre l'armée anglaise et l'escadre de l'amiral Hughes. Les vaisseaux français sont réduits de l'effectif de 734 à celui de 500 hommes, parmi lesquels nombre de soldats, de Caffres et de lascars. — Avec des mâtures délabrées, dans l'obligation de pomper sans cesse, c'est avec 15 mauvais vaisseaux, vieux et cassés, que Suffren arrive au secours des troupes françaises. — Le Bailli vient d'emprunter 1,200 hommes, quand, le 20 juillet 1783, il livre son cinquième et dernier combat à 18 vaisseaux anglais sortant de l'arsenal de Bombay. — Heureusement ce jour-là chacun fit noblement son devoir ; Suffren reste maître du champ de bataille. Goudelour délivrée du côté de la mer, le Bailli entreprend de faire lever le siége aux Anglais. — Déjà il mettait à terre 1,200 marins pour concourir à une sortie générale, quand la nouvelle de la paix vint clore les hostilités. — Suffren revient en France.

« Depuis dix-huit mois, il maintient son escadre sur des côtes
« où le sort des armes ne nous avait pas laissé un refuge. Il a,
« par sa persistance, regagné la confiance des princes indiens,
« habitués à être abandonnés presque aussitôt que compromis.
« — Il a livré cinq combats heureux. — La France l'applaudit
« et l'admire, et l'Europe tout entière a pour lui les yeux de la
« France. La tristesse cependant semble avoir envahi son cœur.
« — C'est qu'il fallait reconquérir l'Inde, et l'Inde va rester aux
« Anglais. — *Plaignez-moi, Monseigneur*, écrit-il au marquis de
« Castries, *mais plaignez l'État encore plus !* [1] »

— « *Suffren aima passionnément la France; nous songeons*
« *à la bien servir !* [2] »

Nous arrivons à la période de la Révolution et de l'Empire. — La première en date des expéditions de la France est encore une nouvelle tentative contre l'Irlande.

La Vendée avait subi la loi du vainqueur ; l'Espagne était à la veille d'associer ses armes à la République, quand le Direc-

---

[1], [2] *Discours d'inauguration.*

toire, entraîné par ce courant de bonne fortune, conçut le hardi projet de porter la guerre sur le sol britannique.

Sans doute, avec des finances en détresse et une flotte désorganisée par la Révolution, il était bien téméraire d'espérer réussir là où deux de nos rois, aux plus belles époques maritimes de la France, s'étaient vus arrêtés, l'un par une imprudence militaire, fruit d'un orgueil trop oublieux du nombre, et l'autre par un de ces mystérieux destins dont la Providence semble se réserver le secret. — Mais nous sortions d'une époque où le fanatisme politique se préoccupait fort peu des leçons de l'histoire ; aussi le Directoire, sentant sous sa main la belle armée des côtes de l'Ouest et Hoche, le pacificateur de la Vendée, ne put-il résister à la tentation d'opérer en Irlande une diversion décisive. La délivrance de cette noble et malheureuse contrée ne s'offrait-elle pas d'ailleurs aux tacticiens, comme le prélude indispensable d'une invasion des Trois-Royaumes ?

La flotte expéditionnaire d'Irlande, composée de 17 vaisseaux, 13 frégates, 6 corvettes, 6 transports, une écurie et une poudrière, c'est-à-dire de 44 voiles, allait donc emporter dans ses flancs un corps d'armée de 18,000 hommes, réparti à raison de 600 soldats par vaisseau et de 300 par frégate ou transport. — « Tous les préparatifs dépendant de l'amiral Truguet, dit l'historien anglais [1], révélaient assez une intelligence maritime élevée. Choix de trois ancrages dans la baie de Bantry, appropriés aux divers vents régnants ; distribution aux capitaines de cartes détaillées de cette côte, y compris les bouches du Shannon ; enfin, comme dernière précaution, départ fixé avant la fin d'octobre, *au plus tard* [2]. »

Contrairement à l'opinion de la Marine, le vif désir du général Hoche de transporter son corps d'armée en un seul voyage, avait fait perdre un temps bien précieux. Octobre, novembre et la moitié de décembre s'étaient passés à attendre la jonction des vaisseaux du contre-amiral Richery, qui, pour éviter la rencontre des croisières anglaises, s'était trouvé contraint de relâcher à Rochefort. — Pour assumer la responsabilité si grave de ces retards, le jeune et brillant général, jusque-là si gâté par la for-

---

[1] *James'S Naval History*.

[2] Cette étude sur l'expédition d'Irlande, basée sur les documents anglais et les papiers du capitaine de vaisseau de La Crosse, commandant les *Droits-de-l'Homme*, a déjà paru *in extenso* dans la *Revue contemporaine*, en 1863.

tune, avait dû perdre de vue que sur mer, dans un métier tout de prévoyance et de calculs, les *fautes de prudence* sont celles qui se payent le plus cher.—Certes, dans la saison dangereuse où l'on était entré, l'expédition d'une flotte, d'une part aussi encombrée de passagers, et, de l'autre, aussi exposée à rencontrer l'ennemi dès sa sortie du port, ne témoignait que trop d'un oubli ou d'une ignorance manifeste des premiers principes de la guerre maritime. — On était déjà bien loin, on le voit, des sages conditions posées par l'amiral Truguet. Mais, à cette époque d'illusions, l'expérience de nos officiers de mer n'était rien moins qu'écoutée. —Le petit nombre de marins capables, échappés au despotisme des clubs et des représentants du peuple, avait contracté des habitudes d'obéissance passive, plus propres à faire des victimes dévouées que des capitaines heureux. — N'en serait-il pas encore de même si, en face de nouvelles opérations de terre ou de mer, la prépondérance éventuelle, dans les conseils du pays, d'éléments étrangers à la flotte, parvenait (ce qu'à Dieu ne plaise), à l'emporter sur l'expérience de nos chefs d'escadre? — Dans le noble métier de la mer, point de succès possibles sans fierté légitime comme sans indépendance d'action. Un Duguay-Trouin, un Duquesne ou un Suffren n'auraient jamais accepté pareille mise en tutelle. — Plutôt que de hasarder leur réputation et leur honneur dans des entreprises aussi contraires à l'expérience, plutôt que d'attacher leurs noms à de trop probables défaites, ils fussent fièrement rentrés sous leur tente, en s'écriant : « Cherchez d'autres mains que les nôtres pour compromettre le drapeau de la France ! »

Le 15 décembre 1796, flotte et armée vidaient le goulet de Brest, à destination de l'Irlande.—Dès la sortie, un changement de route prescrit par l'amiral, en raison de la nuit et du temps incertain, vint séparer l'expédition.

Ces divers mouvements n'avaient pas échappé à la vigilance de la frégate anglaise *Indefatigable* [1]. Bien que plusieurs fois chassé par une avant-garde française d'un vaisseau et de cinq frégates, stationnée à Bertheaume, le capitaine Sir Edward Pelew, si connu depuis par ses heureuses croisières sur nos côtes, était audacieusement resté presque seul en vedette devant le goulet de Brest. — Témoin des préparatifs annonçant la sortie de cette flotte imposante, Sir Edward Pelew, en éclaireur habile, avait

---

[1] Pendant la dernière guerre, la rade de Brest était le plus souvent bloquée par une escadre anglaise, croisant sous Ouessant. Dans la matinée, les vigies de la côte française avaient compté 30 voiles ennemies,

dépêché en toute hâte deux de ses frégates, l'une à l'Amirauté britannique, l'autre au vice-amiral Colpoys, à son rendez-vous, à huit lieues dans l'Ouest d'Ouessant [1]. Enfin, dès que les vigies de l'*Indefatigable* signalèrent l'appareillage de l'expédition française, déjà ancrée entre Bertheaume et Camaret, le capitaine Pelew expédia sa dernière frégate à l'amiral anglais, et prit lui-même une position d'observation.

Qu'on se figure des équipages novices, des ponts encombrés de soldats et de matériel, dans tout le désordre d'un embarquement précipité, des coups de canon et des fusées tirés à la fois, dans des intentions et des directions bien différentes, par les répétiteurs de l'amiral français, le malheureux *Séduisant* échoué dans le Raz de Sein et appelant du secours, enfin la frégate anglaise *Indefatigable* cherchant à jeter le trouble dans nos signaux, et l'on n'aura qu'un tableau affaibli du spectacle de confusion qu'offraient les parages de l'Iroise dans la nuit du 17 décembre 1796.

Dès que le capitaine Sir Edward Pelew, qui avait adroitement pris la tête de l'escadre française, pour mieux observer notre route, eut pu constater que la chaussée de Sein arrondie, nos bâtiments se dirigeaient à l'Ouest, l'*Indefatigable* se couvrit de toile. Voyant que ses signaux d'alarme, vainement répétés de quart d'heure en quart d'heure, pendant le reste de la nuit, n'avaient pu attirer à lui aucun croiseur anglais, le capitaine Pelew se dirigea lui-même sur Falmouth, pour avertir en toute hâte l'Amirauté anglaise, de la sortie des Français.

Au lever du jour, le contre-amiral Bouvet, qui venait de contourner la chaussée de Sein, n'aperçut plus autour de lui que 9 vaisseaux, 6 frégates et 1 transport. Ouvrant alors ses instructions pour le cas d'une séparation, l'amiral en second y trouva l'ordre de se diriger sur le cap Mizen-Head (côte d'Irlande), *où il devait croiser cinq jours, en attendant de nouveaux ordres*. Le surlendemain, 19, la frégate qui marchait en éclaireur signala 16 voiles, bientôt reconnues pour appartenir à notre flotte, et qui portèrent les forces réunies autour de l'amiral Bouvet, à 15 vaisseaux, 10 frégates et 8 corvettes ou transports, c'est-à-dire à l'expédition presque tout entière.

---

[1] Que faisait pendant ce temps la croisière anglaise? se demandera le lecteur.—Entraînée au large de son rendez-vous d'Ouessant, par le même vent d'Est qui poussait dehors les Français, l'escadre de blocus ne fut rejointe et avertie par la *Phœbé* que le 19 au matin, c'est-à-dire près de *trois* jours après notre sortie, et perdit ainsi la trace de l'expédition d'Irlande.

— Le 21 décembre, reconnaissance de la côte d'Irlande près de le baie de Bantry et capture de plusieurs bateaux-pilotes du pays ; l'escadre française, contrainte par ses ordres d'attendre la *Fraternité*, qui portait les deux commandants en chef, continua à croiser avec des vents d'Est. Le 22, l'amiral Bouvet, après avoir signalé *liberté de manœuvre* à ses capitaines, vint lui-même prendre un mouillage d'attente sous l'île Great Bear, suivi de la plus grande partie de ses bâtiments ; le reste préféra demeurer sous voiles.

Un conseil de guerre, assemblé le 24 décembre, à bord de l'*Immortalité*, décida le débarquement immédiat de 6,000 hommes de troupes qu'on avait sous la main ; le contre-amiral Bouvet, bien que manquant d'instructions sur ce point, comprenait trop bien le danger de cette inaction pour ne pas obtempérer à la demande du général de division Grouchy, commandant en second les forces de terre.— Une corvette alla donc reconnaître la côte et trouva une anse assez spacieuse pour servir de plage de débarquement ; mais l'appareillage avait été tardif, le vent et la mer grossissaient ; de plus, la nuit allait se faire, et les pilotes irlandais, annonçant un coup de vent imminent, il fallut rejeter l'ancre et remettre le débarquement au lendemain.

Pendant la nuit, le temps devint si mauvais que, selon l'expression des pilotes ennemis, « les frégates plongeaint leurs gaillards d'avant dans l'eau à chaque coup de tangage. » La mauvaise fortune de l'expédition n'allait plus qu'augmenter. Le 25, plusieurs vaisseaux *déradèrent;* l'*Indomptable*, l'un d'eux, abordant la *Résolue*, la démâta de ses trois mâts. La frégate de l'amiral en second elle-même rompit ses câbles dans la soirée et prit le large, fuyant devant le temps. Trois jours se passèrent ; quand le coup de vent d'Est prit fin, le 29, l'amiral Bouvet se trouvait à 20 lieues dans le S. O. de la baie de Bantry. Craignant de n'y plus retrouver l'expédition et voyant l'*Immortalité* à court de vivres, cet officier général fit route pour Brest, où il rentra, le 1er janvier, suivi le même jour de cinq des vaisseaux.

Si nous revenons actuellement au petit groupe de bâtiments qui, à la sortie de l'Iroise, avaient suivi la *Fraternité* avec Hoche et Morard de Galles, il serait facile de découvrir, par leurs journaux de bord, qu'un moment très-voisins de Bouvet et de Grouchy, le malencontreux brouillard survenu à l'atterrage des côtes d'Irlande n'avait pas peu contribué à empêcher leur jonction à la baie de Bantry.

Ici les péripéties contraires se précipitent et s'accumulent avec une fatalité dont l'histoire maritime n'offre guère d'exemples. Tantôt c'est la *Fraternité* isolée qui se trouve tout à coup sous les canons d'un vaisseau rasé ennemi, prend chasse et n'échappe que par une fausse route de nuit.—Éloignés par cette poursuite de la côte d'Irlande, les commandants en chef perdent encore huit jours à lutter contre de gros vents d'Est, avant de pouvoir s'en rapprocher.

Un peu plus tard, à l'ouverture de la baie de Bantry, c'est la rencontre du 74, la *Révolution*, occupé à sauver l'équipage du *Scévola* coulant bas d'eau; Hoche et Morard de Galles, en apprenant la dispersion de leur flotte, persévèrent néanmoins à atteindre le rendez-vous.—Mais, dès le lendemain, le capitaine Dumanoir, annonçant que la multitude entassée à son bord allait sous peu manquer de vivres (fait incroyable après quinze jours de mer, qui peindrait à lui seul l'administration maritime sous le Directoire), les chefs de l'expédition, pressés par cette impitoyable nécessité, se décidèrent, bien à regret, à gouverner sur la France. — Encore leur retour ne s'accomplit-il pas sans obstacles; le 8 et le 9 janvier, ils sont chassés par les frégates anglaises *Unicorn* et *Doris;* dans la matinée du 10, par l'escadre de lord Bridport [1] expédiée à la recherche de l'expédition française. Renonçant alors à traverser la croisière ennemie établie devant Brest, Hoche et Morard de Galles parvinrent enfin à atteindre Rochefort le 14 janvier.—C'est ainsi qu'à deux reprises différentes, les chefs suprêmes de l'expédition d'Irlande, *par le seul fait de leur embarquement sur une frégate*, s'étaient trouvés à la veille de tomber aux mains des derniers croiseurs ennemis.

Si nous cherchons maintenant la morale à tirer de ces événements, ne valait-il pas mieux, se demandera tout d'abord le lecteur militaire ou marin, débarquer à la *mi-octobre* avec 8,000 hommes bientôt suivis de renforts, que d'échouer en *décembre et janvier* avec 18,000? Après s'être laissé acculer à cette saison d'hiver, baptisée par les marins de nos côtes, du nom si mérité de *mois noirs*, n'est-il pas permis de croire que des instructions mieux conçues auraient permis d'utiliser ces *cinq* jours si

---

[1] Dépêché dès le 25 décembre par l'Amirauté anglaise, lord Bridport, retardé par divers accidents, ne put atteindre Ouessant que le 5 janvier. Il établit sa croisière entre cette île et le cap Cléar, rayonnant jusqu'à la baie de Bantry, mais ne put néanmoins prévenir la rentrée du gros des forces françaises.

précieux, perdus devant la baie de Bantry à attendre vainement les commandants en chef? Pourquoi l'amiral Bouvet, le général Grouchy et tous les officiers généraux de terre ou de mer, en sous-ordre, n'avaient-ils pas reçu du Directoire, des *duplicata* de ces fameuses instructions secrètes et toute latitude d'agir vigoureusement, en l'absence de Hoche et de Morard de Galles?

Supposons le débarquement commencé le 22 décembre, par Bouvet et Grouchy, après un ralliement général des navires demeurés au large, il n'est guère douteux que le 24 au soir, au moment où le coup de vent éclata, toutes les troupes[1] se fussent trouvées à terre, avec armes et bagages. — Dieu seul sait quels embarras ces 15,000 braves soldats, réunis aux Irlandais et bientôt rejoints par Hoche, auraient certainement causés au gouvernement britannique ! La délivrance de l'Irlande en 1797, ne pouvait-elle pas changer les destins de la guerre et peut-être ceux du monde?

Au lieu de cela, que voyons-nous? Les commandants en second de l'expédition et une dizaine d'amiraux et de généraux que le gouvernement directorial a laissés sans ordres, en l'absence des deux chefs qui semblaient posséder *seuls* le secret de ses pensées, par suite des indécisions et des retards suivis de désastres, dans une saison de l'année où il fallait à tout prix brusquer l'action entre deux tempêtes. — La Providence semblait en ce temps-là avoir fait de notre pauvre marine la victime expiatoire de la Révolution : chacun des coups que le fanatisme démagogique avait portés à nos institutions navales[1], devait coûter à la France plusieurs vaisseaux et à nos populations maritimes si éprouvées, de père en fils, de véritables hécatombes.

6 bâtiments et 2,000 Français tombés aux mains de l'ennemi, 4 navires perdus et 1,500 hommes noyés, tel était en définitive le bilan de cette funeste campagne, dans laquelle les fautes des hommes n'avaient eu d'égales que la rigueur des éléments.

Arrivons maintenant aux expéditions analogues tentées par nos ennemis. Bien qu'à aucune époque, ils n'eussent été aussi prépondérants sur mer, leurs entreprises rencontrèrent des fortunes diverses.

A Ténériffe, où la marine anglaise agissait avec ses seuls moyens, la vigilance des Espagnols et la présence d'une centaine de marins, débarqués d'un corsaire français (de concert avec les

---

[1] Consulter le chapitre Ier, pages 27, 28 et 29.

brisans de la plage et l'obscurité), convertirent l'audacieux débarquement de Nelson en un échec meurtrier.

Sous l'Empire, les côtes d'Espagne et de Portugal furent aussi témoins de plusieurs grands débarquements, à la suite desquels la marine anglaise servit de base d'opérations à son armée, et continua à appuyer son flanc le long du littoral. — Après avoir aidé puissamment le duc de Wellington à combattre la domination française, à la bataille de la Corogne, la même flotte se retrouve *à point nommé*, dans le port, pour rembarquer et sauver de nos mains les troupes de Sir John Moore, acculées à la mer, après une retraite désastreuse. — Cet exemple si rare d'un rembarquement heureux, devant une armée victorieuse, peut à peine s'expliquer par l'abri des remparts de la Corogne, arsenal espagnol fortifié avec soin, comme tous les grands établissements maritimes.

Si l'expédition anglaise contre Anvers, tentée avec des moyens considérables, en 1809, ne réussit pas à s'emparer de ce magnifique arsenal, il faut bien reconnaître que les fièvres de Walcheren trouvèrent un puissant auxiliaire dans la belle résistance de nos généraux, non moins que dans les habiles dispositions de l'amiral Missiessy, commandant la flotte française.

Sous le prétexte de faire une diversion en faveur de l'Autriche, l'expédition anglaise contre Anvers avait pour véritable but, la prise ou la destruction de cet arsenal qui, par sa position géographique et son importance croissante, devenait un sujet d'inquiétude pour l'Angleterre. — Cette expédition, l'une des plus considérables du siècle, car elle comprenait 245 bâtiments de guerre, un grand nombre de transports et 44,000 hommes de troupes, parut devant l'Escaut, à la fin de juillet 1809. Le projet de l'amiral Strachan était de pénétrer rapidement dans l'Escaut oriental pour tourner et surprendre l'escadre française, avant qu'elle eût pu remonter jusqu'à Anvers. Mais le vice-amiral de Missiessy, ayant appris le débarquement de 15,000 Anglais sur l'île de Walcheren, appareilla sur le champ de son mouillage, devant Flessingue, et remonta avec ses 10 vaisseaux jusqu'au fort Lillo, enlevant les bouées qui indiquaient les passes et couvrant son escadre par une estacade établie entre ce fort et celui de Licfkenskoeck. — Cette manœuvre rapide sauva l'escadre. Deux jours plus tard, les Anglais, maîtres du fort de Bathz, lui eussent effectivement coupé la retraite.

Le 16 août, Flessingue étant tombée aux mains de l'ennemi, après avoir subi pendant 24 heures le feu de 700 pièces d'artil-

lerie, le vice-amiral de Missiessy remonta avec son escadre devant Anvers même, laissant entre le fort Philippe et la Perle une avant-garde de 3 vaisseaux, couverte par une seconde estacade. En même temps, la flottille prenait position derrière la première estacade. — « La marine, dit l'historien des *Batailles*
« *navales*, déploya une activité prodigieuse dans cette circon-
« stance. Outre 1,000 hommes formant les garnisons des vais-
« seaux, un bataillon de 800 marins commandé par le capitaine
« de vaisseau Moras, fut débarqué pour armer les batteries
« d'Anvers. — La mise en état des forts des deux rives de l'Es-
« caut, la construction des estacades furent presque exclusive-
« ment l'œuvre de la flotte. — Le maréchal Bernardotte lui ren-
« dit le témoignage le plus flatteur, en écrivant à l'Empereur
» que, *sans elle, rien n'eût été fait !* »

Dix brûlots et dix navires chargés de pierres furent disposés pour arrêter l'ascension des Anglais, car les troupes et les gardes nationales dirigées sur Anvers n'arrivaient encore que fort lentement. — « A ce moment, sur un effectif de 6,285 hommes, l'es-
« cadre en comptait plus de 3,000 à l'armée, dans les forts ou
« sur la flotille. » — L'alarme avait été rude dans tout l'Empire ; aussi Napoléon écrivait-il à ses ministres : « — *N'allez*
« *pas essayer de venir aux mains avec les Anglais, il ne faut*
« *leur opposer que la fièvre qui bientôt les aura dévorés tous.*
« *— Dans un mois, les Anglais s'en iront couverts de confu-*
« *sion !* » Les marais de la Zélande et les fièvres de Walcheren se chargèrent heureusement de justifier la prédiction de l'Empereur. Le 2 septembre, les Anglais commencèrent leur retraite. — 106 tués, 4,066 hommes morts de maladie, 11,513 malades évacués sur l'Angleterre, 26 navires perdus dont une frégate, tel fut le triste bilan de cette grande expédition !

Qu'on ne l'oublie jamais de ce côté-ci de la Manche, où bien des vérités, en fait de marine, n'ont pas encore conquis droit de cité. Avant tout, pour qu'un transport de troupes réussisse, il faut être *maître de la mer*, au moins pendant quelques jours.
— Une expédition importante exige le concours d'un grand nombre de bâtiments d'espèces et de vitesses souvent très-peu homogènes, par suite une navigation très-délicate et toujours assez lente, où la flotte de combat servant d'escorte, est réduite, bon gré mal gré, à adopter les allures de son convoi de transports. — Certes, l'expédition d'Irlande de 1797, qui emportait 15,000 soldats et qui arriva à destination sans avoir rencontré les Anglais, prouve qu'on peut dérober à un ennemi

prépondérant sur mer, le passage de quelques milliers d'hommes. Mais qu'on le sache bien, on ne dissimule pas ainsi l'expédition d'une armée entière. — Le transport maritime d'une armée, pendant une guerre sérieuse, compte au nombre des opérations les plus difficiles et les plus périlleuses : qu'on se figure une escorte de convois, au milieu d'un pays couvert de guérillas ! Ce genre d'expédition exige une tactique toute particulière. — Car un vaisseau encombré de matériel et de soldats passagers se trouve, pour combattre, à peu près dans les conditions militaires de ces troupes qui, condamnées à une immobilité relative, essuieraient un feu violent d'artillerie, formées en colonnes serrées. — Le plus grand vaisseau-transport, on ne saurait trop le répéter, eût-il 2 et 3,000 hommes à bord, peut être aisément réduit dans un combat à coups de canon, et à distance, par la plus petite frégate, n'ayant que *six* ou *huit* fois moins d'équipage, mais dégagée d'*impedimenta*.

Qu'on suppose la flotte de Brueys, avec les 36,000 soldats d'élite de l'armée d'Egypte à bord, rencontrée par Nelson, dans son trajet de Toulon à Alexandrie ! — Il n'est pas douteux que, bien loin d'accepter l'abordage, comme s'en flattait alors une ignorante bravoure, les Anglais, beaucoup plus manœuvrants, et engageant froidement à bonne portée de canon, un simple combat d'artillerie, n'eussent enlevé l'expédition tout entière, à moins de frais qu'à la journée d'Aboukir. — On se rappelle le cri du vainqueur de l'Italie, quand on crut apercevoir l'escadre anglaise : « O fortune, m'abandonnerais-tu ! » — On sait comment se termina l'expédition d'Egypte. — Malgré toute la gloire personnelle acquise par nos généraux et nos soldats, cette campagne n'aboutit, politiquement parlant, qu'à une capitulation comme à laisser Malte aux mains des Anglais et démontra une fois de plus le danger stratégique des expéditions combinées, pour qui n'est pas maître des grandes routes de la mer.

Être maître de la mer, pendant quelques jours seulement, ou même pendant quelques heures, tel était le but principal que poursuivait Napoléon Ier, lorsque, reprenant sur une plus sérieuse échelle l'objectif de Louis XIV et de Louis XVI, il imagina sa belle conception du camp de Boulogne. — De 1804 à 1805, la France aligna sur cette rive de la Manche la plus belle armée qui ait jamais porté ses couleurs. — La flottille de transport ne méritait guère moins d'éloges. — Cent mille hommes et quelques milliers de chevaux s'embarquaient en deux heures. — Quant à l'organisation de la flotte de haut bord, véritable *pivot* de cette grande campagne, flotte destinée à donner le change aux escadres anglaises, et à les primer de vitesse dans la Manche, le grand Capitaine s'en remit, comme de coutume, à son ministre de la marine. Ce dernier, n'osant depuis longtemps avouer à son maître que la Révolution avait ruiné, pour vingt ans, la marine française, ni combattre résolument toute combinaison de nos vaisseaux avec la flotte en décadence de l'Espagne, s'était habitué à obéir aveuglément. — Ah! si, à l'armée du camp de Boulogne, on avait pu adjoindre la flotte de Seignelay et de Tourville, ou même celle de d'Orvilliers, de très-problématique, le succès ne fut-il pas devenu, cette fois, presque certain? — Bientôt Trafalgar vint montrer à la France et à l'Europe, le danger qu'il y avait pour le plus grand génie à ignorer les conditions de la puissance navale!

Quant à l'expédition de Saint-Domingue, où la marine transporta de 40 à 45,000 hommes, elle se rapproche par plus d'un point de la campagne d'Egypte. Bien que commencée pendant la petite paix et justifiée, cette fois, par le désir naturel de reconquérir une magnifique colonie, l'entreprise de Saint-Domingue devint à son tour, pour la France, une source de cruels embarras, lorsque éclata de nouveau la guerre maritime.— Ceux de nos soldats qui avaient survécu aux atteintes mortelles de la fièvre jaune, n'échappèrent aux cruautés des noirs qu'à la condition de se rendre aux Anglais. — Nos expéditions partielles, pour ravitailler la Martinique et la Guadeloupe, eurent parfois plus de succès. — Et cependant, le ministère de la marine d'alors, persistant, malgré les réclamations des officiers les plus expérimentés, à entasser indistinctement troupes, passagers, vivres et matériel, sur tous les navires de guerre allant aux Antilles, plus de la moitié de ces armements bâtards et alourdis n'aboutit qu'à recruter les prisons de l'ennemi. Ainsi l'expédition de l'Irlande dont nous avons signalé l'encombrement (600 soldats par vaisseau et 300 par frégate), et qui, par suite, ne comprenait à proprement parler que des *transports*, sans escorte, fournit aux pontons un contingent de 2,000 prisonniers. — Qu'on ouvre le *Naval History* de M. James; l'historien britannique est le premier à citer vingt combats où cette funeste routine de convertir nos vaisseaux et frégates en transports mal armés, procura aux Anglais de trop faciles victoires, et fit tomber dans leurs mains des milliers de nos compatriotes.

A l'Ile de France, au contraire, quelques frégates de croisière, bien commandées et affranchies de ces *impedimenta*, remplissaient, à la même époque, les mers de l'Inde du bruit de leurs exploits et traçaient à notre marine *la marche à suivre pour l'avenir*, dans ses luttes contre le colosse britannique. — Cette précieuse colonie, bien que livrée à elle-même, lutta victorieusement jusqu'à la fin de 1810. — Et si, à cette heure tardive, la France eût fait un effort digne d'elle, pour y jeter quelques milliers de soldats, nul doute que 1814 n'eût trouvé cette clef des mers de l'Inde entre nos mains.

Avant d'en finir avec cette question du transport des troupes, voyons comment elle est comprise en Angleterre. — Fidèle à sa règle de recourir le plus souvent possible au commerce et à l'industrie, le gouvernement britannique n'a jamais voulu créer une flotte de transport, proprement dite. — En ce moment même, après la Chine, la Crimée, la révolte de l'Inde et la campagne d'Abyssinie, il ne compte guère qu'une vingtaine de *troops ships*, et recourt, en cas de besoin, à des affrétements de paquebots. Les Anglais sont convaincus que, pour un transport de troupes, en temps de guerre (bien loin d'encombrer leurs *men of war*), la première chose à faire est de constituer un convoi de paquebot à vapeur à vitesses homogènes, la seconde, de le faire escorter par une division ou une escadre de bâtiments de combat très-bons marcheurs et très-bien commandés. — L'ennemi attaque-t-il en forces trop supérieures à l'escorte ? Cette dernière signale à son convoi de se disperser, dans des directions divergentes, et après avoir couvert cette retraite, s'échappe elle-même à la faveur de sa vitesse. — Grâce à cette tactique fort simple, si, pendant la dernière guerre, les Anglais perdirent un certain nombre de convois, ils sauvèrent presque invariablement leurs escortes. — Mais il est une autre raison d'ordre moral, c'est-à-dire bien autrement puissante, que leur expérience invoque pour restreindre le nombre des transports : c'est le maintien de la discipline, des traditions et de l'esprit militaire au sein de leur flotte !

Il est certain, selon une très-fidèle image [1], — « que si
« la moitié de l'infanterie ou de la cavalerie française était
« employée, pendant une dizaine d'années consécutives, au ser-
« vice du train des équipages, au bout de ce temps, le ministre
« de la guerre ne croirait plus posséder une infanterie ou une
« cavalerie de combat. »

Au lendemain de ces expéditions lointaines de Chine, de Co-

---

[1] M. J. de Crisenoy, ancien officier de marine.

chinchine et du Mexique, qui ont converti la marine presque tout entière en un service de transports, sachons donc prévoir, en France, la haute convenance de développer ces escadres d'évolutions qui, avec nos vaisseaux-écoles, des canonniers, des élèves, des novices et des mousses, demeurent le foyer de nos traditions militaires. — Selon l'heureuse expression d'un Amiral dont la marine a le droit d'être fière, — « *Sachons nous conserver des hommes d'épée!* » — Si les longues campagnes et les transports forment des marins, n'oublions pas que — « la navigation militaire » (plus que toute autre peut-être), pourrait, au jour de la guerre, fournir à notre flotte des capitaines heureux. — Dans cet ordre d'idées, ouvrir une perspective plus large à l'avancement des premiers-maîtres de la flotte [1], former ainsi un noyau d'officiers plus enclins « au service des transports, » ne serait-ce pas répondre à l'un des besoins les mieux sentis de la marine actuelle? — Comme tous les corps de l'armée et plus vivement encore (par le fait même de son isolement et de sa dissémination, sur toutes les mers du globe), la marine vit surtout d'exemples et de traditions. — Ne soyons pas moins jaloux de ceux que le passé nous a légués !

Le transport maritime d'une armée ne saurait s'exécuter sûrement, sans un partage d'attributions, analogue à la division adoptée par les amiraux français et anglais, Hamelin et Dundas, quand ils durent transporter 50,000 hommes, de Varna en Crimée, en face de la flotte russe de la mer Noire. — Les ordres transmis à cette époque par le chef d'état-major de l'escadre française, pourront longtemps servir de modèle.—L'histoire et la raison sont donc d'accord pour prouver l'exactitude de cette stratégie.— « Dans toute expédition maritime, entreprise pendant une guerre sérieuse, l'escadre de combat formant escorte doit demeurer libre d'*impedimenta*. — Au convoi des transports, les troupes et le matériel, à la flotte de combat et d'escorte, toujours prête à recevoir l'ennemi, — les prévisions urgentes de la lutte! » — Tels sont les enseignements de l'histoire et les conditions *sine quâ non* du succès.

Les annales des grands débarquements ne s'arrêtent pas aux guerres de l'Empire. La marine française peut citer avec orgueil l'expédition d'Alger, prenant terre en 1830, dans la baie de Sidi-Ferruch.

---

[1] Plusieurs décrets récents, entre autres celui du 27 novembre 1868, témoignent de la haute sollicitude dont cette classe d'excellents serviteurs est aujourd'hui l'objet.

Le 25 mai 1830, une immense flotte ne comprenant pas moins de 102 bâtiments de guerre et de 572 navires marchands (dont une flottille de 340 bateaux de 20 à 35 ᵀˣ), sortait des eaux de Toulon, sous le commandement du vice-amiral Duperré [1].—Faire naviguer de conserve ou rallier en temps utile, une pareille multitude de bâtiments à voiles de tous les types et de toutes les formes, depuis le vaisseau de ligne jusqu'à la tartane mahonaise, c'était là une entreprise maritime des plus compliquées, sans parler d'un objectif longtemps jugé imprenable.

Au milieu des coups de vent et des brumes que l'on rencontra sur la côte d'Afrique, le convoi dut relâcher aux Baléares, où, après avoir opéré un ralliement général, la flotte expéditionnaire profitant d'un beau temps, vint, après dix-neuf jours de cette navigation difficile, mouiller le 13 juin, dans la baie de Sidi-Ferruch, à quelques lieues d'Alger.

Dès le lendemain 14, le débarquement commença avant le jour, conformément au plan que le vice-amiral Duperré avait publié avant de quitter Toulon.— Bien que la marine ne disposât encore que de 6 petits navires à vapeur, grâce aux chalands et aux bonnes dispositions prises, une armée de 30,000 Français, 5 batteries de campagne et de montagne, 200 chevaux, des munitions et dix jours de vivres furent débarqués, de quatre heures du matin à midi. — Mais là ne se bornait point la mission de la marine. — Plusieurs coups de vent se succédèrent, mettant la flotte en perdition. — Il n'en fallut pas moins, à travers ces perplexités et ces soins de tous les instants, dans une situation que les souvenirs de l'expédition de Charles-Quint contribuaient encore à assombrir, pourvoir au ravitaillement de l'armée, débarquer l'artillerie de siége, etc., etc. — Grâce à la prévoyance du chef de la flotte, les bâtiments de guerre furent tenus *sous voiles* et les transports *renvoyés* au fur et à mesure de leur déchargement, afin de *désencombrer* le mouillage. Enfin la marine se chargea de la garde du camp retranché établi sur la plage. Le 5 juillet 1830, trois semaines après le débarquement, Alger, attaqué par terre et menacé par mer, capitula.

Cette expédition vraiment nationale et qui venait de doter la France d'une colonie pleine d'avenir, fit le plus grand honneur à la marine et à son illustre chef, le vice-amiral Duperré. Si la Restauration avait eu tout le mérite de l'entreprise, à la Monar-

---

[1] *Batailles navales de la France*, t. IV.

chie de Juillet appartient non moins entièrement celui de la conquête de l'Algérie. Venant après ces deux gouvernements, n'est-ce pas au second Empire que semble dévolue la tâche non moins grande de la colonisation? Car, ainsi qu'on l'a dit souvent, sans un solide noyau de population européenne, sans une colonie capable de se suffire à elle-même, en temps de guerre comme en temps de paix, la mission civilisatrice de la France ne saurait être considérée comme accomplie, sur l'autre rive de la Méditerranée.

Ajoutons que les souvenirs et les traditions du débarquement d'Alger furent d'un grand secours, lors de la préparation de l'expédition de Crimée.

En 1854, c'est le mémorable débarquement d'Old-Fort où, mieux préparée encore, dans l'espace de *dix* heures, notre flotte jeta sur le sol de la Crimée, trois divisions d'infanterie complètes, cinquante pièces attelées et quatre jours de vivres pour les 25,000 hommes débarqués. — Ce n'est pas ici le lieu de décrire les dispositions prévoyantes et habiles qui, depuis Varna et Baltchik jusqu'à l'arrivée de l'armée dans la presqu'île de Chersonèse, accompagnèrent tous ses mouvements. — Les noms du vice-amiral Hamelin et du contre-amiral Bouet-Willaumez, son chef d'état-major, sont restés attachés au souvenir de cette grande opération. — Sans essayer une théorie des grands débarquements, bornons-nous à dire que ces opérations exigent un attirail de chalands et une répartition des plus méthodiques, de façon que les corps trouvent, au fur et à mesure de leur mise à terre, les chevaux, les voitures et l'artillerie indispensables à leurs mouvements.

Si l'ennemi ne possède point une supériorité incontestée sur terre, on manquera rarement sous le couvert, d'une flottille de canonnières et d'embarcations munies d'artillerie à long tir, de trouver une plage de débarquement accessible. — On pourrait citer comme exemple la descente de vive force, opérée en Egypte par l'armée anglaise, sous le général Abercromby, débarquement de 12,000 hommes qui s'effectua sous l'active protection des chaloupes canonnières ennemies. — Si le général Abercromby put prendre pied, le 8 février 1801, sur la plage d'Aboukir, malgré la brigade du général Friant, ce fut surtout grâce au tir parfaitement dirigé de la flottille anglaise. — Cette descente de vive force, qui n'eût guère été possible si les Français n'avaient été réduits à 2,500 hommes, coûta cependant aux troupes d'Abercromby, 747 tués ou blessés.

En thèse générale, on peut affirmer que l'expédition navale disposant d'un corps d'armée, prêt à opérer une attaque *à revers* de la position terrestre, comme à Kertch, à Kinburn, à Bomarsund, épargnerait toujours à la marine des sacrifices sanglants et peut-être inutiles. — Dans un siége maritime, il est d'ailleurs évident que les ouvrages éteints et même ouverts d'une brèche praticable, ne sauraient jamais être occupés et utilisés que par un corps de troupes, indépendant des équipages des vaisseaux [1]. — Sous peine de rendre les flottes impropres au combat comme à la navigation, il faut apprendre à respecter l'intégrité de leurs équipages.— Ce principe n'admet d'exception que pour ces circonstances extraordinaires où, selon une expression vulgaire, mais juste, « il faut faire flèche de tout bois. »

Veut-on savoir quels seront, à l'avenir, les éléments constitutifs des expéditions combinées contre un littoral et des ports ennemis ? On pourrait répondre en nommant l'expédition de l'Adriatique, en 1859. — En voici la composition [2] : — Flotte de combat, de réserve et d'escorte, désormais formée de cuirassés de haut-bord, avec une proportion indispensable de corvettes et d'avisos *éclaireurs ;* — Flottille de siége composée de monitors, batteries blindées et canonnières, à tirants d'eau gradués ; enfin, convoi de transports portant le corps d'armée de débarquement.

Depuis les télégraphes électriques et les chemins de fer stratégiques, remarquons que les facilités offertes aux concentrations des troupes du littoral opposeront de nouvelles et sérieuses difficultés aux opérations de débarquement. — Aussi, le choix d'une plage favorable et de positions voisines faciles à occuper, deviendra-t-il plus important que jamais. Sans un camp retranché ou une tête de pont facile à saisir et en communication bien assurée avec la flotte, les grands débarquements deviendront de plus en plus hasardeux. — Aussi, sera-ce surtout pendant la paix, que les gouvernements prévoyants devront songer à faire opérer des reconnaissances nautiques et topographiques sur certains points militaires appelés par la nature à devenir le théâtre possible de ces grandes opérations.

---

[1] On a cité le siége de Charleston prolongé par l'insuffisance du corps de troupes du général Gilmore qui, composé de 4,000 hommes, ne pouvait prendre pied nulle part.

[2] A la différence près des vaisseaux de ligne aux cuirassés de haut-bord.

V.

DES BOMBARDEMENTS MARITIMES.

Sur mer, comme sur terre, il n'est point de siéges ou de bombardements possibles, si l'assiégeant n'est protégé par une armée ou une flotte prépondérante, capable de repousser sans hésitation les *sorties* de l'assiégé. — En vertu de cet axiome militaire, nous écarterons l'hypothèse des *sorties* navales, qui rentreraient d'ailleurs dans le domaine ordinaire des luttes maritimes [1]. — Si l'on passe des siéges aux bombardements, on remarque que les mauvaises chances à courir, par la Marine, dans les attaques par les feux directs, se changent, sous l'influence des feux courbes, en autant de présomptions favorables. — La situation se transforme pour ainsi dire radicalement et tourne au désavantage des places et ouvrages terrestres. Il suffit, pour s'en convaincre, d'observer — « qu'à égalité d'adresse, le danger d'être atteint se mesure, de part et d'autre, à l'étendue des *surfaces vulnérables.* » — Ainsi, une flottille de siége, développée à grande portée, n'offrira aux batteries assiégées qu'un *objectif* des plus restreints, et plus d'une fois, les artilleurs de terre auront besoin d'une longue-vue, pour discerner ces bâtons flottants. — En revanche, la flottille de siége qui aura pour but un arsenal ou un port de plusieurs kilomètres de circonférence, tirera pour ainsi dire *à coup sûr*, avec la presque certitude de loger ses feux courbes dans l'enceinte ennemie. Nous reconnaissons volontiers que la nouvelle artillerie rayée des ports enverra des projectiles perdus à 6,000 mètres, et obtiendra à 3,000 mètres un assez bon tir, qui troublera, dans une certaine mesure, l'ancienne impunité des bombardements maritimes. Toutefois, il ne faut rien exagérer en ce sens. — Augmenter la portée et la justesse de canons, remplacer l'artillerie à âme lisse par l'artillerie rayée, ne change rien à la *visibilité* du but, pas plus qu'à son *exiguïté*. — Cette difficulté évidente de

---

Nous reviendrons à cet élément si important de la défense, en examinant les ressources et les éventualités de la défense mobile des rades.

régler un tir à grande distance contre de véritables *coques de noix*, contribuera généralement à rendre la réplique des côtes beaucoup plus incertaine.

Quant à présent, rien n'autorise donc à espérer que les villes maritimes, voire même celles déjà protégées par une ceinture avancée de canons rayés, se trouvent en mesure d'affronter un bombardement maritime. — Il importe, d'ailleurs, de rappeler que, préparée à plus fraîche date, mobile et flottante, l'offensive pourra toujours réunir et mettre en ligne des moyens bien supérieurs à ceux de la défense. Ainsi, l'assiégeant, il n'en faut pas douter, ne se contentera plus des anciens mortiers à plaque de 0^m32, quelque puissants qu'ils fussent. Et bien que ces mortiers, à en croire de récentes expériences, n'aient rien perdu de leur efficacité, on trouvera désormais commode d'employer, sous les grands angles, tous les canons rayés de marine, moins fatigants et moins encombrants pour les ponts des navires, plus faciles à transporter et à approvisionner. — Sans rien enlever de leur mérite aux boulets creux ogivaux de 30, de 45 et de 75 kilogrammes, employés en feux courbes, n'avons-nous pas l'obusier de 0^m22, rayé et fretté (type spécial des bombardements)? Cette pièce puissante s'établissant facilement à l'aide d'un épontillage mobile descendant au besoin jusqu'au vaigrage, sur les ponts à ciel ouvert de la flotte, offrira la ressource d'un projectile encore plus pesant que la bombe. — En raison de son poids respectable qui atteint 90 kilogrammes et de sa forme conservatrice de la vitesse acquise, il y a lieu d'espérer que ce projectile oblong de $22^c/_m$ pourrait rivaliser, comme effet d'*écrasement*, avec la bombe de 75 kilogrammes, demeurée jusqu'ici l'engin par excellence des bombardements.

Si autrefois les historiens militaires s'accordaient à faire peu de cas des bombardements maritimes, le plus souvent entrepris de trop loin, (en raison même des dangers de la navigation à voiles, ou tentés avec un parc de siége insuffisant), il était réservé à la guerre de Crimée, d'opérer sous ce rapport une véritable révolution. — Frappé de la puissance que les feux courbes mettaient aux mains des flottes à vapeur, nous cherchâmes, dès 1855, à caractériser cette situation nouvelle [1]. Depuis que Lorient et Toulon ont si bien résolu les difficultés d'installation des mortiers de marine sur les bombardes, et surtout depuis là gé-

---

[1] *Revue contemporaine* du 31 décembre 1855. — Voir aussi les *Attaques et Bombardements maritimes*; Paris, Dumaine, 1857.

néralisation de l'artillerie à long tir, on peut affirmer — « que tous les canons rayés de la flotte sont devenus utilisables comme mortiers. » — Désormais tout bâtiment de guerre, à la seule condition d'épontiller avec soin et de transporter ses canons rayés dans des sabords *à ciel ouvert*[1], pourra coopérer à un bombardement. — Déjà à Sébastopol, à Kinburn, à Sweaborg, les feux courbes de la marine ont commencé leur réputation ; nul doute, à notre sens, que l'avenir ne réserve à ce genre d'attaque la plus éclatante sanction.

Dans son curieux *Traité des Bombardements*, le général d'artillerie de Blois constate, l'histoire des siéges en main, — « Que de 1792 à 1815, sur soixante-quatre bombardements terrestres entrepris par les armées de l'Europe, quinze seulement n'ont pas amené la reddition des places. » — L'auteur démontre, en outre, que l'insuccès de ces dernières attaques pouvait être attribué à des bombardements faibles, mal dirigés, interrompus où entrepris de trop loin.

L'attaque de Copenhague par la flotte anglaise en 1801, qui se rattache, par des liens étroits, à la question des bombardements, a suggéré des observations critiques, pleines d'enseignements, au savant général Douglas. — L'auteur du *Naval Gunnery*[2] remarque, avec sa sûreté de jugement habituelle, que les batteries terrestres de la Couronne formèrent constamment la grande difficulté de l'attaque. Dès le principe, elles empêchèrent Nelson d'attaquer Copenhague par le Sud ; puis, quand le brave capitaine Riou, pour soutenir l'avant-garde britannique, affaiblie par l'échouement de 3 vaisseaux, osa engager ces batteries, avec 3 frégates et 2 corvettes, il eut bientôt tant à souffrir de leur feu meurtrier, que, sans une prompte retraite, il allait être probablement détruit, avec tous ses navires.

Aussi longtemps que le prince de Danemark refusa de souscrire à une trêve, ces mêmes batteries de la Couronne empêchèrent Nelson de sauver ses vaisseaux désemparés et d'effectuer sa propre retraite : car, renforcées de monde et n'ayant pas combattu depuis la défaite du capitaine Riou, elles comman-

---

[1] Partout où elles n'existent point encore, deux conséquences de ce *desideratum* doivent être obtenues des services du génie maritime et de l'artillerie. — Sabords des gaillards, à sommiers mobiles. — Affûts des gaillards, admettant le tir sous les grands angles.

[2] *Naval Gunnery*, by lieutenant-général Sir Howard Douglas, Bort. — London, 1855.

daient justement l'étroit passage par où devaient se retirer les Anglais.

« Heureusement, ajoute le savant général, Nelson fut tiré de « cette position très-pénible et peut-être même périlleuse (*very* « *painful and perhaps perilous predicament*), par l'acceptation « de ses ouvertures, sans quoi le résultat de la journée eût pu « devenir quelque peu différent. »

Veut-on savoir ce qui venait de déterminer les Danois à une trêve ? Ce n'étaient peut-être pas seulement, comme l'ont dit quelques historiens, le sang-froid et la belle contenance de l'amiral anglais : — « La « flotte anglaise, observe Sir Howard « Douglas, était heureusement munie, en cette occasion, de « *puissantes bombardes*, qui avaient pris position derrière la « ligne des vaisseaux de Nelson et qui, durant l'action, lançaient « leurs bombes sur Copenhague, par dessus les mâtures de ces « derniers. Or, les hostilités continuant le lendemain, ces bom- « bardes pouvaient aisément détruire la ville. C'est ce que le « prince de Danemark savait fort bien, et ce fut surtout *le désir* « *de sauver Copenhague des horreurs d'un bombardement* qui « le détermina à signer la trêve. »

— La morale de cette attaque est donc facile à tirer, au point de vue qui nous occupe. La flotte anglaise, aventurée et compromise, dans une lutte désespérée, par le tempérament héroïque de son amiral, fut en réalité *sauvée* par les feux courbes de ses bombardes.

« Au contraire, quand Copenhague fut de nouveau attaquée, « en 1807, par une armée appuyée sur une flotte puissante, la « place et toutes ses défenses de terre et de mer se virent in- « vesties à la fois. — De cette façon, la ville fut assiégée, bom- « bardée [1] et prise, et le but maritime de l'expédition, atteint « sans beaucoup de difficultés, puisque la perte totale de l'ar- « mée et de la flotte britannique se borna à 235 hommes hors « de combat. Ajoutons-y un transport portant des mortiers qui « sauta en l'air, avec son équipage, par l'effet d'une bombe « lancée des batteries de la Couronne. »

L'histoire maritime des temps modernes nous montre lord Exmouth tirant sa victoire d'Alger, en 1816, fort peu de la terrible canonnade de ses vaisseaux, mais beaucoup des feux courbes de ses bombardes . — A Saint-Jean d'Ulloa, en 1838,

---

[1] « Le bombardement, dit le même auteur, détruisit 305 maisons et 2,000 habitants, sans parler des moindres dégâts. »

le rapport de l'amiral Baudin attribue la prise de cette forteresse à *quatre explosions*, notamment celle du cavalier du bastion Saint-Crispin, événements qui bouleversèrent les batteries mexicaines et désorganisèrent la défense. — Or, quelle pouvait être la cause la plus probable de ces explosions, sinon la pénétration des *trente* bombes de 0^m32 dont la chute fut constatée à l'intérieur des ouvrages mexicains ?

En 1854, dans la mer Noire, les flottes alliées pouvaient réduire la ville d'Odessa en cendres. Par des considérations d'humanité, elles se bornent à bombarder le port impérial et à incendier les navires qu'il contenait.

Pendant la campagne de la Baltique, à Sweaborg, en 1855, la flottille de siége anglo-française, sous les amiraux Pénaud et Dundas, infligeait aussi à cet arsenal russe, un bombardement de quarante-cinq heures. Sweaborg essuyait un tir vertical dont l'importance s'éleva à cinq mille neuf cent vingt-sept bombes et à douze mille cinq cent vingt-deux boulets ou obus. — Bien que les assiégeants fussent établis à environ 3,400 mètres du centre de l'arsenal ennemi, la perte des Russes fut évaluée, par les neutres présents, à près de 2,000 hommes tués ou blessés, sans parler du dommage matériel, qui atteignit des proportions considérables. Devant Sébastopol, la même année, les rapports du maréchal Pélissier reconnaissent que les treize bombardes anglo-françaises, mouillées par les amiraux Bruat et Lyons dans la baie de Stréletzka, opérèrent une diversion utile, lors de la mémorable journée qui vit tomber Malakoff. — Cependant, ces mortiers agissaient entre 2,500 et 3,000 mètres des forts Alexandre et de la Quarantaine. — Durant les trois jours de bombardement qui précédèrent l'assaut final, du 5 au 8 septembre 1855, l'effet redoutable des *trois cents mortiers* qui écrasaient Sébastopol vint apporter à la théorie du général de Blois la plus éclatante consécration. — A en croire les rapports du prince Gortschakoff lui-même, « *ce feu d'enfer*, » comme il l'appelait, coûtait aux assiégés jusqu'à 2,500 hommes par jour, détruisait ou incendiait *graduellement* l'arsenal et la flotte, en dépit des casemates et des abris les plus ingénieux, comme du rare dévouement de l'armée russe.

Au lendemain de pareils exemples, la possibilité de détruire les places maritimes, par les feux courbes, ne saurait plus être révoquée en doute. Réserve faite des sorties de l'assiégé, le succès d'un bombardement maritime ne pourrait-il pas se résumer par les conditions suivantes ? — « Réunir une flottille de

bombardement imposante sous l'escorte d'une escadre cuirassée; être maître de la mer pendant quelques jours. » Car il ne s'agit plus ici, comme sur terre, d'assembler plusieurs milliers de voitures et de fourgons du train, ayant à parcourir des centaines de lieues et à compter avec les mauvais chemins, avant d'amener le parc de siége sous les remparts de la place assiégée.
— Sur mer, dans la belle saison, quelques jours et souvent même quelques heures de vapeur suffiront pour conduire une expédition bien attelée et la plus puissante flotte de siége, dans les eaux de l'arsenal ennemi. Il faut d'ailleurs prévoir que la somme de feux courbes à dépenser sur une place maritime dépendra de sa superficie. — Pour un bombardement à outrance, observe le général de Blois, le seul mode de nature à amener de prompts résultats, l'intensité de ce feu vertical devrait être fixée à environ *cent bombes* par *hectare*. Ainsi, un arsenal maritime comprenant une superficie de 200 hectares, exigerait une consommation d'environ vingt mille projectiles creux. — Une flottille de siége portant cent mortiers ou canons rayés, mise en action pendant soixante-douze heures, à raison de *trois* coups par pièce et par heure, projetterait, sans fatiguer son personnel, vingt et un mille six cents bombes ou boulets creux, qui suffiraient vraisemblablement à écraser un grand arsenal maritime. Nous disons *trois* coups par pièce et par heure, afin de ménager les mortiers, s'il en existe, aussi bien que les canons et le personnel employés. — Le tir, sous les grands angles, demande beaucoup de sang-froid et de méthode ; il importe aussi de ne pas négliger le service de la *rectification* des coups, qui doit être assuré au moyen de signaux de convention, faits par des avisos mouillés *latéralement* au plan de tir et en avant de la ligne d'embossage. — Si la saison, ou le mauvais temps, ou toute autre considération exigeaient une plus grande rapidité d'action, on pourrait aisément tirer *six* coups par pièce et par heure, ce qui pourrait réduire à trente-six heures la durée *minimum* d'un bombardement.

L'histoire militaire démontre que les opérations de ce genre ont toujours réclamé, de la part de l'assiégeant, un haut degré de persévérance. — Un tir lent et méthodique, soigneusement rectifié, ménagera le personnel et le matériel. — Par sa continuité et sa régularité, cette méthode contribuera, mieux qu'un feu aux allures précipitées, à démoraliser l'assiégé. — Les feux courbes doivent pleuvoir comme une véritable grêle, assez équitablement répartie, comme tir en direction, pour que la garnison n'ait d'autres abris que ses casemates, et que toute circulation intérieure, dans les rues et sur les places publiques, ne s'opère que sous une menace incessante. Aux bombardes spéciales, s'il en existe, on adjoindra tous les cuirassés, batteries blindées, corvettes et avisos, porteurs d'artillerie à long tir. — Les boulets creux de tous les systèmes deviendront les auxiliaires des bombes. — Un incendie se déclare-t-il sur un point quelconque de la place assiégée, l'assiégeant concentrera immédiatement son tir dans cette direction, pour propager le mal et arrêter les secours ? Nul doute qu'on n'arrive, à la longue, à *brûler* ainsi tout ce qui est bois ou matières combustibles, comme à bouleverser tout ce qui est maçonnerie ou terre.

En 1683, le grand Duquesne mit quinze jours à écraser Alger, contraint de capituler devant les bombardes du célèbre Petit-Renau. — En 1869, il suffirait probablement d'un temps trois ou quatre fois moindre pour arriver au même résultat. S'armer de persévérance, mettre en ligne un parc de siége largement approvisionné [1], agir par divisions d'attaque (si l'on tire vivement), pour relever en temps utile les engins et les hommes qui se livrent à ce fatigant métier, tel semble être le secret de ce mode d'attaque, bien autrement difficile à repousser et par suite bien plus à craindre que les entrées de vive force, les siéges maritimes ou les débarquements. — Aussi longtemps que la science militaire n'aura pas inventé, pour le matériel flottant, les chantiers, magasins et autres édifices terrestres, un système de blindage économique et facile à improviser, point de places maritimes qui puissent se dire en sûreté. — Ville de commerce ou arsenal militaire, toute agglomération située au bord de la mer, et dont une flottille ennemie pourra approcher à 4 kilomètres, doit singulièrement appréhender les conséquences d'une nouvelle guerre des côtes.

En terminant ce rapide aperçu des maux de la guerre maritime, on nous permettra de souhaiter très-sincèrement que ces éventualités demeurent le plus longtemps possible du domaine de la théorie. — Il y aurait assurément bien des raisons d'humanité, pour émettre le vœu que les villes de commerce du lit-

---

[1] La flottille de siége ne pouvant porter elle-même une large *réserve* de munitions de guerre, toujours indispensable en pareil cas, doit être nécessairement accompagnée de plusieurs transports chargés de poudre et de projectiles.

toral pussent être *neutralisées* par le futur Congrès. — Que la raison d'État se bornât à menacer les arsenaux maritimes, ce serait déjà un grand pas de fait, car, compter sur des *délais* qui permissent à la population civile de se mettre en sûreté, à la veille d'un bombardement, ne serait-ce pas trop attendre de l'impatience d'un ennemi ? Pour le moment, les amis de la paix en sont réduits à se contenter de l'interdiction que la Conférence internationale, réunie à Saint-Pétersbourg, vient de mettre à l'emploi dans les armées de terre et de mer, des *balles explosibles* et autres petits projectiles creux, pesant moins de 400 grammes. — Puissent ces considérations inspirer une nouvelle force à ces esprits éclairés, de jour en jour plus nombreux, qui n'entrevoient de progrès raisonnable, pour les peuples, que dans la suppression des guerres d'ambition et de conquête ! Puisse ce terrible fléau de la guerre maritime, dont nous allons maintenant chercher à conjurer les dangers, par l'étude des moyens de la Défense, nous être à jamais épargné par la Providence, dans l'intérêt de la civilisation et de l'humanité !

VI.

LA DÉFENSE.

LA GARDE DES CÔTES. — LA DÉFENSE PERMANENTE DES FRONTIÈRES MARITIMES. — LES FORTIFICATIONS DES PORTS ET LA DÉFENSE DES ILES, AUTREFOIS ET AUJOURD'HUI.

> « Ce qui a le plus contribué à rendre
> « les Romains les maîtres du monde,
> « c'est qu'ayant combattu successive-
> « ment contre tous les peuples, ils ont
> « toujours renoncé à leurs usages, sitôt
> « qu'ils en ont trouvé de meilleurs.
> « Montesquieu. »

Depuis Henri III jusqu'à Napoléon Ier, il n'est pas un souverain en France qui n'ait dû réglementer l'antique *guet de la mer* ou l'institution plus moderne des *gardes-côtes*. — Quatorze édits, ordonnances ou décrets, échelonnés de 1584 à 1815, témoignent de cette impérieuse nécessité de notre défense maritime, chaque fois que notre pays s'est trouvé aux prises avec l'Angleterre[1]. — Sans remonter jusqu'aux incursions des Normands dans la Seine, et en limitant nos recherches au XVIe siècle, nous remarquons d'abord l'édit de Henri III confirmant les ordonnances de ses prédécesseurs. — La défense des côtes appartenait alors aux officiers de l'Amirauté de France, chargés deux fois l'an, en temps de guerre, et tous les deux ans, en temps de paix, « de faire la revue des hommes des paroisses sujettes au guet de mer. » Tous les habitants du littoral, jusqu'à une demi-lieue dans les terres, appartenaient à cette organisation, revisée en janvier 1629, sous Louis XIII, par une ordonnance du cardinal de Richelieu.

---

[1] C'est à l'obligeante érudition de M. Levot, conservateur de la bibliothèque de la marine, au port de Brest, que nous devons tous nos renseignements sur le guet de la mer et les diverses organisations de gardes-côtes qui se sont succédé, depuis trois siècles, sur notre frontière maritime.

C'est ici le lieu de mentionner dans leur ordre chronologique les principales attaques dont les côtes de France furent le théâtre, attaques bien de nature à légitimer ces précautions. Dans la suite de ce récit, l'on verra ces entreprises de l'ennemi et ces ordonnances pour la défense, alterner avec une régularité frappante. — En juillet 1627, une expédition anglaise comprenant 90 navires et 10,000 hommes, sous les ordres du duc de Buckingham, intervient en faveur des protestants de La Rochelle et assiége vainement, quatre mois durant, la citadelle de Saint-Martin, dans l'île de Ré. — En mai et septembre 1628, nouvelles tentatives des Anglais pour ravitailler et secourir La Rochelle, tentatives qui, malgré les brûlots, les pétards et les machines explosibles, vinrent échouer contre la fameuse digue, longue de 1,400 mètres, par laquelle Richelieu avait fermé la mer aux assiégés.

En 1637, l'armée navale de France, commandée par le fameux Sourdis, achevêque de Bordeaux, reprend les îles de Lérins, sur la côte de Provence, dont les Espagnols s'étaient emparés depuis 1635 et d'où ils inquiétaient notre littoral.

En 1674, c'est l'amiral Tromp qui parcourt les côtes de France, avec une escadre hollandaise et ravage Belle-Isle, Groix et les Glénans. — En 1692, Cherbourg et La Hougue, où l'illustre Tourville avait échoué ses vaisseaux désemparés, après la bataille, ne peuvent, faute de fortifications, lui être d'aucun secours pour les protéger contre les Anglais qui parviennent à les incendier.

A son tour, le grand Colbert profite de sa belle ordonnance d'août 1681, devenue la base de nos codes maritimes, pour établir des « capitaines de gardes-côtes, » faisant la revue de leurs gens le 1er mai de chaque année. — Les gardes-côtes sont tenus « d'avoir en tout temps, dans leurs maisons, un mousquet, une épée, une demi-livre de poudre et deux livres de balles, à peine de cent sols d'amende. » — Ajoutons que le produit de ces amendes était très-judicieusement appliqué à la réparation des corps de garde. Ces sages précautions ne devaient pas demeurer longtemps inutiles.

Le 27 octobre 1693, le commodore Bembow attaque Saint-Malo, avec 12 vaisseaux et des bombardes. — Les Anglais occupent l'îlot de Cézambre et lancent des bombes le 28 et le 29. — Le 3 novembre, leur machine infernale composée d'un navire de 350 tonneaux, maçonné à l'intérieur, et rempli de poudre et d'artifices, est dirigée contre les murailles. — Le rapport du duc de Chaulnes, gouverneur de Bretagne, témoigne que Saint-Malo en fut quitte pour une forte commotion et une pluie de tuiles et d'ardoises. — En juin 1694, profitant du départ de la flotte de Tourville pour la Méditerranée qui laissait Brest dégarni de soldats et de vaisseaux, la cour de Londres expédie l'amiral Berkeley avec 11,000 hommes de débarquement, pour enlever par surprise, la presqu'île de Quélern, clef du goulet de ce port. Brest se trouvait alors tellement pris au dépourvu qu'il fallut confier la garde de la ville à la milice bourgeoise, et que le conseil de marine, devançant d'un siècle et demi la belle résolution des Russes à Sébastopol, agita la question de couler nos vaisseaux dans la Penfeld, en cas de succès de l'ennemi. — Fort heureusement, la cour de Versailles, parfaitement servie par ses intelligences à Londres, avait été prévenue à temps. — Vauban, choisi par Louis XIV, arrive à Brest en toute hâte, il y rassemble quelques compagnies franches de la marine, renforcées des milices gardes-côtes, et se rend sur le point menacé. — A leur débarquement dans la baie de Camaret, les Anglais sont reçus par le feu de plusieurs batteries masquées « et rejetés à la mer, l'épée aux reins, » par nos braves milices bretonnes. L'amiral Berkeley, qui venait d'essuyer une perte de 1,500 hommes, et de 2 bâtiments, reprit le large.

En juillet 1694, les Anglais bombardent et brûlent Dieppe, alors simple ville en bois, mais sont moins heureux devant le Havre. — En septembre, c'est le tour de Calais et de Dunkerque d'être bombarbés ou attaqués par des machines incendiaires. — L'année d'après 1695, mêmes tentatives de destruction sous l'amiral Berkeley, qui bombarde Saint-Malo, Granville, Dunkerque et Calais, avec peu de succès. — Au printemps de 1696, la même flotte, acharnée à la destruction de nos ports, tente pour la *troisième* fois, d'incendier Calais. — L'amiral Berkeley s'empare momentanément des îles de Groix, d'Houat et de Hœdic, bombarde Saint-Martin de l'île de Ré et les Sables d'Olonne, jetant l'alarme sur tout le littoral ouest de la France.

En novembre 1701 et en septembre 1709, Louis XIV réglemente de nouveau le service des gardes-côtes.

Les gouvernements indolents de la Régence et de Louis XV, stimulés par plus d'une tentative des Anglais sur nos côtes [1], se voient eux-mêmes contraints de remettre en vigueur les précau-

---

[1] Attaques du Havre, de Dieppe et de Saint-Malo, par les Anglais. — *Mémoire sur la défense des frontières maritimes de la France*, pages 6 et 20. — 1843.

tions d'autrefois : — Ainsi, édit de janvier 1716, ordonnances de juin 1745 et d'avril 1758 ; chaque fois que la haute direction de nos affaires maritimes échappait à des mains compétentes et à des cœurs patriotiques, ou si l'attitude de notre marine subissait un éclipse, la hardiesse et les agressions de l'ennemi croissaient en proportion de notre faiblesse.

Vers la fin de 1746, le ministère anglais songea à attaquer Lorient, qui était alors le dépôt des richesses de l'Inde. Le 28 octobre, une expédition de 16 vaisseaux, 10 bâtiments légers, avec des transports portant 7,000 hommes de troupes, mouilla devant la rivière de Quimperlé, sous le commandement du vice-amiral Lestock. — Le 30, le débarquement a lieu. — Lorient est bombardé et battu par des boulets rouges. Le 7 novembre, les habitants étaient réduits à toute extrémité et à la veille de se rendre, quand une panique soudaine des Anglais, « causée par les tambours de la garnison, » fit soudainement lever le siége. Les Anglais, abandonnant leur matériel, vinrent mouiller dans la baie de Quiberon, dont ils enlevèrent le fort et où ils brûlèrent un vaisseau français. — Les îles d'Houat et d'Hœdic, qui n'étaient pas fortifiées, tombèrent de nouveau entre leurs mains.

En septembre 1757, c'est le tour de Rochefort, qui, malgré sa position géographique, aussi peu favorable pour l'offensive que privilégiée de la nature, pour la défensive, se vit menacée par une expédition de 17 vaisseaux, 9 bâtiments légers et 55 transports, portant 12 régiments de ligne, quelque cavalerie et de l'artillerie. — Le 22, l'amiral Sir Edward Hawke entrait dans la rade des Basques et s'emparait de l'île d'Aix, sans pousser plus loin ses opérations.

Il est facile de s'apercevoir que, dans ces agressions contre les côtes de France, l'Angleterre obéissait à une véritable loi. — « Profiter des époques où la mauvaise direction stratégique de « nos forces navales et notre infériorité numérique sur mer la « rendaient maîtresse de la Manche et du golfe de Gascogne, « pour porter la guerre sur notre littoral. » — Aussi, allons-nous voir se dérouler, avec notre faiblesse croissante, une série d'entreprises plus sérieuses encore que les précédentes.

« Dans la nuit du 4 au 5 juin 1758 [1], le commodore Howe, « avec 24 bâtiments de tout rang, mouille dans la baie de Can-

---

[1] La plupart des détails qui précèdent et qui suivent, sur les aggressions des Anglais, contre notre littoral, sont empruntés aux *Batailles navales de la France*, de M. Troude.

« cale et y débarque 14,000 hommes, quelque cavalerie et du
« canon. Pendant que ces troupes travaillaient avec activité à
« l'établissement d'un camp retranché, dans une position bien
« choisie entre Cancale et la Houle, le duc de Malborough,
« commandant en chef de l'expédition, adressait un *manifeste*
« aux bons habitants de la Bretagne.» — Le 7 et le 8, l'ennemi
se portait sur Paramé, Saint-Servan et Solidor et y brûlait plus
de cent navires de commerce.— Cependant, le pays se levait en
masse; les troupes régulières approchaient. — Aussi le 12 juin,
après une semaine d'occupation, les troupes anglaises durent se
rembarquer, mais non sans avoir été rudement harcelées.

Deux mois après, ce fut le tour de la presqu'île du Cotentin
d'être sérieusement attaquée. — Observons ici que cette invasion
de la Normandie ne rencontra pas la même résistance que celle
de la Bretagne. — Les Anglais détruisirent le port naissant de
Cherbourg, rasèrent les fortifications et les magasins, enlevèrent
les canons et livrèrent les navires aux flammes. Ainsi, chose
bien difficile à comprendre aujourd'hui, c'est avec des forces
inférieures à celles naguère dirigées contre Cancale et Saint-
Malo, que le général Bligh put ravager, pendant *dix* jours, les
campagnes normandes, et se rembarquer le 17, sans avoir été
sérieusement inquiété.

Si le lecteur curieux veut avoir l'explication de cette énigme,
écoutons un historien de notre port de la Manche [1] :

« Cherbourg tomba alors au pouvoir des Anglais par suite
« d'une défaillance bien étrange. Le 2 mai 1758, une flotte
« anglaise de 120 voiles se montra à la pointe de Querqueville
« et continua sa route vers Saint-Malo. Le 24 juin, la même es-
« cadre mouilla sur la rade de Cherbourg ; mais, contrariée par
« le vent dans ses opérations de débarquement, elle reprit le
« large. Le 6 août suivant, une nouvelle flotte, partie de Spi-
« thead sous le commandement du commodore Howe, ayant
« à son bord le prince Edouard et 7 à 8,000 hommes de troupes
« de débarquement, aux ordres du lieutenant-général Blygh,
« mouilla sur la rade, où les batteries du rivage lui envoyèrent
« vainement quelques boulets. Le 7, à deux heures du matin,
« des galiotes ouvrirent le feu sur la ville ; mais ce bombarde-
« ment cessa vers dix heures sans avoir causé aucun dommage.

« A midi, toute la flotte se rendit à Urville, où 3 galiotes et

---

[1] *Les Ports militaires de la France, Cherbourg*, par M. de Bon, commissaire général de la marine.

« 20 bâtiments de guerre s'étant mis en travers, dirigèrent
« contre la côte un feu très-vif, ayant pour but de couvrir le
« débarquement des troupes, qui s'effectuait un peu plus loin,
« dans l'anse de Landemer.

« Le comte de Rémond, maréchal de camp, commandant à
« Cherbourg, marcha alors vers ce lieu pour s'opposer à la
« descente. Il était à la tête d'un escadron de dragons du régi-
« ment de Languedoc, de quatre bataillons d'infanterie et de
« trois mille huit cents gardes-côtes, suivis de tous les habitants
« des paroisses circonvoisines qui avaient pris les armes avec
« la résolution bien arrêtée de combattre à outrance. Mais, pour
« gagner Landemer en longeant la côte, il fallait traverser le feu
« de l'ennemi, le comte de Rémond se retira dès qu'il eut perdu
« quelques hommes, et permit aux Anglais d'effectuer paisible-
« ment le débarquement de sept mille soldats et six cents che-
« vaux qui bivouaquèrent à Urville.

« Ce village est situé à l'extrémité d'une vaste plage, dominée
« par des collines dont un des contre-forts la ferme près de
« Querqueville. Les Anglais se trouvaient au fond d'un hémicy-
« cle, exposés de tous côtés à des feux plongeants. Construit
« sur un monticule dont la mer baigne le pied, le village de
« Querqueville est couronné par son église et son cimetière, qui
« offrent une position à peu près inexpugnable. Cet obstacle
« eût-il même été vaincu par l'ennemi que la plaine de Sainte-
« Anne ne lui aurait pas présenté un terrain plus favorable.
« Rien de plus facile, pour M. de Rémond, en massant ses trou-
« pes sur les hauteurs, que d'écraser les Anglais dans leur
« marche. Il ne l'essaya même pas, et sa conduite fut tellement
« étrange, qu'on l'attribua à des instructions mystérieuses.

« Voici comment Voisin de la Hougue, témoin oculaire de ce
« fait déplorable, expose les circonstances qui suivirent la des-
« cente des Anglais : Le lendemain matin, mardi 8, comme on
« s'attendait encore que le comte de Rémond se déciderait à
« prendre les hauteurs pour attaquer l'ennemi, on pensait qu'il
« rassemblerait ses troupes; au contraire, il les a divisées par
« détachements qu'il a envoyés dans les campagnes pour couper
« les passages : il en a été même un détachement de six cents
« hommes jusqu'à Martinvast, qui ont rompu le pont qui était
« sur la Divette pour venir d'Urville à Cherbourg. Ensuite il a
« fait enclouer le reste des canons et mortiers et fait jeter les
« bombes, gargousses et poudres qui étaient sur les forts à la
« mer, puis il s'est sauvé à Valognes et a abandonné la ville à la

« merci des ennemis sans s'embarrasser d'enlever seulement
« l'artillerie ni les poudres de magasin, quoiqu'il y eût des
« charrettes et des chevaux plus qu'il n'en fallait.

« Nos troupes, se voyant sans chef, sont allées camper au
« mont Epinguet, avec un chagrin extrême de n'avoir pas com-
« battu. Quelque temps après, M. le maréchal de Luxembourg,
« M. le duc d'Harcourt, M. de Coëtlogon et plusieurs autres lieu-
« tenants généraux se sont aussi rendus au camp du mont Epin-
« guet, lequel s'est trouvé fort de seize mille à dix-sept mille
« hommes ; cependant ces messieurs n'ont pas trouvé à propos
« d'attaquer l'ennemi qui n'était fort que de sept mille hom-
« mes.

« Le même jour, sur les six heures du soir, un détachement
« de trois à quatre cents des ennemis, tant cavalerie qu'infante-
« rie, s'étant acheminé vers Cherbourg; la bourgeoisie s'est
« trouvée obligée d'aller au devant, ainsi que M. Paris, curé ;
« quelques autres prêtres, les maires, échevins et autres princi-
« paux bourgeois ont été avec un drapeau blanc jusqu'au lieu
« nommé Chantereyne, pour prier le commandant de donner
« ordre qu'il ne soit fait aucune insulte ni dommage aux bour-
« geois et qu'il fasse garder à ses troupes une exacte discipline,
« ce qu'il a promis et a publié un manifeste de la part du géné-
« ral Blygh [1].

---

[1] Cette proclamation était ainsi conçue :

« Nous, lieutenant général Bligh, colonel de cavalerie, commandant en
« chef les armées de S. M. Britannique, faisons savoir à tous les ha-
« bitants que la descente que nous avons faite sur cette côte avec la
« puissante armée sous nos ordres, soutenue par le formidable armement
« que nous avons sur mer, n'est point avec l'intention de faire la guerre
« aux habitants du pays, sinon à ceux que nous trouverons armés ou
« autrement, en opposition à la juste guerre que nous faisons à S. M. Très-
« Chrétienne. Qu'il soit donc connu à tous ceux qui veulent rester en
« paisible possession de leurs biens et habitations, qu'ils peuvent demeurer
« tranquillement dans leurs domiciles et vaquer à leurs professions et
« métiers ordinaires, et que, hormis les droits et taxes coutumières et les
« contributions ordinaires qu'ils payent à leur roi, on n'exigera rien d'eux,
« soit en argent, soit en marchandises, que ce qui sera absolument né-
« cessaire pour la subsistance de l'armée, et qu'on payera argent comptant
« toutes les provisions qu'on apportera. Au contraire, si, malgré cette dé-
« claration que nous avons bien voulu donner, les habitants des villes ou
« villages emportent leurs meubles, effets ou provisions et abandonnent
« leurs maisons ou domiciles, nous traiterons de tels délinquants comme
« ennemis déclarés et détruirons par feux et flamme, ou tout autrement
« que sera en notre pouvoir, leurs villes, villages, domiciles ou maisons.

« TH. BLYGH. »

« Donné au quartier du Roi, ce 8 avril 1758.

« Le lendemain, mercredi 9, le reste de troupes ennemies
« est venu camper sur deux lignes, depuis les fourches patibu-
« laires jusqu'à l'abbaye ; ensuite elles se sont emparées de
« tous les forts et y ont mis des gardes ; elles ont aussi posé
« un détachement de quatre à cinq cents hommes sur la mon-
« tagne du Roule et un autre sur la lande d'Octeville pour garder
« toutes les avenues.

« Ainsi les ennemis étant entièrement maîtres de Cherbourg,
ont démoli et renversé *à force de mines*, tous les travaux du
« Roi, savoir : les jetées, les quais et les ports ; brûlé le port
« tournant, les portes du bassin, l'écluse et environ trente-sept
« navires, sans compter les bateaux de pêche et chaloupes avec
« tous les gréements, bois de construction et généralement
« tout ce qui servait à la marine qu'ils ont fait tirer des maga-
« sins. Ils se servaient, pour leurs mines, de la poudre que le
« comte de Rémond leur avait laissée dans la tour des Sarra-
« sins.

« Pendant cette destruction, les maraudeurs, à deux lieues à la
« ronde, ont commis toutes sortes d'excès, violé, pillé, profané
« et enlevé les vases sacrés des églises, les ornements, titres et
« papiers, et vidé généralement toutes les maisons de tous meu-
« bles et enlevé jusqu'au bois des portes et fenêtres, même
« des planchers et couvertures, et coupé quantité de jeunes
« arbres et détruit les blés où ils ont passé.

« Plusieurs maisons des faubourgs ont aussi essuyé le pillage,
« et une grande partie des effets, meubles, linge et hardes des
« bourgeois qu'ils avaient fait transporter dans des paroisses
« voisines, de crainte de bombardement, a été totalement en-
« levée.

« Au surplus, le général anglais et autres officiers exigeaient
« du corps de ville, à tous moments, des choses inouïes et la
« plupart impossibles à trouver, comme vins, légumes, sucre,
« bœufs, moutons, volailles, etc., etc., et sur le moindre refus,
« ils menaçaient de mettre la ville au pillage et de la brûler.

« Le général Blygh a fait enlever toute l'artillerie de fonte
« consistant en deux mortiers et vingt et une pièces de canon,
« depuis 8 livres de balles jusqu'à 14 livres et fait rompre les
« tourillons et boutons d'acier de toutes les pièces de fer et les
« anses des mortiers.

. . . .

« On estime la perte que le Roi a faite à Cherbourg, tant pour
« la destruction que pour l'enlèvement de l'artillerie, à deux

« millions et demi, et pour les bourgeois à sept cent mille li-
« vres.

. . . .

« La nuit du 15 au 16 et le matin du 16, les Anglais se sont
« rembarqués au Galley avec précipitation : on attribue ce rem-
« barquement précipité au bruit qui se répandit, le 15, chez
« M. de Lormier, où logeait le général, que la maison du roi
« était à Valognes.

« Le vendredi 18, les ennemis ont mis à la voile, faisant
« route pour Saint-Malo.

« Vers le soir du même jour, le maréchal de Luxembourg,
« accompagné du comte de Rémond et suivi de quelques pelo-
« tons d'infanterie et de cavalerie, reprit Cherbourg.

« Il est bien difficile encore aujourd'hui de s'expliquer les
« vrais motifs qui déterminèrent le comte de Rémond à aban-
« donner Cherbourg aux Anglais.

« Ce qu'il y a de certain c'est que sa conduite ne fut l'objet
« d'aucune enquête et qu'il continua de figurer sur les cadres de
« l'armée. »

Le succès de l'expédition de Cherbourg ne tarda pas à entraîner le duc de Malborough, à une seconde entreprise contre la
haute Bretagne. — « Les Anglais se proposaient d'y cueillir les
« mêmes lauriers, *mais ils y furent autrement reçus*, et la ba-
« taille de Saint-Cast les dégoûta des descentes sur les côtes de
« France, pour le reste de la guerre. — Saint-Malo, la ville des
corsaires, objet de la haine séculaire de nos voisins, fut de nouveau menacée. — Le 3 septembre, 3,000 Anglais débarquèrent
dans la baie de Saint-Lunaire où avait mouillé leur flotte. Ces
troupes ravageaient le pays depuis environ une semaine, quand,
arrêtées dans leur invasion par les milices bretonnes au passage
du Guildo, et refoulées dans l'anse de Saint-Cast, l'arrivée des
troupes régulières convertit leur retraite en un véritable désastre.

Ici, laissons la parole aux *Mémoires* du temps [1], publiés par
le gouverneur de la province. — « Avec peu de troupes, obser-
« vait le duc d'Aiguillon, il fallait veiller à la sûreté de Lorient,
« Brest et Saint-Malo, trois ports très-éloignés les uns des
« autres. — C'est alors, observe le chroniqueur, dans le style
« naïf et original de l'époque, que l'on put apprécier combien

---

[1] *Mémoires pour M. le duc d'Aiguillon*. — Paris, Boudet, imprimeur du Roi, 1770.

« avait été sage la prévoyance de M. le gouverneur de Breta-
« gne, sur l'article des *grandes routes*. — Les troupes et l'ar-
« tillerie firent une diligence qu'auparavant on aurait à peine
« osé espérer des courriers qui les auraient averties. — Il y eut
« des régiments qui firent *cinquante-cinq lieues en cinq jours*. »

Le 11 septembre 1758, à Saint-Cast, les Anglais, forcés dans leur camp retranché, tentèrent de se rembarquer sous la protection de leur flotte. — Mais l'ardeur des milices bretonnes, stimulée par le concours des troupes royales, détermina une charge à la baïonnette qui acheva leur défaite. — « Le corps expé-
« ditionnaire, presque tout entier, fut pris ou détruit, remarque
« l'historien des *Batailles navales*, et ce qui échappa à la légi-
« time fureur des Français, périt dans les flots. On compta
« 732 prisonniers et on enterra 1160 morts. — Et, sans la
« trahison d'un déserteur, ajoute le mémoire de 1770, cette
« flotte n'eut pas revu un seul homme des troupes qu'elle avait
« mises à terre. » — La flotte anglaise, demeurée deux jours de plus au mouillage, pour attendre des *absents* qui ne revinrent pas, s'éloigna le 14.

Survient la guerre d'Amérique. Une des premières préoccupations du gouvernement de Louis XVI, ce roi si justement surnommé le *Restaurateur de la marine*, se porte sur l'inviolabilité de nos rivages : — « Sa Majesté, considérant, dit l'ordonnance
« du 13 décembre 1778, qu'il intéresse à la tranquillité de ses
« sujets de protéger le commerce, le cabotage et la course,
« d'assurer la garde et la conservation des côtes de son
« royaume, s'est fait représenter les édits et règlements rendus
« sur les milices gardes-côtes. » Cette ordonnance, qui ne compte pas moins de 76 articles, est la plus complète de l'ancienne monarchie. — Tous les habitants *non classés* des paroisses confinant à la mer, de dix-huit à soixante ans, concourent à la défense des côtes. — Les plus aptes au service, anciens militaires ou marins, forment des compagnies de canonniers gardes-côtes, armées de fusils et affectées aux batteries du voisinage, sous le commandement d'officiers retirés ou des gentilshommes du pays. — Toutes nos îles, Ouessant, Belle-Ile, Groix, etc., possèdent leurs compagnies particulières formées d'insulaires. — Dans les cas de rassemblement extraordinaire, tels que les inspections générales d'avril et d'octobre, et pour les exercices qui ont lieu tous les seconds dimanches, les canonniers envoyés aux batteries jouissent d'une indemnité de 10 livres par mois. — En dehors des canonniers, les gardes-

côtes sont formés « en compagnies du guet, » chargées de fournir des détachements aux batteries et d'entretenir les chemins de communication. L'ordonnance du 23 avril 1780 ajoute à celle de 1778 quelques dispositions sur les signaux et sur le service des corps de garde.

Au reste, l'attidude de notre marine, pendant cette période de Louis XVI, fut beaucoup trop fière, pour admettre, de la part de l'ennemi, aucune tentative sur les côtes de France. Tout au contraire, par la campagne de la flotte du comte d'Orvilliers, à l'ouvert de la Manche, par l'expédition hardie du baron de Rullecourt, contre l'île de Jersey, en janvier 1781, ce fut plutôt le tour de l'Angleterre de se croire menacée.

La Révolution, qui ne mit pas moins de trois ans à désorganiser la belle marine de Louis XVI, supprime les gardes-côtes par une loi du 9 septembre 1792. — Un décret du 18 floréal an III les remplace par 14,000 canonniers volontaires, incorporés en l'an X dans les troupes de la République. Le Premier Consul, au milieu de ses efforts réparateurs, n'oublie pas de réorganiser 128 compagnies de canonniers gardes-côtes par un arrêté du 18 mai 1803. Il leur attribue une indemnité journalière de 50 centimes, en temps de guerre, leur fournit les armes, les munitions et un habillement neuf, tous les cinq ans. — La plupart des autres dispositions sont empruntées à l'ordonnance de 1778. — Chaque batterie de côte avait, comme aujourd'hui, son « gardien particulier » nommé par la direction d'artillerie. En temps de paix, les gardes-côtes étaient dissous, mais on conservait une batterie d'exercice, où chaque compagnie se réunissait dix jours par an. Des officiers, sous-officiers et caporaux étaient détachés à un point central de chaque direction pour y être exercés au tir, réunions durant lesquelles les gardes-côtes étaient payés sur le pied de guerre. Une indemnité annuelle de 36 francs était affectée à l'entretien de la chaussure et du petit équipement. Le nombre de ces canonniers et leur répartition dans les directions maritimes, subirent diverses modifications, en raison même du développement des frontières de l'empire. — La défense des côtes continua d'appartenir aux généraux commandant les divisions territoriales.

Cependant, par une lettre du 4 août 1810, au ministre de la marine, Napoléon Ier « confia à des officiers de vaisseau le commandement de toutes les côtes, depuis l'Ecluse jusqu'à l'Elbe. » — C'était au lendemain de l'expédition des Anglais contre Anvers, durant la seconde campagne d'Autriche. — Cette frontière fut divisée en quatre commandements maritimes [1]. — A la même époque, la marine conservait la défense des ports de Brest et de Rochefort. Enfin, l'ordonnance du 14 août 1815 licencia les canonniers gardes-côtes dont quelques compagnies de vétérans, détachées dans les ports, purent à peine rappeler le souvenir. — Il faut en convenir hautement, toutes ces formations de milices des côtes ne rendirent qu'une partie des services qu'on aurait pu attendre d'éléments plus solides et surtout mieux commandés. — Le *Mémoire sur la défense des frontières maritimes de la France* [2] et l'historique du blocus de nos côtes, par les croisières anglaises, fournissent, à cet égard, les preuves les plus convaincantes. Le problème à résoudre aujourd'hui serait donc (tout en conservant ce que les anciennes formations de gardes-côtes contenaient de commode et d'utile), ainsi que le reconnaissait le général Gassendi lui-même, d'éviter, par une organisation plus rationnelle comme plus énergique, les justes critiques auxquelles ces gardes nationales riveraines donnèrent lieu, de tout temps, sous le rapport de la discipline et du commandement militaire.

En 1841, le ministre de la guerre, sur une proposition émanée du Comité d'artillerie, instituait, le 11 février, une Commission mixte, chargée d'établir des projets pour l'armement des côtes de France. — Cette Commission, composée de trois généraux d'artillerie, d'un général du génie, d'un officier supérieur de la marine et d'un capitaine d'artillerie, secrétaire, se subdivisait, pour la plus grande rapidité du travail, en cinq commissions locales, chargées chacune d'un des arrondissements maritimes. — Sous l'influence des événements de 1840, la défense des côtes de France devenait une des conséquences naturelles de l'attitude guerrière qui avait produit les fortifications de Paris. — Les études relatives à la défense de nos frontières maritimes furent donc poursuivies avec cette sage célérité qui semble le trait caractéristique des périodes de crise. — Tous les travaux à exécuter furent classés, avec une grande méthode, en *trois degrés d'importance*, de sorte qu'une rupture inopinée ne pût nous prendre au dépourvu, sur les points essentiels à protéger.

Dans le rapport étendu qu'elle présenta au ministre de la

---

[1] *Mémoire* de 1843, p. 178.
[2] Voir, p. 15 et 106, les détails sur l'occupation de nos îles frontières par les Anglais.

guerre, le 5 avril 1843, sous le titre de *Mémoire sur la défense des frontières maritimes de la France*, la Commission traitait à fond les nombreuses questions relatives à l'armement des côtes, *au matériel*. — Après avoir sagement réagi contre la multiplicité de nos batteries côtières, que des influences de localités avaient fait disséminer sur beaucoup de points sans importance, au détriment notable de plus d'une position essentielle, la Commission formulait ainsi les bases de son système :
— Etablissement de citadelles exigeant un siége en règle, dans les positions isolées et les îles de première importance. — Défense des batteries « ouvertes à la gorge, » par des *réduits* crénelés, capables de déjouer un coup de main par escalade, comme d'arrêter les envahisseurs de la batterie par une fusillade bien nourrie [1]. — Création, dans des positions centrales, en arrière du littoral, de *camps d'observation*, toujours prêts à rayonner sur les points des côtes, menacés par l'ennemi. — Perfectionnement des voies de communication de la zone riveraine. — Création d'un réseau de télégraphes côtiers, de manière à amener promptement l'artillerie attelée et les colonnes *mobiles* des camps d'observation, en face d'un débarquement ennemi. — Les prévisions de l'artillerie des côtes s'élevaient, en 1843, à 3,266 bouches à feu, dont 635 affectées à la défense spéciale des ports militaires, classés de droit avec les îles frontières et les grands ports marchands, parmi les positions de première importance. — Enfin, le choix de l'artillerie du littoral était judicieusement basé sur le principe de l'*union du gros calibre avec la grande portée.*

S'il ne nous appartient pas de faire l'éloge de ce travail si remarquable pour l'époque, il nous sera permis de rappeler sommairement que, depuis 1843, diverses mesures essentielles sont venues s'encadrer dans notre système de défense. — En présence du mouvement d'opinion qui a produit en Angleterre, depuis 1857, les votes extraordinaires du Parlement, les fortifications des ports, l'organisation du *Coast-guard* [2], les *Volontaires* et tant d'autres dispositions énergiques, pour la défense

---

[1] Ne serait-il pas utile d'avoir sur la terrasse de chaque *réduit* crénelé, en temps de guerre, un ou deux petits obusiers pour jeter en plus de la mitraille ?

[2] Corps de marins et de douaniers commandé par des *officiers de marine*, qui ne comprend pas aujourd'hui moins de 12,000 hommes d'élite, appuyés sur une milice navale de plusieurs milliers de pêcheurs et de caboteurs.

des Iles Britanniques, la France pouvait-elle rester indifférente au soin de sa propre conservation ? — Les télégraphes électriques, les sémaphores et les *guetteurs* marins du littoral, chargés de signaler, en temps utile, les mouvements des forces amies ou ennemies, enfin la transformation progressive des canons à âme lisse, en canons rayés, et l'établissement d'un certain nombre de mortiers, destinés à battre les rades et les mouillages, situés hors de la portée utile des batteries : tels sont les traits distinctifs des travaux ordonnés par la nouvelle Commission de Défense des Côtes, composée de sommités des armes spéciales et de la marine.

En face des progrès constants et si rapides des moyens d'attaque, ce mouvement de progrès ne saurait en rester là. — Ainsi que l'attaque, la défense doit songer à frapper de grands coups, en adoptant graduellement l'artillerie à grande puissance.

A l'exemple de l'Angleterre, de la Russie et des États-Unis, la Prusse s'occupe de fortifier son nouveau port de Kiel, d'une façon exceptionnelle. — D'après la presse allemande, ce port serait défendu par des canons géants de Krupp, pesant 50 tonneaux et lançant des projectiles de 1,100 à 1,200 livres. On espère, avec cette pièce, percer des cuirasses de 10 pouces, jusqu'à 3,000 à 4,000 pas.

Depuis longtemps aussi, les marins songeaient aux moyens de tirer le canon de côte « visuellement et à longueur de cordon, » par analogie à ce qui se pratique sur les vaisseaux. Le tir « à bas de l'affût, » en usage à terre, leur paraissait incompatible avec les conditions de précision et d'instantanéité, indispensables pour loger un boulet, dans des buts aussi mobiles que les navires à grande vitesse. — Ajoutons que ce progrès, et beaucoup d'autres, viennent d'être réalisés par le nouvel affût de côte, établi sous la direction de l'habile colonel Treuil de Beaulieu. Cet affût, qui offre des facilités de manœuvre, très-remarquables, sera le bien-venu dans nos batteries de côte, dont il aura pour effet d'étendre et d'accélérer le tir.

Combiner le tir direct des canons avec le feu parabolique des mortiers, telle semble devoir être aujourd'hui une des premières préoccupations des armes spéciales. Faciles et peu coûteuses à établir, les batteries de mortiers ont, pour la défense des baies, des rades et des mouillages d'une grande superficie, une supériorité frappante. — Oter aux forces navales ennemies, la paisible jouissance des ancrages qu'elles fréquentaient jadis impunément le long de nos côtes, n'est-ce point là une question de fierté nationale. Or, il n'est pas de menace plus gênante pour la marine, que le jet lent et méthodique des bombes, exposant les ponts et les organes vitaux des navires (machines, chaudières, soutes à poudre), et venant, à intervalles réguliers, troubler le repos d'une escadre ancrée dans un mouillage forain.—Ces batteries de mortiers, qui peuvent s'établir à peu près partout, sont en même temps l'une des meilleures protections contre la menace d'un bombardement maritime.

Dût-on, pour atteindre ce résultat essentiel, désarmer la plupart de nos petits ports de pêche ou de commerce et supprimer radicalement la défense des positions de *troisième* importance, l'hésitation ne semblerait pas permise ? Dans les mêmes vues d'économie et de concentration du matériel, qui sont de règle pour toute défense sérieuse, peut-être même conviendrait-il de soumettre quelques-unes des positions de *deuxième* importance, à un travail de révision analogue ? — Pareille mesure n'a-t-elle pas été prise par le département de la guerre, en 1867, pour le classement de nos places frontières de terre? — Supprimer les batteries isolées d'une invasion facile, c'est-à-dire tous les ouvrages qui ne seraient pas, ou protégés par l'escarpement du rivage et impossibles à tourner, ou fermés à la gorge par un *réduit*, ne serait-ce pas d'ailleurs un service à rendre à plus d'un petit port de nos côtes ? Enlever en même temps à l'ennemi toute occasion de butin et de bulletin, tout prétexte d'attaque et de déprédations, envers des populations pauvres et inoffensives, semble être, au premier chef, un devoir d'humanité.

C'est ici le lieu d'examiner rapidement la nature des ouvrages ou fortifications permanentes, à opposer aux nouveaux moyens d'attaque. — Ces ouvrages appartiennent à deux systèmes bien tranchés : Les forts en *maçonnerie* et les ouvrages *en terre*.
— Or, depuis les ravages causés par les canons rayés, il devient indispensable de protéger la maçonnerie, soit par des ouvrages avancés en terre, soit par un cuirassement métallique. Toutefois, le fort de mer cuirassé entraîne à de si grosses dépenses, que son emploi ne saurait être qu'*exceptionnel* et restreint aux positions *à fleur d'eau*, tels que les forts casematés, baignés et battus par la mer et exposés à des dégâts lors des grandes marées. — Ces *forts de mer*[1], comme les appelle avec

---

[1] *Les Forts de mer*, en 1867, par un Officier de marine. — Paris, Arthus Bertrand, 21, rue Hautefeuille.

raison un de nos officiers généraux les plus compétents, sont ceux de Cronstadt, déjà cuirassés avec un vêtement de 20 à 24%, puis, les forts anglais des embouchures de la Tamise et de la Medway, ceux de Spithead, de Portland, Plymouth, Milford, Haven et Cork. Les Etats-Unis eux-mêmes sont entrés dans cette voie.

En septembre 1866, à la forteresse Monroë, les Américains ont voulu expérimenter la résistance des fortifications en maçonnerie cuirassées [1].

— « Le but était une muraille en granit de 2^m40 d'épaisseur,
« recouverte de *quatre* plaques laminées de 2%5, fixées par
« des boulons dans la maçonnerie; les blocs étaient consolidés
« au moyen de crampons et de goujons en fer; la maçonnerie
« avait 6^m30 de hauteur; en outre, à la partie supérieure, on
« avait placé une grande quantité de vieux canons, etc., pour
« augmenter la solidité du but. Le tout représentait une mu-
« raille de 9^m15 de hauteur. Les plaques étaient disposées lon-
« gitudinalement; entre la plaque inférieure et la maçonne-
« rie, on avait interposé un matelas en sable de 15% d'épais-
« seur.

« Les canons employés étaient au nombre de deux : l'un, un
« canon de 15 pouces (0^m381) à âme lisse; l'autre, un canon
« rayé de 12 pouces (0^m305), tous deux du système Rodman,
« placés à 320 mètres du but. Le premier jour, on lança cinq
« projectiles qui donnèrent les résultats suivants :

CANONS.	CHARGE.	PROJECTILE.	VITESSE initiale.	DIAMÈTRE de l'empreinte.	Profondeur de l'empreinte.	BUT.
	kil.	kil.	mèt.	centim.	centim.	
Ame lisse, 15 pouces	20.884	196.128	352	38	7.5	granit.
— —	20.884	196.128	339	45	13.7	sable.
Rayé, 12 pouces........	24.970	281.480	366	36	11.9	granit.
— —	24.970	281.480	329	33	14.4	granit.
— —	24.970	281.480	336	36	17.5	sable.

« Dès le premier boulet, la maçonnerie fut ébranlée, le pro-
« jectile fut brisé en éclats et on aperçut, au moment du choc,
« une vive lumière, provenant probablement des parcelles de

---

[1] *Note sur la marine des États-Unis*, par M. P. Dislère, ingénieur des constructions navales. — Paris, Arthus Bertrand.

« métal en ignition : la plaque et les morceaux de boulet que
« l'on ramassa étaient très-chauds. Outre l'empreinte laissée
« dans la plaque, deux blocs de granit étaient brisés en partie et
« repoussés d'environ 25$\%_m$; d'autres fentes s'ouvraient auprès
« d'eux. — Le massif parut moins souffrir avec le matelas de
« sable interposé, mais la plaque était endommagée plus profon-
« dément ; le cinquième boulet seul perça la plaque et pénétra
« un peu dans le sable. Le lendemain, les expériences furent
« reprises, mais on s'occupa surtout de voir l'effet produit par
« des projectiles sur les parties de la muraille non protégées.
« Six coups furent tirés, un des boulets de 15 pouces (0^{m}381)
« traversa la plaque supérieure près de l'empreinte d'un des
« boulets de la veille et enfonça de quelques pouces dans la
« maçonnerie ; un boulet rayé, frappant à l'arête supérieure de
« la plaque, fit voler la maçonnerie en éclats. A un endroit où
« un contre-fort avait été disposé derrière la muraille, on tira
« deux projectiles qui démolirent complétement muraille et
« contre-fort.

« Ces expériences ont prouvé qu'à 320 mètres de distance,
« le fer constitue une défense contre la pénétration des projec-
« tiles, quoique le choc de ceux-ci ait démoli partiellement la
« muraille en granit, derrière la cuirasse. — Les projectiles
« rayés possèdent plus de pouvoir contre les plaques que les
« projectiles lisses ; mais le résultat le plus intéressant des ex-
« périences fut l'effet destructif des projectiles lisses ou rayés,
« sur les murailles *non protégées* ; le résultat dépassa de beau-
« coup ce que pensaient les officiers présents. »

Il nous serait impossible, sans sortir absolument de notre
cadre, de mentionner les nombreuses expériences qui ont eu lieu
en Europe, sur la résistance des murailles cuirassées. Bon gré,
mal gré, nous devons renvoyer le lecteur à un article récent :
— *La Question des Défenses maritimes* en Angleterre, qui a
paru dans la *Revue maritime*, août 1868. — Paris, Challamel et
P. Dupont.

En France aussi, en 1864, M. le lieutenant-colonel La Fay,
de l'artillerie de marine, a proposé un système de *forts de mer*
cuirassés, applicable à la défense des côtes, des fleuves, des
ports et surtout des pointes avancées de nos rades [1]. — Ces
forts à coupoles métalliques *tournantes*, reposant sur des

---

[1] Consulter les plans ci-joints. Le projet primitif de cet officier supérieur date de juillet 1862. — Il a été présenté à l'Empereur en décembre 1864.

assises en maçonnerie, recouvertes et protégées elles mêmes par des enrochements artificiels, devaient contenir chacun 2 canons de 24 c/m rayés. — Les coupoles étaient manœuvrées par une machine à vapeur, à l'instar des tourelles des monitors, et demeuraient, comme ces tourelles, aussi invulnérables au canon qu'inaccessibles à toute tentative d'escalade. — Le colonel La Fay proposait une première application de ses forts, à coupoles tournantes, à la défense des pointes de la Grosse-Tour, de l'Aiguillette, de Balaguier, sur la rade de Toulon. — Les plans de cet officier distingué (bien connu par les services qu'il a rendus à l'artillerie de notre flotte), étaient accompagnés d'un devis très-complet. — La dépense par fort était assez réduite pour n'effrayer personne. Espérons que ce système, aussi ingénieux qu'économique, recevra tôt ou tard son application.

Moins d'un an après l'époque où nous écrivions ces lignes, en septembre 1868, les journaux allemands annonçaient précisément que le roi de Prusse venait de faire essayer et adopter, à Coblentz, des tourelles tournantes, vrais blockhaus en fer qui seront échelonnés le long du cours du Rhin, « afin, ajou-
« taient-ils, d'empêcher au besoin une flotille ennemie de venir
« porter la guerre jusque dans les rues de Mayence et de Colo-
« gne. »

Depuis plusieurs années, les Anglais sont également entrés dans cette voie. Leur Comité de fortifications, où la Marine jouissait de l'influence incontestable qu'elle devrait exercer en tous pays, quand il s'agit de la défense des rades et des ports, a longuement débattu les diverses solutions en présence. — Malgré leur prépondérance maritime, si difficile à nier, nos voisins n'ont pas voulu s'en rapporter exclusivement à leurs anciens remparts (Old England's wooden walls), c'est-à-dire aux célèbres murailles de bois qui, « en bravant, sur toutes les mers, la
« bataille et la brise, ont fait, pendant tant d'années, la gran-
« deur de la vieille Angleterre ! » — Bien que ces murailles de bois soient aujourd'hui devenues de nombreux et puissants navires cuirassés, cette habile et prévoyante nation n'a pas cru sage de s'en remettre uniquement à une défense *mobile* par la marine. — Dans la rade de Spithead, par exemple, au milieu de cette belle nappe d'eau qui couvre l'arsenal de Portsmouth, on a cru prudent de créer une ligne de défense, très-avancée. — De cette pensée, sont sortis *les forts de mer* qui, selon la définition si juste de M. le vice-amiral Touchard, sont « *autant de navires garde-côtes, échoués ou embossés.* »

Ainsi les forts cuirassés de *Horse Sand* et de *No man's land* [1], deux des ouvrages fondés au milieu de la rade de Spithead, à 1,800 mètres l'un de l'autre, ont le pied de leur fondation à 3 mètres, et à 6 mètres au-dessous du niveau des plus basses mers ordinaires. — « Ces fondations consistent en une ceinture « circulaire, formée de gros blocs de béton, avec revêtement en « granit, large de 16 mètres à sa sortie du bas-fond et de 12 « mètres au-dessus du niveau des plus hautes mers ordinaires, « les assises formant retrait entre ces deux niveaux. L'espace « compris dans cette ceinture doit être rempli de terre glaise et « de cailloutis, avec une couche de béton par-dessus, pour y « asseoir les fondations du fort lui-même. — Sur cette large base « de 64 mètres de diamètre, on construira un mur extérieur de « 5 mètres, épais de $4^m 42$, formé de blocs de granit et de « ciment de Portland. » L'étage des casemates sera établi à $45\%_m$ *en retrait* sur le soubassement, afin de trouver un appui et des points d'attache, pour le revêtement métallique et son matelas. — Vingt-sept casemates formeront le *premier* étage de feux, contenant vingt-sept canons du poids de 18 tonneaux. — Enfin, à 6 mètres au-dessus de la plate-forme de l'étage casematé, on placera cinq tourelles *tournantes* en fer, portant chacune deux canons de 23 tonneaux au moins, c'est-à-dire un *second* étage de feux, indépendant du premier, à 10 mètres au-dessus du niveau de la haute mer.

Depuis l'embouchure de la Tamise jusqu'à Cork, les documents anglais, cités par M. le vice-amiral Touchard, ne mentionnent pas moins de trente *revolving turrets* ou tourelles tournantes, affectées à la défense des côtes. A défaut de ces tourelles, l'artillerie à grande puissance devra être montée sur des plaques tournantes (*turn-tables*), derrière une muraille cuirassée fixe, de forme curviligne. — Au reste, il faut lire et méditer l'intéressante étude sur les *Forts de mer*, en 1867, pour mesurer dans toute son étendue le rôle réservé à ces ouvrages, dans la guerre maritime moderne.

L'amiral Dahlgreen, de la marine des Etats-Unis, dans une étude sur la défense de New-York, recommande aussi « de ne laisser, « dans aucun cas, la maçonnerie exposée au feu des canons rayés. » Mais, partout où le revêtement en pierre n'est pas indispensable, il se prononce pour des lignes d'ouvrages en

---

[1] Voir les *Forts de mer*, en 1867, p. 3 et suivantes, *Revue maritime*, et chez Arthus Bertrand. Paris, 1867.

terre.— Tel semble être l'avis des armes spéciales, sur le Continent. — Il est un système défensif bien moins coûteux et cependant redoutable, dont chaque localité possède les matériaux : généraliser l'emploi des fortifications *en terre,* qui viennent d'obtenir de nouveaux succès, durant la guerre d'Amérique.

Personne n'a oublié les travaux gigantesques, si rapidement élevés par le général Totleben, autour de Sébastopol. — Cette excellente habitude de se couvrir par des redoutes en terre, dont les Russes avaient déjà donné à nos pères un si mémorable exemple, à la sanglante bataille de la Moskowa, se retrouve partout durant la guerre de Crimée.— En 1855, pendant l'expédition de la Baltique, on s'aperçut que les Russes avaient couvert ce littoral de redoutes en sacs à terre, enfermées dans des cages en pilotis, destinée à prévenir les éboulements.— Plus tôt construites et infiniment moins dispendieuses que les forts cuirassés, nous estimons, en règle générale, que des batteries barbettes en terre, pourvues, vis-à-vis de la mer, d'un *commandement* suffisant, constitueront d'ici longtemps encore l'ouvrage par excellence à opposer aux siéges maritimes.

Cette question si importante du *commandement,* peu comprise autrefois (si l'on en juge par le nombre d'anciennes batteries à *fleur d'eau,* que l'on rencontre), n'est pas moins vitale en matière d'ouvrages maritimes que pour les batteries purement terrestres. — Les exemples abondent pour le prouver :

Selon le *Naval Gunnery*, toutes les fois qu'il s'agit d'asseoir une batterie ayant vue sur la mer, l'étude de la carte marine n'est pas moins nécessaire que celle de la topographie du terrain. Car, n'est-ce pas la profondeur de l'eau, dans un certain rayon autour de cet ouvrage, qui seule déterminera à quelle *distance,* il pourra être combattu par la Marine ? Le dénivellement souvent considérable des corps flottants, dans les pays de marées, rendra encore plus variables cette distance et l'élévation relative des combattants.

Choisir un terrain assez élevé pour commander la mer, à une certaine distance, est incontestablement la première condition pour bien asseoir une batterie barbette. — Aucune autre espèce d'ouvrage n'offre moins de *prise* au feu des bâtiments et ne possède pour son artillerie, un plus grand champ de tir horizontal.

Au temps de l'artillerie à âme lisse et des projectiles sphériques, l'élévation à donner aux batteries du rivage était d'ordinaire réglée d'après les convenances du tir à ricochets et la distance de combat probable des navires ennemis. Naguère encore, pour ménager aux pièces de côte la faculté de diriger ce tir rasant de ricochets, contre la coque élevée d'un grand bâtiment, on admettait que l'altitude de la batterie dût être assez modérée pour permettre aux boulets de frapper l'eau, sous un angle d'incidence de moins de trois degrés et demi. — Mais personne n'ignore à l'heure qu'il est, que l'usage des projectiles oblongs, conséquence de la nouvelle artillerie rayée, a supprimé de fait le tir à ricochets. Par suite, la seule limite à assigner à l'altitude et au *commandement* des ouvrages maritimes, n'est-elle pas la faculté de découvrir le rivage, par un tir négatif extrême ? Des affûts de côte, établis pour donner des angles très-*plongeants*, doivent être le corrollaire de ce nouvel état de choses.

« Dans l'artillerie de campagne anglaise, dit le *Naval Gunnery*,
« on admet un angle plongeant d'un *centième* de la distance,
« comme l'inclinaison la plus favorable pour foudroyer des
« troupes ennemies ; mais, dans une lutte de batteries contre
« batteries, il est désirable de *commander* davantage les canons
« de l'adversaire. Au siége de Burgos, en 1812, alors que les
« batteries de siége anglaises étaient établies à 135 mètres de
« la muraille, le feu des canons français des remparts, partant
« d'une hauteur de 15 mètres, devenait *irrésistible*, les plates-
« formes de l'assiégeant étant incessamment *balayées*, sous un
« feu *plongeant* de *dix* degrés. »

Supposez, en effet, un bâtiment cuirassé, placé en face d'une batterie barbette très-élevée : les projectiles de cette batterie *plongeront* de plein fouet sur son pont, peu ou point blindé, et menaceront à chaque instant, de pénétrer dans ses parties vitales. — Sous un feu pareil, il n'y aura pas un seul point de ce bâtiment, sauf peut-être le fond des cales, où l'équipage ne soit exposé, soit aux atteintes de ces projectiles, soit aux dangereux *éclats* de bois et de fer qui sont la conséquence de leur passage à travers les panneaux et les ponts ou seulement le contre-coup de leur action contondante sur les murailles cuirassées.

Par contre, que peuvent contre une batterie *haut perchée*, les boulets et obus de la marine cuirassée ? Que peuvent-ils davantage contre des artilleurs entièrement couverts, soit par leur épaulement en terre, soit par le canon même qu'ils servent ? —

Rien que de se perdre dans un massif en terre, s'ils n'ont pas la chance bien rare de frapper ou d'éclater à la crête même du parapet [1].

Cependant, ce tableau si rassurant de qualités militaires des ouvrages en barbette, ne serait pas sans quelques ombres. — A en croire les enseignements récents de la guerre des côtes, aux États-Unis, plus d'une fois « des batteries barbettes, proté-
« gées par des traverses bien construites, à nombre et à ca-
« libres égaux, auraient été réduites par des navires cuirassés à
« une épaisseur suffisante. » — Car, ainsi que nous l'avons déjà observé, la marine peut, en pareil cas, concentrer un plus grand nombre de canons sur la batterie, choisir sa direction, sa distance de tir et parfois s'approcher assez près pour la couvrir de mitraille.

« Jusqu'à ces derniers temps, dit le contre-amiral Porter,
« dans une lettre du 1er février 1865, sur la défense des côtes,
« il était reçu qu'*un* canon à terre, dans un fort, en valait *dix*
« placés sur un seul navire; mais la proportion cesse d'être
« vraie quand on peut amener, sur plusieurs navires, un
« grand nombre de canons contre un fort, et lancer une pluie
« d'obus, de mitraille, de *schrapnells* contre des batteries
« en barbette, ou des hommes placés en arrière des tra-
« verses. »

Même tactique de la part de l'amiral Farragut, en forçant les passes de Mobile. Après s'être d'abord servi des obus et des schrapnells lancés avec les fusées de courte distance, « envoyer
« de la mitraille, dès qu'on sera en dedans de 300 mètres, en
« pointant un peu haut. — Les navires qui le pourront, de-
« vront placer des pièces sur la dunette, le gaillard d'avant, et
« même dans les hunes. »

Par ailleurs, voici les préceptes d'expérience que le lieutenant-colonel Von-Scheliha, du génie des Confédérés, recommande pour la construction des ouvrages des côtes [2].

« 1. — Le sable ou la terre constitue la meilleure matière et
« la moins chère pour la construction des batteries.

« 2. — Pour que des navires puissent, sans être appuyés par

---

[1] Consulter, pour plus de détails, *la Marine, en face des fortifications*, chapitre III, p. 58 et 59.
[2] *Défense des côtes, barrages et torpilles sous-marines. Guerre d'Amérique*, traduit par M. L. de La Chauvinière, lieutenant de vaisseau. — Paris, Arthus Bertrand.

« une force à terre, détruire de pareils ouvrages, il faut beau-
« coup de temps et une grande dépense de munitions ;

« 3. — Des canons en barbette peuvent toujours être ré-
« duits par un plus grand nombre de canons portés par des na-
« vires ;

« 4. — Il faut des casemates en fer pour protéger les pièces
« et leurs servants ;

« 5. — Quel que soit le système adopté (tourelle tournante,
« tour blindée ordinaire, etc., etc.), il faut une épaisseur de
« plaques de $50\%_m$ aux points exposés aux feux concentrés de
« l'ennemi ;

« 6. — Le front d'une casemate doit se présenter aux projec-
« tiles sous un petit angle afin de les faire ricocher ;

« 7. — Mettre le pivot du canon dans l'embrasure et faire en
« sorte que cette dernière soit presque toute remplie par la
« bouche du canon ;

« 8. — Réunir les batteries isolées par une courtine en terre,
« qu'elles pourraient prendre en enfilade ;

« 9. — Fermer et fortement défendre à la gorge tous les ou-
« vrages exposés à être pris par derrière, quand la flotte enne-
« mie a dépassé les batteries ;

« 10. — Quand l'emplacement le permet, éloigner, autant que
« faire se peut, les pièces les unes des autres ; une pareille dis-
« position permet de concentrer le feu de toutes les pièces sur
« l'ennemi, en le gênant lorsqu'il cherche à concentrer les
« siennes sur telle ou telle batterie ;

« 11. — L'armement des batteries de mer dépend de leur élé-
« vation au-dessus du niveau de l'eau ; il faut, quand le terrain
« s'y prête, combiner des batteries rasantes armées de grosses
« pièces lisses de 25^c, $27^c 5$, $38^c 5$ avec des batteries élevées,
« armées de pièces rayées ayant un tir plongeant ; il n'y a pas
« de navires cuirassés capables de supporter le tir plongeant des
« grosses pièces. — C'est à l'expérience de décider si, *en rayant*
« *les mortiers*, leur tir ne gagnerait pas assez en justesse pour
« les faire adopter comme armement régulier dans la défense
« des côtes contre les flottes cuirassées.

« On a l'habitude de mettre, dit le contre-amiral Porter, dans
« la lettre déjà citée, les canons en barbette à 6 mètres les uns
« des autres, par rangées de 10, 15, 30, selon le besoin, sans
« traverses intermédiaires ; il n'est pas possible qu'une pareille
« disposition résiste aux feux d'une escadre. — Une batterie bar-
« bette sera toujours vulnérable quand il y aura moins de 9 mè-

« tres entre les pièces ; il faudrait que cette distance fût de
« 30 mètres au moins, avec de hautes traverses en terre entre
« les canons.

« Les ouvrages en terre ou en sacs de terre ont parfois de
« graves inconvénients : souvent un boulet frappant dessus pro-
« jette dans la bouche des canons, une quantité de sable ou de
« terre assez considérable pour les empêcher de tirer, comme
« cela s'est vu au fort Fisher (à l'entrée de Wilmington); de plus,
« la terre projetée engage souvent les circulaires et empêche le
« pointage latéral des pièces ; elle blesse parfois les servants. »

En vue d'accroître les conditions de sécurité des batteries barbettes, il est impossible de ne pas signaler à nos officiers du génie et de l'artillerie, l'invention importante du capitaine Moncrieff, de l'artillerie royale, qui fait aujourd'hui grand bruit dans le monde militaire de l'Angleterre. — L'*Illustrated London News*, dans son numéro du 31 octobre 1868, et la *Revue maritime* (n^{os} de mai, septembre, octobre, novembre 1868), ont donné des dessins et d'intéressants détails, sur cette ingénieuse application. — Ajoutons qu'elle constitue un progrès considérable dans l'installation des batteries barbette, en diminuant, dans une très-grande proportion, les chances de voir *atteindre* les servants ou la pièce. — Cet officier avait été frappé, pendant le siége de Sébastopol, des avantages qu'il y avait à supprimer les embrasures. — « Charger le canon à l'abri et ne l'exposer à la
« vue de l'ennemi, que le temps nécessaire pour faire feu, »
telle est l'idée dont le capitaine Moncrieff a poursuivi l'application, pendant plusieurs années. — Aujourd'hui, le succès paraît avoir couronné ses efforts.

Son système consiste à *emmagasiner la force de recul*, pour l'utiliser un peu plus tard, afin de remettre la pièce en batterie. Au moment où le coup part, le canon glisse et descend, par un mouvement de *bascule*, dans un chemin couvert, à l'abri du parapet : la force du recul soulève un contre-poids qui modère ce recul lui-même ; le tout est arrêté par un déclic. — On charge la pièce, on la manœuvre, on la pointe au besoin par avance ; puis, lâchant le déclic, le contre-poids fait remonter l'affût et la pièce dans la position voulue pour faire feu.

Ainsi le canon monte et descend alternativement. Il est *tiré* de la position la plus élevée et *chargé* à l'abri, dans la tranchée où il descend ensuite. — L'agent principal de ce mouvement de montée et de descente n'est autre qu'un *contre-poids*, situé *en dessous* et dans la partie *avant* de l'affût, afin de contre-balancer le poids de la pièce. — La force du recul est employée à faire descendre le canon, par un mouvement de *bascule*, dans cette tranchée-abri où les artilleurs l'attendent pour le charger. Les poids sont distribués de façon que le système soit en équilibre, quand le canon est dans la position la plus élevée.

A. Affût proprement dit ;
B. Élévateurs ;
C. Plate-forme.

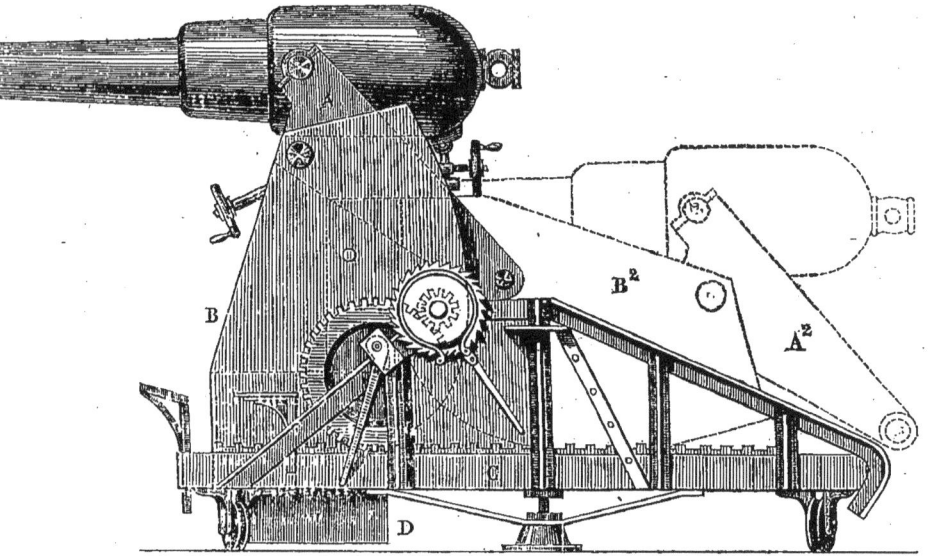

Les lignes ponctuées représentent l'affût et la pièce dans la position de chargement ;

D. Contre-poids, suffisant pour équilibrer le poids de la pièce et de son affût.

Quand le coup part, les élévateurs roulent sur la plate-forme et forcent le système à descendre sur une courbe cycloïdale ; la force de recul est bientôt absorbée par le contre-poids, le système s'arrête, on charge et on remet la pièce en batterie, en lâchant le déclic.

S'il est d'usage de *masquer* généralement les batteries avant d'ouvrir le feu, le système proposé rend cette opération bien autrement facile que pour les batteries barbettes, à embrasures ou à coupoles. Car ici, c'est la surface naturelle du sol qui vient former elle-même le parapet, construit d'ailleurs sur une ligne uniforme et ne présentant à l'ennemi aucun point de mire. — Le canon ne reste donc *exposé* que le temps strictement nécessaire pour faire feu. Un écran mobile, que l'on pourrait établir ou enlever à volonté, en avant de chaque canon, enlèverait même à l'ennemi le peu de chances d'atteindre les pièces (pendant le très-court moment où elles sont en batterie), et le forcerait à dépenser inutilement une grande quantité de projectiles.

Aussitôt son ascension, en quelques secondes, le canon peut être pointé directement par le chef de pièce, montant sur la plate-forme. — Un canon de 17^c_m7 anglais, pesant 7 tonneaux, a servi aux expériences de Shœburyness. — L'affût proprement dit pèse 1,495 kilogrammes, les élévateurs 5,657 kilogrammes, le contre-poids 8,000 kilogrammes et la plate-forme 5,000 kilogrammes, ce qui donne à l'ensemble un poids total de 27,241 kilogrammes. — La vitesse du tir est en moyenne d'un coup en 2'. Une batterie de 10 pièces pourrait donc, en moins de 20', lancer 100 projectiles sur un navire de petite dimension. — « Rien de plus étonnant, selon l'expression d'un témoin oculaire, que de voir une grosse pièce d'artillerie sortir tout-à-coup de derrière un parapet, ou d'un puits de mine que rien n'indique et y rentrer aussi vite. » — Au bout de deux jours, les servants sont arrivés à tirer aussi juste et plus rapidement que dans une batterie à embrasures. On a tiré sur des cibles mobiles, obligeant à chaque coup, les artilleurs, à changer le pointage en hauteur comme en direction. Avant la fin du second jour, on est arrivé à tirer 10 coups bien pointés, en 19'. — Bien que le nombre des servants fût ordinairement de dix hommes, le système tout entier (quoique pesant de 20 à 30 tonneaux), est si bien balancé qu'on a pu manœuvrer le canon de 7,000 kilogrammes, avec *trois hommes exercés* qui sont arrivés à tirer avec des intervalles de moins de 2' 30".

Le rapport de la commission chargée d'examiner le système, demande que l'application en soit faite aux pièces de gros calibre.

En attendant, le capitaine Moncrieff a résumé, dans une *Lecture*, les divers avantages que présente son invention : — 1° Économie de travail dans la manœuvre de la pièce ; — 2° Facilité de pouvoir masquer la batterie ; — 3° Diminution du recul et changement dans la direction horizontale de l'effort produit par ce recul ; — 4° Facilité de manœuvre ; — 5° Économie dans la construction des ouvrages de fortifications ; — 6° Protection contre les feux de l'ennemi.

« Les conséquences de cette invention sont telles, ajoute une
« *Revue* anglaise, que l'on songe déjà à se servir de la force du
« recul, pour monter les gros projectiles jusqu'à la bouche de la
« pièce. — Enfin, on va aussi jusqu'à pressentir que le système
« Moncrieff pourrait bien finir par surpasser la tourelle, dans
« l'armement des navires de guerre, aussi complétement que la
« tourelle, elle-même, a éclipsé la batterie à sabords. »

La défense des *îles* voisines du littoral a, de tout temps, exigé des précautions spéciales. C'est que la prise d'une de ces positions avancées, pourvue d'un port ou d'un simple mouillage, pourrait fournir à la marine prépondérante, une base sérieuse d'opérations. Entre les mains d'un ennemi trop souvent maître de la mer, cette base pourrait devenir un second Gibraltar. N'est-il pas dès lors de la dernière importance de mettre ces grandes îles à l'abri d'un débarquement ennemi ? La construction d'une citadelle en règle ne suffit pas toujours pour garantir ce résultat. — En veut-on un exemple ? Nous n'en connaissons pas de plus significatif que la prise de Belle-Ile, en 1761.

Cet événement qui exerça une certaine influence sur la funeste paix de 1763, mérite un historique spécial. — Belle-Ile, d'après les *Mémoires du duc d'Aiguillon,* gouverneur de Bretagne, à qui nous allons laisser la parole [1], était devenue depuis longtemps un objet de convoitise pour le ministère anglais. — « Cette
« sentinelle avancée de nos côtes, à portée de Nantes, Lorient
« et Brest, leur promettait une retraite d'où ils se flattaient d'a-
« chever la destruction de notre commerce. — M. le duc d'Ai-
« guillon ne s'était point mépris sur leur intention. Il avait fait
« à Belle-Ile une infinité de voyages, et outre les soins donnés
« à la citadelle, n'avait rien négligé pour fortifier les *Grands-*
« *Sables* et *Port-Andro,* les seules plages commodes pour un
« débarquement considérable. » — Belle-Ile était défendue par

---

[1] *Mémoires pour M. le duc d'Aiguillon.* — Paris, chez Boudet, imprimeur du Roi, 1770.

Une lettre courtoise que M. le général du génie Frossard voulut bien nous adresser en 1864, nous faisait un devoir de rectifier une erreur commise dans la *Guerre des Côtes,* quant à la durée de la résistance soutenue par la citadelle de Belle-Ile, résistance qui se prolongea pendant *six* semaines. — Aussi avons-nous cru devoir raconter en détail les attaques et la prise de cette place, d'après les *Mémoires* contemporains, d'ailleurs fort curieux, du gouverneur de Bretagne.

2,000 hommes de troupes réglées, un bataillon de milice et un millier de gardes-côtes.—A titre de réserve, M. le duc d'Aiguillon y avait même ajouté le régiment de Bigorre. — « C'etait plus « qu'il n'en fallait, observe l'historien, pour rendre tous les « débarquements à peu près impossibles ! »

Cependant le 10 avril 1761, à minuit, le gouverneur de Bretagne recevait du ministre de la guerre, une dépêche ainsi conçue : — « Les ennemis attaquent Belle-Ile. — Nous com-« mencerons à être tranquilles, dès que je vous saurai arrivé « dans le voisinage. » Le ministre ne se trompait point. — A peine avait-il fermé sa lettre, que le 8 avril 1761, la flotte anglaise, portant 12,000 hommes de débarquement, se présentait devant la plage étroite de Port-Andro. — Ce jour-là, les troupes formant la garnison de Belle-Ile se montrèrent très-vigoureuses, et, sans hésiter, rejetèrent les Anglais à la mer. — « Les régiments de Nice et de Bigorre firent merveille dans cette « matinée. » Malheureusement, M. le chevalier de Sainte-Croix, « plus préoccupé, observe le chroniqueur, de l'idée de vaincre « que des moyens de se procurer la victoire, » avait tenu ses soldats *quatorze* jours au bivouac, et quand l'expédition anglaise revint à la charge, au même endroit, le 22 avril, elle trouva nos soldats fatigués et la désunion régnant parmi leurs chefs. — Néanmoins, dès le premier choc, nos troupes renversèrent encore une fois, dans la mer, tous les Anglais qui se présentèrent devant elles.— Le débarquement de front semblait repoussé quand tout-à-coup l'ennemi, par un mouvement *tournant*, gravit des rochers réputés inaccessibles, et apparut, à deux cents pas, sur notre flanc. — Grâce à cette surprise et à la violente querelle alors survenue entre les colonels de Nice et de Bigorre [1], les Anglais réussirent à prendre pied sur le rivage.

Prévoyant toutefois le cas d'une retraite forcée, le duc d'Aiguillon avait prescrit au chevalier de Sainte-Croix de défendre le terrain pied à pied et de profiter de la nuit pour tomber sur l'ennemi, au milieu des premiers embarras d'une descente. — « La fortune sembla même vouloir prendre sur elle de rappeler « ces ordres à M. le chevalier de Sainte-Croix. » — Un coup de vent écarta la flotte anglaise de la côte. — Les Anglais n'avaient que 4,000 hommes à terre, sans vivres, sans tentes, sans munitions. Leurs officiers ont avoué depuis que si l'on eût marché

---

[1] Ces deux officiers supérieurs s'oublièrent au point de tirer l'épée l'un contre l'autre, au plus fort du combat.

à eux franchement, ils auraient été forcés de se rendre. — « Mal-
« heureusement le gouverneur de Belle-Ile ne pensait plus qu'à
« construire des redoutes devant sa citadelle. »

Le vent cessa, la flotte revint et le siège fut formé. — Les
vaisseaux ennemis se déployèrent dans le canal pour resserrer
le blocus de Belle-Ile. — M. de Sainte-Croix, perdant tout espoir
d'être secouru du Continent, se rendit le 7 juin, après *six* semaines de siège. La garnison, qui avait obtenu les honneurs de
la guerre, sortit par une brèche praticable. — « Ce ne fut tou-
« tefois, observent les Mémoires, ni faute de troupes, ni man-
« que de munitions, car l'inventaire dressé à la prise de la cita-
« delle, prouve qu'il nous restait des approvisionnements im-
« portants, et quant aux troupes, qui lui avaient été données,
« *pour défendre la côte, et non pour les entasser dans une*
« *citadelle étroite*, il est certain que M. de Saint-Croix ne fut
« incommodé que de leur nombre. »

Le raisonnement des Mémoires du duc d'Aiguillon semble être
d'hier et pourrait nous dispenser de tout commentaire. — Assurément la présence d'une citadelle, dans les îles qui valent la
peine d'être défendues (indispensable comme effet moral, dépôt
de vivres et de munitions), permettra à la garnison de prolonger
sa résistance. — Et cependant, le rôle de cette place d'armes doit
être assez nettement *défini*, pour éviter toute erreur de tactique,
semblable à celle du gouverneur de Belle-Ile, en 1761. — Précisément parce que les secours du Continent peuvent souvent se
faire attendre ou manquer même absolument, toute prolongation
de la résistance acquiert une haute importance, si l'on réfléchit
aux mille circonstances qui peuvent obliger la flotte ennemie à
reprendre le large. — Défendre le littoral, telle doit être, non-
obstant, la grande préoccupation des commandants des îles.

Ainsi que sous le premier Empire, ne semble-t-il pas évident
que nos grandes îles veulent être défendues par de sérieuses
garnisons d'infanterie (telles qu'un bataillon, un régiment ou
même une brigade) et beaucoup d'artillerie attelée. — Toutes
les plages accessibles à un débarquement doivent être protégées
par une batterie, fermée à la gorge par un bon réduit. C'est
assez dire que les citadelles insulaires ne doivent servir de refuge qu'à une garnison battue et hors d'état de tenir la campagne. — Selon le sentiment d'un de nos généraux d'infanterie,
aussi éminent que compétent, en matière de défenses insulaires[1],

---

[1] M. le général de division Trochu est originaire de Belle-Ile.

qu'on y ajoute un bon *chemin de ceinture* ou de périmétrie, de nombreuses *routes* allant du centre à la circonférence. — Avec des guetteurs marins à l'œil exercé et des fils télégraphiques étendus sur toute la longueur de ces communications, un gouverneur intelligent, bien loin de se renfermer entre ses quatre murs, baptisés, par un homme d'esprit, du nom significatif de « *nid à bombes,* » concentrera ses forces et laissera même débarquer les premières troupes de l'expédition, ne fût-ce que pour empêcher la flotte ennemie de faire usage de sa grosse artillerie pendant la lutte. — Alors, développant ses batteries attelées, il criblera ces premiers bataillons d'obus à balles, et, massant ses troupes en colonnes irrésistibles, il fondra sur l'ennemi en pleine opération de débarquement, et ainsi que l'illustre Vauban à Camaret, lui infligera l'échec le plus meurtrier.

Rien qu'à ce rapide aperçu du mouvement des idées en matière de défense terrestre, il est aisé d'apercevoir à quel point nous sommes sortis de la période d'abandon où demeura notre frontière maritime, jusqu'en 1841.

Que les préoccupations dominantes des ingénieurs militaires aient consisté autrefois à enfermer les arsenaux maritimes et même les principaux ports de commerce, dans une double enceinte de fortifications terrestres, à peine ouvertes (même en temps de paix), de quelques étroites issues ; on peut le comprendre au temps où les entreprises de la marine à voiles se résumaient presque toujours par des débarquements, siéges ou coups de main d'un corps d'armée ennemi. — Envelopper les places maritimes d'une ceinture de forts détachés, du côté de terre, en laissant subsister, du *côté de la mer*, des défenses maritimes qui datent du dix-septième et du dix-huitième siècles, ne serait-ce pas aujourd'hui plus qu'un anachronisme ?— Après les exploits des flottes à vapeur, au lendemain des enseignements de la guerre des Etats-Unis, continuer à marcher dans ces vieux errements du passé, ne serait-ce pas commettre une erreur palpable, et s'exposer aux plus graves conséquences ? Que l'on conserve, du côté de terre, les fortifications existantes, dans ce qu'elles auraient d'indispensable, à la condition toutefois de ne pas laisser les villes maritimes *étouffer* dans d'inflexibles enceintes.— Mais, ne paraît-il pas aussi évident que tous les nouveaux crédits, accordés pour la défense des places maritimes, doivent être à l'avenir dépensés, *du côté de l'ennemi à craindre*, c'est-à-dire en vue de s'opposer à l'invasion d'une flotte cuirassée comme aux effets redoutables d'un bombardement?

Dans cet ordre d'idées, quels avantages ne trouverait-on pas à *spécialiser*, pour l'étude et la construction des défenses maritimes, par un long séjour dans les directions du littoral, un certain nombre d'officiers du génie et d'artillerie ? — Le beau *Mémoire de la Commission* de 1843 en fournit la preuve convaincante. — Dans cette voie, la Marine consultée ne pourrait-elle pas émettre plus d'un avis utile ou tout au moins apporter son concours le plus cordial ?

En matière de défense des côtes et des ports, le rôle des officiers de la marine ne consisterait-il pas précisément à appeler, en ce moment même, toute l'attention des armes spéciales sur les faits de guerre comme sur les enseignements nouveaux qui nous arrivaient naguères, de l'autre côté de l'Atlantique ? — N'est-ce pas aux voyageurs à apporter leur contingent d'expérience à ceux de leurs compatriotes qui, par la nature même de leurs fonctions, n'ont que trop peu d'occasions de voir ce qui se passe en dehors de nos frontières ? — A ce point de vue, comment ne pas signaler à nos officiers du génie, de l'artillerie et de la marine, un ouvrage récent de la plus grande valeur, qui, tout en corroborant plusieurs des principes invoqués dans cette étude, n'en ouvre pas moins des horizons nouveaux. — A défaut de l'espace nécessaire pour donner au lecteur une analyse du *Traité de la défense des côtes* pendant la guerre des États-Unis, nous avons dû nous borner à en extraire, sous forme de *principes*, quelques-uns des résultats d'expériences les plus caractéristique, donnés par le colonel Von-Scheliha [1].

1° — « Une communication de plusieurs lignes de chemins
« de fer avec les différents points de la côte est préférable au
« système qui consiste à fortifier des places d'une importance se-
« condaire, ce qui cause un *éparpillement* des forces. »

2° « — Concentrer, sur quelques points judicieusement choisis
« le long d'une côte, toutes les forces de la défense. »

3° — « La maçonnerie est incapable de résister au feu de
« l'artillerie moderne. »

4° — « Un ouvrage bien construit en terre, ou mieux *en sacs de*
« *terre*, offre une protection bien plus efficace contre l'artillerie
« moderne que les fortifications construites sur les anciens
« plans. »

5° — « Des canons en barbette, même quand ils sont proté-

---

[1] *Défense des côtes*, etc., etc.

« gés par des traverses bien construites, peuvent être réduits
« au silence par les feux concentrés des navires. »

6° — « Les forts, tels qu'ils sont construits aujourd'hui, ne
« peuvent pas empêcher une flotte nombreuse de passer, à
« moins qu'il n'y ait des défenses sous-marines dans le chenal. »
(Contre-amiral D. PORTER.)

7° — « Le barrage partiel d'un chenal ne suffit pas, même
« avec des batteries, à empêcher une grande flotte de péné-
« trer. »

8° — « Une flotte ne peut forcer une passe gardée par de
« puissantes batteries et des barrages convenablement con-
« struits. »

9° — « Les barrages et les torpilles constituent un système
« de défense bien supérieur aux forts tels qu'ils sont construits
« aux États-Unis. » (Contre-amiral PORTER, 1ᵉʳ février 1865.)

La défense permanente, sur terre, par le moyen de troupes et de fortifications, reconnaît donc aujourd'hui, comme compléments inséparables, les questions connexes de « la défense mobile et flottante des ports par la marine »[1], ainsi que celles relatives à l'organisation du personnel des côtes et des ports.

---

[1] Comprenant les navires gardes-côtes, obstructions, barrages, torpilles, etc.

VII.

DÉFENSE MOBILE DES PORTS ET RADES, PAR LA MARINE.

FLOTTE GARDE-CÔTE, BATTERIES FLOTTANTES, MONITORS, BÉLIERS A ÉPERON, CANONNIÈRES, TORPILLES ET OBSTACLES SOUS-MARINS.

> « Les côtes, les îles, les rades et les ports
> « sont aussi une frontière. »
> L'Auteur.

Nous venons de passer en revue les principes généraux adoptés par le département de la Guerre, en matière de défense des côtes et des ports. A son tour, pourquoi la Marine n'examinerait-elle pas les ressources matérielles et le concours spécial qu'elle doit apporter à ce grand intérêt national?—Représentée par un seul membre dans la commission mixte de défense de 1841, dénuée, il y a vingt-huit ans, des bâtiments spéciaux devenus depuis, tour à tour, flotte de siége et *flotte garde-côte*, avec des torpilles et des moyens d'obstructions dans l'enfance, peut-être la marine s'est-elle tenue trop longtemps à l'écart dans la grande question qui nous occupe?

Il est cependant facile d'apercevoir à quel degré, son honneur et sa réputation s'y trouvent engagés.—Et bien qu'en principe la défense du territoire, y compris les côtes et les ports, appartienne au département de la Guerre, à tort ou à raison, l'opinion publique ne ferait-elle pas peser sur la Marine, une grande part de responsabilité, dans les événements imprévus dont les frontières maritimes pourraient devenir le théâtre?

La protection des forts et batteries du littoral ne sera-t-elle pas d'autant plus efficace qu'on aura plus tôt établi, entre la terre et la mer, un *concert* devenu indispensable?—Depuis les nouvelles armes, la défense permanente, *sur terre*, exige un complément indispensable : la défense mobile et flottante, *sur mer*.

Si l'on veut des rades protégées contre une surprise, des ports à l'abri d'une attaque ou d'un bombardement, il ne suffit plus de multiplier les ouvrages terrestres et de convertir les presqu'îles, en places d'armes ou en camps retranchés ; trop souvent, la disposition des lieux ne permet pas de relier ces ouvrages entre eux d'une manière assez solide. Dans la plupart des cas, ces fortifications maritimes, élevées dans le siècle dernier, en vue des flottes à voiles, sont mal flanquées, adossées à des rochers ou établies à fleur d'eau, privées de *vues* étendues et de champs de tir suffisants, dépourvues de communications ou disséminées sur une trop grande étendue de côte [1].

On croyait si peu autrefois aux éventualités d'une entrée de vive force, d'un siége ou d'un bombardement maritime, que les préoccupations des ingénieurs militaires semblent s'être particulièrement dirigées sur la défense de flanc des passes, des ports et des rades, comme sur l'efficacité de leurs remparts terrestres. — Mais que l'on songe aux facilités désormais acquises à une escadre à vapeur, pour défiler dans les passes (si garnies de feux et d'ouvrages de flanc qu'on les suppose)! Ne doit-on pas pressentir l'obligation d'arrêter l'ennemi, soit à *l'extérieur* des ports et rades par des obstructions ou des torpilles, soit à *l'intérieur* par des feux écrasants ou le choc des béliers gardes-côtes ? — N'est-il pas apparent que désormais l'intensité de la résistance devra être surtout dirigée contre les principaux mouillages accessibles à une flotte d'attaque ? — « Supprimer résolu-
« ment les batteries d'utilité secondaire ou à courtes vues, mais
« concentrer énergiquement la défense, en couvrant de feux
« croisés et surtout *plongeants*, les positions d'attaque d'une
« flotte de siége ; défendre les passes par des batteries *d'enfilade*
« de préférence aux batteries *de flanc,* » tels semblent être les nouveaux principes qui devront inspirer les travaux du génie et de l'artillerie.

De son côté, la marine, tout en appréciant à leur valeur les consciencieuses études des armes spéciales et l'application sur le Continent, d'un système plus moderne d'ouvrages maritimes, fera sagement de chercher en elle-même, le complément indispensable de la défense terrestre. S'il existait, sur les côtes ou près des ports à protéger, « des mouillages, des rades, des baies
« où l'ennemi pût s'établir impunément, et de ces positions
« menacer à tout moment les ports voisins, » n'appartiendrait-il pas à la marine de l'en chasser ?— En combien de circonstances ses puissants moyens, comme obstacles sous-marins et flotte

---

[1] *Traité de la Défense des côtes, Guerre d'Amérique*, p. 3. — Paris, A. Bertrand.

garde-côte, ne combleraient-ils pas d'inévitables lacunes de la défense terrestre, causées soit par le maintien d'ouvrages surannés, soit par la faiblesse naturelle des lieux? — N'y aurait-il pas là, pour la marine, une noble tâche à remplir, et pour les chefs suprêmes des arsenaux, une grande responsabilité à couvrir? Depuis dix ans il n'est point d'établissements qui aient dû se prêter à des transformations plus variées que les arsenaux de la flotte. Le matériel naval est entré dans une période d'essais et de tâtonnements où la multiplicité des types cherche en vain à parer à la variété des exigences de l'action. — Le moyen, cependant, de se soustraire à cette loi des inventions! — On s'avance, bon gré mal gré, vers un avenir inconnu, la mise à exécution suivant à grand'peine les rapides enfantements de la pensée. Les inventions protectrices reculent devant les machines offensives. L'application de la cuirasse et des compartiments-étanches pâlit déjà devant celle de l'éperon, des canons monstres et des torpilles. — Devant ces trois armes redoutables, soudainement placées aux mains de la marine, il n'est pas de nation riveraine de l'Océan qui ne doive se tenir en garde, contre les charges redoutables et imprévues de ces nouveaux cuirassiers de la mer. Or, qu'opposer à ces nouvelles flottes de siége, sinon des éléments semblables?

L'origine de la flotte garde-côte se perd dans la nuit des temps. Les Romains avaient déjà des galères dont le fameux *rostrum* jouait un rôle analogue à notre éperon d'aujourd'hui. Après les galères à voiles et à rames de toutes les formes et de toutes les grandeurs, vinrent les prames, les péniches et les canonnières. C'étaient toujours des bateaux plats, à voiles et à rames, portant un ou ou plusieurs canons; mais, comme nous n'éprouvons aucune tentation d'aborder ici un cours d'archéologie navale, nous passerons, sans transition, aux temps modernes et à la guerre de Crimée.

Dès 1853, la nécessité d'opérer bientôt dans des mers peu profondes, telles que les golfes de la Baltique, la mer d'Azoff et les fleuves qui se jettent dans la mer Noire, obligea la France et l'Angleterre à créer une flottille de siége. Les premiers éléments de cette flotte garde-côte furent des canonnières à tirants d'eau gradués, de trois types différents, et des bombardes à vapeur, bientôt suivies d'énormes chalands cuirassés, auxquels on donna le nom de *batteries flottantes*. — Ces batteries cuirassées, dont la France avait pris l'initiative, ne pouvaient naviguer en pleine mer, autrement qu'à la remorque et avec leurs sabords calfatés.

Cependant, une fois rendues dans des eaux tranquilles, elles firent avec succès leurs premières armes, en 1855, à l'attaque de Kinburn. Pendant quelques années encore et jusqu'à la guerre d'Amérique, on put croire que la batterie flottante allait demeurer le type principal de la flotte garde-côte. — Aussi l'Angleterre et surtout la France se laissèrent-elles entraîner à en construire une nouvelle série ! Ces dernières batteries cuirassées, à carènes en tôle et à formes plus affinées, furent munies de machines plus puissantes. Les meilleures pouvaient atteindre 6 à 7 nœuds à l'heure. — Par l'usage de la double hélice et de machines indépendantes, on espérait atteindre (en dépit de leurs formes), le développement le plus complet de leurs facultés giratoires. Le tirant d'eau variait de 7 à 9 pieds. — Quant à la navigabilité, à la hauteur de batterie, à l'artillerie et aux intervalles de sabords, ces bâtiments, conçus dans des idées vieillies, laissaient beaucoup à désirer.

Ce n'était encore là que l'enfance du navire garde-côte. — Il était réservé à l'initiative des Américains, surexcitée par la guerre de la Sécession, de créer, sous le nom de *Monitor*, le véritable type de la défense des ports. — Avec cette rapidité de décision, qui a toujours été le trait caractéristique du génie américain, le Congrès votait, le 3 août 1861, la construction de garde-côtes cuirassés. — Le 7 août, l'adjudication était publiée ; le 16 septembre, les offres du constructeur Ériccson étaient acceptées. — Pour 1,300,000 francs, Ériccson s'engageait à construire, dans l'espace de *cent* jours, un garde-côte cuirassé, à l'épreuve du boulet, déplaçant 1,200 tonneaux, tirant dix pieds et filant neuf nœuds à l'heure. — Il tint parole. — Le 9 mars 1862, le canon du premier *Monitor* tonnait contre le *Merrimac*.

Le *Monitor* est un bâtiment plat, cuirassé sur ses flancs et sur son pont, situé presque à fleur d'eau[1]. — Ce pont blindé est surmonté d'une ou de deux tourelles en fer qui tournent sur elles-mêmes, de la même manière que les wagons et de lourdes locomotives de 60^{Tx} pivotent sur les plaques tournantes du chemin de fer. La membrure, qui n'a pas moins de 1^m70 d'épaisseur, est recouverte de $15\%_m$ à $20\%_m$ de cuirasse. Enfin, les tourelles sont blindées à l'énorme épaisseur de $27\%_m$. Le pont lui-même et ses hiloires très-élevées sont blindées de 5 à $7\%_m$, y compris des couvre-panneaux à charnières et à garnitures de caoutchouc

---

[1] L'élévation du pont des monitors, au-dessus de l'eau, varie d'environ $30\%_m$ à 1 mètre.

d'une installation très-ingénieuse.—Chaque tourelle des *Monitors* porte deux canons de 38%, pesant chacun 22^{Tx} et lançant des boulets massifs du poids de 440 livres sous des charges de 35 à 60 livres de poudre. — Le type de l'ingénieur Ériccson représente donc fidèlement les deux qualités que M. le vice-amiral Touchard donnait comme définition du garde-côte cuirassé : — « *Invulnérabilité maxima et puissance d'artillerie maxima*[1]. »

Quant aux *rams* américains, ou béliers proprement dits, c'étaient encore des navires à murailles et à ponts cuirassés, très-ras sur l'eau et surmontés d'un réduit cuirassé contenant la batterie, la cheminée et la roue du gouvernail. Ainsi que dans les *Monitors*, la partie immergée du navire renfermait les machines, les approvisionnements et les logements. Enfin, leur avant était muni d'un bec ou éperon formant saillie. — Il était réservé à la soudaine apparition du *ram* confédéré *Merrimac*, dans les eaux de Hampton-Roads, le 8 mars 1862, d'inaugurer dignement les exploits de l'éperon, dans le Nouveau-Monde. — Construit à Norfolk, avec la coque abandonnée d'une grande frégate fédérale, on vit ce bélier improvisé surprendre un mouillage et frapper d'un coup mortel la frégate du Nord *Cumberland*, qui coula, en *dix* minutes, avec son équipage.

Quelques instants plus tard, la frégate *Congress*, menacée du même sort, amenait son pavillon et était livrée aux flammes. — Le *Saint-Laurent*, le *Roanoke* et le *Minnesota*, ainsi que plusieurs canonnières, étaient criblés ou contraints de se jeter à la côte ; les forts environnants, défendus par 200 bouches à feu et par 3,000 hommes, étaient à peu près réduits au silence. — Sans l'arrivée providentielle du premier *Monitor*, c'en était fait de la flotte fédérale !

Quant au célèbre duel qui, dès le lendemain, 9 mars 1862, eut lieu entre le *Merrimac* et le *Monitor*, ses résultats furent considérables, « car les Fédéraux, pleins d'une profonde anxiété, « dit le Secrétaire de la marine, redevinrent maîtres du champ « de bataille. » — La supériorité du *Monitor*, comme engin de guerre, fut ce jour-là démontrée par un combat acharné de *trois* heures de durée. — Non-seulement, le cuirassé à tourelle résista à tous les assauts du *Merrimac*, mais par la seule supériorité de son artillerie et de ses qualités défensives, il contraignit ce dernier à lui abandonner un champ de bataille dont l'enjeu était le salut de la flotte fédérale.

---

[1] *Note sur l'artillerie de la flotte cuirassée*, p. 12. — Paris, 1864.

Deux mois après, par un de ces retours de fortune si fréquents à la guerre, le *Merrimac* était détruit de la main même de ses officiers, lors de l'évacuation de Norfolk par les Confédérés. De son côté, le 30 décembre 1862, le premier *Monitor* sombrait dans une nuit orageuse, en doublant le cap Hatteras.

C'est cependant bien à tort qu'on s'est servi de ce naufrage pour essayer de propager parmi les ingénieurs et les marins européens, l'opinion que les *monitors* étaient des navires manqués et incapables de naviguer. — « Rien n'est plus inexact, écrivait « naguère des États-Unis un marin illustre.—Les deux monitors « qui ont sombré étaient les premiers construits et présentaient « des imperfections de détail qui ont été corrigées avec soin, « chez leurs successeurs. — Depuis, la flotte des monitors a « navigué sans accidents dans l'Océan, dans le golfe du Mexique. « — Trait plus remarquable encore, lors de l'attaque de Wil-« mington, elle a étalé, avec aisance, un terrible coup de vent « reçu à l'ancre en pleine mer, à la hauteur du cap Fear, pen-« dant que plusieurs navires de l'escadre américaine étaient « contraints de prendre le large.

« Les monitors répondaient à toutes les exigences du service « qu'on attendait d'eux. — Courts et tirant peu d'eau, par suite « d'une évolution facile, ils convenaient à merveille à la navi-« gation des eaux peu profondes de la côte d'Amérique. Et ce-« pendant ils portaient 2 canons du plus gros calibre et ren-« daient leurs équipages à peu près invulnérables. » — Un d'entre eux, le *Montauck*, portait l'empreinte de 214 boulets de gros calibre, reçus impunément dans les nombreux combats auxquels il avait pris part.—A l'entrée de vive force de la flotte de Farragut dans les passes de Mobile, l'invulnérabilité des monitors éclate en traits saillants. Le *Manhattan* reçoit 15 gros boulets sans perdre un seul homme et sans essuyer une seule avarie.—C'est en vain que la tourelle du *Winnebago* est frappée *dix-neuf* fois et que son pont est pénétré en trois endroits.—Il en est de même du monitor *Chickasaw*, pendant qu'au même moment, la corvette en bois le *Brooklyn*, atteinte de vingt-trois projectiles, avait 54 hommes tués ou blessés. — Le *Hartford*, du même type, frappé de vingt projectiles dont onze obus, comptait 25 morts et 28 amputés.

Là ne s'arrêtaient point les qualités militaires des monitors. Dans l'opinion des hommes de guerre américains, la victoire du *Monitor* sur le *Merrimac* consacrait la supériorité de la tourelle rotative sur la batterie à sabords. Cette impression n'a pas tardé à se répandre en Angleterre comme en France. Les avocats des tours sont devenus nombreux et pressants. Enfin une nouvelle victoire des tourelles, sur la batterie à sabords, grandit encore ce sentiment, quand on vit le *Weehawken*, frère du *Monitor*, écraser et enlever en *quinze minutes* le cuirassé à sabords *Atlanta*, en juillet 1863.

L'avant des monitors actuels, effilé en fer de hache, de façon à leur permettre d'agir, à l'occasion, comme béliers, ajouté encore à leur double puissance offensive et défensive.

Sur trente et quelques monitors que les États-Unis ont eus à flot pendant la dernière guerre, un seul, le *Keokuk*, a péri par le feu de l'ennemi.—Or, bien qu'il portât le nom de monitor, sa cuirasse n'avait qu'une épaisseur de moitié moindre que celle des vrais types du genre. Aussi, ne pût-elle résister aux canons de 150 et de 200, chefs-d'œuvre de l'industrie anglaise, qui étaient montés sur les remparts de Charleston. — Deux autres monitors ont péri par l'explosion des torpilles sous-marines.

La paix rétablie, en 1866, deux grands monitors perfectionnés, le *Miantonomoh* et le *Monadnock*, se sont résolument lancés à travers l'Atlantique. Le pont de ces navires ne s'élevant qu'à $60^c/_m$ au-dessus de l'eau, les panneaux surmontés d'hiloires très-élevées sont fermés par des mantelets à bascule qui s'ouvrent en tournant autour d'une charnière horizontale. — A la mer, les hommes de quart se tiennent sur une vaste passerelle ou pont de manœuvre (*hurricane-deck*) établi par-dessus les tours, c'est-à-dire à une hauteur qui les met complétement à l'abri des lames. — Pendant ce temps, la mer passe et repasse à volonté sur le pont inférieur. — Par suite de cette absence de muraille verticale donnant prise à la lame, ces navires roulent très-peu (même avec la mer de travers), et se comportent mieux qu'on ne pourrait l'imaginer d'abord. La vitesse à la vapeur est de 9 nœuds. — L'armement des 2 tours se compose de 4 canons de $38^c/_m$, lançant le boulet de 440 livres.

Le *Monadnock*, traversant les Antilles, longeant les côtes de l'Amérique du Sud et passant le détroit de Magellan, s'est rendu à San-Francisco. Quant au *Miantonomoh*, traversant l'Atlantique, il a successivement visité l'Angleterre, la Baltique et les principaux ports de France et d'Espagne. A son passage à Toulon, en 1867, le *Miantonomoh* était convoyé par un grand vapeur à roues, destiné à le remorquer comme à lui porter aide et secours, en cas de besoin. Ce puissant *remorqueur*, servant de conserve, semble être le complément indispensable de ce type, qui, considéré *isolément*, ne saurait sagement entreprendre une traversée de quelque durée.

C'est sans doute aussi sous ces réserves, que le Secrétaire de la Marine des États-Unis, dans son rapport de 1866, a cru pouvoir affirmer :

« Que ces monitors perfectionnés sont capables d'accom-
« plir de longues traversées, *quand cela est nécessaire*. — La
« forme particulière des côtes d'Amérique, a-t-il ajouté avec
« pleine raison, est, à elle seule, une *protection* contre les
« lourds et formidables cuirassés d'un énorme tonnage et à
« grand tirant d'eau, inventés par les Européens.—Car, excepté
« sur un petit nombre de points, les côtes des États-Unis sont
« *inabordables* pour eux et il n'y a qu'*un seul* port dans lequel
« ils puissent entrer, depuis le cap Chesapeake jusqu'à Rio-
« Grande. Les monitors demeurent donc l'instrument par
« excellence, pour défendre nos côtes et ports. — Ils sont,
« de plus, parfaitement capables de disperser et de détruire
« toutes les escadres de blocus qui apparaîtraient dans nos
« eaux. »

La guerre d'Amérique nous fournit encore un bel exemple de la force de résistance des *rams* ou béliers cuirassés. — On se souvient que le bélier confédéré, le *Tennessee*, attaqué dans les passes extérieures de Mobile, par 4 monitors et 14 navires en bois, composant la flotte de l'amiral Farragut, résista pendant près d'*une heure*, au feu de 175 canons et aux chocs de plusieurs bâtiments fédéraux lancés sur lui à toute vapeur.—Le *Tennessee* ne se rendit que quand, d'une part, sa cheminée renversée sur le pont, et, de l'autre, sa roue et ses drosses de gouvernail coupées par un coup d'embrasure, le mirent à la fois *en danger de brûler et hors d'état de gouverner*.

Après le combat, l'amiral Farragut ayant eu la curiosité de faire constater les effets de l'artillerie, aussi bien que ceux du choc, sur la coque du *Tennessee*, une commission fédérale reconnut que le bélier confédéré avait dû à sa solide construction, de n'éprouver que des avaries de peu d'importance. Les flancs du navire étaient protégés par un soufflage épais, revêtu d'une cuirasse de 12 $^c/_m$. Autour de la casemate, l'épaisseur de la cuirasse atteignait 15 $^c/_m$. Le pont lui-même était blindé à 5 $^c/_m$ et le toit de la casemate, recouvert de grilles en fer forgé de la même épaisseur, reposait sur un grillage de fortes poutres.

Il fut constaté que 40 boulets environ avaient atteint la coque du *Tennessee*. Le cuirassement de la casemate était en partie ébranlé ; des boulons et des écrous avaient été déplacés. Néanmoins, en dehors du canon de 27 $c/_m$ américain dont les boulets massifs avaient produit de belles empreintes, un seul boulet plein de 440 livres, lancé par un *Monitor*, avait réussi à percer la cuirasse et à soulever la muraille intérieure, au point qu'elle faisait *ventre* au dedans de 60 $c/_m$. — Quant aux chocs répétés du *Monongahela*, du *Lackawana* et du *Hartford*, ces 3 corvettes à hélice en bois, de 1500 ^{Tx} à 2000 ^{Tx}, lancées sur lui à diverses reprises, n'avaient produit qu'un ébranlement général de la coque du *Tennessee*, du jeu dans les ponts et une voie d'eau de 15 $c/_m$ à l'heure. — Mais il convient d'observer, pour éclairer la judiciaire du lecteur, qu'aucun de ces abordeurs fédéraux n'était ni cuirassé, ni armé du redoutable éperon, et qu'agissant au milieu des embarras d'une mêlée, ils ne pouvaient développer ni toute leur vitesse, ni par suite toute l'intensité de leur MV^2.

Après avoir tant parlé des Américains, voyons ce qu'ont fait les Anglais, en matière de navires garde-côtes. — Le pionnier de cette branche si importante de la famille des cuirassés fut le *Royal-Sovereign*. — Les Anglais prirent un trois-ponts qu'ils rasèrent en frégate, et sur l'ancien pont de la batterie basse, ils établirent 4 tourelles fermées, à mouvement tournant. La mâture et le gréement furent naturellement supprimés. Les bastingages furent composés de pavois mobiles, se rabattant à charnières, au branlebas de combat, pour dégager entièrement le champ de tir des tourelles. Les trois tourelles de l'arrière, percées d'une embrasure elliptique, reçurent chacune un canon de 150. La tourelle de l'avant, seule, contenait 2 pièces de même calibre. — Artillerie et tourelles étaient entièrement installées d'après le système du capitaine de vaisseau Cowper-Coles (véritable promoteur du système des tourelles en Angleterre), et qui, dès 1859, avait proposé d'appliquer le principe des plaques tournantes de chemin de fer, à la manœuvre des canons de gros calibre, tant à terre qu'à la mer. La réduction de la surface vulnérable des hauts, l'usage de boucliers cuirassés abritant les canons installés sur plaque tournante, le blindage du pont lui-même, complétaient le système primitif d'armement de cet officier éminent.

Après de longs essais qui, en 1864 et 1865, occupèrent sans relâche la presse et le public anglais, le *Royal-Sovereign* fut, en 1866, suivi du *Prince-Albert*, autre garde-côte du même type. — Le *Prince-Albert* est encore un trois-ponts rasé, mais pourvu cette fois d'une artillerie supérieure. Chaque tourelle contient un canon de 12^{Tx} $1/2$ ou de 9 pouces rayé, du dernier modèle, lançant un projectile de 136 kilogrammes. Le champ de tir vertical s'étend à 14° au-dessus de l'horizon et à 4° au-dessous. Le commandant du *Prince-Albert* a son poste de combat dans une petite tour située à l'arrière de la tourelle avant. Avec deux mâts en tôle à trépied, on peut enlever les haubans pour dégager le tir des tourelles pendant le combat. Les ancres sont à 2 becs mobiles, pour offrir moins de saillie à l'extérieur.

Le *Scorpion* et le *Wyvern*, construits par M. Laird, de Birkenhead, pour les Confédérés et depuis achetés par l'Amirauté anglaise, figuraient à la revue navale de Portsmouth, en 1865. Ils portaient chacun deux tourelles et aspiraient à représenter par leurs traits extérieurs, un premier essai de navires de mer à tourelles, plutôt qu'un nouveau type de garde-côtes. Il fut pourtant reconnu depuis, que leurs conditions de navigabilité étaient trop imparfaites pour qu'ils pussent aspirer à un rôle plus étendu que celui de garde-côte.

L'élan était du reste donné et l'on voyait déjà s'élever, sur les chantiers anglais, des garde-côtes cuirassés, destinés à toutes les nations de l'Europe.—Tous ces bâtiments, pourvus ou non d'un éperon, étaient armés d'une à deux tourelles, portant ordinairement des canons de 300[1]. — Déjà, en 1865, le *Rolfe-Krake* avait été livré au Danemark, le *Huescar* au Pérou, le *Smertch*, l'*Arménius* et deux autres types à la Russie. Enfin le *Prince-Henri*, également construit dans les chantiers renommés de M. Laird, pour le compte de la Hollande, commençait ses essais en 1866. C'était encore un garde-côte à 2 tourelles, à carène en fer et à compartiments étanches, cuirassé de bout en bout jusqu'à la hauteur du pont. Le *Prince-Henri* est mû par deux hélices et deux machines indépendantes, chacune de 200 chevaux. Comme ses devanciers, il est armé de 2 canons de 12 tonnes, lançant des projectiles de 136 kilogrammes.

Les conditions générales de la flotte garde-côte paraissent n'avoir été nulle part mieux comprises qu'en Russie. D'après l'*Almanach maritime russe* de 1866[2], cette puissance, sur 25

---

[1] 12 tonneaux de poids et 136 kilogrammes de projectile.
[2] *Revue maritime*, juillet 1868, p. 710.

bâtiments cuirassés, ne comptait que deux frégates tirant au delà de 20 pieds d'eau. Avant de songer à dominer en haute mer, on a pensé à Saint-Pétersbourg qu'il était sage d'assurer sur de bonnes bases, la défense des rivages de la Baltique. — Aussi trouvons-nous sur la liste russe, 14 *Monitors* à deux tourelles, c'est-à-dire de 2 à 4 canons, avec des déplacements variant entre 1400 et 1900 tonneaux. — Les machines de ces garde-côtes sont de 160 à 220 chevaux. Les tirants d'eau varient de 10 pieds et demi à 11 pieds et demi, *sans différence.*

Après cette classe, viennent 6 corvettes à tourelles, portant de 6 à 8 canons, avec des déplacements de 3200 à 4100 tonneaux et des machines de 400 à 600 chevaux. — Les tirants d'eau sont échelonnés de 15 pieds et demi à 18 pieds et demi. Sur 25 bâtiments cuirassés, la Russie en compte 20 à tourelles et 5 seulement à batterie couverte. — Sans parti pris comme sans préjugés, le gouvernement du czar a recruté sa flotte cuirassée partie en Angleterre, partie aux États-Unis, de façon à pouvoir bien juger du mérite comparatif des différents types. — Au lieu d'adopter d'emblée un modèle unique, sur la réputation d'un ingénieur, et d'en couvrir immédiatement ses chantiers, l'Amirauté russe a préféré cette méthode éclectique qui consiste « à prendre le bien partout où il se trouve. » — En matière de constructions navales, comme de toute autre branche des sciences maritimes et militaires, n'est-il pas en effet reconnu que la concurrence, d'une part, et la libre discussion, de l'autre, sont en tout pays les circonstances les plus favorables à la vérité comme au progrès?

Enfin, pour clore cette longue revue, il faut citer un des derniers types de garde-côtes, proposé en 1867, par le capitaine Coles, type qui s'inspire de tous les avantages des monitors américains, en remédiant avec soin à leurs défauts [1]. — Ainsi les hiloires de tous les panneaux sont élevées jusqu'à la hauteur du pont de navigation, pour obtenir une ventilation naturelle, bien préférable à tous les ventilateurs artificiels. D'où la possibilité de tenir les panneaux ouverts, hors le cas de coup de vent.

Quant aux tourelles, voici les principales différences de ces deux systèmes. — La tourelle américaine d'Ericcson repose, en temps ordinaire, sur le pont supérieur, d'où elle est soulevée,

---

[1] Voir la figure ci-jointe.

pour le combat, par un effort mécanique. Tout son poids repose autour d'une mêche-pivot. La tourelle est mue par de petits chevaux-vapeur. — La tour anglaise de Coles repose au contraire sur une plate-forme spéciale, établie en dessous du pont supérieur. — Elle est munie de galets et mue par des vireurs à main.

Ainsi la base de la tour anglaise ne saurait être atteinte dans son système rotatif, que si le projectile ennemi a traversé préalablement la muraille du navire, pendant que la tour américaine peut être *coincée*, par des éclats de projectiles, à la hauteur du pont. — De plus, dans le système de Coles, l'action *contondante* ou la secousse produite par les coups de l'ennemi se répand sur la tourelle tout entière et sur les galets de support. — Au contraire, dans la tour américaine, l'intensité du choc est absorbée par la mêche-pivot, ce qui, avec du roulis et de la mer, expose cet axe de rotation à être sérieusement avarié.

Ce nouveau type de monitor anglais offrirait donc des conditions supérieures au *Monadnock* et au *Miantonomoh* dont l'amiral Porter disait pourtant, dans un rapport de janvier 1863 : — « Ces monitors améliorés sont capables de traverser l'Océan, « de détruire tout bâtiment des marines de France et d'Angle- « terre, de mettre les ports français et anglais à contribution « et de s'en revenir encore aux États-Unis. » — Pour compléter sa citation, il aurait dû ajouter, selon nous : — à la conditiont outefois de ne jamais se trouver *sous l'étrave* d'une frégate cuirassée anglaise ou française, comme de ne pas trop exposer leurs ponts et le toit de leurs tourelles aux projectiles plongeants, lancés des gaillards de ces navires de haut-bord.

Si l'on voulait recourir à la conversion des anciens bâtiments et en faire des *Royal-Sovereign* améliorés (en s'inspirant du type précédent et en s'en rapprochant le plus possible), on devrait se résigner, selon le capitaine Coles, à un tirant d'eau de 24 pieds. — La dépense de cette conversion serait de 2 millions et demi.

L'Angleterre ressent vivement la nécessité nationale de compléter sa flotte garde-côtes. — Chaque jour, l'on voit ses ingénieurs les plus renommés, proposer divers projets de conversion de ses vaisseaux à hélice, en garde-côtes à tourelles. Ce besoin de transformer les anciens modèles ne s'arrêtera pas là. — S'il ne paraît point possible de convertir en *monitors*, les meilleurs types de batteries flottantes appartenant aux marines française et anglaise, est-ce à dire qu'il n'y ait rien à faire pour améliorer les conditions nautiques et militaires de cette classe encore nombreuse de bâtiments ? Tel n'est point le sentiment de beaucoup d'officiers, préoccupés à juste titre de tirer parti du présent, d'utiliser le matériel existant, avant de se jeter

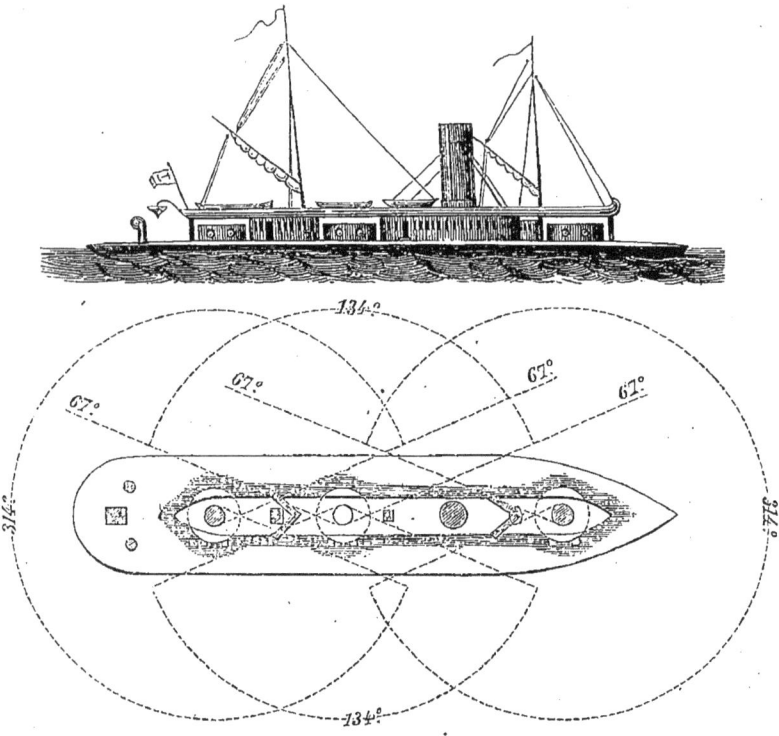

Type de garde-côte cuirassée, avec pont de navigation, proposé (en 1867,) en Angleterre, par le le capitaine Cowper Coles.

Longueur: Environ 150 pieds anglais.
Largeur : » 50 » »
Armement: 3 tourelles portant 6 canons de 600 livres pesant chacun 23Tx.
Tirant d'eau: Déterminé par la nature du service et des ports à protéger.
Poids de la bordée lancée: 3,600 livres de fer.

dans des créations nouvelles. — Que l'on veuille bien se reporter à la description sommaire de ces batteries (page 132)! Il sera facile de comprendre qu'avec la largeur et les formes plates de ce type, un gouvernail unique, très-éloigné des moteurs, ne saurait utiliser suffisamment, dans certains cas, le double courant

d'eau et les facultés giratoires particulières aux deux hélices [1].
—Ne parviendrait-on pas à se rendre plus maître de leurs embardées, en leur appliquant deux gouvernails derrière les hélices, c'est-à-dire dans le prolongement même de leurs arbres? Ces gouvernails pourraient même être *compensés*, ce qui permettrait de les manœuvrer aisément avec deux hommes à la roue. Le travail d'armatures et de manchons, nécessaire pour établir ces gouvernails, serait d'autant plus facile à exécuter que les carènes de ces navires sont en tôle. — Les deux barres et les deux roues demeureraient indépendantes de façon à pouvoir se servir du gouvernail de droite, par exemple, pour modérer les embardées produites par le gouvernail de gauche. — Dans le même ordre d'idées et en vue de parvenir « à mieux gou-« verner dans une direction donnée, » n'y aurait-il pas un grand intérêt (par suite de l'inégalité d'action des deux machines), à pouvoir *conjuguer*, à un moment donné, les deux appareils, ordinairement indépendants? Cette amélioration ne serait pas plus difficile à réaliser que celle des facultés giratoires.

Quant au combat, il suffit de jeter un coup d'œil sur les batteries, dites en *fers à repasser* (type *Arrogante*), pour comprendre qu'elles sont destinées à se présenter l'avant au feu.
— Le combat *de pointe* offre d'ailleurs de tels avantages, comme chances d'invulnérabilité, qu'on ne saurait trop le préconiser, surtout pour les types cuirassés aux faibles épaisseurs de 11 à 13$^{c}/_{m}$. Trois sabords percés à l'avant peuvent admettre autant de canons à battre dans la direction de la quille. Avec une pièce de 24$^{c}/_{m}$ dans le milieu, et deux canons de 19$^{c}/_{m}$ aux sabords de côté, ces batteries présenteraient à l'ennemi un front respectable, pendant que deux canons de 16$^{c}/_{m}$ (modèle 1860), indispensables sur le pont supérieur, les protégeraient contre toute tentative d'abordage. — Enfin, pour permettre au commandant de prendre une position assez dominante pour les manœuvres, sans l'obliger à monter dans la hune, ne serait-il pas possible de lui rendre, comme banc de quart circulaire (à défaut d'un observatoire mieux situé), tout au moins le gros mât rond qui figurait sur les premières batteries flottantes? Une fois son navire parvenu au feu et bien embossé tête et queue, n'est-ce pas *alors seulement* que le commandant (sou-

---

[1] On comprend qu'il en soit autrement avec un plus grand tirant d'eau comme avec des formes beaucoup plus affinées et qu'un gouvernail ordinaire suffise parfaitement au type *Taureau*. — A défaut de deux gouvernails, les batteries recevront un gouvernail double Joëssel.

cieux du pilotage de son bâtiment), pourrait songer à profiter du panneau qui lui est assigné comme poste d'action?

Ces améliorations ne seraient pas moins importantes en vue des combats par le choc, si faciles à prévoir dans les eaux resserrées des ports et des rades, et auxquels se prêtent les avants en *fer de hache* et la solidité de construction des batteries flottantes. A défaut d'une grande puissance d'artillerie, un contrôle mieux assuré de leurs facultés giratoires et un bon observatoire de manœuvre pour le commandant ne rendraient-ils pas ces engins très-capables d'agir comme béliers?

Parmi les types les plus curieux et les plus formidables de garde-côtes cuirassés, on ne saurait omettre le *Rochambeau* (ex-*Dunderberg*), bâtiment construit et acheté en Amérique, mais refondu à Cherbourg. Grâce aux soins éclairés dont il a été l'objet de la part d'ingénieurs distingués de ce port et de son commandant, M. le capitaine de vaisseau Krantz, le *Rochambeau* a réalisé des résultats qu'on peut appeler inespérés. Sa vitesse, à 60 tours, avec tous les feux, a atteint 15 milles à l'heure. Et, circonstance bien remarquable, le tirant d'eau de ce navire en pleine charge ne dépasse pas $6^m 70$. — Ainsi que certaines autorités l'avaient prétendu, il ne serait donc pas impossible de faire concorder ces deux éléments, jusqu'ici réputés incompatibles : la grande vitesse et un tirant d'eau modéré.

Qu'on se figure un fort central casematé, établi sur un vaste pont de monitor, de 112 mètres de long sur $22^m 50$ de large, et un déplacement considérable (7850^{Tx}), supérieur d'un millier de tonneaux à celui du *Solférino!* — Quoique la hauteur de batterie de ce fort casematé ne dépasse pas $1^m 50$, l'artillerie du *Rochambeau* est actuellement l'une des plus formidables qui existent dans la marine. Le réduit quadrangulaire casematé de ce garde-côtes renferme 4 canons rayés de $27\%_m$ et 10 canons rayés de $24\%_m$, dont un de chasse et un en retraite.

— Ajoutons que cette artillerie est établie dans les meilleures conditions de fonctionnement et quelle va être complétée par une quinzième pièce à pivot, établie sur le pont supérieur. — Le poids de la bordée lancée, avec neuf pièces, sur le travers, n'atteindra pas moins de 1440 kilogrammes. — Outre de bonnes dispositions d'embossage par l'arrière, grâce à l'augmentation de la surface de son gouvernail, portée de 7^{mc} à 10^{mc}, le *Rochambeau* gouverne admirablement, selon l'expression de son commandant. — Ces facultés giratoires, remarquables pour un navire d'aussi grandes dimensions, sont dues à des angles de barre de 40°, à l'augmentation du gouvernail, enfin à la présence d'un gouvernail supplémentaire, établi en avant de l'hélice, dans les façons fines du bâtiment. Rien qu'avec ce précieux auxiliaire, qui offre une surface de 4^{mc} 50, le *Rochambeau* gouverne d'une manière satisfaisante. Autre avantage considérable : « Pendant le combat on peut, jusqu'au dernier moment, « se servir d'une roue très-*douce* établie sur la passerelle. Cette « dernière étant en communication avec la tour, le comman- « dant a alors sous ses pieds la roue de combat. »

A la suite de cette longue inspection du matériel garde-côte, sous quels aspects doit se présenter la défense mobile des ports par la marine ? — « Des béliers à tourelles et obstructions sous-marines, dit l'amiral Golsborough, voilà le vrai moyen de défendre les ports! » Quant aux fortifications terrestres, s'il fallait en croire l'opinion de plusieurs des officiers américains qui ont fait la dernière guerre, elles ne viendraient plus qu'en troisième plan.

Dans ses Considérations sur la défense des ports, examinant les divers moyens de protéger énergiquement New-York, Portland, New-Port et San-Francisco, l'amiral Dahlgreen, qui, aux États-Unis, dirige le département de l'artillerie de marine, réclame « une combinaison intelligente d'ouvrages en terre, d'obstructions et de garde-côtes cuirassés. » « Séparément, ajoute-t-il, aucun de ces moyens ne saurait suffire ! » Soutenir les forts en maçonnerie cuirassés, rigoureusement limités aux positions à fleur d'eau par des lignes d'ouvrages en terre, remplir les lacunes de ces ouvrages par des monitors ou des béliers, établir des obstructions et des torpilles, tel est l'ensemble du programme de cet officier éminent !

Ces considérations nous paraissent basées sur une saine appréciation des exigences de la défense mobile des ports et rades. « L'éperon rivalisera bientôt avec le canon, écrivions- « nous en 1864, et deviendra le grand spécifique de la défense « du littoral. » Naturellement, la flotte garde-côte doit être conçue d'après le nombre et le tirant d'eau particulier des ports qu'il s'agit de défendre. Ainsi, quoique leurs grands tirants d'eau et leurs longueurs en fassent des instruments répondant plutôt aux conditions de la guerre du large et des batailles d'escadre, les frégates et corvettes cuirassées pourront (dans la mesure de ces tirants d'eau), concourir éventuellement à la défense mobile des ports et des rades, à eaux profondes.

Il importe toutefois de ne pas se dissimuler que les navires cuirassés de haut-bord, par le seul fait de leur tirant d'eau, ne pourront être d'ordinaire affectés qu'à la défense des eaux *extérieures* du littoral.

Qu'ils s'appellent canonnières, batteries flottantes, *monitors* ou béliers à éperon, des bâtiments spéciaux, *tirant depuis trois jusqu'à douze ou quinze pieds d'eau au plus,* demeureront toujours les instruments par excellence de la défense mobile des ports et rades. — Cette définition technique du *garde-côte* se justifie d'elle-même. Pour se mouvoir avec promptitude, comme avec sécurité, dans un espace d'eau toujours restreint par des bancs, des roches ou simplement par la configuration des ports, on comprend qu'il faille des tirants d'eau réduits et des bâtiments relativement courts.

Il est vrai que la grande vitesse ne paraît nullement de rigueur pour le navire garde-côte. — Outre que cette grande vitesse se paye *fort cher*, elle entraîne des dimensions presque toujours incompatibles avec le service des eaux resserrées. — Le garde-côte doit échapper à l'ennemi, *à la faveur* de son *moindre* tirant d'eau, c'est-à-dire en se réfugiant dans les rivières ou sur les hauts-fonds, inaccessibles à ce dernier. En adoptant, au contraire, des vitesses modérées et des tirants d'eau réduits, c'est-à-dire des garde-côtes *à bon marché*, on aura pour soi l'avantage du *nombre,* cet élément de succès capital dans les combats à l'éperon. — Dans cet ordre d'idées, on sera amené à construire des garde-côtes relativement larges, d'autant que cette largeur facilite l'emploi des machines indépendantes et de la double hélice, condition aujourd'hui indispensable en vue d'un développement maximum des facultés giratoires.

Des béliers à tourelles tournantes et à tirants d'eau gradués seront donc désormais le principal instrument de cette défense mobile. — Ces monitors-béliers, enchaînés comme de vigoureux chiens de garde, à l'entrée des ports, toujours prêts à opérer, de nuit comme de jour, de vigoureuses sorties, deviendraient redoutables aux croisières de blocus.—On demande qu'ils soient cuirassés à la façon des monitors, à vitesse moyenne et surtout excellents évolueurs. Ce programme du garde-côte cuirassé ne saurait d'ailleurs être complet, si l'on ne mentionnait d'autres nécessités urgentes plus ou moins réalisées jusqu'ici, suivant le savoir-faire et l'esprit de prévoyance des ingénieurs maritimes.
— Un observatoire de combat, bien situé et voisin de la roue, pour le capitaine, des hiloires protégeant les panneaux, comme celles des monitors, des compartiments étanches contre les

voies d'eau, des pompes puissantes prêtes à agir contre l'incendie aussi bien que comme moyen d'épuisement, figurent au premier rang de ces *desiderata*.

Ainsi que leur nom l'indique, ces monitors-béliers doivent être surmontés d'une tourelle fermée rotative, du modèle anglais, préférable au système américain, par les raisons données page 140 et suivantes.

Quant à la tourelle *en barbette* qui, ainsi que les batteries du même nom, n'a de valeur qu'à proportion de son *altitude* et de son commandement sur les canons de l'adversaire, comment pourrait-elle entrer en parallèle avec la tour *fermée* rotative, surtout dans le cas de navires ras sur l'eau, destinés à combattre bord à bord dans les eaux resserrées des ports, détroits ou fleuves ? Les considérations militaires qui justifient cette opinion sont tellement apparentes qu'il est à peine nécessaire d'ajouter : — que la première qualité des tourelles étant l'invulnérabilité (seule et première *garantie de durée* pour la *puissance offensive*), le système en barbette pourrait, tout au plus, convenir aux navires destinés à combattre à grande distance. — Telle n'est point la situation des garde-côtes, exposés à être plongés et dominés par l'artillerie, la mitraille ou tout au moins la fusillade de leurs adversaires.

Depuis la guerre d'Amérique, l'expérience des combats a si nettement démontré cette supériorité de la tourelle fermée rotative, au moins pour les monitors ou béliers analogues au type *Taureau*, que la tourelle en barbette n'a pas même été introduite dans la flotte garde-côte d'aucun pays.

Selon l'espace disponible, chaque tourelle devra porter deux gros canons à tir alternatif. — Car, négliger l'artillerie, même sur un bélier, ne serait-ce pas se priver bénévolement d'un élément capital de succès ? On ne comprendrait pas davantage une négligence dans les moyens de repousser l'abordage : c'est assez dire qu'une bonne mousqueterie et une demi-douzaine de canons légers (12 rayés, en bronze), formant artillerie *volante*, doivent figurer sur le pont, pour la défense du pourtour du bélier et spécialement de son arrière, afin de projeter de la mitraille, en temps utile, sur ses adversaires, quels qu'ils soient.— Pendant que le capitaine, placé avec la roue de combat dans le petit *observatoire* cuirassé qui doit surmonter la tourelle principale, dirigera son bélier pour donner l'abordage, l'officier placé dans la tour doit couvrir cet abordage du feu de ses canons.
— Si l'abordage est manqué, en élongeant l'ennemi, ce dernier

supportera tout au moins la bordée des canons monstres et pourra s'en trouver percé ou désemparé. — Si, au contraire, une avarie quelconque oblige le bélier à battre en retraite, le feu de son artillerie servira encore à protéger sa manœuvre.

Quant au déplacement ou à la masse du bélier en lui-même, qu'on se reporte au souvenir des redoutables effets du choc, si souvent manifestés à la mer par des collisions entre navires de faible tonnage, s'abordant avec des vitesses modérées. — Il est peu de marins qui ne sachent qu'il suffit d'un (MV^2) relativement faible (surtout s'il se résume dans un éperon), pour couler un bâtiment quelconque choqué sur la normale. — Si l'on doutait de cette assertion, on pourrait consulter avec fruit la carte des abordages de la Manche (*Wrecks and collisions chart*), publiée annuellement par l'Amirauté britannique. — La seule inspection de cette statistique funèbre nous ferait croire à l'avantage de construire, non point des navires très-grands, très-coûteux et peu nombreux, mais des béliers de dimensions et d'un prix modérés.

Car ici, ne l'oublions pas, le *nombre* est un élément capital de succès! — S'il est une arme de nature à égaliser les chances entre le faible et le fort, c'est assurément l'éperon! — Un bélier à bon marché, c'est-à-dire une masse de 1000 à 1500^{tx} de déplacement, abordant sur la normale, avec une vitesse de 7 à 8 nœuds, suffirait, selon toute apparence, à couler le plus grand navire cuirassé.

L'amiral Dahlgreen demande avec raison que ces béliers agissent toujours, — « *par groupes de deux ou de trois*, » afin qu'il soit impossible aux navires poursuivis de se dérober, par un simple coup de barre, à leur choc redoutable. Cette dernière considération nous paraît bonne à retenir et fondée sur les lois les plus évidentes des évolutions navales.

Concluons donc que chaque gouvernement, d'après le nombre, l'importance et le tirant d'eau de ses ports, doit établir le devis particulier de sa flotte garde-côte.

Enfermer les mouillages les plus importants par des digues ou môles, percés d'étroites ouvertures, faciles à obstruer, figurerait sans doute, ainsi qu'on l'a proposé, parmi les travaux des ports, pouvant servir d'auxiliaires efficaces à la défense mobile. Le matériel naval ainsi abrité n'aurait plus à craindre que les feux courbes. Mais la construction des digues en pierre exige tant de temps et d'argent, que ce moyen ne saurait guère convenir qu'à des gouvernements très-riches et jouissant d'un large superflu. Hors de là, pour fermer les ports, il faut bien songer à des obstructions sous-marines, soit qu'on imite les Russes de Sébastopol et de Cronstadt, en établissant des barrages de navires coulés, soit qu'on imite les Américains du Sud, dont l'esprit fertile en ressources a produit, durant la dernière guerre, les systèmes d'obstruction les plus variés.

Les barrages ou estacades pouvant être *rompues* par le choc ou par le moyen de pétards sous-marins, ou *franchies*, soit en passant par-dessus, soit en profitant d'une crue des eaux, ainsi que l'on a vu naguère dans la guerre du Paraguay, devant Humaïta, ne sauraient mériter qu'une confiance limitée. — Mais si, considérées isolément, les estacades n'offrent point de garanties suffisantes, en revanche, appelées à compléter un système général et varié d'obstacles sous-marins, comme points d'appui ou postes de surveillance, elles semblent pouvoir rendre d'utiles services. — A notre sens, c'est aux torpilles et aux réseaux de cordages qu'il conviendait de recourir de préférence, pour former la *base principale de toute défense sous-marine*. — Ne faut-il pas d'ailleurs insister sur la nécessité d'avoir plusieurs lignes d'obstructions, obliques par rapport à la direction de la passe, pour défier les assaillants? Il faut, en un mot, que les agresseurs, assez heureux pour éviter ou franchir les premiers dangers sous-marins, viennent se heurter sur les derniers obstacles.

En matière de torpilles, comme pour tout autre engin de nouvelle invention, nous pensons que le parti le plus sage consiste encore à se montrer *éclectique*, c'est à-dire à combiner les divers systèmes, plutôt que d'adopter d'emblée et exclusivement tel ou tel type. — Ainsi les torpilles à percussion et entre deux eaux peuvent être conservées en magasin, jusqu'au jour de la déclaration de guerre. Dans cet ordre d'idées, M. le capitaine de frégate Carof aurait proposé récemment en France, pour défendre les passes d'un de nos grands ports, un projet de torpilles à percussion, établies entre deux eaux, de la manière la plus ingénieuse. Ces torpilles étaient installées de façon à pouvoir être visitées et changées, aussi souvent qu'il serait nécessaire. — D'autre part, chaque torpille dormante doit être reliée à deux stations électriques communiquant elles-mêmes ensemble, de façon à ce que le passage de l'ennemi, dans un seul relèvement, suffise pour faire fonctionner à propos ces mines sous-marines.

Enfin, dans la série des obstacles entre deux eaux, il faut citer des lignes de grands filets de pêcheur, connues sous le nom de *Madragues*. Ces lignes de torpilles et ces réseaux de cordages, placés en tête, dans les passes des ports, sous la protection du feu des ouvrages terrestres ou de la flotte garde-côte, suffiront le plus souvent à arrêter les navires d'attaque. Il importe grandement d'insister sur cette condition. — Établir de bons et solides barrages; un système varié et intelligent d'obstructions ne suffit pas, il faut défendre vigoureusement ces barrages et ces obstructions par des feux d'artillerie nombreux et puissants. — Obus et mitraille doivent être prêts à décourager les coups de main d'embarcations. C'est assez dire qu'en outre des ouvrages terrestres et des navires gardes-côtes, les pontons formant les estacades devraient être porteurs de bons canons très-maniables. — S'agirait-il de défendre ces mouillages forains de nos îles et de nos côtes où les Anglais trouvaient des abris, durant la dernière guerre? C'est encore aux torpilles *dormantes* et aux stations électriques qu'il conviendrait de recourir tout d'abord.

Sans revenir sur les considérations développées dans notre chapitre II, à l'endroit des barrages, estacades, obstructions et torpilles, nous nous résumerons comme il suit. — Paralyser les hélices, coincer les gouvernails, faire sauter les navires, par le moyen des torpilles, percer leurs ponts et le toit de leurs tourelles par des feux plongeants! — En dernier ressort, si tous ces obstacles ont été franchis, lancer sur eux les béliers garde-côtes et bateaux-torpilles, — telles seront les phases successives de la défense mobile! — Enfin, établir des comités d'obstructions dans chaque port, et une école professionnelle de torpilles, délivrant aux officiers, sous-officiers et matelots des brevets de *torpilleurs*.

On n'attend pas de nous une description plus détaillée des moyens de préservation ou de défense qui sont demeurés de tradition, en cas de siége ou de bombardement maritime.—Personne n'ignore que le commandant du port assiégé s'empressera de faire dépasser les mâts de ses bâtiments. Ces derniers seront recouverts d'une couche de sacs à terre de plusieurs pieds d'épaisseur; leurs ponts des gaillards et des batteries, au-dessus des machines, pourront être utilement protégés par un grillage de pièces de mâture ou de forts madriers, recouverts d'une couche épaisse de terre ou de charbon. Le personnel ouvrier des arsenaux, formé en compagnies, sous les ordres des ingénieurs de la marine, ses chefs naturels, deviendrait l'utile auxiliaire des troupes et des marins de la garnison. Une partie de ce personnel ouvrier, distribué en compagnies d'incendie, travaillerait à préserver les édifices et les bâtiments de l'arsenal, du terrible élément; le reste trouverait son emploi dans les batteries de terre.

Après les batteries flottantes, les béliers et les monitors, il serait injuste d'oublier les *canonnières*, en terminant cette revue de la flotte garde-côte.—Ces petits navires très-mobiles et tirant peu d'eau (dont nous avons incidemment parlé au chapitre II, en traitant de la guerre des fleuves), échappant aux coups de l'ennemi, par l'exiguïté même de leur objectif, sont également propres à la défense et à l'attaque. — Ces cosaques de la mer (selon l'expression très-juste des Anglais), peuvent rendre sur le littoral, tous les services d'une bonne cavalerie légère. — C'est à cette flottille de canonnières que les alliés durent de pénétrer dans la mer d'Azoff et de pouvoir détruire et ravager les moyens de transport et les approvisionnements de l'armée russe.

Au moment où survint la paix de 1856, des flottilles de siége allaient simultanément envahir les golfes de la Baltique et les fleuves tributaires de la mer Noire.— Depuis cette époque, dans les rivières de la Chine et du Mexique, dans le *delta* de la basse Cochinchine, les canonnières ont été le principal instrument de domination ou de conquête, au sein de régions inaccessibles à toute autre force militaire ou navale.

Le garde-pêche de la paix, et le garde-côte de la guerre, ne doivent-ils pas être fondus en un seul et même type ?

Le moment ne serait-il pas venu de mettre au concours, parmi nos savants ingénieurs, ce type si désirable de canonnière, *garde-pêche* en temps de paix, *garde-côte* en temps de guerre ? Car il importe de s'en rendre bien compte : un petit navire de ce genre doit réunir un ensemble de conditions difficiles à concilier ! — La canonnière garde-pêche et garde-côte, destinée à fréquenter nos ports de marée, doit être navire d'*échouage*; bon évolueur pour fréquenter nos passes et nos rivières étroites, non-seulement à la vapeur, mais, si faire se peut, à la voile. — Pour affronter accidentellement la grosse lame du large ou un mauvais temps de courte durée, il faut encore un navire assez défendu contre la mer. — Si, pour remplir ces *desiderata*, il convient, croyons-nous, d'accepter un tirant d'eau d'une dizaine de pieds, d'autre part, une longueur modérée paraît commandée par les considérations d'évitage, dans les rivières et passes étroites. — Quant à l'armement militaire, nous pensons qu'il pourrait se rapprocher de celui proposé au chapitre II, pour les canonnières fluviales : — une pièce à long tir, établie à pivot, sur une plate-forme ou dans une tourelle, deux petites pièces en bronze pour se défendre contre les embarcations, des filets d'abordage, un blindage d'occasion improvisé pour la flottaison, avec des chaînes, des équipages recrutés dans les marins de la localité, etc., etc.....

Pourquoi d'ailleurs ne se contenterait-on pas d'une vitesse de 9 milles à l'heure, suffisante pour refouler les plus forts courants et les vents contraires de force moyenne, ainsi que pour atteindre et enlever les navires de commerce ?

En temps de paix, la canonnière garde-pêche pourrait à la rigueur débarquer son matériel de guerre.—Le jour où elle reprendrait ses canons et ses munitions, le garde-pêche redeviendrait garde-côte et même, à la rigueur, quelque peu croiseur, selon le temps et les circonstances.

Il n'est pas de petit port de marée de notre littoral qui ne puisse loger quelques-uns de ces petits navires à deux fins, tour à tour garde-pêches, garde-côtes ou croiseurs. — S'il fallait prendre éventuellement le large, courir sus au commerce ennemi dans le voisinage du littoral, ces canonnières riveraines, profitant habilement des marées, traverseraient au besoin, la nuit, les croisières de blocus. — Poursuivies, elles iraient chercher un abri dans les rochers si nombreux de nos côtes. Le littoral si découpé des côtes de Bretagne, véritable labyrinthe de rochers, d'îlots et de bras de mer ou de rivières soumises au flux et au reflux, se prêterait tout particulièrement à cette guerre d'embuscades.—Eventuellement dirigée contre la navigation de nos adversaires possibles aux abords de la Manche, cette guerre de partisans ne laisserait pas que d'incommoder singulièrement l'ennemi. Certains ports de nos côtes de Flandre et de Normandie pourraient sans doute être également utilisés dans ce sens. Mais sur ce littoral beaucoup plus découvert, et sans doute plus surveillé de l'ennemi, l'emploi de garde-côtes très-rapides, plus grands et mieux armés, serait alors de toute nécessité. — Chacun de ces petits cosaques de la mer deviendrait comme un drapeau et un centre de résistance au milieu des populations du littoral. Il suffit d'ouvrir l'histoire de notre dernière guerre maritime, au chapitre des convois et du cabotage, pour s'imaginer le rôle que ces canonnières, aux mains d'officiers jeunes et entreprenauts, seraient appelées à jouer dans le système général de la défense.

Le lecteur quelque peu initié aux pratiques de la marine et de la guerre n'exigera pas que nous développions les combinaisons multiples d'attaque et de défense auxquelles se prêterait cet essaim de canonnières. — Construite et distribuée dans tous nos petits ports français, depuis Dunkerque jusqu'à Bayonne, cette flottille, reliée en une seule main par les télégraphes électriques du littoral, entretiendrait une activité constante sur nos rivages, et formerait une pépinière de bons pilotes et de marins aventureux. A un jour donné, il n'est pas de services que la France ne pût attendre d'elle !

Ces longues considérations sur la défense mobile peuvent se résumer par un seul principe, à l'usage des hommes d'État : — Protéger sa frontière maritime, défendre énergiquement ses rades et ses ports, en un mot, « *demeurer maître chez soi,* » ne sera-ce pas toujours une question de fierté nationale, c'est-à-dire le premier devoir comme le premier besoin des gouvernements et des peuples ?

VIII.

LE PERSONNEL DE LA DÉFENSE.

DES GENS DE MER. — LA NAVIGATION ET LES INTÉRÊTS MARITIMES, SUR LE LITTORAL. — LE COMMANDEMENT DES COTES ET DES PORTS.

> « Travailler à faire l'éducation maritime de notre pays, n'est-ce pas l'un des meilleurs services à lui rendre? »
> L'Auteur.

Après avoir passé en revue nos anciennes formations de gardes-côtes, et les nouveaux principes adoptés pour l'armement au matériel de la frontière maritime, il nous reste à examiner sous quel jour la question du personnel des côtes a été envisagée depuis 1815. — Insistant sur le caractère de soudaineté et de gravité que la vapeur allait imprimer dorénavant à la guerre des côtes, la Commission de 1843 reconnaissait en principe « *que son projet n'aurait qu'une médiocre valeur s'il n'existait pas un personnel toujours en état d'utiliser, au premier besoin, la permanence des ouvrages défensifs du littoral.* »
— De là, la nécessité d'organiser et d'assurer le service de paix, aussi bien que le service de guerre. Dans ce but, le service de paix comprenait : 300 gardiens de batterie (organisés depuis) et un personnel de troupes d'un effectif variable avec les besoins qui, opérant tous les mouvements du matériel, devait suffire pour la défense des places de guerre et des villes de commerce les plus importantes.

Passant de l'état de paix à l'état de guerre, la Commission rejetait les anciennes formations de gardes-côtes comme dépourvues de qualités militaires. — Le concours des douaniers maritimes ne lui paraissait utile qu'à titre de *vedettes du littoral*, reliant entre eux les ouvrages défensifs. — C'est à l'artillerie de terre elle-même que la Commission songeait à demander le personnel nécessaire pour le service des directions maritimes, personnel composé d'un certain nombre de batteries empruntées aux régiments de l'arme. — L'ordonnance constitutive de 1843 n'ayant déterminé l'effectif de l'artillerie qu'en vue de satisfaire au service des armées et des places fortes, il restait à créer le *contingent* du service des côtes. En admettant sous ces réserves que les événements militaires permissent de détacher sur le littoral 20 batteries d'artillerie, présentant un effectif d'environ 4,000 artilleurs, on estimait pouvoir fournir *trois* canonniers par pièce de première importance. — Enfin, pour compléter les 13,000 hommes nécessaires à l'armement des côtes, en dehors des ports militaires, la Commission proposait d'emprunter à la marine de 8 à 9,000 auxiliaires, recrutés parmi les matelots des classes déjà exercés sur la flotte aux manœuvres de l'artillerie[1].

Mais, pour peu que l'on veuille bien consulter l'histoire, il sera aisé de s'apercevoir qu'à l'exception du règne de Louis XVI, la France n'a jamais eu de guerre maritime, sans la très-regrettable complication d'une guerre continentale. — Par suite, ne faut-il pas prévoir que le nombre des batteries disponibles pour armer le littoral demeurera toujours incertain? Ces artilleurs de terre ferme, tirés à grands frais des dépôts de l'intérieur, apporteraient-ils d'ailleurs sur les côtes une pratique suffisante de l'artillerie, opposée à des vapeurs d'une incessante mobilité? — A défaut d'un nombre suffisant d'artilleurs, peut-on au moins se flatter que des soldats d'infanterie, empruntés aux camps d'observation du littoral, parviendraient à servir ces lourdes bouches à feu? — D'ailleurs, la guerre maritime n'a-t-elle pas son expérience et ses traditions particulières? Telles sont les questions que soulève, dès le principe, toute pensée d'organisation du personnel des côtes.

La loi du 1ᵉʳ février 1868, portant création d'une garde nationale mobile, est venue, il est vrai, en partie combler l'absence d'un corps spécial, affecté à la défense des côtes et des ports.—L'article 3 s'exprime ainsi: « Une garde nationale *mobile*
« sera constituée à l'effet de concourir, comme auxiliaire de
« l'armée active, à la défense des places fortes, des côtes et des
« frontières de l'empire. »—En 1873, cette milice auxiliaire de l'armée aura atteint le chiffre d'environ 550,000 hommes, répartis en 260 bataillons d'infanterie et en 80 batteries d'artillerie. Ces corps seront réunis et exercés aux chefs-lieux d'arrondissement ou de canton, à raison de 15 jours par an, dans un rayon de 12 kilomètres au plus. — Ils seront commandés par

---

[1] *Mémoire de* 1843, p. 197, 198.

d'anciens officiers retraités ou démissionnaires ou choisis dans la garde mobile elle-même.—Le recrutement des sous-officiers s'opère d'après des principes analogues. La garde mobile ne peut être appelée à l'activité que par un décret de l'Empereur, précédant de vingt jours une loi spéciale. Les autres bases de cette institution sont nettement définies dans le remarquable Rapport de M. le maréchal Niel, en date du 28 mars 1868.

La France ayant été ainsi amenée à adopter une organisation assez semblable à celle des *Volontaires* anglais, ne saurait manquer de compléter cette grande mesure. — La garde mobile comprenant des corps d'infanterie et d'artillerie de campagne, organisés dans les départements riverains et prêts à défendre nos frontières maritimes, ne reste-t-il pas à pourvoir au service spécial des batteries de mer, dans les ports, rades et mouillages dont la défense aurait été reconnue de première ou de deuxième importance ? — Pour en finir avec la nouvelle loi de l'armée, combien ne serait-il pas avantageux à la marine, de recruter le contingent annuel des équipages de la flotte (2,800 h.), plutôt parmi les conscrits de bonne volonté de nos départements maritimes, que dans ceux de l'intérieur ou de l'est de la France ?

Si l'expérience d'une grande nation voisine semble de nature à nous servir de guide, voyons comment l'Angleterre a résolu cette question délicate. — Personne n'ignore que, de l'autre côté de la Manche, la défense des frontières de mer tient le premier rang parmi les préoccupations nationales : amiraux, généraux, hommes d'État, il n'est pas un homme de quelque autorité qui n'ait voulu apporter le tribut de son expérience, dès qu'il s'est agi d'assurer l'inviolabilité des rivages britanniques. — Aussi, les petites rivalités de ministère à ministère, celles des Finances et de la Guerre vis-à-vis de la Marine, durent-elles promptement céder au sentiment du devoir commun envers le pays. — Depuis 1857, le recrutement et l'instruction militaire des douaniers anglais (*coast-guards* et *preventive service*) ont été rationnellement dévolus au département de la marine. — Ce personnel à deux fins (douaniers en temps de paix et canonniers gardes-côtes en temps de guerre) s'élève aujourd'hui à 12,000 hommes d'élite, recrutés « parmi les matelots-canon- « niers et autres marins de choix, ayant accompli plusieurs « années de service sur les vaisseaux de Sa Majesté. » — Derrière le *Coast-guard*, véritable troupe réglée, vient se ranger la milice des côtes, composée de 6,000 marins du cabotage (*naval volunteers*), et de 10,000 pêcheurs du littoral (*coast volunteers*). En échange d'une indemnité annuelle, cette milice riveraine, mobilisable en temps de guerre, comme notre inscription maritime, vient s'exercer au canon, à certaines époques, sous l'œil des vétérans du *Coast-guard*.

Le littoral du Royaume-Uni comprend 11 arrondissements maritimes, commandés par autant de commodores, dont le guidon flotte sur un bâtiment de l'escadre garde-côte. — Chaque capitaine de vaisseau commandant d'arrondissement a sous ses ordres directs un certain nombre de capitaines de frégate, de lieutenants et de masters, répartis sur les bâtiments et dans les batteries du littoral. — Chaque officier du *coast-guard*, selon son grade, surveille une portion de la zone maritime, d'un cap à un autre, inspecte, instruit et commande les gardes-côtes et la milice maritime. Traitement de mer, chevaux, frais de tournées d'inspection, ces 400 ou 500 officiers jouissent de toutes les prérogatives de nature à augmenter leur influence et à en faire les chefs respectés des populations du littoral. — A ses débuts, vers 1858, la flotte garde-côte s'élevait à 9 vaisseaux, 2 frégates et 16 canonnières. — Depuis cette époque, elle a reçu de notables accroissements en canonnières, batteries cuirassées et garde-côtes à tourelles. — Les vaisseaux en bois ne servent plus que de bâtiments-écoles pour les exercices d'artillerie. — De leur côté, les ports militaires de la Grande-Bretagne sont défendus par une réserve de 8,000 soldats de marine, 5,000 pensionnaires de la flotte, 3,000 marins gréeurs des arsenaux, sans parler d'un effectif variable de matelots engagés à long terme (*continuous service men*), disponibles sur les *receiving ships*[1].
— Avec les dix ports de refuge créés depuis 1843, le littoral anglais possède son chemin de ceinture, sur lequel l'amiral Sartorius a demandé qu'on installât un service de batteries de campagne, traînées par des locomotives, et toujours prêtes, au premier appel du télégraphe, à venir couvrir de mitraille un débarquement ennemi. — Ce rapide aperçu suffit à démontrer que les 11 commodores commandant les côtes, secondés de plusieurs centaines d'officiers et de 28,000 marins spéciaux, disposent, en réalité, de ressources immenses. — Au premier signal d'alarme, ces 11 commodores peuvent, d'un coup de télégraphe, appeler à eux (du côté de la mer), l'escadre garde-côte et la flotte du Canal, pendant que les Volontaires et les

---

[1] Qui remplacent nos casernes maritimes connues sous le nom de divisions des équipages de la flotte.

troupes réglées accourraient (par terre) au-devant d'un débarquement ennemi. Le sort de toute agression imprudente tentée contre les rivages britanniques ne serait-il pas marqué d'avance? — Les 11 arrondissements maritimes des côtes d'Angleterre ont pour chefs-lieux : l'Humber, Leith, Liverpool, Kingstown, Harwich, la côte d'Irlande, Falmouth, Greenock, Portland-Roads, Milford-Haven, et Southampton-Water. — Les dix *ports de refuge*, accessibles à toute heure de la marée, sont : Falmouth, Plymouth, Dartmouth, Portland, les îles de Jersey et de Guernesey, Portsmouth, Seaford, Douvres et Harwich.—Enfin, la petite île d'Aurigny, sentinelle avancée placée en vue de Cherbourg « comme une *lunette d'approche*, » selon l'expression de lord Palmerston, complète le système [1].

Sans être aussi ambitieux pour les côtes de France que pour les rivages de l'Angleterre, ne serait-il pas permis de rechercher pour elles quelques-unes de ces garanties? Nos frontières ne possèdent-elles pas, comme celles de l'Angleterre, plusieurs milliers de douaniers maritimes et une réserve de marins *classés* ayant tous servi sur la flotte? — Si nos autorités militaires ne veulent plus de ces paysans riverains du siècle dernier, transformés, bon gré mal gré, *en gardes-côtes*, par le seul fait de leur habitation à moins d'une demi-lieue de la mer ; si la France veut enfin un personnel de défense indépendant des événements sur les Alpes ou sur le Rhin, des cadres de marins et de douaniers présenteraient une véritable consistance militaire. — Réunis, ne fût-ce que quinze jours par an, aux batteries du littoral, placés sous l'impulsion de leurs chefs naturels, ces anciens militaires et ces anciens marins y serviraient bientôt comme jadis au régiment ou dans les batteries des vaisseaux.

Derrière le beau matériel que le génie, l'artillerie et la marine auront développé pour la protection de ses frontières maritimes, la France, fidèle au vœu de la commission de 1843, ne saurait renoncer à se donner les cadres d'un bon personnel des côtes.— Après tout, le personnel n'est-il pas, dans toute organisation militaire, « l'âme de tous les succès ou l'origine de tous les revers? » — Chacune des armes spéciales n'en conserverait pas moins scrupuleusement sa compétence et ses attributions : —

---

[1] La Prusse elle-même, dès que la victoire de Sadowa a porté ses frontières jusqu'à la mer du Nord, s'est aussitôt préoccupée d'améliorer et de défendre ses côtes et ses ports. — Voir la *Revue Maritime* de septembre 1868.

Au Génie, d'accord avec les conditions de la Défense mobile et l'opinion de la marine, la détermination et la construction des batteries des côtes; — à l'Artillerie de terre, l'armement au matériel, et à proportion du nombre d'officiers et d'artilleurs qu'elle pourrait fournir, selon la situation continentale, une part plus ou moins large de l'armement au personnel; — à la Marine, enfin, renforcée de la Douane, le fond du personnel des côtes, parce que, seule aussi, elle possède en tout temps, sur les lieux mêmes, les ressources indispensables en canonniers exercés. — Le matelot-canonnier (*seaman gunner*), réunissant les qualités natives du marin à toute l'instruction de l'artilleur de terre ferme, est, depuis vingt-cinq ans, dans les flottes française et anglaise, le type accompli du matelot de guerre. — Nos vaisseaux-écoles *Montebello* et *Louis XIV*, de même que ceux des Anglais, sont à bon droit considérés comme la première institution militaire des deux marines.

Certains esprits impatients de progrès et désireux de compléter le cadre de nos institutions maritimes, lentement, mais persévéramment réédifiées depuis 1815, raisonnaient ainsi : — « Il existe sur les côtes de France une *réserve* de marins inscrits « de quarante à cinquante ans, d'ordinaire dispensés, pour « cause d'âge, de servir sur la flotte active. — Aucun des ma- « rins de cette catégorie n'a été appelé lors de nos dernières « guerres de Crimée, de Chine, d'Italie et du Mexique. — En « admettant même que, pendant une grande guerre maritime, « ceux de quarante à quarante-cinq ans fussent jugés aptes à « servir sur la flotte garde-côte, la *réserve* non appelée se com- « poserait tout au moins des inscrits de quarante-cinq à cin- « quante ans, auxquels on pourrait ajouter les hommes de bonne « volonté qui se présenteraient parmi les *cinquantenaires* en- « core valides. — Pourquoi renoncerait-on à utiliser ces anciens « marins des côtes sur un terrain plus solide et plus approprié « à leur âge (à la fois moins pénible et plus rapproché de leurs « demeures) que le pont des vaisseaux? »

Qu'une inspection sérieuse réunisse donc dans les quartiers, sous-quartiers et syndicats, ces vétérans de la pêche et du cabotage ! Nul doute qu'en opérant un certain triage, on ne trouvât, s'il le fallait, dans cette catégorie, de 8,000, 10,000 à 12,000 marins gardes-côtes encore vigoureux et comptant en moyenne de *quatre à cinq* ans de *pratique du canon* à bord de nos vaisseaux. — Frappé de ces considérations, l'amiral Hamelin, ministre de la marine, assembla, en 1859, sous la présidence du vice-amiral de Tinan, une commission qui élabora un projet d'institution des marins gardes-côtes. — Il ne nous appartient pas d'entrer dans des détails qui n'ont pas été rendus publics, ni de chercher à pénétrer les causes et la résistance qui vinrent paralyser cette patriotique pensée ; mais, en remontant aux anciennes ordonnances pour y puiser plus d'une pensée utile, voici comment on pourrait esquisser les traits saillants de la nouvelle institution :

Recrutement des canonniers gardes-côtes parmi les marins classés de plus de quarante ans, laissés dans leur foyers, en vertu de la levée permanente. — Cadre de paix comprenant les gens de mer à industries sédentaires ou périodiques[1], tels que les « *pêcheurs* et les *petits caboteurs,* » réunis pendant la morte saison des pêches, pour des exercices annuels. — Cadre de guerre s'élargissant pour recevoir « les *longs-courriers* et les *grands-caboteurs*. » — Rassemblement annuel des compagnies de canonniers-marins pendant quinze jours aux batteries désignées des postes et quartiers, en échange d'une indemnité de présence[2]. — Instruction dirigée par des officiers de marine assistés de sous-officiers et canonniers brevetés. — Transport annuel du personnel d'instruction par les trois divisions de garde-pêches des côtes de France. — Exercices variés, tir du canon de côte à boulets, sur des buts flottants mouillés au large; tir du fusil Chassepot, arme portative des canonniers-marins gardes-côtes ; mouillage et enlèvement des torpilles ; installation, mise en place des estacades et obstructions destinées à barrer les passes des ports et les entrées des rivières.— Pour plus de simplicité, en temps de paix, ce service serait dirigé et inspecté par les trois capitaines de vaisseau commandant les divisions du littoral. — Les marins seraient admis à compter le temps passé au service des côtes comme temps de service à l'État.—Pour 8,000 marins des côtes qui, avec 5,000 douaniers, formeraient le cadre de paix, la dépense se bornerait à 480,000 francs d'indemnité de présence. Tout au plus, en temps de *paix,* cette dépense atteindrait-elle *un million,* en comprenant les poudres et les projectiles d'exercice.

---

[1] La pêche de la morue à Terre-Neuve et en Islande, la pêche du hareng et la pêche côtière ou petite pêche.

[2] Cette indemnité de présence, en temps de paix, pourrait être fixée à 60 francs pour quinze jours de rassemblement. Les douaniers étant soldés par le service actif, l'on n'aurait à payer que les 8,000 marins.

En temps de guerre, les canonniers-marins seraient soumis à la discipline et au code de la flotte, recevraient la solde de leur grade [1], porteraient l'uniforme et conserveraient alors leurs armes. — A tour de rôle, ils monteraient une semaine de garde dans les réduits attenant à celles des batteries qu'on jugerait utile de tenir sur le qui-vive. — Des signaux d'alarme à coups de canon provoqueraient le rassemblement immédiat aux postes de combat. — Dans les sous-arrondissements de Brest, Toulon, Cherbourg, Lorient, Rochefort, le service des gardes-côtes serait alors dirigé par un capitaine de vaisseau, sous les ordres supérieurs du préfet maritime. — Dans les sous-arrondissements des grands ports de commerce, tels que Dunkerque, le Havre, Saint-Malo, Nantes, Bordeaux, Marseille, Nice, Alger, Oran, un contre-amiral ou un capitaine de vaisseau, selon l'importance de ces positions au point de vue stratégique, prendrait la direction militaire du service des côtes. La concentration étant de règle pour toute défense sérieuse, dans notre pensée, on se bornerait à organiser, au personnel, celle de grands ports de guerre et de commerce. — Quant aux petits ports, le plus sage ne serait-il pas de les désarmer entièrement?—Les commandants des sous-arrondissements seraient alors secondés par quelques capitaines de frégate placés dans les ports de second ordre, des lieutenants de vaisseau, officiers de la douane ou anciens officiers de l'armée et de la flotte, selon l'importance de la défense dans les quartiers maritimes et sous-quartiers. — Au-dessous des chefs de compagnie, les officiers et sous-officiers des canonniers-marins se recruteraient parmi les premiers maîtres ou seconds maîtres des professions militaires ayant dépassé quarante ans, brigadiers et sous-brigadiers de la douane, et à défaut parmi les capitaines de commerce et les anciens sous-officiers de l'armée habitant le littoral.

Cette organisation des marins gardes-côtes, véritable prolongement de la garde nationale mobile, fournirait pour l'artillerie de position du littoral, des bras assurément plus aguerris que les artilleurs de la mobile pour les batteries de campagne. — On compléterait, en outre, la pensée politique et salutaire qui, depuis quelques années, a présidé à l'amélioration graduelle de

---

[1] Ils continueraient à se loger et à se nourrir eux-mêmes, en échange de la solde et d'une indemnité de ration. Ils recevraient un premier demi-sac *gratis* à titre d'entrée en campagne, puis entretiendraient leur habillement sur leur solde.

l'Inscription maritime, cette *institution mère* de notre établissement naval. — Déjà rajeunie par plusieurs décrets empreints d'un esprit libéral, l'Inscription maritime ne peut que se fortifier par toutes les dispositions nouvelles, tendant à améliorer réellement le sort de nos vieux marins.—Parmi les plus importantes, ne faudrait-il pas citer celles qui conduiraient le plus sûrement nos vétérans à réunir les vingt-cinq années de navigation qui, avec cinquante ans d'âge, sont les conditions rigoureuses de la retraite dite *demi-solde?* — En ouvrant le dernier compte définitif de la caisse des Invalides pour 1866, on trouve 16,248 marins admis à la demi-solde. Que l'on rapproche ce nombre du chiffre de 28,460 marins cinquantenaires et au delà, existant sur les matricules pour 1868. — N'est-il pas évident que la condition de 300 mois d'embarquement constitue désormais la principale barrière à abaisser ? Déjà un décret du 11 juillet 1856 a très-judicieusement augmenté le taux des demi-soldes, pour les inscrits réunissant six ans de service à l'État.

En présence des chômages plus que jamais fréquents de la navigation de long-cours, du cabotage et des grandes-pêches, comme des maladies et des infirmités précoces, propres aux gens de mer, ne convient-il pas d'adoucir la condition principale de cette modique retraite ? Dans cet ordre d'idées, beaucoup de bons esprits et de cœurs sympathiques, au sort de nos vieux marins, émettent le vœu de voir adopter le terme de 240 mois ou vingt années effectives de services mixtes. — Cette disposition bienveillante aurait pour effet immédiat d'appeler un plus grand nombre d'inscrits *hors d'âge*, à jouir de la demi-solde dont près de la moitié sont aujourd'hui privés. C'est là, il faut le reconnaître hautement, l'amélioration capitale à apporter à la vieillesse de nos gens de mer !

Mais, si l'on croyait possible de faire un pas de plus, le recrutement des équipages de la flotte ne trouverait-il pas intérêt à tenir un compte plus exact de la *qualité* des marins formés par le commerce ? — Ainsi un bon matelot du long-cours ou du cabotage ne rend-il pas souvent à bord, d'un navire de guerre, autant et plus de services que deux ou trois ou même quatre hommes de la petite pêche ? Si l'on reconnaît la justesse de ce principe, pourquoi n'admettrait-on pas le long-cours, le cabotage et les grandes-pêches à jouir d'un tarif spécial qui pourrait être la récompense des marins ayant accompli six années de ces différents genres de navigation entre les âges de seize et de trente ans? Par la perspective de cette bonification de demi-solde, qui pourrait plus tard se cumuler avec le supplément des six ans de service à l'Etat, il y a tout lieu de croire qu'on exciterait nos gens de mer à profiter de leur jeunesse, pour se livrer aux navigations les plus capables d'en faire de bons matelots. — Ce terme de six ans se justifierait d'ailleurs par la considération que les marins, devenus trop âgés pour naviguer soit à l'État, au long-cours, au cabotage ou aux grandes pêches, iraient compléter leur vingt années de navigation en se livrant à la petite pêche et au bornage.

Cette pensée de primer l'élite de nos marins, ceux qui sont l'âme des équipages de la flotte, ne paraît-elle pas, de nos jours, une compensation équitable aux chômages plus fréquents qui atteignent désormais ces diverses industries? — Ainsi, d'une part, à peine arrivé dans les jetées du Havre, le navire *long-courrier* débarque son équipage et décharge avec des manœuvres pour ne reprendre ses hommes que la veille de sa sortie du port. — D'un autre côté, la concurrence désastreuse des paquebots à vapeur et des chemins de fer frappe en ce moment le grand mais surtout le petit cabotage, de chômages aussi inconnus autrefois qu'ils sont aujourd'hui fréquents. — Les grandes pêches de Terre-Neuve et d'Islande et de la mer du Nord sont régulièrement interrompues pendant plus de six mois de l'année. — On comprend, par suite, toutes les difficultés que les marins, attachés à ces diverses industries, c'est-à-dire notre véritable pépinière, éprouvent à réunir aujourd'hui les vingt-cinq années d'embarquement exigées. — Pendant ce temps, au contraire, les hommes de la pêche côtière, portés d'ordinaire sur les rôles d'un bout de l'année à l'autre, y atteignent tout naturellement et sans s'éloigner, pour ainsi dire, de leurs foyers, surtout s'ils ont accompli les six ans de service à l'État qui permettent de faire compter la petite pêche pour sa durée intégrale.

En vue d'accorder la *demi-solde* après vingt ans d'embarquement au lieu de vingt-cinq ans et de *primer* notre grande navigation, l'État, en échange de ces avantages considérables, n'acquerrait-il pas le droit d'exercer désormais sur les salaires des inscrits des retenues calculées sur le pied de 5 0/0?—Car on ne saurait oublier que les ressources de la caisse des Invalides de la marine étant limitées, à toute amélioration des demi-soldes, doit correspondre une prévoyance des voies et moyens. Ne serait-ce pas, en tout état de cause, faire acte de haute paternité vis-à-vis de la classe si imprévoyante des gens de mer?

— Au milieu des hasards de leur périlleuse carrière, ne l'oublions pas, « les trois quarts des marins inscrits disparaissent avant l'âge de cinquante ans ! »

De son côté, par l'aisance que l'indemnité de paix ou la solde de guerre répandraient au sein des populations maritimes, l'institution des marins gardes-côtes n'exercerait pas une influence moins bienfaisante.—Le temps passé dans le service des côtes, comptant comme service à l'État, aiderait puissamment à réunir les conditions de la retraite proprement dite ou de la demi-solde. Le noyau du personnel des côtes ainsi constitué, les adjonctions deviendraient faciles. A l'exemple du *Coast-guard* anglais, il ne serait pas impossible de rattacher à cette institution, d'abord les marins de la Douane, puis les douaniers maritimes eux-mêmes, au nombre de plusieurs milliers. — On satisferait ainsi à la très-sage et prévoyante pensée de l'ordonnance du 31 mai 1831 qui, en temps d'hostilités, met les brigades des douanes au service du département de la Guerre [1], en même temps qu'au vœu de la Commission d'Enquête maritime qui, en 1851, réclamait la restitution des excellents marins de cette administration, soustraits au service de guerre de la flotte. — Au lieu du rôle de vedettes des côtes (sans objet depuis l'établissement des guetteurs du littoral et des télégraphes électriques), ces braves douaniers, exercés dans les batteries, auprès des marins, apporteraient à nos vieux pointeurs un renfort d'éléments jeunes et vigoureux. Cet emploi des douaniers offrirait aux finances de l'État une importante économie, en permettant de réduire d'*autant*, l'effectif et la dépense des canonniers marins, nécessaires en temps de guerre. — Dans l'hypothèse d'un contingent de 5,000 douaniers et marins fournis par la douane, les 8,000 marins des côtes (nécessaires pour compléter les 13,000 hommes demandés par la Commission de 1843), coûteraient, en temps de guerre, 730 francs par homme et par an, c'est-à-dire 5,840,000 francs [2].—A ce prix de 6 millions, qui ne voudrait assurer l'inviolabilité des frontières ma-

---

[1] *Mémoires de* 1843, p. 195, 196.

[2] Si, selon toute apparence, les brigades maritimes pouvaient au contraire fournir un contingent disponible de 10,000 douaniers, il en résulterait pour l'État une économie représentée par la dépense de 5,000 canonniers marins qui (à 2 francs par homme et par jour, solde et indemnité comprises) s'élèverait à 3,650,000 francs et réduirait cette dépense à 2,190,000 francs. Dans ce cas, les 5,000 canonniers marins devraient et pourraient être choisis parmi les canonniers brevetés et marins des *spécialités* de la flotte.

ritimes de la France? Un concert amiable entre les départements des Finances et de la Marine réglerait, comme en Angleterre, les exercices de paix et les conditions du concours en temps de guerre, de manière à respecter le service si important que la Douane accomplit sur nos rivages.

La situation du personnel de la défense des côtes et des ports se trouve d'ailleurs intimement liée à l'étude d'un certain nombre de questions de l'ordre matériel, mais qui toutes exercent une influence plus ou moins grande sur l'ensemble du système de défense de la frontière maritime.

La création des premiers postes télégraphiques aériens sur les côtes de France remonte à 1809, époque où ces vigies, véritables sentinelles avancées de la frontière maritime, commencèrent à signaler les mouvements des croiseurs ennemis. En 1815, ces vigies furent abandonnées ou cédées au service des Douanes; mais, dès 1848, la situation politique fit remettre cette question à l'étude. — Une enquête fut commencée et se poursuivit avec des phases diverses, entre le département de la marine et celui de l'intérieur et du commerce. Grâce au concours de l'administration des télégraphes, il fut convenu que des guetteurs *marins* manœuvreraient à la fois le mât des signaux et l'appareil électrique.—En 1862, les sémaphores furent définitivement installés sur les côtes de France. Si de tout temps ces postes avaient dû jouer pendant la guerre un rôle de surveillance militaire important, aujourd'hui devenus des instruments *à deux fins*, sentinelles de paix et de progrès, ils allaient désormais rendre des services maritimes, commerciaux et humanitaires qu'il nous reste à développer.

Depuis la paix de 1815, le besoin d'un code international des Signaux, ou langue maritime universelle, se manifestait de plus en plus dans les rencontres à la mer. — Non-seulement il n'existait point encore de code qui pût prétendre au titre d'*international*, mais chez la même nation, comme en Angleterre, on trouvait parfois en usage jusqu'à deux et trois livres de signaux différents. — Naguère la France (on n'a jamais pu savoir d'après quelles assurances), avait adopté le code Reynold. Les Anglais employaient généralement le code Marryat, et les Américains le code Rodgers.

Ce fut alors que le *Board of Trade* anglais, avec son esprit pratique, sentit qu'il fallait sortir de cette confusion des langues. — Il fit composer un livre de signaux destiné à devenir international. — Cet ouvrage fut proposé à l'adoption de la France, et, lors des conférences qui eurent lieu entre des officiers des marines anglaise et française, il fut convenu que ce Code serait complété par l'adjonction indispensable de signaux de *grande distance* et d'un système complet de communications entre les sémaphores et les bâtiments à la mer [1].—L'édition française du Code Universel fut publiée en 1865 et les chambres de commerce invitées à en propager l'usage dans la marine marchande.

A l'heure qu'il est, cette langue internationale est devenue réglementaire pour tous les sémaphores, comme pour les marines de guerre et de commerce de la plupart des États de l'Europe!—Que reste-t-il donc à faire pour vulgariser ces nombreux moyens de communication et en obtenir tous les services qu'on est en droit d'en attendre?

Insister, dans des conférences publiques, près des armateurs et des capitaines faisant la grande navigation, pour leur faire comprendre que l'acquisition du Code et des Signaux peut seule garantir : — Secours à leurs bâtiments en cas de détresse, appel de canots et d'engins de sauvetage, renseignements nautiques dans les rencontres à la mer et en vue des sémaphores des côtes ; — échange de télégrammes commerciaux et d'*ordres* entre les capitaines et leurs armateurs, sans obligation de relâcher, d'où une économie de temps et de frais ; par suite, faculté de faire route directement pour le port où les cours sont le plus favorables à la vente du chargement. — Enfin, à d'autres points de vue, échange de dépêches entre les populations disséminées du littoral et les différents centres ; communications de la marine militaire avec les sémaphores, faculté pour les commandants de demander ou de recevoir des ordres et des avis importants ; prévision du temps probable, annonce des sinistres en vue, par les vigies, et demande de secours dans les ports les plus voisins, etc., etc. — Quant aux caboteurs et aux petits navires d'un faible tonnage, on comprend que l'usage d'un seul code, sans pavillons et sans liste des bâtiments marchands des diverses nations, suffise à leurs relations d'ordinaire limitées aux sémaphores riverains.

---

[1] Ce code fut promulgué en France par décret du 25 juin 1864. Le capitaine de vaisseau E.-G. Commerell et M.-W.-F. Larkins, du *Board of Trade*, représentèrent l'Angleterre pendant ces conférences, avec le contro-amiral de La Roncière-le-Noury, le capitaine de frégate Grivel, les lieutenants de vaisseau F. Julien et Sallandrouze de la Mornaix, du côté de la France.

Les divisions de gardes-pêche de notre littoral, grâce à leurs relations de tous les instants avec les sémaphores, se trouvent d'ailleurs naturellement chargées de la mission bien importante *de tenir sans cesse nos guetteurs en haleine*, par des signaux et des interrogations fréquentes. — Tout navire de guerre ou de commerce côtoyant le littoral doit d'ailleurs contribuer à leur procurer, s'il en a le temps, cet exercice si nécessaire à leur vigilance.

Parmi les questions qui se rattachent à la défense des frontières maritimes, ne faut-il pas en outre comprendre celles qui ont un caractère *mixte*, en ce qu'elles intéressent à la fois la marine militaire, le commerce, la navigation et les travaux publics? — De ce nombre sont les ports de refuge, le balisage et les phares.

En temps de paix, contre le mauvais temps, en temps de guerre, contre un ennemi supérieur en nombre, *les ports de refuge* du littoral ont à jouer un rôle que la vapeur rend plus considérable que jamais. — Si jadis l'absence d'un port dans la Manche empêcha Tourville de sauver sa flotte après la bataille de la Hogue, combien d'éventualités de mer et de guerre ne font-elles pas désirer de trouver des ports de refuge, sur cette longue étendue de côtes qui sépare Brest de Cherbourg? Pourquoi ne songerait-on pas à compléter et à améliorer les rades et les abris profonds et sûrs dont nous a dotés la Providence, tels que la rade de Saint-Malo, la rivière de Lézardrieux ou du Trieux, et enfin le petit port de l'Abervrac'h [1]? Avec une bien minime dépense, ne pourrait-on pas y installer des corps-morts pour grands tirants d'eau; à l'entrée, des stations de pilotes effectives et quelques défenses d'un caractère moderne? — Par stations de pilotes effectives, on entend celles capables d'aller chercher les navires au large des dangers les plus extérieurs. Les entrées de ces ports de refuge sont tellement étroites qu'avec quelques torpilles et obstructions en filin, il paraît aisé, en s'y préparant d'avance, de les rendre, à un jour donné, inabordables pour l'ennemi. — Dès lors, les navires, même les plus grands, n'hésiteraient plus à aller attaquer ces stations de refuge, déjà

---

[1] La rade du Taureau, à l'entrée de la rade de Morlaix, et même à la rigueur et sous la condition d'un soigneux balisage, la rivière de Tréguiver, pourraient porter à *cinq* le nombre de ces ports de refuge. Parmi les mouillages forains des côtes de Normandie et de Bretagne, on peut encore nommer la Hougue, Cancale, les îles Chansey, etc., etc.

balisées et éclairées, mais d'un accès difficile et exigeant le concours de bons pilotes.—*Des corps-morts* ou postes d'ancrage bien définis et situés de manière à assurer l'évitage des grands tirants d'eau par les plus basses mers, sont chose absolument nécessaire dans ces ports exigus. Ainsi qu'en Angleterre et aux États-Unis, l'indication exacte et prompte sur nos cartes marines de la position des balises, des phares et de leur champ de lumière, mesure en voie d'exécution, contribuerait enfin à la sécurité de la navigation de nos côtes.— Dans le même ordre d'idées, la préparation d'un Portulan des côtes occidentales et méridionales de France ne répondrait-elle pas pas à un besoin urgent, maintes fois signalé, qu'on s'étonne de voir exister chez une grande nation aussi civilisée ? Ce Manuel de la navigation sur nos côtes devrait être un simple livre de poche, indispensable au dernier de nos caboteurs comme au capitaine du plus grand navire de guerre. Le sommaire du Portulan ne pourrait-il pas être ainsi esquissé ? — Instructions nautiques pour l'atterrissage, la reconnaissance, l'entrée et la sortie de nos ports de guerre et de commerce, ports de refuge, mouillage de circonstance et autres, indication des stations et des points précis où l'on trouvera des pilotes, quelques considérations sur les vents et le temps régnant, dans les diverses saisons de l'année, etc., etc.

L'intervention des officiers de marine, détachés sur le littoral, tant pour le service des gardes-pêche et des sémaphores que pour celui des gardes-côtes, offrirait d'ailleurs, pour l'étude de ces questions maritimes, des avantages multiples et faciles à comprendre pour qui connaît l'état réel des choses dans notre pays. — Soit qu'il s'agisse de représenter la marine dans les commissions *mixtes* qui décident des questions de phares, de balisage et de travaux de défense ou d'amélioration des ports de refuge, soit qu'il s'agisse de surveiller et d'inspecter les intérêts matériels et moraux des marins inscrits, la présence de ces officiers de marine au milieu des populations du littoral ne serait-elle pas appelée à rendre des services considérables ? Pour s'en convaincre, ne suffit-il pas de réfléchir à quel point, en France, les hommes les plus instruits (administrateurs, militaires ou ingénieurs), par le seul fait de nos habitudes et de notre éducation continentale, sont ordinairement étrangers aux questions maritimes proprement dites ? — Remédier de plus en plus à cette regrettable ignorance des choses de la mer, si générale sur tout le Continent et si commune dans notre pays, en particulier, ne serait-ce pas servir de la manière la plus efficace les intérêts de nos populations riveraines et du département de la marine ? Augmenter son rayonnement sur le littoral en développant les attributions, le grade et l'influence de ses représentants naturels, ainsi que le fait l'Angleterre pour son *Coast-Guard*, nous rapprocherait sans nul doute de ce résultat si désirable. — A notre époque d'excessive centralisation, que de lacunes dans les travaux d'art ou de défense du littoral, que de doléances sur certains règlements concernant les marins, le régime commercial, la navigation ou la pêche, pourraient ainsi se trouver évitées ou recevoir satisfaction !

Les personnes étrangères aux us et coutumes de la mer ne sauraient se figurer à quel degré la connaissance approfondie des détails influe sur la bonne solution de la plupart des questions maritimes.—Ainsi, en ce qui regarde les phares, la nuit, il n'est pas jusqu'à *l'intervalle* des *éclats* de leurs lumières, et le jour, jusqu'à la *couleur* de leurs tourelles qui soient choses indifférentes aux navigateurs. N'a t-on pas reconnu qu'à la teinte naturelle de la pierre et du granit, il convenait de substituer ou d'intercaler des couleurs généralement sombres, telles que le rouge et le noir, qui trancheraient mieux avec la nuance générale de la mer et du ciel ? L'application de ce principe d'alternance des couleurs claires et foncées (bandes rouges et blanches) ne mériterait-elle pas être généralisée pour faciliter, de jour, la reconnaissance de nos phares? — En Angleterre, la plupart des phares et des bateaux-feux sont munis d'instruments sonores, tels que gongs chinois, cloches et même de canons légers, pour faire des signaux de nuit, de brume et donner l'alarme aux bâtiments qu'on aperçoit faisant des routes dangereuses. N'y a-t-il pas quelque chose à faire chez nous en ce sens, et les bateaux-feux ne mériteraient-ils pas d'être moins rarement appliqués à l'entrée de nos fleuves et de nos grands ports?—Pour assurer la tenue des chaînes de ces bâtiments dans les positions le plus exposées, ne peut-on pas les entourer d'une ceinture de dromes et de radeaux, brisant l'effort de la mer, ainsi que les Américains le font à l'entrée de New-York? — Dans cette période de si rapide transition maritime et commerciale, qui peut douter que cette inspection permanente des questions et des populations maritimes, confiée à des officiers éclairés, d'un caractère indépendant, et désintéressés des petites rivalités locales, ne produisît d'immenses bienfaits [1] ? Les progrès con-

---

[1] Depuis un certain nombre d'années, l'inspection militaire du personnel

sidérables réalisés par la pêche côtière et par notre balisage, depuis la création des divisions du littoral, ne viendraient-ils confirmer au besoin ces espérances ? A cet égard, c'est le passé qui répond de l'avenir !

N'est-il pas d'ailleurs certaines questions maritimes et commerciales particulières à la situation de la France et aux productions de son sol, sur lesquelles il convient d'appeler fréquemment la sollicitude de nos hommes d'Etat? — Par la nature même de notre industrie d'exportation, par celle de nos principales cultures, notre marine manque généralement de produits *encombrants* et de frets de sortie. Pendant que les Américains ont les blés, les bois, la farine, le lard salé, les cotons, et que les Anglais sortent avec des fers, des cotons fabriqués et surtout du charbon, les Français n'ont d'ordinaire que leurs vins comme fonds de cargaison. — En outre, les produits de luxe dans lesquels semble se complaire particulièrement notre industrie sont, de leur nature, peu encombrants. Notre marine est donc souvent condamnée à partir de France plus ou moins sur *lest*, c'est-à-dire plus ou moins à *vide*[1]. Par suite, nos navires doivent réaliser leur principal bénéfice sur les frets de *retour* et ne sauraient s'accommoder que de prix suffisamment rémunérateurs. Dès lors, grande difficulté de charger en pays étranger, à aussi bas prix que les Anglais et les Américains, arrivés avec de pleins chargements.

Toute la question des transports maritimes et de notre navigation commerciale se résume donc, en France, par ces deux termes corrélatifs et inséparables : — « Rareté de notre fret de sortie. » — « Cherté relative de notre fret de retour. » — De cette situation spéciale, malheureusement inhérente à notre position géographique, à notre industrie, à notre sol et à nos produits, découle nécessairement pour notre marine marchande une certaine situation d'infériorité. — Aussi, n'est-ce pas sans raison qu'on a dit souvent « *qu'à des causes d'infériorité*

---

de notre inscription maritime, jadis confiée à des capitaines de vaisseau ou à des officiers généraux, a cessé d'exister à des époques régulières.

[1] A l'appui de cette assertion, citons l'*Exposé de la situation de l'empire pour 1869*. — Entre nos importations et nos exportations (navires chargés) on constate, à première vue, une différence de tonnage ou d'encombrement de 2,175,000 tonneaux en 1868, contre 1,935,000 tonneaux en 1867, différence qui, à elle seule, témoigne suffisamment de la rareté de notre fret de sortie.

« *résultant de la force des choses, il fallait opposer la force*
« *des lois.* »

A cette regrettable situation, quelles sont les compensations possibles? Les organes les plus autorisés de nos ports de commerce semblent d'accord pour indiquer les mesures suivantes :
— Prolongation des surtaxes de pavillon et des surtaxes d'entrepôt; adoption d'une méthode de *jaugeage* plus avantageuse pour notre pavillon; révision des traités de commerce avec les puissances chez lesquelles notre marine ne trouve pas encore la réciprocité entière de traitement; ou à défaut, dans nos ports de commerce, exercice d'un droit de *représailles*, en matière d'octroi de mer ou de tarifs municipaux jusqu'au règlement équitable de cette vieille question; réduction de nos droits consulaires; examen de nos règlements en matière de navigation, de douane, etc., tendant à faire disparaître les entraves, les formalités inutiles et les charges qui en résultent pour notre pavillon [1].

On comprendra aisément qu'il nous soit impossible, sans sortir du cadre de cet ouvrage, de discuter ici séparément, comme nous eussions aimé à le tenter, chacune de ces intéressantes questions. Il nous faut malheureusement nous borner, pour ainsi dire, à un simple énoncé et renvoyer le lecteur aux diverses enquêtes qui ont eu lieu en 1825, et tout récemment encore, sur la *cherté relative* de la navigation française.

Demander le maintien, au moins pendant quelques années encore, de surtaxes modérées de pavillon et d'entrepôt, c'est avouer que d'ici un certain temps notre industrie des transports maritimes ne saurait se passer de la protection sur laquelle elle avait vécu jusqu'à ce jour [2]. D'ailleurs, pour ménager la transi-

---

[1] Un premier pas vient d'être fait dans la voie des compensations et des dégrèvements qui, seule, peut permettre à notre commerce maritime de lutter à armes réellement égales.
« La loi sur la Marine marchande permet, on le sait, la libre impor-
« tation de tous les objets nécessaires à l'armement et à la construction
« des navires français. Nos chantiers ont usé de cette faculté dans une
« assez large mesure. Ainsi ils ont reçu, sous le régime de l'admission
« temporaire, pour les onze premiers mois de 1868, 7,894,000 kilogrammes
« de fers et 3,062,000 kilogrammes de tôles Quant aux importations de
« bâtiments de mer, elles sont représentées par les chiffres suivants :
« 101 navires en bois, jaugeant 17,420 tonneaux; 11 navires en fer, jau-
« geant 6,860 tonneaux. » (*Exposé de la situation de l'empire.*)

[2] D'après la loi de 1866, sur la marine marchande (art. 5), en 1869, les surtaxes de pavillon seront supprimées.

tion et arriver à l'égalité entière de tous les pavillons, ne paraît-il pas juste d'affranchir préalablement le nôtre des charges *particulières* et non indispensables qui pèsent encore sur lui ?

Dans cet ordre d'idées, ne cite-t-on pas depuis longtemps la méthode de jaugeage de la douane française qui, en assignant à nos bâtiments une capacité supérieure à celle fournie par les méthodes étrangères, les exposerait à payer des droits de tonnage relativement plus élevés ? Nos armateurs et nos capitaines signaleraient encore le luxe de formalités, les retards et les droits trop élevés que les chancelleries de nos consulats exigeraient pour l'expédition de nos navires dans les ports étrangers. — Ne serait-il pas possible, soit par la voie de négociations diplomatiques, soit à défaut par celle des *représailles* ci-dessus indiquées, en matière de taxes locales ou municipales, d'amener certains gouvernements étrangers à nous faire obtenir, non-seulement en principe (mais bien en réalité et en fait), cette parfaite réciprocité de traitement, souvent promise et rarement obtenue ? Ainsi, supporter bénévolement les quarantaines ou les droits fiscaux dont notre pavillon était naguère grevé dans les ports de l'Espagne et de ses colonies, contrairement au Pacte de Famille, ou bien les droits municipaux de phares, d'hôpitaux ou de corporation qui l'ont si longtemps atteint dans les ports d'Angleterre, malgré les promesses du gouvernement britannique, ressemblerait trop à la duperie.

Enfin, parmi les entraves particulières à la France et inconnues aux pavillons étrangers, ne faut-il pas encore nommer la réglementation rigoureuse qui enferme dans de trop étroites limites le champ d'action de nos patrons et capitaines, et par suite de nos divers genres de navigation ? — « Ainsi, le patron
« au *bornage*, c'est-à-dire le plus petit cabotage, exercé par
« des embarcations de 25 tonneaux au plus, ne peut se mou-
« voir, dans tous les sens, même dans un rayon de 15 lieues
« autour de son port d'attache. » — D'autre part, « le bateau
« armé pour la pêche ne peut porter que son poisson et ses
« vivres. Cette faculté n'implique point celle de transporter des
« marchandises ou d'embarquer des passagers [1]. »

Il résulte de ces restrictions qu'une embarcation du bornage ou un bateau de pêche français ne peut porter un chargement

---

[1] Décret du 20 mars 1852 (art. 2). — Voir le *Code-Manuel des Capitaines et des Armateurs*, par M. Toussaint, avocat au Havre.

de pommes de terre, de Granville à Jersey par exemple, c'est-à-dire pas même trafiquer avec une île située en vue des côtes de France. — Or, à qui peuvent profiter ces entraves, sinon au pavillon anglais, qui s'en sert pour accaparer d'une manière absolue la menue monnaie de nos frets de sortie? De même, par suite de la définition rigoureuse qui enferme le grand cabotage français dans les limites de 30° latitude Sud et de 72° latitude Nord et les longitudes de 15° Ouest et de 44° Est [1], ceux de nos navires commandés par des capitaines au cabotage qui, en Angleterre ou ailleurs, trouvent des frets pour l'Amérique ne sauraient aujourd'hui en profiter. Ces restrictions sont par ailleurs d'autant moins compréhensibles que nos maîtres au cabotage naviguent sans cesse dans les mers les plus dangereuses, telles que la Manche, la mer du Nord, la Baltique, le golfe de Gascogne, l'Archipel, la mer Noire, etc., etc. Ces vieilles limites de notre grand cabotage sont si manifestement contraires à nos intérêts, qu'il a fallu déjà y déroger pour nos grandes pêches de Terre-Neuve, d'Islande et de la baleine.

Le département de la Marine qui, depuis quelques années, a montré tant d'ingénieuse sollicitude pour le développement de notre pêche côtière, s'est plusieurs fois préoccupé de remédier à cette réglementation excessive, et aussi contraire à la nature des choses qu'à l'élasticité indispensable aux transactions commerciales. — Le projet de décret élaboré en 1865, sur le commandement des navires de commerce, en fournit la meilleure preuve. — Voici comment s'exprimait la circulaire par laquelle les chambres de commerce étaient consultées sur ce projet : « Le
« décret du 26 janvier 1857, qui régit l'admission au comman-
« dement des navires du commerce, reconnaît deux classes de
« capitaines : les capitaines au long-cours, autorisés à comman-
« der dans toutes les mers, et les maîtres de cabotage, qui ne
« peuvent naviguer *qu'en dedans du rectangle comprenant*
« *toutes les mers d'Europe*, tracé par la loi du 14 juin 1854.

« Cette division ne paraît pas conforme à la nature des
« choses. Le cabotage, comme son nom l'indique, ne devrait
« être et n'a été effectivement pendant longtemps qu'une na-
« vigation faite de cap en cap, en vue des côtes, au moyen des
« connaissances élémentaires de la navigation pratique. En
« l'élargissant jusqu'à la mer Noire d'un côté et de l'autre jus-
« qu'à la Baltique et la mer Blanche, on y a compris des tra-

---

[1] Article 377 du *Code du Commerce*, modifié par la loi du 14 juin 1854.

« versées très-longues, constamment effectuées en haute mer,
« et qui, par le fait, sont au nombre des plus difficiles et des
« plus dangereuses qu'un marin puisse entreprendre. Cepen-
« dant, sous l'empire de l'idée que c'est une navigation res-
« treinte, on n'exige des maîtres au cabotage que des con-
« naissances insuffisantes pour exercer la grande navigation ;
« en même temps, l'étendue du parcours qui leur est assigné
« ne permet pas de leur demander cette connaissance exacte
« et détaillée des côtes qui était autrefois et qui devrait être
« encore la partie essentielle du programme de leurs exa-
« mens.

« Au point de vue des intérêts commerciaux, la division
« actuelle n'est pas meilleure, et nous voyons tous les ans de
« petits navires étrangers venir recueillir sur nos côtes des
« frets que ne peuvent leur disputer ni les maîtres au cabo-
« tage, à cause de la destination du chargement, ni les capi-
« taines au long-cours, qui, commandant généralement des
« navires d'un tonnage plus élevé, se soucient peu de prendre
« de minces cargaisons, laissant ainsi au pavillon étranger ce
« qu'on pourrait appeler la monnaie de notre fret de sortie,
« que nous devons attacher le plus grand prix à réserver tout
« entier à nos nationaux. »

La nouvelle répartition proposée des capitaines de commerce,
« en maîtres au petit cabotage et en capitaines au long-cours, »
donnait d'ailleurs pleine satisfaction aux intérêts en cause. —
« Dans ce projet, les maîtres au petit cabotage ne sont plus que
« des marins purement pratiques, naviguant entre les ports
« français ou jusqu'aux ports étrangers les plus voisins de nos
« côtes, les uns dans l'Océan, les autres dans la Méditerranée,
« mais sans pouvoir passer d'une mer dans une autre. L'examen
« est approprié à cette navigation d'un caractère bien défini ;
« il donnera de bons pilotes côtiers, propres à effectuer avec
« la plus grande somme de sécurité possible, les transports à
« courte distance qui constituent le vrai cabotage.

« Tout bâtiment faisant une navigation plus étendue et forcé
« par conséquent de s'éloigner plus ou moins des côtes, devra
« être commandé par un capitaine au long-cours. — Cette obli-
« gation sera compensée par l'avantage de pouvoir, partout où
« il se trouvera, relever immédiatement pour un point quel-
« conque du globe, avantage considérable si l'on songe à la
« rapidité de décision, à l'indépendance de mouvements que
« la concurrence impose maintenant au commerce maritime

« comme une condition absolue de succès. De plus, afin d'em-
« pêcher qu'il n'en résulte quelque gêne ou une augmentation
« de dépense pour certains armements, les examens de capi-
« taine au long-cours sont *simplifiés* de manière *à faciliter*
« *l'accès du brevet*, auquel atteindront désormais, sans beau-
« coup d'efforts, la plupart des marins qui s'en tiennent au-
« jourd'hui au brevet de maître au cabotage. Cette simplification
« ne compromettra d'ailleurs en rien la sécurité de la navigation
« de long-cours ; car il est reconnu que les programmes actuels
« embrassent des connaissances théoriques qui ne sont pas
« indispensables à la bonne direction d'un navire, et qui sont
« oubliées du plus grand nombre des capitaines peu de temps
« après l'examen. »

Hâtons-nous de le dire, cette simplification des programmes d'examen serait féconde en résultats importants. L'aplanissement des barrières théoriques et pécuniaires qui s'opposent encore à l'accès du grade de capitaine de commerce, aurait pour effet immédiat de stimuler la légitime ambition des meilleurs matelots du commerce. — Par le seul fait de leur pauvreté, bon nombre d'entre eux ne sont-ils pas à la fois hors d'état de rester à terre pour suivre les cours d'hydrographie et incapables de payer les leçons particulières des professeurs ? N'est-il pas vrai que jusqu'ici, ni la capacité pratique des marins, la mieux démontrée, ni la confiance des armateurs, n'ont pu l'emporter sur ces exigences théoriques et pécuniaires [1] ? —
« On a donc retranché ces connaissances théoriques des pro-
« grammes nouveaux, disait la circulaire précitée, et on a pu
« ainsi, tout en fortifiant la partie pratique, qui laissait à dési-
« rer, constituer un examen plus facile et plus complet. »

On l'a dit souvent avec pleine raison : — L'art de diriger un bâtiment est affaire de pratique et non de théorie. Les calculs de navigation indispensables, au nombre de cinq ou six au plus, peuvent être ramenés à des types imprimés, parfaitement simples. A quoi bon par suite farcir la cervelle des capitaines marchands de formules bientôt oubliées et les obliger à perdre

---

[1] Les dépenses qu'elles entraînent pour les candidats au long cours, se traduisaient tout naturellement par de plus grandes exigences, de la part des capitaines reçus. De là, des frais supplémentaires pour les armements français, et des charges plus lourdes que celles des armements de l'Angleterre et des États-Unis, pays où les capitaines, libres de s'instruire où bon leur semble, ne sont astreints qu'à de simples examens de prud'hommes, sous la surveillance des chambres de commerce.

à terre, en suivant des cours théoriques, un temps si précieux pour leur expérience nautique ?

Ajoutons que le même projet, afin de donner satisfaction aux besoins des commandements les plus importants, établissait un examen et un brevet de capitaine de première classe ; — que les épreuves sur les machines et la navigation à vapeur, au lieu d'être imposées indistinctement à tous les candidats, donnaient lieu désormais à un examen et à un brevet spécial, inutiles pour ceux qui n'aspirent qu'à commander des navires à voiles ; — que l'on établissait aussi rationnellement un examen et un brevet de *second* capitaine, afin qu'au moins pour les navires destinés aux campagnes lointaines, le second offrît désormais toute garantie de pouvoir remplacer le capitaine. — Enfin des dispositions transitoires ménageaient les intérêts des maîtres au cabotage actuels, admis soit à continuer leur navigation habituelle, soit à acquérir le brevet de capitaine de deuxième classe, par une simple épreuve pratique, soit à embarquer comme seconds, pour les lointains voyages.

Le lecteur nous pardonnera ces minutieux détails. — « Qui veut la fin veut les moyens ! » N'est-il pas temps que le libre échange maritime produise aussi dans notre pays ces compensations nécessaires et rigoureuses qui en forment ailleurs le contre-poids ? — Dégrever notre pavillon de toutes les charges directes ou indirectes que nous venons d'énumérer, c'est s'engager à élaborer des règlements de navigation, basés sur les principes de liberté et d'initiative individuelles, en vigueur de l'autre côté de la Manche et de l'Atlantique. C'est aussi s'engager à augmenter l'action de nos Chambres de commerce, à affranchir notre marine des formalités douanières et consulaires, non indispensables, comme à poursuivre l'amélioration de nos traités de commerce.

Avec les progrès de l'ordre matériel, il faut songer simultanément à ceux non moins intéressants de l'ordre moral. — Qui ne sait que toutes les réformes se complètent et s'enchaînent ?

Au reste, les engins matériels, affectés à la protection de nos rivages, ne seront jamais que le petit côté de la question de défense. — Dans tous les temps comme dans tous les pays, comment douter de cette vérité « que le personnel sera toujours *l'âme* du matériel ! » — Aussi, est-ce sur l'énergie, le dévouement et la valeur morale des populations intéressées que les esprits sages fonderont en tout temps leurs meilleures espérances. — A ce point de vue, comment ne pas rendre un légitime hommage aux généreux efforts, récemment entrepris par le département de la Marine, pour rehausser le niveau moral de nos populations riveraines ? — Au milieu de regrettables défaillances, comment méconnaître cette magnifique expansion de charité chrétienne qui semble être un des traits caractéristiques de notre siècle ? — « L'homme ne vit pas seulement de pain, » a dit excellemment l'Ecriture. — N'est-ce pas ce souffle puissant qui a fait naître ces écoles et ces orphelinats maritimes chargés d'instruire nos enfants pauvres des ports comme de recueillir ceux des victimes de la mer? N'est-ce pas ce même sentiment qui a fait surgir ces sociétés de sauvetage et d'assurance sur la vie, ou ces caisses de secours mutuels destinées à soulager ce cortége de misères, suite de tant de naufrages qui n'ont que la mer pour témoin ? N'est-ce pas aussi cet esprit de progrès, enfant de notre temps, qui a fait des sociétés des Régates un véritable sport nautique, à côté d'une œuvre de bienfaisance et d'émulation nationale et technique ?

A côté de son Ecole des mousses, grande et modeste institution tout à la fois, où la marine élève cette pépinière de maîtres et de matelots d'élite, véritables gardiens des bonnes traditions de nos équipages, le port de Brest peut montrer avec orgueil son établissement des Pupilles et son asile des Enfants de la marine.—Les côtes de France sont chaque jour témoins des efforts et des progrès de cette grande Société centrale de sauvetage, qui, sous la noble impulsion d'un généreux amiral, compte déjà par *milliers* le nombre de ses souscripteurs, et par *centaines* celui des naufragés arrachés à la mort.— Quelques-unes de nos villes maritimes possèdent des caisses de secours mutuels pour les familles des marins tombés victimes de leur périlleuse carrière. Ces caisses, fondées soit par l'initiative privée des habitants et des armateurs, soit par celle des administrateurs des classes, et principalement entretenues par la charité des *baigneurs* de nos ports de mer, apportent un bien utile concours à la caisse des Invalides, malheureusement impuissante à soulager toutes les misères de la grande famille maritime. — N'est-il pas encore permis de croire que, dans un certain avenir, des secours médicaux gratuits pourront être donnés partout à nos gens de mer et à leurs familles ? La santé et la vigueur de ces populations intéressent trop directement le bon recrutement de la flotte pour ne pas motiver ce nouveau progrès. — Nos administrateurs des classes et nos trésoriers des invalides ne pourraient-ils pas être encouragés à user largement de leur influence pour développer l'œuvre de moralisation de nos populations maritimes? Plus d'énergie pour combattre le fléau de l'ivresse, comme plus d'assistance pour aider les marins à placer leurs économies aux caisses d'épargne ou dans les institutions de prévoyance, ne serait-ce pas faire preuve d'une saine philantrophie envers quantité de familles de notre littoral? — De l'autre côté de la Manche, l'Angleterre nous montre dans le lointain ces *sailor's homes*, honnêtes asiles destinés à arracher ses marins à l'avidité des logeurs et aux séductions de l'intempérance. Dans ces refuges de marins, déjà développés en Hollande et dans le Nord de l'Europe, les gens de mer trouvent, avec tous les bienfaits de l'association, un abri pour leurs économies, une cabine à eux, une nourriture convenable, des livres, des jeux et tous les secours religieux, moraux et matériels qui peuvent le mieux suppléer à l'absence de la famille.

Des questions de paix, il nous faut actuellement revenir aux questions de guerre. — Sur les frontières maritimes, les unes et les autres sont rattachées par tant de liens qu'on peut les considérer comme inséparables.

Aux temps reculés de l'ancienne monarchie, la frontière maritime était placée, nous l'avons dit, sous la garde des officiers de l'Amirauté de France.—L'autorité royale étant parvenue à son apogée et la centralisation ayant fait des progrès suffisants, sous Louis XV, ce commandement passe aux mains des gouverneurs des provinces. Plus tard, cette responsabilité se partage entre les préfets des arsenaux maritimes et les généraux commandant les divisions territoriales. Ainsi, jusqu'en 1843, la marine et la guerre concouraient, dans une mesure variable, à fournir le personnel et le matériel de la défense. Cependant la Commission de 1843 crut devoir décider, en principe, « que le « système général de la défense des frontières maritimes ne pou- « vait pas plus être scindé que la responsabilité du ministre parti- « culièrement chargé de veiller à l'intégrité du territoire. » Toutefois, ne pouvant méconnaître l'avantage réel de charger chaque département des services qui se rattachaient à ses établissements ou à sa spécialité, la Commission provoqua en même temps une ordonnance du 3 janvier 1843, confirmée par l'article 287 du décret du 13 octobre 1863, sur le service des places, et ainsi conçue : « Dans les ports militaires, l'armée de mer sera spé- « cialement chargée, *sous les ordres* du commandant des « forces de terre, du service des batteries qui ont une vue di- « recte sur les passes et goulets conduisant aux rades inté-

« rieures, toutes les fois que ces ouvrages n'intéressent pas
« principalement le système de défense du côté de terre. »

L'article 3 de la même ordonnance, devenu l'article 288 du nouveau décret sur le service des places, établissait que « le
« commandant de la division territoriale conserve, en cas d'at-
« taque, l'entière disposition des troupes de mer, qui doivent
« être considérées comme les auxiliaires des troupes de terre
« pour la défense des frontières maritimes. Toutefois, l'action des
« troupes de la marine est autant que possible réglée de ma-
« nière à ce qu'elles pourvoient plus particulièrement à la dé-
« fense du port et de l'arsenal. »

En cas d'absence du général commandant la division territoriale, la situation pouvait devenir ambiguë et critique. — L'autorité maritime devait-elle remettre ses moyens et sa responsabilité entre les mains du commandant des forces de terre, quel que fût son grade? — La compétence de ce dernier pour soutenir un siége terrestre ou repousser un débarquement, ne changeait-elle pas de nom, s'il s'agissait d'une attaque ou d'un bombardement purement maritimes?

C'était là, il faut en convenir, une situation anormale pour le corps de la marine, à la veille de ce siége mémorable où, sous l'habile direction de l'amiral Rigault de Genouilly, les marins débarqués devaient si dignement rivaliser avec l'artillerie de terre et montrer ce qu'on pouvait attendre d'eux dans la guerre! Aussi, dès les bruits avant-coureurs de la guerre d'Orient, le gouvernement de l'Empereur comprit-il le danger évident de cette annulation de l'autorité maritime! — Considérant que l'unité de commandement était la première condition de toute défense, et qu'il fallait prévoir l'absence du général commandant la division territoriale, le décret du 12 octobre 1853, confirmé tout recemment par celui du 13 octobre 1863, sur le service des places [1], établit que, « dans le cas d'une attaque imprévue, les
« officiers généraux de la marine, préfets maritimes, sont char-
« gés, sous leur responsabilité, de la défense des ports militaires,
« et l'autorité sur les troupes de toutes armes est concentrée
« dans leurs mains. A l'arrivée du général commandant la divi-
« sion territoriale ou de l'officier général pourvu de lettres de
« commandement (dit l'article 2), le préfet maritime résigne
« l'autorité temporaire, et le commandement supérieur exerce
« aussitôt les attributions que lui assigne le présent décret. »

---

[1] Article 288, paragraphe 2.

Revenons au rôle de l'autorité maritime pendant la guerre des côtes.

En cas de bombardement ou d'attaque par mer, le commandant de la marine, dans les ports de commerce, appelle à lui les canonniers-marins des quartiers voisins, à la tête desquels il concourt à la défense de la place. Il réunit et forme en « compagnies d'incendie, » les équipages des bâtiments de commerce français, qu'il distribue de manière à préserver le matériel naval. — Le commandant supérieur de la marine concourt, avec l'artillerie de terre, à diriger les batteries maritimes qui peuvent lui être confiées, sous l'autorité immédiate du gouverneur militaire de la place. — Par analogie, les généraux commandant les divisions territoriales ou les camps d'observation disposent des officiers et des marins gardes-côtes, dans toute l'étendue de leurs commandements. Les officiers du service des côtes surveillent les guetteurs et les télégraphes électriques du littoral, et correspondent, d'un côté, avec leurs chefs maritimes, et, de l'autre, avec les généraux commandant les camps d'observation et les divisions territoriales. — Ces doubles relations s'expliquent par la nécessité qu'éprouvent les autorités de terre et de mer de suivre pas à pas les démonstrations et les mouvements des forces ennemies. Cet ennemi opère-t-il un débarquement de vive force ? les canonniers-marins, après avoir servi leurs batteries jusqu'au dernier moment, se retirent vivement dans les réduits crénelés (en emportant leurs hausses, écouvillons et refouloirs), de manière à rendre leurs pièces inutiles. Non-seulement la fusillade dirigée contre l'ennemi à travers les meurtrières du réduit, l'empêchera, le plus souvent, de ruiner la batterie, mais, à défaut d'un télégraphe voisin, les officiers du service des côtes demanderont aussitôt, par des signaux de convention, des secours d'infanterie aux camps d'observation ou aux positions voisines. — En cas d'urgence, ils requerront la garde mobile du littoral, exercée d'après les lois spéciales qui la régissent.

En cas de surprise, l'unité de commandement dévolue aux préfets maritimes dans les ports militaires, et aux commandants militaires dans les ports de commerce, permettra de coordonner l'ensemble de forces de terre et de mer réunies sur ces positions si importantes. — Cette coordination, ou, si l'on veut, ce concert préalable est aujourd'hui de toute nécessité. Concerter l'action commune de la défense *permanente*, c'est-à-dire des ouvrages de fortification, avec la défense *mobile* et flôttante composée de barrages, d'obstructions, de torpilles et de navires garde-côtes, comme avec la défense mobile terrestre (troupes et artillerie de campagne), telle doit être aujourd'hui la haute mission d'un Comité de Défense, institué dans chaque port, sous la présidence du gouverneur de la place. Cette combinaison de moyens très-divers appartenant à des services différents, cette répartition des forts et batteries entre les officiers et les troupes des différentes armes mériteront toujours une sérieuse étude, de la part des gouverneurs des places maritimes. — Il faudra prévenir les conflits, fixer les limites de surveillance et de responsabilité de chaque commandant de fort ou de batterie, soit que ces ouvrages soient isolés, soit que, de concert avec des barrages, des lignes d'obstructions et de torpilles ou des bâtiments gardes-côtes, ils forment des *groupes* de défense. Outre le télégraphe électrique, les livres de signaux marins permettront aux commandants des forts et batteries de correspondre avec le gouverneur comme entre eux, de concentrer leur action et de se signaler, par des relèvements, la distance de l'ennemi. C'est assez dire que chaque port militaire, chaque position de premier ordre doit organiser à l'avance son branle-bas de combat. — Ainsi qu'à bord d'un vaisseau, au premier son de la générale et du canon d'alarme, chaque officier, marin ou soldat, connaîtrait dès lors ses armes et son poste de batterie, de telle sorte qu'au premier signal, les forts et batteries de nos ports, garnis de défenseurs en quelques minutes, pussent ouvrir sur la mer un feu roulant, ainsi que nous avons vu les Anglais s'y exercer à Malte, dès 1856.

En temps de guerre, plusieurs des services du littoral, tels que les pilotes, les guetteurs, les télégraphes, l'entretien du balisage et la police des ports, rentreraient dans les attributions naturelles des officiers du service des côtes. — Ainsi se constituerait sur notre frontière cette unité de direction maritime dont jouissent déjà les côtes d'Angleterre. — Il faudrait plus que de l'optimisme pour ne pas pressentir le caractère de gravité des futures attaques par mer. Portés sur les ailes de la vapeur, ces orages s'abattront sur les rivages ennemis, comme ces *tornados* si connus des marins qui hantent les côtes d'Afrique. Si, à ce moment critique, les populations brusquement surprises ne trouvaient pas au milieu d'elles, comme centres de ralliement, des chefs connus et respectés, comme ceux du *Coast-guard* anglais, hommes de décision, sachant parler leur langue, prompts à les réunir et à les distribuer sur les points menacés, qui ne redouterait de voir les ports brûlés et les côtes ravagées, en attendant l'arrivée de secours militaires, d'ailleurs impuissants contre un bombardement? Attendre l'aiguillon de la nécessité, soit pour croire au danger, soit pour s'en garantir, compter sur l'enthousiasme spontané pour suppléer à l'organisation, serait assurément peu digne d'une grande nation. — La France ne commettra pas cette faute! Elle n'oubliera pas la sage maxime, souvent répétée en plus d'une occasion mémorable : « Gouverner, c'est prévoir ! »

LA GUERRE DU LARGE.

> « Qui commande à la mer
> « Commande au commerce,
> « Qui commande au commerce
> « Commande au monde! »

Après avoir passé en revue les opérations navales et militaires dont les côtes et les ports pouvaient être le théâtre, après la *Guerre des Côtes* en un mot, notre étude sur la nouvelle guerre maritime demeurerait encore incomplète, si nous ne tournions maintenant nos regards vers la *Guerre du Large*. Nous comprenons sous ce titre les futures batailles navales, la guerre d'escadre et la guerre de croisières. — N'est-il pas déjà aisé de pressentir que les nouvelles inventions sont appelées à engendrer dans l'ancienne stratégie et dans la tactique de la guerre du large, une révolution non moins sensible que dans les opérations de la guerre des côtes ? — Cette obligation d'étudier la grande guerre maritime, entraînera par suite celle de jeter en même temps un coup d'œil technique sur ses nouveaux instruments : — La flotte cuirassée de haut-bord, l'artillerie, l'éperon et la flotte de croisières.

IX.

LES FLOTTES CUIRASSÉES DE HAUT-BORD. — CONSIDÉRATIONS NAUTIQUES ET MILITAIRES.

« Cherchez et vous trouverez ! »

Instrument de navigation et de guerre, la marine cuirassée doit être considérée sous le double aspect de l'offensive et de la défensive. — Ces deux points de vue sont, par la nature même des choses, tellement connexes qu'il est à peu près impossible de les envisager séparément. — On le comprendra sans peine si l'on veut bien réfléchir qu'à la guerre, c'est la force de résistance ou, en d'autres termes, la durée ou la solidité de la *défensive* qui, seule, permet à la force d'attaque ou à l'*offensive* de se produire à propos et de se prolonger assez longtemps, pour faire sur l'ennemi une impression sérieuse.

Si nous considérons d'abord l'application de la cuirasse dans les flottes, au point de vue des idées de *défense* qui ont engendré cette grande innovation militaire, — la cuirasse, appliquée aux flottes, avait pour but avoué :

1° De préserver les bâtiments du danger d'être coulés ;

2° De les garantir de l'incendie et des effets terribles des projectiles creux ;

3° De diminuer les pertes des équipages, pendant le combat ;

4° Enfin, malgré la cuirasse, on prétendait encore doter ces nouveaux bâtiments des qualités nécessaires *pour naviguer et combattre*.

Examinons jusqu'à quel point le talent des ingénieurs maritimes, réuni à l'habileté des hommes de mer, a pu jusqu'ici atteindre ces *desiderata* dans la pratique.

Dix ans à peine se sont écoulés depuis la mise à l'eau de la frégate *la Gloire* [1], due au talent et à l'initiative hardie de M. Dupuy de Lôme, et déjà l'introduction des canons de 300, de 400 et même de 600, d'abord dans la marine des États-Unis,

---

[1] Novembre 1859.

et, depuis trois ou quatre ans, dans les flottes de l'Europe, a rendu le danger d'être coulé tellement apparent, qu'ingénieurs et marins se préoccupent, soit d'accroître les moyens d'épuisement de nos cales, soit de diviser les navires par des compartiments étanches, soit enfin de blinder la surface de ponts et de revêtir les flottaisons de cuirasses beaucoup plus épaisses.

Sans entrer dans la grande question des roulis et des centres de gravité, nous nous bornerons à rappeler qu'il a été constaté *expérimentalement* dès 1863, par la Commission des cuirassés [1], à la suite de la croisière d'essais du vice-amiral Pénaud, qu'en thèse générale, ces bâtiments roulaient d'autant moins que leurs centres de gravité étaient plus élevés. — A lui seul, ce résultat fit justice de l'objection opposée d'abord à l'élévation des hauteurs de batterie. Pour naviguer sans avaries, comme pour combattre avec chances de succès, n'est-ce pas aux ingénieurs à donner aux marins des ponts de manœuvre et des plates-formes d'artillerie qui oscillent le moins possible? — On s'est donc appliqué à exhausser les centres de gravité de ces nouveaux navires, afin d'arriver à modérer leurs roulis d'abord excessifs. — L'installation de planchers mobiles horizontaux, dans les soutes à charbon, permettant de consommer les tranches du bas avant celles du haut, le développement des mâtures, l'exhaussement du pont de la batterie couverte, celui des projectiles, une augmentation d'artillerie sur les gaillards, tels furent, en attendant l'établissement des tourelles ou des réduits, les principaux remèdes employés ou projetés. Faut-il ajouter qu'ils ont été suivis des plus heureux effets, relativement à la *stabilité* de *plate-forme*, et que, sans être parfaite, la situation nautique et militaire s'en est trouvée grandement améliorée.

Les questions relatives aux machines et chaudières ont été traitées, par divers ingénieurs et officiers de marine, avec une compétence, une autorité auxquelles on ne pourrait rien ajouter. La dernière en date de ces publications porte le nom si autorisé du vice-amiral Labrousse et expose l'état de cette grave question avec une grande vérité [2].

---

[1] On nous saura gré sans nul doute de rappeler ici que, parmi les membres de cette importante Commission, figuraient des noms chers à la flotte et que, depuis dix ans, on retrouve sans cesse sur la brèche, chaque fois qu'il s'agit de défendre son honneur et ses intérêts.

[2] *Observations sur les Machines à vapeur, récemment introduites dans la marine impériale.* — Paris, A. Bertrand, 1868. — *Note sur les expériences comparatives des machines à 3 cylindres.*—Paris, E. Lacroix, 1869.

Les ruptures très-fréquentes des hélices à six ailes ont conduit à l'adoption des hélices à quatre branches et à tenons solidement renforcés.

Déjà utile pour son influence modératrice des roulis, l'accroissement des surfaces de voilure n'était pas moins réclamé par les officiers de mer, ne fût-ce que pour ménager les machines et le charbon. — On songeait si peu primitivement à faire de la *Gloire* autre chose qu'un garde-côte ou un cuirassé de Méditerranée, que ce navire n'avait reçu de son auteur que trois mâts de goëlette, sans voiles carrées. — Entre un moteur aussi économique que le vent et un agent de locomotion aussi coûteux que la vapeur, quel gouvernement pouvait se sentir assez riche pour négliger la voile ? Du jour où les cuirassés devaient traverser l'Océan et aborder la grande navigation, leurs exigences devenaient les mêmes que celles des bâtiments mixtes ordinaires. — Soit pour croiser longtemps devant un port, soit pour traverser, sans vapeur, les zones de vent favorables, comment se tirer d'affaire sans une voilure complète ? Le centre de voilure ne méritait-il pas dès lors d'être placé de manière à assurer les évolutions et à obtenir le *balancement* de l'appareil, sous l'allure du plus près ? — Il était à remarquer d'ailleurs qu'avec des gréements et des mâtures simplifiés, par la précaution d'amener les vergues et de caler les mâts supérieurs, avant le combat, les chances d'engager les hélices deviendraient bien moindres, surtout si on adoptait l'idée de rabattre le mât d'artimon avec une charnière.

Cette question de préservation des hélices acquiert désormais une telle importance, qu'une école trop radicale penchait même à supprimer totalement le mât d'artimon. Indiquons dès à présent l'à-propos de combattre par l'assiette et la différence de tirant d'eau, la propension de certains cuirasssés à être beaucoup trop *ardents*[1]. Au point de vue essentiel de la vitesse et des évolutions à la voile, l'importance de remanier la position des mâts, pour équilibrer la voilure, doit être pareillement signalée.

La tendance générale à simplifier la mâture et le gréement s'est traduite en Angleterre par l'essai du *Tripod system*. Avec ces mâts à trépied dont le capitaine Coles proposait l'adoption pour les navires à tourelles, on arrivait sûrement, pour le combat, au résultat si désirable de dégager le champ de tir des canons. En France, on a récemment adopté des gréements en fil

---

[1] Témoins, la *Belliqueuse* et surtout le type *Jeanne-d'Arc*.

de fer. — Cette dernière innovation paraît avoir reçu la sanction d'une expérience pratique.

Quant à l'idée aujourd'hui générale de caler la mâture, quelque temps avant l'action, son exécution pratique à la mer (si importante au point de vue de la préservation des hélices et de la résistance des mâts au choc), réclamait un certain laps de temps, de manière à séparer nettement cette opération des préparatifs ordinaires du combat. Dès lors, pour fractionner la mâture en espars faciles à manœuvrer, ne fallait-il pas adopter des mâts de perroquet d'hiver, souvent dépassés en temps de guerre, et des mâts de hune de longueur telle, qu'on pût aussi les dépasser aisément, sans panneau de batterie, pour être au besoin mis en drôme ? — Ce système rationnel entraînait encore l'usage de bas mâts moins longs et par suite moins dangereux, en cas de chute. — Les marins demandaient en outre qu'ils fussent désormais fabriqués en tôle, pour mieux résister aux boulets et servir en même temps de manches à air. Sous ces réserves, le corps militant penchait à revenir aux mâtures d'autrefois, telles que les avait faites l'expérience des siècles. — Les Anglais surtout se prononçaient dans ce sens avec une remarquable énergie ; car la mâture n'était-elle pas toujours, pour les officiers et les équipages, le champ de manœuvre et l'école indispensables du sentiment marin ? Maintenir religieusement ce *palladium* de l'esprit marin des anciens jours s'éleva promptement, dans les deux flottes, à la hauteur d'une question d'éducation maritime et de défense nationale !

Enfin le danger d'être désemparé par un de ces formidables *frottements* à contre-bord, qui ont marqué la guerre d'Amérique et le combat de Lissa, ne méritait pas moins d'être pris en sérieuse considération. Dès lors, la saillie des basses vergues, sur les porte-lofs, ne commandait-elle pas de les garder en haut, pendant le combat ? Ancres de veille et de bossoir, gros canons faisant saillie à l'extérieur et canots de porte-manteau, arcs-boutants, etc., voulaient être mis à l'abri, soit par la rentrée donnée aux flancs du navire, soit par de nouvelles et plus prévoyantes installations [1].

Ce n'était pas tout encore ! Les cheminées, les bas mâts ne devaient-ils pas être consolidés, par des caliornes ou des grelins-chaînes, pour résister victorieusement à la rude secousse d'un abordage par le choc ? Enfin, pour peu que

---

[1] Grues à rabattement de la *Thétis*.

l'ennemi vous en laissât le loisir, déverguer les voiles et envoyer les gréements d'hune et de perroquet dans la cale, devenait le complément de ces mesures préservatrices de l'hélice comme de l'incendie.

Avant d'abandonner le chapitre des améliorations à réaliser dans la manœuvre, citons l'usage de ces grandes grues ou potences en fer, d'abord appliquées sur la *Magnanime* et l'*Héroïne*. — Ces grues, qui dispensent de recourir aux apparaux des basses vergues, pour embarquer ou débarquer les chaloupes et canots à vapeur, méritent d'être recommandées comme abrégeant et simplifiant cette opération délicate, ainsi que l'embarquement des vivres, rechanges, etc.

Il ne paraît pas moins nécessaire de mettre les cuirassés en mesure de s'embosser à la *vapeur*, devant l'ennemi, en mouillant par *l'arrière*. Il convient donc de leur installer tel bossoir longitudinal qui projette l'ancre de l'arrière, assez à l'extérieur des façons, pour que sa chute s'opère sûrement en dehors du mouvement de l'hélice.

Parmi les autres dispositions nautiques consacrées par une longue expérience et auxquelles il a fallu revenir, pour amener les cuirassés au niveau des anciens bâtiments, on peut citer les chaloupes, grands canots, et ce jeu *gradué* d'ancres à jet et de détroit dont un officier général disait avec tant de force : — « *Les ancres de veille ou celles de détroit ne servent souvent* « *qu'une seule fois, durant une campagne de trois ans, mais* « *ce jour-là, elles sauvent le bâtiment!* » — L'usage excellent des chaloupes ou canots à vapeur est venu coïncider avec ce retour aux anciens principes.

Depuis la cuirasse et l'éperon, la question des facultés giratoires ou, autrement dit, *l'aptitude à faire tourner le bâtiment dans le moins de temps et dans le moins d'espace*, a acquis une importance plus que jamais décisive.

En thèse générale, la giration du navire est le produit de deux facteurs principaux de son architecture : — la surface immergée du gouvernail et l'angle de ce moteur avec la quille. — Selon que ces deux éléments se trouvent combinés, dans des limites plus ou moins étendues, la giration du navire en devient plus ou moins rapide et peut s'effectuer dans plus ou moins d'espace. — Si, dans l'ancienne marine, on se contentait avec raison d'évoluer sous un angle de barre maximum de 34°, afin de ne pas trop diminuer la vitesse indispensable au succès de l'évolution, en revanche on a constaté naguère que l'action soutenue de l'hélice sur le gouvernail permettait de porter utilement l'angle de barre à 42 degrés, sinon à 45 degrés. — D'après ces mêmes expériences exécutées par le capitaine de vaisseau Key, en Angleterre, on a trouvé que le rapport de la surface immergée du gouvernail au plan de dérive du bâtiment, qui, sur les meilleurs types de l'ancienne flotte, était en moyenne du 38me, devait être encore augmenté pour les cuirassés. — D'autre part, pour diminuer l'effort manuel désormais si lent et si gênant à appliquer à la roue du gouvernail, on se préoccupait, en France comme en Angleterre, d'essayer le système de gouvernail *à compensateur*. — Dans la mesure où le gouvernail est ainsi équilibré, la manœuvre de la barre devient plus facile et plus prompte et le navire *obéit* plus vite aux efforts de ses timoniers.

Naguère encore, ce rapport n'était, paraît-il, que du 48e environ sur nos navires, quand on apprit que le cuirassé anglais le *Bellerophon*, muni d'un gouvernail compensé, accru au 30e du plan longitudinal, avait fait le tour de l'horizon en 4^m 10^s. Ce rapport du 30e est aussi celui adopté par l'amiral anglais Halsted, pour les gouvernails de sa nouvelle flotte. Ce succès considérable, confirmé par les rapports sur l'Exposition universelle de 1867, a entraîné du même coup l'adoption des gouvernails augmentés de surface et compensés pour les rendre plus maniables [1]. — « Tourner aussi vite que ses adversaires est devenu « aujourd'hui, pour la marine de combat, une question « de vie ou de mort, selon l'expression si juste de M. le contre-amiral Bourgois ! — Cette amélioration des facultés giratoires de la nouvelle flotte réclame donc, au plus haut degré, l'attention soutenue des ingénieurs comme des officiers militants.

N'est-ce pas ici le cas de citer les études de M. l'ingénieur Joëssel, qui, s'inspirant peut-être d'une pensée analogue à celle de l'hélice Mangin, vient de proposer et d'expérimenter avec succès, à Cherbourg, un gouvernail *double*, composé de deux lames métalliques, séparées par un vide et reliées par des tirants ? — Grâce à cette ingénieuse combinaison, la surface giratoire et l'effet utile se trouvent sensiblement accrus, sans rendre le gouvernail ni trop lourd ni trop encombrant.

Il convient de remarquer que si l'on veut donner aux nou-

---

[1] Le gouvernail équilibré étant reconnu nuisible à la marche à la voile, on s'applique à le rendre facultatif, c'est-à-dire à rabattre, dans ce cas, la partie compensée.

veaux navires des garanties nautiques, comparables à celles des anciens gouvernails à plusieurs ferrures, le gouvernail *compensé* ne saurait être combiné et suspendu avec de trop grandes précautions. — Suffira-t-il qu'il soit simplement relié au prolongement de la quille par une simple ferrure à pivot, dite *poivrière*? N'étant suspendu que dans son passage à travers l'arcasse et fixé à la quille que par un fort boulon, pourra-t-il résister aux éventualités d'échouage, d'abordage et de mauvais temps? Si des arrachements de l'étambot extérieur et du gouvernail ancien système, ont pu se produire à bord des frégates *Junon* et *Hermione*, combien, à *fortiori*, la sollicitude des marins ne doit-elle pas être éveillée pour l'avenir?

En ce moment, c'est là une des questions brûlantes qui, à juste titre, préoccupent le plus vivement l'opinion! — Dans cet ordre d'idées, n'était-ce l'objection des débris qui peuvent le *coincer* si aisément, le système de suspension des nouveaux gouvernails, en acier léger, de la flotte de l'amiral anglais Halsted, avec sa garantie additionnelle et considérable d'un étambot extérieur à double fémelot central, eût probablement conquis tous les suffrages? C'est à travers ce double fémelot que passe la mèche en acier plein, pour venir s'appuyer sur le bout de la quille.

Quant à présent, une école nombreuse incline à l'adoption du gouvernail à verrou vertical, proposé par le vice-amiral Labrousse. — Grâce à cet artifice ingénieux, le gouvernail compensé se trouverait simultanément relié à l'arrière, ainsi qu'à la ferrure de quille par une mèche-pivot rigide, établie avec les meilleures garanties de solidité.

Placé à la tête de ce petit groupe, dont l'esprit ingénieux et fertile en ressources se retrouve toujours prêt (soit qu'il s'agisse de remédier à des imperfections plus ou moins excusables, au milieu de la très-rapide transformation du matériel naval, soit qu'il s'agisse d'un progrès sérieux à accomplir dans les machines, l'artillerie ou l'architecture navale). Voici comment cet officier général explique la raison d'être de son système de gouvernail :

« Le gouvernail compensé actuel peut être considéré comme
« en porte-à-faux, car il ne repose que par un tourillon sur le
« prolongement de quille qui n'est pas soutenu. — Il s'ensuit
« qu'il est complétement *ajusté* dans sa garniture et celle-ci dans
« le massif arrière. Il est protégé par la cuirasse de 20$%_m$ recou-
« vrant ce massif; mais c'est encore là une apparence de pro-

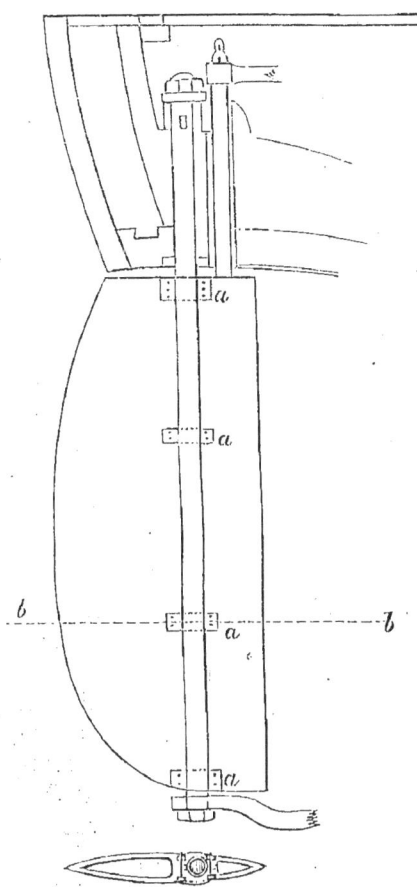

Gouvernail compensé du vice-amiral Labrousse.

« protection. Car, alors
« même que la cuirasse
« résiste, elle se *gon-*
« *dole*, et dans ce cas,
« la mèche ajustée du
« gouvernail aurait des
« chances d'être *coin-*
« *cée* par le refoulement
« du bois. — Dans le
« projet, au contraire,
« on commence par
« donner au prolonge-
« ment de quille un
« supplément de résis-
« tance dans le sens
« *transversal*, et une
« augmentation très-
« sensible dans le sens
« *vertical* (en cas d'é-
« chouage, par exem-
« ple), en le reliant par
« une tige en fer cuivré
« ou en bronze, à la
« voûte du navire qui
« peut'être parfaitement
« consolidée par l'em-
« ploi de liaisons en
« fer, dont il est fait
« maintenant un usage
« général et fructueux

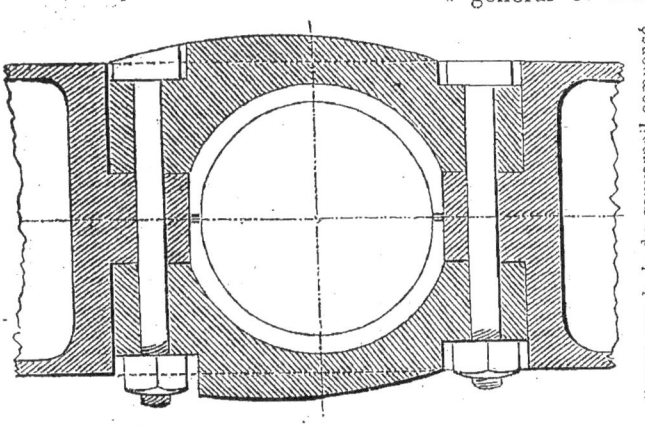

Coupe par *b. b.* du gouvernail compensé du vice-amiral Labrousse.
(Échelle 1/10.)

« dans les constructions en bois. — C'est autour de cet axe que
« tourne le gouvernail. La mèche placée à l'avant, agit librement
« dans une jaumière circulaire fermée par une braie spéciale.—
« Il s'ensuit que le massif arrière peut être déformépar les pro-
« jectiles sans arrêter le jeu de la barre, dont l'amplitude peut
« seulement être plus ou moins réduite en cas de grandes dé-
« formations. »

Dans son projet de navire à tourelles, le vice-amiral Pâris propose, de son côté, un système de gouvernail compensé, avec aiguillots et fémelots. Ne serait-il pas possible de combiner ces diverses garanties avec le principe du gouvernail Joëssel[1]?

Remarquons qu'en vue de ménager des arrières aussi découpés en *porte-à-faux* que ceux d'aujourd'hui, il est indispensable d'avoir soit des gouvernails métalliques en cuivre fondu ou en tôle, suivant que la carène sera en bois ou en fer, mais en tout cas d'un poids et de dimensions aussi réduits que possible. — La fatigue de l'arrière et du gouvernail, à la mer, est en effet sensiblement proportionnelle au poids comme aux dimensions de cet évolueur.

De quelle importance ne serait-il pas enfin de pouvoir installer un gouvernail *supplémentaire*, alors que tant de nouvelles chances d'avaries à la mer ou pendant le combat menacent plus que jamais le gouvernail proprement dit! N'est-ce pas aujourd'hui un devoir impérieux, pour les ingénieurs et les marins prévoyants, que de songer à installer des gouvernails supplémentaires dans les façons fines du bâtiment, en avant de l'hélice? Etudions donc (ainsi que le recommande avec instance l'amiral Halsted) le moyen de pratiquer sur les faces latérales des œuvres vives de l'arrière, tel logement qui puisse recevoir un gouvernail de fortune[2].

C'est à ce *desideratum* réalisé que le *Rochambeau* doit la précieuse faculté de posséder un gouvernail supplémentaire, installé dans une cage taillée dans les façons même du bâtiment, en avant de l'hélice.

En vue de réaliser des angles de 40° et de 42° avec le gouvernail, n'est-il pas désirable que les ingénieurs adoptent désormais des formes d'arrière graduellement renflées au fur et à

---

[1] Etudier aussi le gouvernail compensé facultatif de M. Reed, sur l'*Hercules*. — *Shipbuilding in iron and Steel*. London, J. Murray, 1869.
[2] Voir la figure (*pl.* XI, *fig.* 11), *Revue maritime*, juillet 1868, p. 604.

mesure que l'on s'élève au-dessus de la flottaison et surtout plus évasées, à la hauteur de la barre? Ces formes d'arrière plus évasées ne sont-elles pas d'ailleurs indispensables pour protéger l'hélice et le gouvernail contre les atteintes de l'éperon, à la suite des *ráclements* formidables qui succèderont aux chocs obliques? La victoire de la *Couronne*, dans les expériences giratoires de l'escadre française cuirassée, aux îles d'Hyères en 1866 [1], fut en grande partie due à ce que ses façons évasées de l'arrière lui permettaient de réaliser un angle de barre maximum, supérieur à celui des autres types. — Dans cet ordre d'idées, on a tenté de remplacer le système éprouvé de la barre à chariot, par un chapeau à vis d'invention américaine, analogue à une barre à tire-veille. — Ce moteur mécanique, qui reçoit directement son mouvement de la roue, est fabriqué à Liverpool par M. Potter, pour l'usage des grands paquebots à hélice. — Mais il paraît plus que douteux, quant à présent, qu'il puisse s'adapter aux exigences des navires de guerre.

A la question des facultés giratoires, se lie intimement l'étude mécanique d'un meilleur fonctionnement de la roue de combat, située dans le blockhaus. — Les hommes placés à cette roue étant privés de toutes facultés visuelles, il devient indispensable (ne fût-ce que pour compenser le grave défaut d'initiative et de sentiment marin qui en résulte) de leur mettre désormais dans les mains un moteur très-obéissant, et sous les yeux des indications électriques ou mécaniques qui transmettent le *degré* d'angle de barre requis, c'est-à-dire les ordres du commandant. Les mêmes observations s'appliquent aux roues de navigation. La dureté de leur manœuvre croissant, d'une part, avec les grandes vitesses, et, de l'autre, avec la surface et l'angle du gouvernail, rend indispensables l'emploi de roues triples, quadruples et quintuples, l'usage de gouvernails suffisamment compensés, tels passages et retours de drosses qui nécessitent de moins grands efforts manuels [2]. — La roue de navigation doit être placée sur la dunette ou sur la passerelle des cuirassés,

---

[1] L'escadre était alors rangée sous le pavillon du vice-amiral comte Bouët-Willaumez. Les expériences giratoires furent dirigées par le capitaine de vaisseau Bourgois, chef d'état-major de l'escadre, dont on connaît la haute compétence.

[2] Dans une question aussi vitale, n'est-ce pas le moment de ne plus marchander les moyens et de mettre, s'il le faut, 8 et 10 hommes à la roue? — Aujourd'hui, on en est réduit à diminuer les *marbres* des roues et à accompagner leur action, avec des palans auxiliaires frappés sur la barre !

de manière à mettre en jeu le coup d'œil et le sentiment des timoniers de barre. — Pourquoi même n'essayerait-on pas, ainsi que certains paquebots transatlantiques, américains et autres, d'installer la roue de navigation et les habitacles dans une cabine vitrée [1], dominant le réduit ou la passerelle centrale ? Cette position du commandant ne serait-elle pas bien préférable à celle de la dunette ? En conjuguant la roue de navigation de la passerelle avec la roue de combat du fort central, située au-dessous, que d'avantages ne réaliserait-on pas !

Sur certains paquebots, où l'on préfère avoir la roue à l'extrême arrière, des indicateurs mécaniques ou électriques, transmettent aux timoniers la pensée du commandant et le degré d'angle de barre. — Des cadrans à aiguilles avec contrôle d'exécution sur les passerelles, garantissant au commandant ou à l'officier de quart que ses ordres ont été fidèlement exécutés, paraissent rendre, sur les transatlantiques, de très-bons services. — Les timoniers de la roue sont confortablement installés à l'extrême arrière, dans une cabine fermée, avec leurs compas d'habitacle et leurs indicateurs. Vu la distance, la transmission des ordres à la voix serait d'ailleurs impraticable [2].

Résumons-nous en disant pour la question giratoire : — « *Qui veut la fin veut les moyens !* »

On ne saurait davantage oublier de dire un mot de la double hélice dont une certaine école préconise dès à présent l'emploi dans la marine cuirassée de haut-bord. Déjà adoptée avec succès pour la marine garde-côte, et notamment sur le type *Taureau*, la double hélice doit à son tour être essayée sur une frégate cuirassée. — Assurément, avec deux hélices et deux machines indépendantes, on évite le danger considérable d'être soudainement paralysé et livré aux coups de l'ennemi, par une avarie du gouvernail proprement dit ou de l'appareil moteur; car le navire peut également se tirer d'affaire par *trois* combinaisons différentes : soit en se servant de ce gouvernail *supplémentaire* installé dans les formes fines de l'arrière et devenu de la dernière importance, soit en se servant d'une seule machine et de son gouvernail normal, soit à la rigueur avec ses deux machines indépendantes, quand même ses gouvernails seraient démontés ou paralysés ! — D'autre part, l'usage de la double hélice a l'in-

---

[1] Ces cabines vitrées de passerelle méritent d'être rendues réglementaires, pour une foule de raisons bien connues.
[2] Ce système est en usage sur le *Pereire*, de la ligne de New York.

convénient fort grave d'augmenter considérablement les chances de rupture ou d'engagement de ces moteurs, par les *impedimenta* passant le long du bord.

Le transport de l'hélice du plan longitudinal à deux plans latéraux (en dehors de tout abri des façons), expose plus que jamais ces moteurs à être aisément atteints et brisés par l'éperon d'un ennemi venant râcler l'arrière. — D'ailleurs, est-il bien certain que, dans une mêlée de cuirassés de haut-bord qui aurait pour théâtre la pleine mer, la double hélice offrît des avantages de manœuvre comparables à ceux qu'elle donne lors des évolutions accomplies dans le champ circonscrit des rades et des ports? Nous pensons donc être autorisés à conclure que l'introduction de la double hélice, dans la marine de haut-bord ne saurait être prononcée qu'après des expériences comparatives, suffisamment prolongées.— L'introduction d'un cuirassé à machines indépendantes au sein des escadres d'évolutions, pourrait, sans doute, hâter la solution de cet intéressant problème.

Quelques années s'étaient à peine écoulées depuis l'invention de la cuirasse, et déjà les trop rapides ravages de l'oxydation (accélérés par les effets galvaniques, entre cuivre et fer) semblaient porter à la science un véritable défi. — Pour séparer ces ennemis acharnés, en Angleterre et aux Etats-Unis, on n'a pas hésité à augmenter le poids de la coque et le déplacement, par l'interposition d'un doublage en bois, sorte de matelas isolant, entre le cuivre et les plaques de la cuirasse.—Ce système serait, au dire des Anglais, celui qui leur a donné les meilleurs résultats [1]. — De ce côté-ci de la Manche, on attend que l'expérience tentée sur les cuirassés en bois, *Belliqueuse*, *Provence* et *Savoie*, vienne corroborer les espérances fondées sur les systèmes de doublage en cuivre de la cuirasse (avec interposition de corps mous, toile goudronnée, mastic ou enduit isolant), proposés tant par M. l'ingénieur de la marine Perroy que par M. le capitaine de frégate Roux? Enfin, un arsenal en réputation, Toulon, essayait naguères d'appliquer directement une couche de cuivre sur les plaques de fer, par un procédé de galvanoplastie. L'exemple de la *Thétis* semble avoir condamné cette dernière et très-hardie tentative, pendant que l'état de la carène de la *Provence*, en janvier 1869, après trois ans d'immersion, semble au contraire confirmer les avantages du système Perroy.

---

[1] Cherbourg vient d'appliquer ce procédé au *Magenta* et à la *Jeanne d'Arc*.

Une école nombreuse, se fondant sur la rapide destruction des plaques par les effets galvaniques, et sur la *cherté* manifeste des constructions en bois, relativement à leur *durée*, préconise résolument l'adoption des carènes en fer pour la marine cuirassée. — Cette école, la plus répandue en Angleterre et aux Etats-Unis, compte aussi des représentants de jour en jour plus nombreux, en France, où deux cuirassés seulement, *Couronne* et *Héroïne*, sont à carène en fer.

« La durée d'un bâtiment en bois de la marine militaire
« était, autrefois, comprise entre douze et dix-huit ans ; mais
« le contact, même indirect, du fer des cuirasses avec le bois
« des bordages, altérera rapidement ces derniers, et l'on peut
« compter que douze années seront la limite supérieure de la
« durée de nos cuirassés, tandis que les bâtiments en fer, tels
« que le *Bellerophon*, le *Monarch*, seront alors ce qu'ils sont
« aujourd'hui[1]. » — Avec plus de durée et une coque plus légère, c'est-à-dire absorbant une moindre portion du déplacement total et permettant, par suite, de conserver plus de *hauteur de batterie* ou plus d'*exposant de charge*, le cuirassé à carène en tôle conserve mieux ses liaisons et ses plaques. — Les constructions en fer se prêtent en outre particulièrement, soit comme en Angleterre, à l'établissement d'une *double* carène, préservatrice des échouages et des voies d'eau, soit à l'installation désormais si importante de véritables cloisons étanches.

Dans les carènes en bois, au contraire, il est à peu près impraticable d'attendre de ces précieuses cloisons autre chose qu'un certain retard ou ralentissement, dans l'invasion du navire par les voies d'eau. On n'a d'autre ressource que d'installer des pompes très-puissantes[2].

Chacun sait quel était, dans l'ancienne marine non cuirassée, l'avantage de propreté et, par suite, de vitesse que les carènes en bois, doublées en cuivre, obtenaient sur les carènes en tôle. Nul doute à cet égard ! — Mais on pourrait se tromper grandement, si, à l'exemple de quelques écrivains, l'on venait à en inférer, par induction, que les mêmes faits se produisent également dans la marine cuirassée. Par suite de l'action galvanique, ne serait-ce pas le contraire qui semble jusqu'ici avoir lieu?

---

[1] *Les Flottes militaires*, par M. E. Sageret. — *Revue moderne* du 10 décembre 1868.

[2] Le peu de temps aujourd'hui accordé aux constructions en bois, pour sécher en chantier, est devenu une cause de ruine prématurée du matériel naval et une grave atteinte au budget.

D'après les observations faites, lors des passages au bassin de l'escadre d'évolutions, il ne paraît pas que les carènes en bois des cuirassés soient mieux préservées des végétations sous-marines que les carènes en fer. L'action de la pile galvanique, entre cuivre et fer, suffit à expliquer ce nouvel avantage des carènes en fer, et cette anomalie par rapport à l'ancienne marine [1].

Dans son rapport de 1866, le secrétaire de la marine des Etats-Unis donne la préférence aux constructions en fer, pour la marine cuirassée de grande navigation. — Le degré de conservation du matelas de bois qui supporte les plaques, dans les navires en bois comme dans les navires en fer, et la possibilité discutable de pouvoir *changer* un matelas en bois, pourri ou usé, ne sont pas enfin les éléments les moins intéressants du problème.

Rien que par cette rapide esquisse, on voit que, pour les esprits impartiaux, la question de préférence entre les constructions en bois et celles en fer, est bien près d'être nettement tranchée.

L'expérience considérable de l'Angleterre et des Etats-Unis, opérant sur une si large échelle et inclinant si visiblement aux constructions en fer, indique déjà (en dehors de tout parti pris), la solution prochaine de ce problème d'abord controversé. — De là la nécessité de favoriser aussi, sans plus tarder, sur le continent, l'établissement et la production d'un nombre suffisant d'usines à fabrication de tôles pour répondre à ces nécessités prochaines.

Trois espèces de dangers menacent la vie des hommes sur mer. En dehors de la soif et de la faim, le marin peut périr soit par l'eau, soit par le fer, soit enfin par le feu. — Jusqu'à quel point la cuirasse a-t-elle pu modifier ces conditions et ces chances, telle est l'intéressante question qui s'impose maintenant à notre examen.

Dans la prévision de ces voies d'eau formidables que les boulets de 400 à 600, à défaut même de l'éperon, pourront ouvrir à la flottaison des cuirassés, quel est le capitaine de bâtiment qui n'aspirerait à voir son navire divisé par de solides compartiments étanches ? « Encore un dernier mot aux hommes « de guerre, aux marins, s'écrie dans son *Mémoire* l'amiral « Persano ; les cuirassés étant exposés à être coulés par le choc

---

[1] Il reste à voir si le cuivrage des plaques, par les nouveaux procédés, réussira à modifier cette situation.

« des béliers et même des autres bâtiments, il en ressort la né-
« cessité d'y faire des cloisons étanches en aussi grand nombre
« que possible, en tenant compte de leurs emménagements
« intérieurs [1]. » — Et là même où, par un regrettable oubli des
hommes d'art, ces compartiments n'auraient pas été établis dès
la construction, ne serait-il pas, pour le moins, de rigueur d'a-
moindrir le danger de couler, par l'installation de moyens d'épuisement doués d'une grande vigueur ? Quelques bâtiments ont
déjà été pourvus de pompes spéciales, mues par de petits chevaux
indépendants de la machine du navire, de manière à pouvoir
fonctionner au mouillage comme à la mer, en toutes circonstances. — S'il est des cas où, devant les grandes blessures à l'é-
peron, les compartiments étanches eux-mêmes ne suffiraient
pas à sauver un bâtiment, au moins auraient-ils pour effet certain de retarder sa submersion assez longtemps pour permettre
à plusieurs centaines d'hommes de trouver leur salut sur les
embarcations ou autres corps flottants. — En cas d'échouage,
les compartiments étanches des extrémités offrent encore un
rapide et puissant moyen de modifier brusquement l'assiette du
navire, et de le remettre à flot, en soulevant l'extrémité qui se
trouve échouée. — Le cuirassé anglais *Defence* s'est ainsi désé-
choué dans la Baltique, en remplissant son compartiment de
l'extrême arrière.

Aussi le corps de la marine tout entier répète-t-il, avec M. le
vice-amiral Touchard, qu'il ne reste qu'un moyen de parer aux
blessures de l'éperon : — « Faire la part de l'eau, c'est-à-dire
« circonscrire l'effet du coup porté, au moyen de cloisons étan-
« ches qui limitent l'invasion de la mer [2]. » Sans doute, la ventilation des cales en deviendra moins active et l'arrimage plus
difficile. Mais ne peut-on pas atténuer ces inconvénients par des
galeries de circulation, munies de portes qui se ferment par un
bon joint, au moment du branlebas de combat [3] ? On objecte
avec raison que l'étanchéité de ces cloisons en tôle serait peu
conciliable avec le jeu de membrures en bois. — Et cependant
ce sont là des objections suffisantes ! Les marins de toutes
les nations réclament cette dernière planche de salut. —
Le sort fatal du *Re d'Italia* et de l'*Amazon* prouve assez qu'ils

---

[1] *Revue maritime*, mars 1867, p. 573. — *Mémoire italien sur Lissa*.

[2] *A propos du combat de Lissa*, par M. le vice-amiral Touchard. — *Revue maritime*, janvier 1867, p. 203.

[3] Cloisons de la *Thétis* qui font honneur à leur auteur, par le fini des détails d'exécution.

ont raison. N'a-t-on pas vu cette corvette anglaise couler à la suite d'une voie d'eau occasionnée par l'arrachement de son éperon, dans une collision à angle droit avec le steamer en fer *Osprey*, faute d'une simple cloison étanche à l'avant? Aussi le bon sens pratique des Anglais n'a-t-il pas hésité un instant à se prononcer dans ce sens, et les ingénieurs des autres nations, sous peine d'encourir les plus graves responsabilités, ne sauraient tarder à imiter partout leur exemple.—Depuis le *Warrior*, la plupart des cuirassés anglais, construits à double carène en fer, sont divisés en huit ou dix compartiments transversaux. Sur les nouveaux types *Monarch*, *Hercules*, on ajoute, à un mètre en dedans du vaigrage, deux cloisons longitudinales, véritables caisses à eau isolantes, sorte d'*onglets*, destinés à prévenir ou à retarder l'invasion d'un compartiment tout entier. Tel serait le cas d'une voie d'eau accidentelle provenant d'un boulet qui, en perçant ou avariant muraille et vaigrage, ne conserverait pas la force de continuer son trajet à l'intérieur du bâtiment.

« Aussi bien la grande supériorité du fer n'est-elle pas précisément l'économie qui résulte d'une longue durée ; elle est surtout dans l'efficacité de protection qu'elle assure aux équipages.

« Cette protection résulte de trois choses : presque toutes les coques métalliques des cuirassés anglais sont à double paroi, c'est-à-dire qu'un bordé intérieur et extérieur est appliqué sur les membrures ; toutes ces coques, sans exception, sont divisées par des cloisons étanches ; il résulte de ces deux dispositions une grande sécurité contre les abordages qui endommageraient les extrémités des navires, contre les échouages, contre les boulets qui pénétreraient vers la flottaison [1]. »

Concluons donc avec M. le vice-amiral Touchard : « Le but à atteindre est trop essentiel pour qu'on hésite à aborder résolument la solution de ces difficultés. Contre les blessures de l'éperon, il n'est qu'un seul remède spécifique, la cloison étanche ; tout le reste doit donc être subordonné à cette nécessité de premier ordre [2].

Les dangers à courir, par le fait de l'incendie, peuvent se mesurer par l'étendue des surfaces combustibles exposées à l'action des obus. Il est notoire que, depuis les dernières guerres

---

[1] *Les Flottes militaires*, par M. E. Sageret. — *Rapport sur la construction des navires.*—*Revue maritime* de décembre 1868.

[2] *A propos du combat de Lissa*, par M. le vice-amiral Touchard. — *Revue maritime*, janvier 1867, p. 204.

de la Révolution et de l'Empire, l'usage devenu général des projectiles creux, dans toutes les marines, a considérablement augmenté les chances de destruction par le feu. Dès lors il appartient aux ingénieurs, non moins qu'aux marins, de rechercher les moyens de combattre ce fléau, avec un redoublement d'énergie.

C'est dans cet esprit que l'on remplace désormais les murailles de bois des extrémités par des murailles en tôle, dans la construction des cuirassés à réduit central. — Autre mérite des navires en fer : Un obus éclatant dans l'épaisse muraille d'un cuirassé en bois causerait un incendie très-difficile à éteindre, tandis que son effet limité au seul matelas sur un bâtiment en fer, serait beaucoup plus local et n'aurait, par conséquent, qu'une très-faible importance.

Les logements des hauts paraissent devoir être établis de manière à pouvoir démonter ou relever leurs cloisons sur des charnières, afin de faciliter l'accès des rondiers et des secours d'incendie.

L'incendie du cuirassé italien *Palestro*, au combat de Lissa, ainsi que les faits maritimes de la guerre d'Amérique, démontrent amplement la nécessité de ce luxe de précautions. Ainsi la seule explosion du *Palestro* fit périr 241 hommes, bien qu'à en croire le rapport de l'amiral Persano, les soutes à poudre eussent dû être noyées. — Rien n'est moins étonnant, si l'on réfléchit que les cloisons des soutes, une fois minées et percées par le feu, doivent laisser l'eau s'épancher dans tout le bâtiment. — Le niveau du liquide baissant alors dans les soutes qui finissent par se vider graduellement, si l'incendie continue, le feu doit finir par atteindre les caisses à poudre. — La solidité des cloisons des soutes à poudre et à obus demeure donc la seule garantie contre une explosion redoutable ! De la *durée* de leur résistance au feu, dépend le salut de l'équipage sinon du bâtiment. Dans notre marine, les dispositions d'incendie, adoptées à Toulon, en 1862, lors de l'armement de la frégate cuirassée l'*Invincible*, mériteraient d'être vulgarisées. — Dès la mise en place des emménagements de nos nouveaux navires, leurs prises d'eau et leurs pompes aspirantes et foulantes ne devraient-elles pas être soigneusement installées, en vue de projeter de l'eau, par de longues manches, sur toutes les parties du navire, au-dessous comme au-dessus de la flottaison ? — Au branle-bas de combat, il faut que les cloisons et les meubles des logements exposés à l'obus se relèvent ou disparaissent. — Enfin, il n'est pas moins nécessaire (partout où il existe des surfaces en bois) de chercher à remplacer la peinture à l'huile ordinaire par quelque enduit moins combustible.

Après les dangers par l'eau et par le feu, viennent les chances de périr par le fer de l'ennemi ! — Aujourd'hui, par les seuls progrès de l'humanité, par la plus grande estime que l'on fait de la vie des hommes, la *préservation des équipages, pendant le combat*, c'est-à-dire l'ensemble des moyens propres à diminuer l'effusion du sang, tend à devenir une véritable science; la dédaigner ou l'ignorer ne serait-ce pas désormais, de la part des ingénieurs et des marins, non-seulement une grande faute de jugement, mais un véritable crime de *lèse-humanité* ?

En principe, les pertes des équipages, sur un navire cuirassé, paraissent devoir être tout d'abord proportionnelles à la surface totale des ouvertures, sabords, panneaux pouvant livrer passage aux projectiles ennemis. Toutefois, il importe de remarquer que la vulnérabilité des hommes, par les sabords armés, est plus grande qu'à travers les panneaux ou les sabords désarmés, par la raison que (dans les espaces où l'on combat) les hommes se trouvent assez *groupés* autour des canons, pour offrir un objectif sérieux aux projectiles ennemis. Par suite, l'ingénieur naval n'est-il pas tenu de faire entrer ces prévisions militaires dans les plans de nos nouveaux navires ? — Il lui appartient de rechercher le meilleur tracé elliptique ou autre, pour les embrasures, et de réduire leur ouverture au strict nécessaire, pour admettre les champs de tir et les calibres, déterminés par les hommes de guerre. — Le nombre des sabords doit être réglé par celui des canons établis *à demeure* d'un bord, et ici se place un principe essentiel : « les intervalles d'axe en axe, entre les ca-« nons du réduit ou de la partie cuirassée, bien loin d'être peu « ou point variables, ainsi que dans la marine en bois, doivent « croître en proportion de la *longueur* et de l'*encombrement* des « calibres en usage, si l'on prétend sauvegarder la vie des ser-« vants et les exigences de la manœuvre [1].» Combien ne voit-on pas de canons plus ou moins paralysés, dans les réduits ou forts centraux des cuirassés, faute d'avoir prévu des *intervalles* de sabords et des dégagements suffisants ! Ces réserves faites, tout sabord inutile est nuisible et doit être fermé, dans la partie cuirassée.

En revanche, le principe contraire doit être appliqué aux

---

[1] Si des intervalles de 3 à 4 mètres suffisaient pour l'ancienne artillerie, il faut de 7 à 8 mètres pour assurer le jeu des calibres à grande puissance.

parties des bâtiments non cuirassées. — Sur les navires en bois, tout sabord ouvert, tout pavois rabattu n'a d'inconvénient qu'au point de vue de la mitraille (c'est-à-dire dans le seul cas d'un combat très-rapproché) et constitue un moyen précieux d'offensive supplémentaire. — En principe, l'artillerie des étages à ciel ouvert doit pouvoir être portée et établie tout entière, *du bord du combat,* en perçant, sur chaque flanc du navire, un nombre de sabords égal au chiffre total des canons du pont supérieur.

L'artillerie des cuirassés ne veut-elle pas être distribuée à des sabords, placés de préférence en *quinconces*, c'est-à-dire percés en ordre *endenté*, et non symétrique? Cette disposition nouvelle a autant pour but de faciliter l'armement et la manœuvre éventuelle des *deux* bords, que de préserver le personnel des nouvelles pièces, des pertes énormes qui le menacent fatalement dans le cas d'un combat les deux bords armés.—On comprend que le cône d'explosion d'un projectile creux, voisin de la normale, pourrait, rien qu'en pénétrant dans le plan transversal de deux sabords correspondants, balayer en pareil cas deux équipages de canons, c'est-à-dire aujourd'hui détruire de 40 à 50 hommes.

Les murailles de notre flotte cuirassée ne sauraient d'ailleurs constituer une protection efficace, pour le personnel combattant, qu'à la condition rigoureuse de ne pas laisser *mitrailler* les équipages par une pluie d'éclats de bois, jaillissant à l'intérieur des batteries. Or, si les expériences de pénétration de Gavres et de Shœburyness ont souvent offert des résultats peu en harmonie (par suite de la dissemblance des éléments employés)[1], elles sont pleinement d'accord, en revanche, sur le danger de voir le vaigrage des murailles cuirassées voler en éclats, sous l'action contondante des projectiles, impuissants ou non à traverser :

« Un doublage intérieur en tôle, dit le rapport du *Select com-*
« *mittee of Ordnance*[2] (sur les pénétrations des murailles cui-
« rassées) est du plus grand avantage possible. — Ce doublage
« n'a pas seulement l'effet de rendre le vaigrage plus compact,
« mais il prévient le détachement de beaucoup d'éclats qui,

---

[1] Poudres, projectiles et calibres.
[2] *Report of the various experiments, relative to the penetration of iron armourplates, by steel shot*, by captain W. H. Noble, royal artillery. — London, Wm Cloves and Sons, 14, Charing Cross.

« sans cet obstacle, jailliraient à l'intérieur du navire. — En
« conséquence, tout cuirassé, en bois ou en fer, devra être re-
« vêtu d'une tôle intérieure. » Dans les planches annexées au
susdit *Rapport*, l'épaisseur du doublage intérieur des murailles
varie de 5/8 à 3/4 de pouce anglais, c'est-à-dire de $16^m/_m$ à $19^m/_m$.
— Cette dernière épaisseur est celle de l'*Hercules*. — Nous
ne saurions trop engager les officiers désireux d'approfondir ces
questions de pénétration, à méditer les conclusions de ce *Rapport*, pages 36 et 37, sur les effets respectifs des projectiles
contondants et perforants, sur les coups obliques, sur la composition la plus avantageuse des murailles cuirassées. — Ces
mêmes conclusions établissent que pour *attaquer* des cuirassés
bien construits, il ne faut pas employer des canons inférieurs au
calibre de 9 pouces ($228^m/_m$), c'est-à-dire pesant 12^{Tx} et lançant
un projectile oblong de 250 livres anglaises, avec une charge de
40 livres de poudre.

« Les expériences faites à Shœburyness ont prouvé avec la
« dernière évidence qu'un boulet, qui brise une cuirasse derrière
« laquelle il n'y a que du bois, produit dans ce bois des ravages
« indescriptibles, et que, dans un rayon de vingt, trente et
« quarante mètres, il projette une telle quantité de débris, que
« tout ce qui se trouverait dans cet espace, serait tué, haché ou
« brisé ; on peut donc dire qu'un seul boulet peut, dans ce cas,
« désorganiser toute la batterie. — Au contraire, lorsque, en
« arrière du matelas de bois, se trouve une tôle, ce qui est né-
« cessairement le cas sur les coques construites en métal, cette
« tôle agit comme les filets placés autrefois dans les batteries
« pendant le combat, retient les bois désagrégés, et, lorsque la
« force vive du projectile est suffisante pour qu'il traverse tous
« les obstacles, il ne fait, dans cette dernière tôle, qu'un trou
« rond, sans projection de mitraille. — Il serait triste de barder
« nos plus récents bâtiments de murailles de fer épaisses de
« 20 centimètres [1], pour avoir une protection moins sérieuse

---

	Fer extérieur.	Bois.	Tôle de fer int^{re}.
	centimèt.	centimèt.	millimèt.
[1] « Le matelas de la *Gloire* se compose de	11 et 12	80	0
Solferino —	11 et 12	80	0
Couronne —	8 et 10	45 fer et bois	34
Flandre —	12 et 15	80	0
Océan —	12,15,18 et 20	80	0

« que celle que l'on aurait derrière les 10 centimètres de fer et
« les 45 centimètres de bois, avec armatures en fer de la *Couronne*[1]. »

Les officiers du corps militant doivent donc, sans perdre un instant, protester avec un énergique ensemble, pour obtenir que la face intérieure des murailles soit réglementairement doublée en tôle de $1\%_m$ à $2\%_m$, poids d'ailleurs léger en regard de la préservation d'un sang précieux.

Il n'est pas moins du devoir des ingénieurs maritimes, de continuer à protéger les ponts des navires de mer, par un blindage à demeure, que de celui des marins de couvrir les panneaux par des blindages improvisés. — Monitors et batteries flottantes sont munis de couvre-panneaux blindés.

A mesure que les sabords se rétrécissent, les panneaux tendent à s'agrandir. Or, si les feux courbes sont beaucoup plus rares que les feux directs, à la distance habituelle des combats de mer, ils sont en revanche bien autrement dangereux. — Tout projectile creux arrivant *en bombe*, sous un grand angle de chute, et, même à la rigueur, tout projectile très-plongeant, lancé dans un combat bord à bord, ne menace pas seulement la vie des hommes situés dans la sphère de son explosion. — « Sur
« plusieurs points vitaux, tels que la machine, les soutes aux
« poudres, les chaudières, les feux courbes menacent l'existence
« même du navire ou tout au moins ses facultés de locomo-
« tion. » Il devient donc de la dernière urgence de protéger efficacement les ponts des cuirassés de haut-bord comme on l'a fait pour ceux des gardes-côtes. Cette obligation imposée aux ingénieurs paraît avoir été bien comprise pour les cuirassés de diverses nations. On cite l'*Hercules*, cuirassé à réduit de M. Reed, qui, à $30\%_m$ au-dessus de la flottaison, c'est-à-dire à la ligne supérieure de sa cuirasse de bout en bout, possède un pont blindé par $5\%_m$ de fer ; le pont supérieur du réduit est protégé de la même manière.

Répartir l'équipage pendant l'action, de manière à diminuer le plus possible l'effusion du sang, figure au nombre des premiers devoirs des officiers du corps militant. — Ainsi, le pont ne sera occupé que par le personnel indispensable au service de la route de l'artillerie et des signaux. La partie cuirassée ne devra renfermer que le personnel strictement nécessaire à la manœuvre de l'artillerie, pendant que les parties du na-

---

[1] *Les Flottes militaires*, par M. E. Sageret, p. 644-645.

vire non protégées ne devront être parcourues que par des *rondiers*, surveillant les voies d'eau ou l'incendie. Tout le reste de l'équipage sera tenu *en réserve* et à l'abri de la cuirasse, dans les parties basses et les mieux abritées du bâtiment, conjointement avec le personnel spécial affecté aux passages des munitions et des blessés.

Citons ici, comme un bel exemple donné aux hommes de guerre, les précautions minutieuses prises par le vaillant amiral Farragut, dans les deux plus belles actions de la guerre d'Amérique :

...... A l'entrée de vive force dans le Mississipi, les bâtiments recouvrent leurs flancs, par le travers des machines, avec leurs chaînes : des hamacs, des sacs de sable, de terre, de charbon, des filets, tout est utilisé pour abriter les pièces et leurs servants; certains capitaines recouvrent l'extérieur de leur navire avec de la vase pour les rendre moins visibles; d'autres peignent les ponts à la chaux, afin que tout puisse mieux se voir la nuit, au milieu du combat.

« — *Attaque de Mobile* (12 juillet 1864).... Dégréer partout ;
« mettre à tribord des filets pour les éclats, et faire aux hommes
« de barre un abri avec des voiles et des hamacs.—Placer des
« chaînes ou des sacs à terre sur le pont, au-dessus de la ma-
« chine, pour se garantir du feu plongeant; suspendre les chaînes
« sur les flancs du navire, ou bien employer tel autre moyen de
« défense que l'on jugera convenable; mettre à la mer les em-
« barcations de tribord et amener celles de bâbord au ras de
« l'eau; placer un sondeur et le pilote dans le canot de bâbord
« derrière ou dans toute autre position, au choix du capitaine. »

Au temps des navires en bois, les combats d'artillerie pouvaient se résumer par la formule bien connue : — « *Projeter*
« *la plus grande masse de fer bien dirigée, dans le moindre*
« *temps possible !* » — A cette époque, les sabords larges et multipliés, rapprochés jusqu'à 3 mètres d'axe en axe, répondaient à l'emploi d'un grand nombre de canons de petit calibre; absolument comme les hauteurs de batterie, de 1^{m}50 à 2 mètres, suffisaient à des vaisseaux à voiles, destinés à combattre sous la voilure très-réduite des huniers, c'est-à-dire avec peu ou point de roulis et une vitesse de 3 à 4 nœuds au plus.

L'invention de la cuirasse est venue, et toutes ces respectables traditions du passé se sont trouvées changées. — Au défi des ingénieurs qui, en appliquant la cuirasse, prétendaient rendre leurs navires invulnérables, les artilleurs ont noblement répondu en produisant (*trois* ou *quatre* ans après), des canons perçant les plaques !— Il s'agit donc aujourd'hui de couler, de brûler ou de réduire son adversaire, non plus comme autrefois par une grêle de petits projectiles, mais bien en frappant, d'une main sûre, quelques coups gigantesques et décisifs de boulets monstres ou d'éperon.

Le combat à la vapeur, avec des vitesses de 10 à 12 nœuds et des roulis que la voilure n'est plus là pour modérer, réclame par analogie des *hauteurs de batterie* fort supérieures aux anciennes. Sans parler des essais de la *Gloire*, la croisière d'expérience des cuirassés, dirigée par l'amiral Pénaud, a fait ressortir quelques-unes de ces vérités techniques, en traits tellement éclatants que toute la discrétion des rapports officiels ne les a point empêchées de se répandre dans le public.— La campagne de la *Normandie*, au Mexique, a achevé de convaincre les esprits les plus rebelles qu'à de nouveaux engins, il fallait appliquer de nouveaux principes.

Les cuirassés du type *Gloire*, *Normandie* et *Invincible* ont été suivis des frégates type *Flandre*, *Provence*, etc., qui ont fait preuve, en 1865, de qualités militaires et nautiques, fort supérieures à celles du modèle primitif, sans atteindre cependant au niveau du type *Solférino*.

Dès-lors, on s'est trouvé conduit, par la simple logique des faits, à tenter de reproduire, sur un type moins gigantesque, les qualités nautiques et militaires du *Solférino*. — Aussi, la corvette la *Belliqueuse* est-elle venue, en 1866, inaugurer en France la famille des cuirassés de grande navigation !— On a entrepris en même temps de remédier à certaines imperfections du type *Solférino* lui-même. — En mariant le fer au bois, malgré les difficultés de la tâche, on est arrivé à construire de nouveaux *Solférino*, avec des extrémités en tôle, des réduits centraux et deux étages de feux, comme les anciens vaisseaux.—Le vaisseau type *Marengo* et la corvette type *Thétis* semblent être aujourd'hui l'expression de cette tendance.

On se souvient que, lors des essais de la première frégate cuirassée *Gloire*, la question des hauteurs de batteries donna lieu, dans le monde maritime, à une discussion des plus animées. — Si les ingénieurs objectaient que toute addition de hauteur de batterie entraînait un plus fort *déplacement*, plus de longueur ou plus de tirant d'eau, et, de toutes façons, un prix de revient supérieur, les officiers du corps militant n'étaient pas moins dans leur rôle, en réclamant telle élévation des sabords qui assurât un service plus fréquent, c'est-à-dire une meilleure *utilisation* de l'artillerie placée en batterie couverte. — D'ailleurs, cette discussion n'était en quelque sorte que le réveil d'une polémique déjà bien ancienne, entre les constructeurs et les hommes de mer ! Nos archives de la marine témoignent, en effet, que l'insuffisance de la hauteur de batterie fut à toutes les époques, en France, un sujet de plaintes incessamment reproduites par nos marins les plus autorisés ! —C'est que l'observation du navire de guerre, à la mer, fournit un *criterium* infaillible pour apprécier à quel degré le plus ou le moins de hauteur de batterie affecte profondément *la force militaire*. Ce n'est pas en séjournant dans les eaux tranquilles des ports que les ingénieurs maritimes pourront se pénétrer de ce grand principe ! Car, de deux navires croisant ensemble à la mer, dont l'un aurait 1^m50 et l'autre 2^m50 de hauteur de batterie, le premier pourrait voir ses sabords fermés et ses canons *paralysés* 25 jours par mois, par exemple, pendant que le second n'éprouverait ce grave inconvénient que pendant 10 jours au plus. — C'est assez dire que, dans la plupart des cas de mer houleuse, le second navire pourrait encore foudroyer impunément le premier, impuissant à lui répondre.

Aussi, l'un de nos officiers généraux les plus versés dans la science du navire, le regrettable vice-amiral Dupouy, témoin d'une navigation de la *Gloire*, traduisait-il, dès 1861, cette vérité technique par la formule suivante : — « L'élévation des canons, « au-dessus de l'eau, doit grandir à proportion du *déplacement* « total et de la *vitesse* imprimée au bâtiment !» — Or, ce principe, qui commençait déjà à être vrai pour les vaisseaux à vapeur en bois, tel que le *Napoléon*, l'était *à fortiori* de la marine cuirassée, avec ses roulis bien autrement accentués, sa vitesse plus grande et sa moindre aptitude à se lever à la lame.

A la longue, ces considérations militaires ne pouvaient manquer d'avoir le dessus. — Aussi, depuis la Commission des cuirassés, a-t-on relevé les ponts et par suite les hauteurs de batterie de nos frégates du type *Flandre*, déjà accrues de dimensions et pourvues d'un plus fort déplacement. — Elever le plan de l'artillerie à un niveau supérieur à celui de l'ennemi, économiser les poids d'armement et remplacer définitivement le nombre des canons par la puissance individuelle et la grande étendue du champ de tir, telles sont, en résumé, les nouvelles tendances qui président désormais à l'armement militaire des marines cuirassées.

De jour en jour plus pressantes, les éventualités du combat

par le choc exigeaient impérieusement qu'on s'occupât de pourvoir aux nécessités de l'armement en pointe. — *L'attaque en chasse et la défense en retraite* devaient donc être assurées par des canons efficaces. — D'ailleurs, avant d'arriver aux éventualités de l'action par le choc, comme prélude du combat, ne fallait-il pas traverser les péripéties souvent fort longues de la chasse ou de la retraite? Par l'emploi des feux plongeants projetés des extrémités du bâtiment, ne devait-on pas tenter de percer les ponts de l'ennemi et d'atteindre ses parties vitales, soutes à poudre et à obus, machines et chaudières? Quelle serait la bouche à feu la plus propre à remplir ce rôle? Le nom du mortier de 32 $c/_m$ avait été prononcé. — Mais un simple coup d'œil jeté sur les tables de tir et de déviation de l'artillerie indiquait assez que le mortier ne pouvait rivaliser de justesse avec l'excellent obusier de 22 $c/_m$ rayé, tirant l'obus ogival de 83^k [1]. — Si, par des considérations de poids et pour profiter de l'avantage des feux courbes, l'on se décidait pour cette pièce, il resterait à prolonger la table de tir de l'obusier de 22 $c/_m$ rayé, en dessous de 1,000 mètres, en se servant des charges variant de 1 kilogr. à 0^{k}500, combinées avec des angles de tir convenables.

Si, plonger par les feux courbes jusqu'aux parties vitales du navire était assurément une perspective bien tentante, l'emploi des trajectoires tendues, c'est-à-dire de feux directs énergiques et d'une grande précision, ne se recommandait pas moins à l'étude des hommes d'art et de guerre.— Tout en faisant la part des feux courbes, on doit à notre sens combiner leur emploi avec celui des canons à trajectoire tendue. — L'usage du canon de 19 $c/_m$ en France et de celui de 17 $c/_m$ en Angleterre, comme pièce de chasse et de retraite, à bord des cuirassés, paraît être l'expression provisoire de cette dernière tendance.— Impossible désormais de négliger d'aussi précieuses chances d'abréger une chasse ou de protéger une retraite devant des forces supérieures.

Cependant avec des carènes à extrémités fines (condition *sine quâ non* de la grande vitesse), les ingénieurs ne pouvaient développer et assurer le tir en chasse et en retraite qu'en donnant aux avants et aux arrières des bâtiments, au moins dans la partie supérieure des hauts, un renflement ou un évasement

---

[1] A 1200 mètres en effet, la déviation latérale moyenne du mortier atteignait 16^{m}4 avec la bombe de cote de 94 kilogrammes, contre 2^{m}61 seulement pour l'obusier de 22 $c/_m$ rayé.

très-marqué. Or, cette transition d'une carène aux extrémités fines, à un gaillard d'avant ou à un couronnement s'évasant graduellement (de manière à ne pas augmenter la résisstance et à ne point nuire à la vitesse), constituait un problème d'architecture très difficile ! D'ailleurs, le service des batteries de chasse et de retraite ne pouvait être assuré d'une façon permanente qu'à la condition de modifier les logements de l'avant et de l'arrière, particulièrement sur le pont des gaillards. — Rapprocher la dunette et le gaillard d'avant de la partie centrale du bâtiment, établir les batteries de chasse et de retraite dans des *espaces dégagés* à l'extrême avant, comme à l'extrême arrière, telle paraît être la solution à poursuivre. — Pour les cuirassés de bout en bout, c'est vainement qu'on en chercherait une autre.

L'exemple donné par les constructions anglaises en fournit la meilleure preuve. — Pénétré de l'importance de constituer sérieusement les batteries de chasse et de retraite, l'ingénieur en chef de l'Amirauté, M. Reed, a adopté, pour l'*Hercules*, un nouveau tracé de réduit casematé, évidé à ses quatre angles, de manière à pouvoir y installer quatre pièces, tirant à 23° de la quille. — On s'est appliqué en outre à évaser les façons du gaillard d'avant et celles du couronnement, de manière à pouvoir y percer trois sabords, bien orientés de chasse et de retraite, dont deux à la hauteur du réduit et un sur le pont supérieur. — C'est ainsi que sur l'*Hercules*, M. Reed a pu offrir aux marins anglais des batteries de chasse et de retraite, composées chacune de 5 pièces, c'est-à-dire une solution remarquable de la défense des extrémités. — Si, pour les navires à tourelles, la question du combat en pointe paraît d'autant mieux résolue que les tourelles seront plus extérieures au plan longitudinal, ne serait-ce pas acheter beaucoup trop cher ce bénéfice, que de le payer en sacrifiant la faculté d'utiliser ses canons des deux bords[1] ?

Dans son aspect général, le problème d'établir l'artillerie à grande puissance, sur la flotte cuirassée, reconnaissait deux solutions bien distinctes : — le navire à tourelles et le navire à batterie couverte ou à réduit central.

Déjà, par le seul fait de leurs formes rondes, les tourelles possédaient, comme *défensive*, un avantage marqué sur la batterie ou le réduit à sabords ; — car, au lieu d'offrir au boulet

---

[1] Comme en acceptant des ponts encombrés par les haubans, une manœuvre générale très difficile, etc.

une muraille plane, c'est-à-dire les meilleures conditions de pénétration, les tourelles jouissaient de la propriété de transformer, le plus souvent, le choc normal en choc oblique, et par suite celle de faire ricocher les projectiles ennemis. — Comme *offensive,* la tourelle l'emportait d'une façon plus décisive encore sur le cuirassé à batterie ou à réduit, par le champ de tir très-supérieur de son artillerie.—Sur le navire à tourelles, déjà adopté par la plupart des marines étrangères, comme type de garde-côte, l'application des gros canons rencontrait des facilités toutes spéciales. Ainsi, il était aisé de s'apercevoir, à la simple inspection de la figure, que 4 canons établis sur un cuirassé à deux tourelles *centrales* fournissaient, dans tous les sens, autant, sinon plus de feux que 8 pièces semblables, établies sur le cuirassé à batterie couverte.—En thèse générale et à proportion de son champ de tir, un canon à pivot équivaut *militairement* à 2 et parfois même à 4 pièces placées à des sabords correspondants [1]. Cette règle ne reconnaît d'exception que pour le cas fort rare d'un combat des deux bords.

Vrai pour le combat dans les directions voisines du travers, ce principe l'est *à fortiori,* si l'on se bat par la hanche ou le bossoir, où les navires à batterie de sabords offrent des secteurs étendus, non garnis de feux et constituant de véritables *angles morts.* — Supérieures pour une action à soutenir dans la hanche ou le bossoir, les tourelles peuvent même parfois résoudre, comme les canons à pivot, le problème si ardu du tir en chasse et en retraite, dans le sens de la quille.

D'ailleurs, dans la plupart des circonstances de guerre, le navire à tourelles ne l'emportait-il pas sur le cuirassé à batterie (tout autant que le *Monitor* sur la batterie flottante), par ces raisons péremptoires :

1° Extension de la puissance offensive de l'artillerie, sur une plus grande étendue de la circonférence, sinon sur l'horizon tout entier;

2° Invulnérabilité supérieure pour l'artillerie et ses servants;

3° Et parfois même, élévation du niveau de l'artillerie, à une hauteur d'axe très-supérieure à celle de la batterie couverte.

Voilà quelques-uns des avantages les plus caractéristiques du système des tourelles! — Bientôt il ne sera plus question de cuirassés à sabords ayant des hauteurs de batterie de

---

[1] Selon que son pivot est établi latéralement ou au centre même du bâtiment.

2ᵐ ou de 3ᵐ, mais d'une grosse artillerie plongeante, établie dans des tourelles, à des hauteurs variables de 3 à 7 mètres d'axe au-dessus de la mer, c'est-à-dire pouvant foudroyer l'ennemi sur presque tous les points de l'horizon et l'écraser dans bien des circonstances de mer houleuse où les anciens sabords de batterie couverte demeureraient irrévocablement paralysés.

Devant les résultats faciles à prévoir de la lutte militaire et nautique, engagée entre les tourelles et la batterie couverte à sabords, une grande question d'art se posait d'elle-même. Quel serait le meilleur système de tourelles à adopter pour les cuirassés de grande navigation? A ce point de vue, le tableau suivant paraît de nature à mettre en relief les avantages et les inconvénients des deux principaux systèmes de tourelles qui se soient produits, jusqu'à ce jour, dans les marines cuirassées de l'ancien comme du nouveau monde :

1° La tour barbette latérale, à ciel ouvert et à plate-forme tournante ;

2° La tour fermée rotative, anglaise et américaine.

Comparaison des deux modèles de tours, au point de vue nautique et militaire.

TOUR LATÉRALE A BARBETTE ET A PLATE-FORME tournante.	TOUR CENTRALE FERMÉE ROTATIVE ANGLAISE et américaine.
Au point de vue nautique :	
— A l'avantage de sa légèreté relative et de n'imposer aux galets que le poids de l'artillerie et de la plate-forme tournante.	— Dans le système Coles, a l'inconvénient de faire supporter aux galets un poids de 260 à 300 tonneaux.
Au point de vue de la protection des hommes et du matériel :	
— Un dôme ou bouclier en tôle, cylindrique ou sphérique, pourrait garantir de la mitraille et de la fusillade. — Chances à courir plus grandes que dans une batterie barbette à terre, danger des râclements de long en long et des grands roulis.	— A l'avantage considérable d'abriter complétement hommes et canons, sauf l'ouverture des deux sabords, qui peut même être masquée, pendant la charge, par la rotation de la tourelle.
Protection du système giratoire :	
— Chances d'avarie par le fait des projectiles plongeants.	— Chances d'avarie du mouvement tournant, tant par le fait du roulis que par les chocs répétés des gros boulets sur les tours
Moyens de pointage rotatif :	
Deux petits chevaux-vapeur, avec leurs registres placés dans la main du capitaine de la tour, pourraient être chargés de faire mouvoir la plaque tournante de concert avec des vireurs à main, comme moyen supplémentaire.	— Dans la tour anglaise, le mouvement est donné à la tour par des vireurs à roues dentées, mus à la main. — Dans la tour américaine, deux petits chevaux-vapeur impriment le mouvement rotatif.

TOUR LATÉRALE A BARBETTE ET A PLATE-FORME tournant.	TOUR CENTRALE FERMÉE ROTATIVE, ANGLAISE et américaine.
Au point de vue du champ de tir et de l'offensive :	
— Pointage et tir plus rapides. — Manœuvre à l'air libre. — Surveillance facile. — Supériorité pour le tir en chasse et en retraite, à couler bas et à grande distance. — Désavantage, avec du roulis.	— Pointage et tir plus lents, mais plus exacts. — Champ d'action vertical plus restreint. — Inconvénients de la fumée, des violentes détonations, de la chaleur et de l'obscurité relative. — Faculté précieuse de battre des deux bords.

La tourelle centrale a sur la tourelle latérale ou excentrique, le même avantage considérable que les canons à pivot sur les canons de bordée : — Celui de battre des deux bords ! — Aussi, barbettes ou fermées, conviendrait-il, à notre sens, à placer les tourelles au centre du navire plutôt qu'à l'extérieur ! Car si leur excentricité leur donne un bénéfice pour le tir selon l'axe, cet avantage est acheté par certains inconvénients pour le combat naval proprement dit.

Ainsi, comme justesse du tir, les tourelles seront d'autant moins affectées par les roulis qu'elles seront plus rapprochées du plan longitudinal. — D'un autre côté, il faut reconnaître aussi qu'à la condition d'*échancrer* au besoin son parapet, pour obtenir des angles de 15° à 20°, la tourelle barbette et extérieure portant ses canons à 2 mètres ou 3 mètres plus haut que la tourelle centrale fermée, serait plus apte, dans un combat très-rapproché, à fournir des feux très-plongeants et très-dangereux pour le pont de l'ennemi ; car, outre qu'ils menacent les machines, les chaudières, les soutes à poudre et à obus, ces projectiles très-plongeants sont propres à *décuirasser* l'ennemi, en prenant sa muraille à revers. — Mais pour compléter les tourelles barbettes, il paraît indispensable d'adopter un bouclier en tôle de 3 % contre les balles et la mitraille [1].

Avec le tableau comparatif qui précède, il appartient au lecteur de peser en lui-même les avantages et les inconvénients des tourelles centrales fermés ou barbettes latérales. — Ainsi, dans la tour fermée anglaise ou américaine, on trouve comme traits caractéristiques :

---

[1] Ainsi qu'on vient de le faire pour les affûts tournants des canons à pivot central, adoptée par les corvettes à batterie barbette (*Primauguet, Château-Renaud*, etc.).

1° Protection complète des hommes et du matériel combattant ;

2° Certains inconvénients de manœuvre et de tir à la mer.

Dans la tour barbette, on remarque au contraire :

1° Protection incomplète du matériel et du personnel combattant. — Vulnérabilité plus grande dans une action rapprochée :

2° Facilité comparative de manœuvre ; certaines facultés d'offensive précieuses.

Il reste enfin à comparer le système des tourelles à barbette à celui du réduit *à sabords d'angles*, proposé par M. le vice-amiral Labrousse. — Voici dans quels termes cet officier général développe les avantages de son projet de transformation :

RÉDUIT A SABORDS D'ANGLES [1].

« En donnant au réduit à ciel ouvert une saillie égale à
« celle des tourelles en barbette, laquelle n'atteint pas celle de
« la plus grande largeur du bâtiment et met, par conséquent,
« cette partie de la construction à l'abri du frottement du navire
« ennemi, d'autant plus que celui-ci a toujours une certaine
« rentrée,—on peut établir les quatre canons du pont de ma-
« nière à leur faire dépasser de 2° la parallèle à la quille pour
« le tir en chasse, de sorte que les feux des deux pièces avant se
« croisent. Le pointage latéral total étant de 118°, on peut
« tirer jusqu'à 28° sur l'arrière du travers, ce qui est bien près

---

[1] Voir la planche ci-contre.

LÉGENDE DU PLAN DU SYSTÈME DE SABORDS D'ANGLE DU VICE-AMIRAL LABROUSSE.

Figure 1.

aa Sabords d'angle du réduit du pont.
bb Sabords d'angle de la batterie.
d Cloison transversale avant du réduit.
d' Cloison transversale arrière du réduit.

NOTA. — La cloison transversale arrière de la batterie est au delà de la machine à 13 mètres sur l'arrière de la cloison *d'*.

Figure 2.

— Partie bâbord de la batterie au-dessous du réduit.
p Canon d'angle de la batterie pointé en chasse.
p' Canon d'angle de la batterie pointé en retraite.

NOTA. — L'amplitude de pointage latéral des 4 canons symétriques est de 95 degrés.

« de la limite des canons des tourelles en barbette (type *Maren-*
« *go*), si l'on ne veut pas incommoder sérieusement les servants
« de la tourelle voisine. Les canons des tourelles ne peuvent
« atteindre, en *chasse*, la flottaison de l'ennemi qu'à 70 mètres
« ou 80 mètres de l'avant et davantage de l'arrière, tandis que
« dans le système du réduit on peut tirer jusqu'au contact, en
« donnant aux canons un angle négatif suffisant, puisque les
« projectiles n'ont pas à passer par-dessus le pont. — Comme
« conséquence, les porte-haubans reprennent leur position ha-
« bituelle. La largeur des sabords n'est que de 1/5 supérieure
« à celle réglementaire.—Enfin, un des avantages du réduit con-
« sistera à dérober à la vue de l'ennemi, en les protégeant, les
« canons de l'étage supérieur.

« La même saillie, moins prononcée à la batterie, permet
« cependant de porter jusqu'au 95° le tir latéral des *quatre* ca-
« nons du réduit casematé correspondant aux canons du pont, en
« conservant aux sabords leur largeur réglementaire. En somme,
« cela représente, pour les *huit* pièces, une amplitude moyenne
« de tir latéral, bien supérieure à celui des pièces correspondantes
« avec le système à tourelles. — Mais un des avantages consi-
« dérables du projet nouveau serait que l'économie de poids
« résultant de la suppression des tourelles, permet de protéger
« la machine, qui ne l'est nullement, par un blindage de $17^c/_m$
« et de porter également à $17^c/_m$ le blindage actuel des chau-
« dières qui n'est que de $15^c/_m$. L'épaisseur de $17^c/_m$ est encore
« faible ; mais on ne pouvait aller au delà, afin de réserver
« sur les points disponibles, les moyens d'abriter par un blin-

---

Figure 3.

Réduit du pont couvert de la passerelle.
r Canon du réduit pointé en chasse.
Nota.—Sa trajectoire se croise avec le canon correspondant à bâbord
r' Même canon pointé en retraite.
Les 4 canons du réduit ont 118 degrés d'amplitude de pointage latéral.

Figure 4.

Coupe transversale du navire au réduit.
mm Passerelle couvrant le réduit.
aa Sabords d'angle du réduit.
bb Sabords d'angle de la batterie.
cc' L'épaisseur de la cuirasse est de $20^c/_m$ en *c*; elle se réduit graduellement jusqu'à $15^c/_m$ en *c'*.
c' c" De *c'* en *c"* l'épaisseur de cuirasse est de $20^c/_m$.
Nota. — Ce projet a été remis, en septembre 1867, à S. Exc. le ministre
de la marine, avec mémoire et pièces justificatives à l'appui.

« dage horizontal les soutes à poudre et à obus, ainsi que la tête
« du gouvernail et de la barre, car il est bien entendu que cette
« transformation devait s'opérer sans augmentation de poids. »

Si le principe de l'affût à bascule, inspiré du capitaine Moncrieff, parvint à s'appliquer au service à la mer, la valeur militaire des réduits et des tourelles en barbette s'en trouverait notablement accrue.

Stimulé par la salutaire concurrence des navires à tourelles du système Coles, c'est à l'ingénieur en chef de l'amirauté, M. Reed, que l'on doit cette amélioration des conditions militaires des cuirassés à réduit casematé. En adoptant ce tracé formant désormais *ressaut* et saillie avec le flanc du bâtiment, tracé évidé ensuite aux quatre angles par une courbe de raccordement, en forme de *creux de violon*, M. Reed est parvenu à doter ses réduits de quatre pièces d'angle, tirant, comme nous l'avons dit déjà, à 23° de la quille, type *Hercules*. En même temps, il portait à 1^{m}20 la largeur de ses sabords du travers, pour étendre à 35° l'angle de tir de leur artillerie de flanc. — Grâce à ces grandes améliorations, les critiques adressées au navire à réduit perdraient ainsi une partie de leur valeur.

Si l'on continue à s'élever dans l'échelle des types (par ordre de préférence militaire), après le réduit simple et le réduit à sabords d'angle, on rencontre le cuirassé à tourelles fermées. — Le pionnier de cette intéressante famille est le *Monarch*, lancé à la mer, en Angleterre, le 25 mai 1868. — Voici les renseignements que la *Revue Maritime* d'août 1868 fournit sur ce navire :

« Le *Monarch* est pourvu de deux tourelles, situées vers le mi-
« lieu du navire, et dont les sabords sont à 5^{m}18 [1] au-dessus de
« l'eau. Elles sont armées chacune de 2 canons de 25 tonnes, pro-
« tégées par des plaques de fer de 25$^c/_m$; dans la partie des tou-
« relles éloignées des canons, l'épaisseur des plaques n'est plus
« que de 20$^c/_m$. Les plaques de la muraille, vers le milieu du
« navire, ont de 15 à 17$^c/_m$ d'épaisseur ; à l'avant et l'arrière
« elles ne sont plus de 11$^c/_m$. — Il existe sur le gaillard d'avant
« une teugue cuirassée qui réduit le champ de tir de la tourelle
« avant d'un angle de 20 degrés (10 de chaque côté de la quille).
« A l'arrière, l'angle mort de la tourelle arrière est de 12 degrés
« (6 de chaque côté de la quille). Pour remédier à cet inconvénient

---

[1] D'après l'amiral Pâris, 4^{m}90 seulement.

« le *Monarch* aura deux batteries sous cuirasse, à l'avant et à
« l'arrière. — Celle de l'avant est placée sur les gaillards et armée
« de 2 canons de 6 tonnes 1/2, ayant un champ de tir de 76° à
« partir de l'avant et pouvant, en outre, croiser leurs feux sous
« un angle de 6 degrés. — La batterie de l'arrière est placée dans
« l'entre-pont et armée d'un canon de 6 tonnes 1/2, tirant par
« un sabord en ligne droite avec la quille et ayant un champ de
« tir de 15 degrés de chaque côté.

« Le navire peut agir comme bélier, l'avant étant renforcé
« dans ce but. »

« Le gouvernail est compensé, comme celui du *Bellerophon*.
« Les bas mâts sont en fer; les mâts supérieurs en bois. »

Il convient d'ajouter que le capitaine Coles a fait ses réserves
sur les différences qui existent entre ses plans primitifs et l'installation de la teugue et de la guérite du pilote, ainsi que pour
la hauteur du *Monarch* au-dessus de l'eau.

Le véritable type du capitaine Coles (celui par lequel il a
répondu aux derniers progrès du navire à réduit de M. Reed),
c'est le cuirassé de haut-bord à tourelles *Captain*, où il espère

Le *Captain*, navire de mer à tourelles.

avoir résolu la plupart des objections faites à son mode d'armement. — Voici comment l'Amirauté anglaise lui traça le programme de ce bâtiment :

« Pourvoir à la protection efficace des parties vitales du
« navire contre les atteintes de l'artillerie à grande puissance ;
« à la santé et au confort d'un équipage largement suffisant,
« non-seulement pour la manœuvre de l'artillerie et du navire,

« mais encore pour le développement complet de sa puissance
« militaire; vitesse suffisante; qualités d'un bon navire de guerre
« et de croisière [1]. »

Le *Captain* portera deux tours rotatives du système Coles. Mais au lieu de dominer le pont des gaillards comme sur les garde-côtes *Royal-Sovereign*, *Prince-Albert*, etc., ces tours, descendues d'un étage (pour n'avoir plus rien à démêler avec la mâture et les haubans), seront recouvertes par un véritable *Spardeck* ou pont des gaillards.—En un mot, les deux tourelles du *Captain*, établies sur un pont blindé (à l'intérieur de la coque et à la hauteur des anciennes batteries couvertes [2]), jouiront cependant de leurs avantages accoutumés d'invulnérabilité et de champ du tir horizontal. Ainsi la tourelle de l'arrière sera logée entre la dunette et la maîtresse partie des hauts. — Celle de l'avant sera placée entre cette maîtresse partie et le gaillard d'avant.

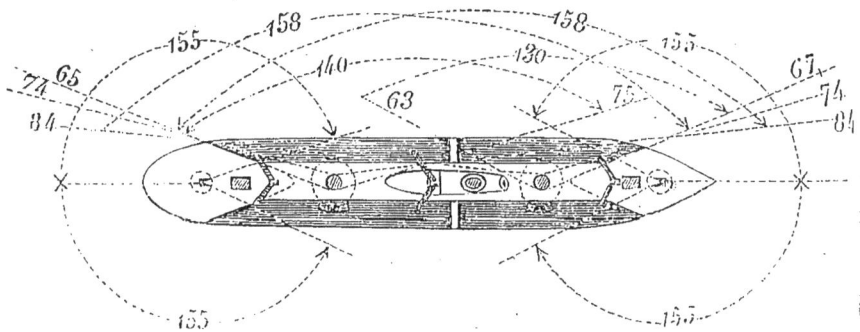

Champ de tir des tourelles du *Captain*.

Grâce à cette combinaison ingénieuse, la mâture et le gréement du *Captain* pourront être installés de la manière la plus solide, et, si l'on veut, conformément aux anciennes traditions. — L'équipage jouira de tout le comfort du grand air et de l'exercice qu'on peut prendre sur un beau pont des gaillards, élevé de près de 7 mètres au-dessus de la mer, et flanqué d'une dunette et d'un gaillard d'avant.—Enfin, le champ de tir des tou-

---

[1] Voir le dessin du *Captain*.
[2] D'après l'amiral Pâris, ces canons seront élevés de 2^m50 à 3 mètres au-dessus de la mer. (C. R.) pièce de chasse et de retraite.

relles, désintéressé des obstacles constitués par la mâture et le gréement, n'aura plus d'autres *limites* que les *façons* de la maîtresse-partie, de la dunette et du gaillard d'avant. —Encore, ces façons extérieures du navire seront-elles *évidées* pour donner à l'artillerie la plus grande latitude possible. Ainsi, les deux canons de la tourelle avant jouiront d'un champ de tir en direction de 74 degrés sur l'avant et 84 degrés sur l'arrière du travers, pendant que les pièces de la tourelle arrière couvriront pareillement de leurs feux des secteurs de 75 degrés sur l'avant et de 72 degrés sur l'arrière du travers.

Ce croiseur à tourelles, pour les stations lointaines, ainsi que l'appelle l'*Edinburgh Review* de février 1867, tirera 23 pieds anglais, sera muni de deux machines indépendantes et atteindra une vitesse de 14 nœuds. Avec une longueur de 320 pieds sur une largeur de 53, il déplacera 4,234 tonneaux (mesure anglaise) et sa cuirasse sera protégée par un doublage en bois, recouvert en cuivre.—L'artillerie des tourelles sera composée de 4 canons de 23 tonneaux ou de 600 livres. De plus, le *Captain* portera, sur la dunette comme sur le gaillard d'avant, une pièce de chasse et une pièce de retraite de 12 tonneaux ou de 300 livres. Les deux tourelles seront blindées à $25\%_m$ de fer. — Le pont des tourelles sera incliné vers la mer, en forme de glacis, pour dégager le tir à couler bas de leur artillerie.—Praticable en rade et à la mer de beau temps, ce pont incliné permettra aux lames d'y déferler en toute liberté, comme sur celui des grands monitors.—Le *Captain* prendra beaucoup de vivres et déploiera une surface de voilure complète; bientôt il quittera les chantiers de MM. Laird, de Birkenhead, pour entrer en armement. S'il remplit toutes les promesses de ce programme, on ne peut se dissimuler que le navire à réduit de M. Reed rencontrera, dans ce type, un bien redoutable adversaire.

Tels sont, à notre sens, les types qui, en ce moment, se recommandent le plus à l'attention des marins comme des ingénieurs; c'est en perfectionnant graduellement le *Captain* et le *Monarch* qu'on arrivera, sans doute, à résoudre un jour la grande et belle question des cuirassés de haut-bord.

On ne saurait omettre, dans cette revue des navires de haut-bord à tourelles, la série de huit navires de ce genre, exposée par le vice-amiral Halsted, l'un des promoteurs de l'hélice dans la marine britannique.—Échelonnés entre l'aviso à *une* tourelle de 3,600 tonneaux de déplacement et le vaisseau de premier rang au déplacement de 10,700 tonneaux qui porte jusqu'à *sept*

— 218 —

tourelles, les cuirassés Halsted se distinguent par les traits caractéristiques suivants : — Navires en fer du genre *Achilles*, à très-grands déplacements, très-longs, aux extrémités très-affinées, à vitesse de 14 nœuds. — L'éperon conique est remplacé par une étrave à bec de forme convexe. — La cuirasse monte jusqu'au pont de la batterie, protégeant les hommes et engrenages destinés à la manœuvre des tourelles ; puis vient une batterie à sabords, non blindée, régnant de bout en bout. — Par-dessus cet étage de canons légers, vient celui des tourelles armées chacune de deux canons rayés Whitworth de 12 tonneaux ($228^m/_m$). — Le poids de chaque tourelle est de 350 tonneaux. — Dans l'impossiblité d'entreprendre une étude de cette nouvelle et très-originale tribu de cuirassés, nous devons renvoyer le lecteur au *Rapport de la commission universelle de l'Exposition de 1867* ! (Rapport remarquable émanant des hommes les plus autorisés [1].)

Enfin, nous ne saurions trop engager à consulter, en outre, le curieux et important ouvrage de l'éminent amiral anglais, dont les beaux modèles attiraient si vivement l'attention des marins à l'Exposition universelle de 1867. — *Text book to the Turret and Tripod systems of captain Cowper P. Coles*, R. N. C. B., *as designed for future turret navies*. — *By C. F. Henwood, esq., naval architect, from the plans of vice-admiral Halsted, exhibitor, British annex*, class 66, n° 22, Paris, 1867.

Combien ne serait-il pas désirable que ce curieux mémoire fût traduit dans notre langue et mis ainsi à la portée de tous les ingénieurs et marins du Continent !

En France aussi, M. le vice-amiral Pâris, si connu depuis tant d'années par son zèle infatigable pour le progrès de l'art naval et de nos machines marines, vient de proposer un remarquable *Projet de navires de mer à tourelles*[2]. L'idée dominante de ses trois types paraît avoir été d'asseoir une coque étroite, mais élevée, sur un pont de monitor large et bas. — Ce château fort repose sur une carène de grande navigation, carène en fer à double compartiment, c'est-à-dire représentant le *nec plus ultrà* de sécurité pour les équipages. — Les traits saillants des cuirassés à tourelles de l'amiral Pâris, tels au moins qu'on peut les saisir dans une très-rapide esquisse, seraient : — Allier les mouvements doux des monitors aux qualités des navires ordinaires, comme salubrité d'habitation et élévation de l'artillerie,

---

[1] Paris, Arthus Bertrand, in-8°, avec un Atlas de 62 grandes planches.
[2] Paris, Arthus Bertrand, octobre 1868, avec trois beaux plans à l'appui.

« avoir un navire de mer, peu rouleur, rapide et vraiment
« blindé. » — Aussi, le type n° 1 offre-t-il des tourelles portant
leurs canons à 6 mètres d'axe, au-dessus de la mer, pendant
que le *Captain* ne porte les siens qu'à 3 mètres. D'où un avantage considérable! Non content de placer ses tourelles au centre
du navire, de manière à utiliser, sur ses deux flancs, la totalité de
leur artillerie (*utilisation* dont on perd le bénéfice avec des
tourelles latérales le digne amiral a voulu que son type N° 1
présentât à l'ennemi une batterie couverte de 3 canons, à 2^{m}60
au-dessus de la mer.—Les trois modèles proposés offrent donc
respectivement un travers de 7, 4 et 2 gros canons correspondant
à des déplacements de 8,300 tonneaux, 6,100 tonneaux et 3,200
tonneaux. — Pour l'attaque en chasse et la défense en retraite,
les tourelles de l'amiral Pàris offrent les mêmes avantages que
celles des monitors. — Une foule de détails de construction et
d'installation très-ingénieux, empruntés aux meilleurs modèles
de toutes les nations, entre autres la suspension, et la mise en
action du gouvernail, achèvent de donner un grand intérêt à
cette publication. — Au reste, le besoin d'un type de cuirassé de
haut-bord, répondant nettement à toutes les exigences de la
navigation et de la guerre, se fait tellement sentir, qu'au moment
même où la mort l'a surpris, un troisième officier général, le
vice-amiral Dupouy, s'occupait lui-même d'un projet de ce
genre!

En résumé, il faut féliciter l'auteur du *Projet de navires de
mer à tourelles* d'avoir compris qu'il ne suffisait plus de faire
de belles carènes, si l'on ne réussissait pas à les surmonter de
véritables forteresses flottantes. — S'il faut naviguer, il n'importe pas moins de pouvoir combattre avec avantage. C'est à
ce double *desideratum* que les types du vice-amiral Pàris paraissent devoir répondre avec succès.

Parviendra-t-on enfin à concilier le champ de tir nécessaire à
l'artillerie rotative des tourelles avec le développement d'un
appareil de voilure solidement établi? Peut-on fonder de légitimes espérances sur le succès pratique des mâtures à trépied?

Nous croyons à l'affirmative, surtout si, *transitoirement*, l'on
accompagne le système à trépied de quelques forts haubans en
fil de fer qui, une fois la mâture haute calée, devraient être
largués et fixés le long des bas-mâts, pour dégager le tir des
tourelles en branle-bas de combat.

La conversion des anciens cuirassés à batterie, en navires à
tourelles barbettes, intérieures et centrales, aurait le mérite de

porter la hauteur de leurs canons de 1ᵐ80 à 7ᵐ00. — Si nous sommes bien informés, deux projets de transformation du type *Gloire* auraient été proposés en ce sens, dès 1865. Ces projets se résumaient dans une balance de poids retranchés et ajoutés. Car, avant tout, pour maintenir la vitesse, il faut respecter les lignes d'eau. — Réduction de l'artillerie et, par suite, de l'équipage et des vivres ; décuirassement des parties des hauts où l'on ne combattrait plus ; addition du poids des deux tourelles en barbette, portant chacune 2 canons de 24%ₘ.—Comme distribution d'armure, ces navires tranformés se rapprocheraient des conditions du type *Solférino*.

Ainsi, dans son aspect général, la principale force balistique des nouveaux types de cuirassés *Captain, Monarch, Marengo, Thétis*, tendrait à se concentrer dans l'artillerie des tourelles. — S'il existe un étage inférieur, les canons conservés aux embrasures de ce réduit casematé, simple ou à sabords d'angle, deviennent les auxiliaires de ceux des tourelles. — Ces principes uné fois établis, il ne serait pas impossible de déterminer (en dehors de tout engouement passager pour tel ou tel calibre) une composition rationnelle de l'artillerie, satisfaisant à toutes les exigences militaires des cuirassés de haut-bord.

Ces exigences, dans l'ordre de leur importance relative, sont au nombre de trois :

1º Percer les plaques de cuirasse, couler ou brûler les nouveaux navires cuirassés ;

2º Détruire les navires en bois et les fortifications terrestres dans une action rapprochée, couvrir d'obus et de mitraille les sabords et ouvertures de l'adversaire ;

3º Protéger les extrémités du navire contre les torpilles et les embarcations ; plonger sur les ponts et dans les panneaux de l'ennemi.

Si l'on admet cet énoncé du problème à résoudre, le simple bon sens suffit à indiquer qu'une artillerie (exclusivement composée de gros canons perçant les cuirasses), ne répondrait guère qu'à la première des exigences de combat de la marine cuirassée et ne satisferait à la seconde que dans les conditions les plus onéreuses pour le budget, sans tenir aucun compte de la troisième obligation !

Dépenser des boulets de 300 ou de 600, soit pour faire baisser pavillon à un navire marchand, soit pour réduire un fortin ou même un navire de guerre en bois, ne serait guère plus raisonnable que d'attaquer un cuirassé par les seuls moyens des anciennes armes.— La vérité doit donc se trouver dans un système *mixte*, tel que celui-ci :

1° Dans les tourelles ou dans la partie centrale des navires à batterie (aussi longtemps qu'il en existera), placer les plus gros canons *perçant les plaques*, qu'ils s'appellent calibres de 9 pouces et de 600 livres comme en Angleterre, canon de 38%$_m$ aux États-Unis, pièces de 24%$_m$ et de 27%$_m$, en France [1].

2° A l'étage inférieur, dans les parties des extrémités cuirassées ou non, et sur les gaillards, avoir toujours quelques canons maniables, choisis dans la gamme descendante de l'artillerie, pièces d'un tir rapide, d'un transport possible, et cependant capables de détruire *rapidement* les fortifications terrestres ou les navires en bois, comme de faire pleuvoir cette grêle d'obus et de mitraille, si utile dans un combat rapproché. — Tels sont, en France, notre excellent canon rayé de 30 (modèle 1860), ainsi que son type supérieur, le modèle 1864, dit 30 fort [2].

Quant aux calibres *intermédiaires*, entre les canons perçant les plaques et ceux transportables et d'un tir rapide (canons de 19%$_m$), il conviendrait de ne point leur accorder une part trop exclusive dans les armements. Pourquoi ne pas en limiter l'emploi aux types de cuirassés où le défaut d'espace, soit dans les tourelles, soit dans les batteries, exclurait l'usage de pièces capables d'entamer franchement les cuirasses ?

3° Enfin, la protection à donner aux extrémités du navire, contre les attaques par surprise, de torpilles ou d'embarcations, et le service de feux *plongeants* à projeter sur le pont de l'ennemi, doivent être désormais assurés (à l'exemple de la marine américaine), par l'usage des pièces plongeantes, installées sur les plates-formes des passerelles, dunettes et des gaillards d'avant [2].

Il va sans dire que ces plates-formes seraient convenablement renforcées, munies, de chaque bord, de bittons portant des

---

[1] N'est-il pas, en effet, parfaitement avéré que tous les calibres inférieurs à ceux-ci, sont, dans tous les pays, impuissants pour percer franchement les cuirasses ? — *Report of the Ordnance Select Committee*, etc., p. 36.
..... « *To attack well-built iron-clads effectively, the guns should be, if possible, not under 12 tons weight and 9 inches calibre firing an elongated projectile of 250 lbs., with 40 lbs. of powder.* »
Bien qu'inférieure dans le tir de l'obus, l'artillerie à âme lisse projetterait la mitraille de fer dans de meilleures conditions que les pièces rayées, réduites à n'employer que des balles de zinc : Tout cuirassé devrait donc avoir au moins deux pièces à âme lisse.

pitons de brague et soutenues par un épontillage fixe ou mobile, de manière à faire fonctionner les pièces plongeantes dans le plus grand nombre de positions possibles.— Selon l'espace disponible et le plus ou moins de solidité de ces plates-formes, on pourrait choisir ces pièces *plongeantes* dans la série des bouches à feu rayées ou lisses comprises entre le canon de 30 rayé (modèle 1860) et finissant au canon de 12 rayé, dit de campagne.

Peut-être même pourrait-on utiliser, dans des hunes convenablement renforcées, le canon de 4 de montagne ou les nouvelles *mitrailleuses*. Ordinairement placée sur le pont, cette artillerie volante pourrait (à la rigueur et selon les convenances de chaque bâtiment) n'être montée sur les passerelles, sur la dunette et le gaillard d'avant qu'*au mouillage* en face de l'ennemi, ou *à la mer*, dans les circonstances de combat, de chasse et de retraite.

— Des grues ou potences rotatives seraient installées contre les plates-formes dont il s'agit, afin que cette opération de monter l'artillerie plongeante s'exécutât, en toutes circonstances, dans le plus bref délai. — Cette mission de garder les extrémités du navire au mouillage contre les bateaux-torpilles et celle de balayer les ponts ennemis dans un combat rapproché, paraît si importante que l'on ne comprendrait pas que la marine cuirassée, par une regrettable insouciance, ne fût pas à l'avenir pourvue de cet élément de victoire.

On ne saurait terminer cette esquisse militaire de la marine cuirassée sans rechercher la meilleure position et l'abri le plus efficace à donner au capitaine et à la roue de combat.— De toute nécessité, les blockhaus actuels doivent être percés par le haut d'ouvertures, sinon très-larges, du moins très-multipliées, afin que les capitaines puissent bien juger et bien voir, ainsi qu'observer à leur aise le champ de bataille, leurs propres manœuvres et celles de l'ennemi. Durant la guerre d'Amérique, les capitaines des *monitors* n'ont cessé de se plaindre des trop étroites meurtrières, des champs de vision trop restreints qui leur étaient laissés, en vue cependant de mieux garantir leur sécurité personnelle.

D'un autre côté, il y a un intérêt réel à recouvrir cette espèce de puits d'un léger chapeau ou toit en tôle, destiné à le protéger contre les balles et les grenades plongeantes. — De plus, une vaste passerelle contournée devrait faire le tour entier du blockhaus et même de la cheminée, afin que les capitaines et les officiers de manœuvre gardassent toute liberté de choisir, à un moment donné, soit pendant la manœuvre, soit pendant l'action, le meilleur *observatoire* possible, soit à l'abri et en dehors du blockhaus, soit en avant de la cheminée. — Il peut aussi être avantageux d'avoir des dégagements, pour les aspirants et timoniers porteurs d'ordres.

Sur les navires à tourelles, le blockhaus des cuirassés à batterie est ordinairement remplacé par une petite tour placée au-dessus et parfois en arrière de la tourelle avant. — Telle est la disposition adoptée en Angleterre et aux Etats-Unis. — Cette petite tourelle ou cabine du pilote, comme on voudra l'appeler, renferme la roue de combat du gouvernail, les sonnettes et appareils électriques, ainsi que les différents porte-voix. — Au milieu des nuages de fumée dans lesquels les cuirassés, semblables aux dieux de l'Olympe, sont destinés à se mouvoir et à combattre, les capitaines, jaloux de dominer la mêlée, ne seront-ils pas plus d'une fois obligés, soit de monter dans la hune comme l'amiral Farragut et ses capitaines à l'attaque de Mobile, soit de monter à mi-haubans, comme certains capitaines autrichiens au combat de Lissa ?

N'est-ce pas la vieille histoire des généraux d'armée montant dans un clocher d'église, sur le sommet d'une éminence ou sur le toit d'un moulin, pour, de cet observatoire élevé, mieux apprécier la position de l'ennemi et préparer leurs propres attaques, en pleine connaissance de cause ? — Cette nécessité de trouver un poste d'observation *très-élevé*, au-dessus du pont, est tellement obligatoire pour bien diriger la plus simple manœuvre, que, pendant trois années passées en compagnie de l'escadre cuirassée d'évolutions, nous avons vu sans cesse les capitaines obligés de monter sur le toit de leur blockhaus. — Pour bien embrasser la situation et manœuvrer à propos sa machine et sa barre, n'est-il pas, en effet, de rigueur que le capitaine puisse voir par-dessus un gaillard d'avant élevé ?

La pratique paraît avoir démontré que la position la plus favorable pour bien juger de la manœuvre, serait de placer cet observatoire en avant de la cheminée, mais toujours à la plus grande hauteur possible au-dessus du pont, de manière à permettre de plonger par-dessus le gaillard d'avant, de dominer et d'embrasser d'un coup d'œil le théâtre de la manœuvre ou du combat. Déjà sur la *Belliqueuse*, le blockhaus a été rationnellement placé en avant de la cheminée. — C'est assez dire que la hauteur et les dimensions à donner à la tour du pilote devront être étudiées et déterminées *sur place*, d'après les dispositions particulières de chaque bâtiment. Pour arriver à une solution rationnelle de cet important et difficile problème, ce n'est pas trop de toute la sollicitude de l'ingénieur naval.

N'est-il pas, d'ailleurs, dans les plus simples convenances, que l'officier militant soit, en temps utile, rigoureusement consulté sur les conditions de cet observatoire, qui doit être pour lui le banc de quart de l'heure suprême, le chemin du Capitole ou celui de la roche Tarpéïenne [1]?

---

[1] NOTA. — Quelques erreurs de ce chapitre IX ont pu être corrigées depuis sa première apparition dans la *Revue maritime* d'avril 1869.

X.

DU COMBAT PAR LE CHOC. — DE L'ÉPERON ET DE L'ARTILLERIE,
DANS LES FUTURES BATAILLES NAVALES.

> *Sursum corda!*
> Elevez vos cœurs!
> *L'Armée française* en 1867. — *Le combat.*
> « L'Artillerie demeure le puissant auxiliaire
> « et le soutien indispensable de l'Éperon ! »
> *L'Auteur.*

« L'éperon rivalisera bientôt avec le canon, écrivions-nous au
« commencement de 1864 [1] et deviendra le grand spécifique
« de la défense des côtes. » — L'éperon, pouvons-nous ajouter
aujourd'hui, a fait plus que tenir ses promesses d'avenir : — il
les a dépassées ! Non content désormais de dominer dans la
guerre des côtes, ce formidable engin ne semble-t-il pas à la
veille de détrôner le canon de sa vieille royauté, dans la guerre
du large ? — Dès l'année 1840, le capitaine de frégate Labrousse
proposait au ministre de la marine un plan de vaisseau à éperon.
— En 1844, des expériences assez concluantes furent faites au
port de Lorient, et cependant, ce ne fut que vers 1860, que
M. Dupuy de Lôme eut le mérite d'appliquer le premier éperon
à son *Solferino*. Sous la pression des exigences d'une guerre à
outrance, les Confédérés le suivirent de près. — Le 8 mars 1862,
à l'entrée du James-River, on vit le *Merrimac* se diriger sur les
deux frégates du Nord, *Cumberland* et *Congress*, sans souci des
boulets qui ricochaient sur sa cuirasse. — Ancienne frégate de
50 en bois, le *Merrimac* avait reçu à la hâte, à Norfolk, un blindage improvisé et un bec ou éperon, à son avant.

« Ce fut sous une faible vitesse de 4 à 5 milles à l'heure que
« le *Merrimac* vint plonger son éperon dans le flanc du *Cumber-*
« *land*. — Après ce choc, qui fut très-doux et qu'on ressentit à
« peine à bord du *Merrimac*, le *Cumberland*, frappé à mort,
« coula majestueusement, ensevelissant avec elle 200 hommes

---

[1] *Guerre des côtes*, § VII, p. 58. — Paris, Dumaine et A. Bertrand, 1864.

« de son équipage qui, jusqu'au dernier moment, servaient en-
« core son impuissante artillerie [1]. »

Cette exécution sommaire, si aisément accomplie contre un ennemi au mouillage, par un bélier d'environ 3,000 tonneaux de déplacement, à très-petite vitesse, ne fournissait-elle pas déjà une base sérieuse, pour l'étude de *l'intensité minimum* à imprimer au choc ? Quant au péril imminent d'être attaqué à l'ancre, par un bélier entrant tout-à-coup dans une rade, il n'y avait plus d'hésitation possible. — « Tout bâtiment surpris au mouillage
« et, sans pression, par un éperon ennemi, était un bâtiment
« perdu ! »

Cette grande et belle question des nouveaux moyens d'attaque par le choc, comprend d'ailleurs toute une série de dispositions offensives et défensives. — Les unes, faisant partie essentielle de la conception et de l'architecture du navire, sont du ressort des ingénieurs maritimes. — Les autres précautions, n'ayant qu'un caractère temporaire, rentrent dans le domaine des officiers du corps militant. — Essayons de jeter un coup d'œil sur ces deux faces de la question.

Au nombre des dispositions d'un caractère permanent, faisant partie intégrante du bâtiment lui-même, ne doit-on pas citer en première ligne la structure de l'avant, les facultés giratoires et les compartiments étanches. — En ce qui regarde les formes de l'avant, deux écoles étaient naguères en présence : la première préférait *l'éperon* comme moyen perforant, pour son aptitude à *localiser* l'effort du choc et par suite à infliger de profondes blessures, soit dans le flanc du navire, soit au gouvernail, soit aux ailes de l'hélice. — Il n'est que juste de reconnaître que cette école l'emporte en ce moment sur les défenseurs des avants *en fer* de hache. La raison en est bien simple. — En admettant même que cette dernière forme d'étrave pût, tout aussi aisément que l'éperon, défoncer et couler un navire abordé dans les directions voisines de la normale, son infériorité comme engin *contondant*, demeurait manifeste, alors qu'il s'agissait de menacer le défaut de la cuirasse, les organes vitaux, le gouvernail et l'hélice, c'est-à-dire, l'âme du bâtiment ennemi.

L'éperon, bien qu'il nuisît un peu aux facultés giratoires, en augmentant le plan de dérive, ne donnait lieu, au point de vue

---

[1] Consulter l'étude très-intéressante récemment publiée sous le titre : *Les transformations de la marine de guerre*, par M. A. de Keranstret. Revue des *Deux-Mondes*, du 1er décembre 1867.

militaire, qu'à une seule critique : — quelques doutes sur sa solidité, dans certaines éventualités de chocs obliques, contre des masses animées d'une grande vitesse de translation. — L'événement récent de la corvette anglaise *Amazon* qui, bien qu'*abordeur*, a coulé, après l'arrachement de son éperon, en même temps que sa victime le steamer en fer *Osprey*, *abordé* dans son flanc, tendrait à confirmer ces appréhensions. — Puis venait la crainte pour l'abordeur, de rester *engagé* par l'avant et de se voir entraîné dans la catastrophe du navire abordé. — Mais, à la réflexion, ce danger ne pouvait-il pas être considérablement atténué, autant par le tracé même de l'éperon, que par l'aptitude de l'agresseur à marcher en arrière, aussitôt le choc donné?

Enfin, dans l'éventualité des passages à poupe, des râclements, à la suite de collisions obliques, sous des angles de plus de 45° avec la quille de l'ennemi, ne fallait-il pas songer à adopter tel renflement des façons de l'arrière dans les hauts, qui pût mettre à l'abri le gouvernail et l'hélice ? .

Certaines précautions, dans la fixation des chaudières et les raccordements du tuyautage des machines, ne doivent-elles pas encore être citées pour mémoire, en vue du choc? Ces dispositions ont déjà éveillé l'attention des ingénieurs maritimes et des constructeurs de machines. — Il convient, du reste, de remarquer que les nombreux exemples d'abordages fortuits ou prémédités qui ont lieu, tant dans les collisions à la mer que pendant la guerre d'Amérique, sont de nature à rassurer pour les machines du navire abordeur.

Ainsi, dans la plupart de ces collisions fortuites, comment ne pas insister sur ce fait d'expérience « que le navire *abordeur* « en sort, le plus souvent, sans avaries de nature à prévenir sa « rentrée au port » ? — Tout au contraire, le navire *abordé* dans son flanc, et même dans son bossoir ou sa hanche, s'il n'est pas coulé sur place, devient pour le moins innavigable. — On peut invoquer, comme exemples récents, l'abordage du transport la *Charente*, par le vaisseau le *Fleurus*, près du détroit de Gibraltar, et celui du transport italien *Washington*, par la batterie cuirassée le *Terribile*, sur la rade de Toulon. Pendant que le *Terribile* n'éprouvait aucune avarie et qu'à son bord on ressentait à peine une secousse, ainsi que la *Charente*, le *Washington* ne fut *sauvé* que par ses *compartiments étanches* et la proximité d'un port.

Dans le même ordre d'idées, quant à l'impunité du choc pour les abordeurs, l'obligeance de M. le vice-amiral Touchard nous permet de citer un exemple encore plus décisif. . . . .

« Un steamer de l'Hudson, en descendant le fleuve par un
« brouillard épais, aborda en plein un de ces *piers* ou apponte-
« ments qui se projettent dans le fleuve ! — Il filait de 16 à 18
« nœuds. — Il entra de 27 pieds dans ce môle en pilotis, rem-
« blayé de terres et de pierres. — On croyait que ce steamer
« allait couler, en faisant machine en arrière. — Pas du tout !
« On s'aperçut que non seulement, il ne faisait pas d'eau, mais
« même que son étrave en bois n'était pas sensiblement endom-
« magée. — Le rapport et le croquis se trouvent à Washington. »
— Aussi, après la victorieuse sortie du *Merrimac*, ne trouva-t-on
rien de mieux à lui opposer que de réunir à Hampton-roads, au-
dessous de Norfolk, 9 steamers de l'Hudson, prêts à fondre sur
lui, tous à la fois, pour l'aborder et le couler.

La bataille de Lissa nous fournit enfin l'exemple le plus mémorable, parmi les victoires du choc. — L'*Archiduc-Max*, frégate cuirassée, qui portait le pavillon de l'amiral Tegethoff,
aperçut le *Rè-d'Italia* dans la mêlée et profitant d'une avarie de
gouvernail qui paralysait la manœuvre du vaisseau cuirassé italien, se précipita résolument sur lui, avec une vitesse de
11 nœuds. — Le *Max* heurta si normalement le flanc gauche
du vaisseau italien que le *Rè-d'Italia* s'inclina sur tribord, avec
un craquement terrible. « L'avant du *Ferdinand-Max*, dit le rap-
« port autrichien, qui dominait ainsi le flanc de son adversaire,
« descendit ensuite, en forçant les plaques et les joints. — Le
« *Rè-d'Italia* avait dans le flanc une brèche de 132 pieds ou
« environ 12 mètres carrés, comme on put la mesurer plus tard
« sur l'avant du *Max* dont la peinture était enlevée. — Le vais-
« seau italien brisé, se coucha un moment sur le côté de babord,
« de sorte qu'on pouvait distinguer chaque homme sur le pont.
« — On vit l'équipage se précipiter par les panneaux et montrer
« dans la mâture. — Lorsque le *Ferdinand-Max* se retira len-
« tement, l'eau se précipita dans la brèche et termina cet
« effrayant ouvrage. — Les officiers autrichiens virent avec stu-
« péfaction ce qu'ils avaient fait; mais il n'y avait pas un mo-
« ment à perdre. En peu d'instants, le *Rè-d'Italia* sombra au
« milieu des cris d'angoisse de son équipage [1]. »

---

[1] *Revue Maritime et coloniale*, mars 1867, p. 579 et 580. — *Rensei
gnements et Rapports sur la bataille de Lissa.*

« Lors de la rentrée de l'escadre autrichienne à Pola, on
« s'empressa d'examiner l'avant du *Ferdinand-Max*.—L'inspec-
« tion faite à bord constata que les liaisons n'avaient pas souffert
« en général et que les dégâts étaient purement locaux. La ré-
« paration des bordages qui avaient volé en éclats sous les pla-
« ques de la cuirasse de l'avant et celle du coupant de l'éperon
« qui avait été aplati, devaient suffire pour remettre ce navire
« en état. »

Quoique le *Max* eût fait de l'eau, à la suite de cet abordage, d'une manière assez importante, les rapports autrichiens établissent que l'ébranlement du navire demeura purement local, au point que les attaches de la machine n'eurent aucunement à en souffrir. Il convient encore de remarquer, que le *Max* ne réussit à aborder sur la normale qu'après la mise hors de service du gouvernail du *Rè-d'Italia*, avarie causée par une bordée d'enfilade par l'arrière et constatée dans le *Mémoire* de l'amiral Persano. — Deux tentatives préalables de choc, n'ayant pu avoir lieu que sur des directions obliques, n'aboutirent qu'à des *râclements*, flanc contre flanc, c'est-à-dire à un échange de coups de canon et à l'arrachement de quelques plaques des navires choqués.

La question des facultés giratoires demeure intimement liée à celle de l'attaque par le choc : — En principe, un bâtiment sera d'autant plus apte à donner de l'étrave ou de l'éperon, qu'il pourra effectuer sa giration *dans le moins de temps et dans le moins d'espace!* — En vue du choc, la qualité d'excellent évolueur doit donc figurer au premier rang des *desiderata*, de l'ingénieur ou de l'homme de mer. — Comment doter les nouveaux navires de plus amples facultés giratoires ? Sera-ce en augmentant le rapport de la surface du safran au plan de dérive, et en se servant du gouvernail compensé ? Sera-ce aussi, en étendant les *angles de barre*, soit par un plus grand évasement des formes de l'arrière à la hauteur de la barre, soit par l'adoption d'un moteur plus énergique que les roues habituelles ? Faudra-t-il, avec les grandes vitesses, recourir à des roues conjuguées, aidées des palans établis sur les barres ? Sera-ce enfin, comme on l'a prétendu, par la prochaine application de la double hélice et des machines indépendantes aux bâtiments de haut bord ? — Tel est au moins l'avis du malheureux amiral Persano. « Les combats entre cirassés, conclut-
« il dans son *Mémoire* sur la bataille de Lissa, se décidant plutôt
« à coups d'éperon que par le feu de l'artillerie, l'avantage res-

« tera sans aucun doute à celui qui aura le plus de bâtiments « munis d'une machine à deux hélices [1]. »

Mais si le lecteur veut bien se reporter aux considérations exposées au chapitre IX, il lui sera facile d'apercevoir que l'application de la double hélice à la flotte cuirassée de haut-bord, en regard de certains avantages, présente des dangers non moins considérables. Comme le prévoit avec raison l'auteur des *Flottes militaires* [2] : — « Les amiraux cherche-« ront désormais à arracher les moyens de propulsion de l'enne-« mi, par la collision oblique, en fouillant avec leurs avants poin-« tus, les environs de l'étambot et s'efforçant ainsi de briser les ailes de l'hélice. » Dès lors, adopter la double hélice, ne serait-ce pas plus que *doubler* les chances de perdre ou d'engager ces organes vitaux, au milieu des hasards d'une mêlée d'escadre?

Parmi les précautions d'abordage, qui rentrent dans le domaine des officiers du corps militant, figureront au premier rang le calage ou la réduction de la mâture à sa plus simple expression. — Il est, en effet, de la dernière évidence, ainsi que nous l'avons remarqué en parlant de la mâture des cuirassés, que des chocs aussi brusques et d'une pareille intensité, exposeront les cheminées, mâts et gréements, à tomber sur le pont ou le long du bord, et par suite à engager l'hélice. — En conséquence, la mâture sera réduite aux seuls bas-mâts, chaque fois que la rencontre de l'ennemi ne sera pas assez inopinée, pour que cette manœuvre puisse retarder en rien le branle-bas de combat. — Les ancres et les embarcations placées à l'extérieur, seront soigneusement saisies. — Selon le temps dont on disposera, avant de battre la générale, le gréement sera plus ou moins ramassé, les mâts d'hune, s'il n'est pas possible de les rabattre, mis en drôme ou seulement calés. — Les cheminées et les bas-mâts seront de plus consolidés en étais et en haubans, pour résister à la violence du choc.

Les pièces de chasse, comme les pièces de retraite, se trouveront naturellement mises en action, pour couvrir ou repousser l'attaque par le choc. — Tout le reste de l'équipage, distribué aux pompes, aux passages ou couché à plat pont dans la partie cuirassée, attendra en silence le moment solennel. — Supposons que le navire chassé et gagné de vitesse, persiste à continuer sa

---

[1] *Revue maritime*, mars 1867, p. 573.
[2] *Revue moderne* du 25 octobre 1868, p. 165.

route, il ne pourrait être choqué qu'en vertu de la différence des vitesses. — Mais cet abordage menacerait particulièrement l'arrière, c'est-à-dire, les organes de locomotion et de giration qui donnent la vie au navire. Pendant que le chasseur ferait tous ses efforts pour amener son éperon dans le mouvement de l'hélice ou du gouvernail de son adversaire, le chassé manœuvrerait de manière à dérober son arrière à cette atteinte mortelle. — Comme dernière ressource, pour protéger ses flancs et son arrière contre l'éperon du chasseur, le chassé pourra enfin être amené à tenter la manœuvre hardie d'un *retour offensif* et se précipiter, tête baissée, sur le chasseur.

Ce principe judicieux de « *faire tête à l'ennemi,* » ne va-t-il pas désormais devenir, dans une foule de circonstances de guerre, la seule ressource du navire chassé et gagné de vitesse par le chasseur? Et ce n'est pas seulement entre cuirassés que les choses se passeront ainsi. — Que resterait-il à faire à un navire en bois, gagné de vitesse par un cuirassé et à la veille d'être atteint d'un coup mortel, sinon faire face à l'ennemi et se précipiter sur lui avec toute sa masse? Ce retour offensif n'offrirait-il pas au navire en bois une dernière et précieuse chance d'endommager son adversaire?

« Le choc d'un bélier, observait naguères un officier dis-
« tingué, dans une étude fort intéressante à méditer [1], sera
« surtout redoutable lorsqu'il pourra donner normalement ou à
« peu près dans le flanc de l'ennemi ; lors donc qu'un navire
« sera menacé par un bâtiment qui arrivera sur lui avec une
« direction perpendiculaire à celle de sa route, sa seule res-
« source sera d'évoluer le plus rapidement qu'il lui sera pos-
« sible, de manière à se présenter en pointe à son adversaire ;
« il devra même gouverner droit sur lui, car le choc d'un éperon,
« quelque oblique qu'il soit, pourra devenir parfois dangereux.
« Ces abordages, entre des béliers suivant des routes directe-
« ment opposées, sont une des conséquences forcées des joûtes
« à l'éperon; il faudra savoir les accepter franchement, car un
« bâtiment isolé ne saurait se couvrir de lui-même, par aucune
« autre manœuvre. » — Ajoutons qu'il est impossible de songer sans frémir aux suites désastreuses d'un abordage *bec à bec!* S'opérant avec la somme des vitesses, cette terrible collision

---

[1] *Des ordres de bataille dans les combats à l'éperon*, par M. de Keranstret. *Revue maritime*, juillet 1868.

n'envelopperait-elle pas les deux ennemis dans une commune catastrophe ?

Au reste, ce n'est pas dans les vieilles marines seulement qu'on se préoccupe des tournois à l'éperon et de toutes les expériences de nature à jeter quelque lumière sur cette question brûlante. — Sous l'habile impulsion de l'amiral Boutakof, la marine russe a inauguré une série de joutes que la *Revue Maritime*[1] résume en ces termes :

« Le 15 septembre 1868, ont commencé les combats à l'épe-
« ron entre les canonnières *Gull et Priliv*. La liste des jouteurs,
« composée des noms des commandants de navire et des autres
« officiers supérieurs de l'escadre, fut tirée au sort. La lutte fut
« entamée par le lieutenant Panov, commandant de l'*Ilmen*, sur
« la canonnière *Gull*. Dans le cours de la journée, cet officier
« défit douze autres commandants. La lutte finit tard dans la
« soirée ; par un signal de nuit, l'amiral félicita le commandant
« de l'*Ilmen*, et l'autorisa, conformément à son ordre n° 66 du
1er septembre, à hisser le pavillon du commodore. — Le 4, le
« combat à l'éperon recommença, et cette fois la victoire resta
« au capitaine de frégate Golback, second du *Solombala*. Toute-
« fois, le nombre de ses victoires étant moindre que celui
« qu'avait remportées le lieutenant Panov, ce dernier conserve
« son guidon.

« Lors de son passage ici, le prince Constantin a été vivement
« intéressé par ces expériences d'attaque à l'éperon, et, sur son
« désir, 6 canonnières au lieu de 2 seront affectées l'année pro-
« chaine à ces exercices. »

Quel sera maintenant le rôle de l'artillerie dans ces nouveaux combats dont le choc va devenir l'*ultima ratio* ? Que ce rôle ait désormais perdu quelque chose de sa vieille suprématie, c'est ce qu'on ne saurait révoquer en doute. — Et cependant, si l'on songe à la difficulté évidente de parvenir à donner de l'éperon sur la normale, au nombre de chocs partiels et de râclements que les adversaires pourront échanger, sans obtenir de résultats décisifs, ce ne sera ni le temps ni les éventualités de combat bord à bord qui manqueront à l'artillerie pour accomplir sa tâche. N'est-ce pas d'ailleurs ainsi que les choses se sont passées à la bataille de Lissa ? — Que de tentatives d'abordages de la part des cuirassés autrichiens tournant en tout sens autour des

---

[1] Novembre 1868, p. 276.

italiens! que de râclements partiels, avant d'avoir pu saisir l'occasion de frapper à mort le *Rè-d'Italia!* — Que de charges répétées de la part des corvettes en bois de l'amiral Farragut, sans pouvoir ni écraser entre elles, ni couler le bélier confédéré *Tennessee*, dont, *seule*, l'artillerie nouvelle parvint à surmonter la résistance obstinée [1]?

C'est pendant ces tournois et ces assauts livrés pour ainsi dire bord à bord qu'un navire armé dans ses parties les plus élevées de ses hauts, comme on l'a proposé au chapitre IX, (page 221), jouira d'avantages militaires considérables et pourra frapper les coups les plus décisifs, à bord de son ennemi. Protégés ou non, sans cuirasse ou à découvert, le *nombre* des canons et la rapidité du tir exerceront à cet instant critique une influence décisive! — Ainsi, balayer les ponts de l'adversaire, plonger dans ses sabords et dans ses panneaux, ne serait ce pas là la mission de cette artillerie *volante* et *plongeante* dont nous avons avec une ferme confiance préconisé l'usage? Avec quelques pièces courtes et légères, à âme lisse à tir rapide, et surtout haut-perchées, c'est-à-dire établies sur le pont, les passerelles, gaillards d'avant et dunettes des cuirassés, la mitraille grosse et petite, les boîtes et obus à balles se donneront rendez-vous à bord de l'adversaire. — La fusillade nourrie de hunes bien protégées et armées de mitrailleuses viendra compléter ce concert.

Au milieu de ces péripéties, pendant ces heures de combat, employées à guetter le moment du choc décisif, bien imprudents seraient donc l'ingénieur et le marin qui, sous prétexte de la nouvelle suprématie de l'éperon, négligeraient de donner à leur artillerie la plus grande somme de puissance! — Car, il s'agit ici d'une tâche complexe, et le capitaine, quels que soient son expérience et son désir de vaincre, ne pourra y parvenir qu'autant qu'il aura reçu de l'ingénieur un navire muni de pièces bien battantes, portant des calibres efficaces et un *poids d'artillerie* en rapport avec son *déplacement*, c'est-à-dire tout au moins égal, sinon supérieur, à celui de l'ennemi [2]. — Ne l'ou-

---

[1] Chapitre VII, (page 136).
[2] La proportion admise dans l'ancienne marine approchait d'un canon pour 50 tonneaux de déplacement. — Aujourd'hui, on ne s'éloignerait pas beaucoup de la vérité et de la prudence, en adoptant pour la plupart les types de cuirassés, un rapport *six* ou *sept* fois moindre, c'est-à-dire un canon pour 300 ou 350 tonneaux, environ. — Avec une artillerie si délicate

blions donc point, cette prévoyance des autorités compétentes à munir chaque type d'une artillerie vraiment puissante et distribuée avec un sentiment intelligent des exigences de l'action, devient plus que jamais aujourd'hui une condition de rigueur dans la construction de tout navire de guerre. Il en est tellement ainsi qu'un certain nombre d'esprits prévoyants, instruits par les leçons de ces derniers temps, émettent le vœu que cette distribution des canons, ou, si l'on aime mieux, cette *mise en batterie* de l'artillerie (ce qu'on appelait autrefois le *percement* du navire de guerre) devienne l'objet d'un cours spécial. Et, si l'on voulait remonter à la source, à qui ce cours spécial d'application de l'artillerie pourrait-il être enseigné avec plus de fruit, qu'aux jeunes officiers de la marine, de l'artillerie et du génie maritime ? Pour un officier instruit du corps militant, pénétré des nécessités de l'action, et sachant les résumer en quelques règles ou principes fort simples, ce serait l'affaire de quelques conférences ! — Du raisonnement qui va suivre, le lecteur déduira facilement quelle pourrait-être, dans notre opinion, l'esquisse de ces règles élémentaires, dont la stricte observance importe tant aux succès futurs de nos forteresses flottantes.

Si, dès l'étude primitive des devis, l'artillerie, n'a pas été figurée sur les plans de projection, dans ses deux positions transversales, c'est-à-dire *en batterie* et au *recul*, comme dans ses *positions obliques*, lors des pointages extrêmes, comment espérer plus tard des sabords bien percés, un recul et un champ de tir dégagés d'*impedimenta* comme des intervalles de pièces suffisants, pour obtenir une manœuvre rapide des canons ?

Observons enfin que pour être complètement efficace, cette étude de l'artillerie, sur les plans de projection, doit toujours *précéder* et non pas *suivre* la distribution des emménagements, tels que panneaux, cloisons, drômes, embarcations, ancres, etc. — « Aussitôt la position de la machine, des chaudières et des bas « mâts, déterminée, on doit songer à celle de l'artillerie ! » En un mot, à l'appareil de locomotion doit succéder immédiatement l'appareil de guerre ! Tout le reste des emménagements et accessoires ne doit être projeté sur les plans qu'en respectant *religieusement* ces deux services constitutifs du navire de guerre.

---

et un si petit nombre de pièces, descendre *au-desssous* de cette proportion, ne serait-ce pas s'exposer à se trouver tout-à-coup désarmé au milieu d'une action ?

L'officier militant ne doit pas se lasser de répéter cet autre principe : — « Que chaque degré d'amplitude de tir a son importance, à « tel ou tel moment du combat. » Qu'est-ce donc, en effet, que *le champ de tir*, sinon la faculté de porter ses coups, dans des directions d'autant plus variées que ce champ de tir est lui-même plus étendu ? Ainsi, aux amplitudes du tir positif ou élevé, correspond la faculté de projeter ses boulets à grande distance ; à celles du tir négatif ou abaissé, le moyen de tirer à couler bas et de lancer ces feux plongeants, aujourd'hui plus décisifs que jamais dans l'action. Enfin, le champ de tir latéral lui-même, selon ses limites, permet de combattre dans des directions *plus* ou *moins étendues* que l'ennemi. Cet avantage peut devenir capital si, avec une vitesse supérieure, on parvient encore : — « à foudroyer l'adversaire, tout en se maintenant dans un de ses « angles morts ! » — Soit qu'on emploie des tourelles ou des casemates, des réduits ou batteries ordinaires, les principes élémentaires qu'on vient de lire restent les mêmes et trouvent leur application, bien qu'à des degrés différents, selon le système en usage. — En thèse générale, la distribution de l'artillerie se résume en deux méthodes bien distinctes :

—1er « Ou un petit nombre de canons, avec de grands champs « de tir (tourelles, canons à pivot, sabords *d'angle*). »

2° « Ou un plus grand nombre de pièces, avec des champs de « tir très-restreints — (casemates et batteries à sabords ordi- « naires [1]). »

En définitive, parmi les dispositions d'architecture navale et les éléments d'action dont nous avons signalé l'importance au chapitre IX, dispositions de nature à influencer la fortune des batailles, ne faudrait-il pas encore citer ?

1° L'aptitude giratoire, ou la faculté de primer de manœuvre son adversaire, dans le tournoi du choc ;

2° Le poste de combat du capitaine et de la barre, permettant d'utiliser plus ou moins heureusement l'aptitude giratoire ;

3° Les compartiments étanches qui eussent sauvé l'équipage du *Rè-d'Italia*;

4° Les dispositions contre l'incendie;

5° L'attaque, en chasse et la défense, en retraite ;

6° La hauteur de batterie; la composition de l'artillerie ;

---

[1] Militairement parlant, la tourelle barbette ne se comprend pas plus sans le bouclier en tôle, abritant des balles et de la mitraille, que le réduit casematé du fort central, sans sabords d'angle.

7° La préservation des équipages, pendant le combat.

Sans revenir en particulier sur ces éléments de succès, on ne saurait se lasser de répéter que chacun d'eux jouera son rôle et exercera son influence, au milieu des péripéties d'un combat naval.

Des ingénieurs maritimes prévoyants, imbus du sentiment nautique et militaire, pénétrés des besoins de l'action, figureront donc désormais, non moins que des capitaines habiles, au premier rang des organisateurs de la victoire ! — C'est assez dire que toute combinaison de nature à amener des rapprochements ou des échanges d'idées, entre les hommes de science et les hommes de guerre, serait féconde en résultats heureux ; car aux uns, ces rapprochements pourraient donner quelque chose du sentiment de l'action, aux autres quelque teinture de la belle et noble science du navire.

Le jour du combat venu, il serait en effet beaucoup trop tard et absolument impossible pour le capitaine, de remédier à des défauts inhérents à l'architecture ou au système d'armement de son bâtiment ? S'il est vrai que tout navire de guerre, vaisseau ou frégate cuirassée, n'est autre chose qu'une forteresse flottantes, pourquoi l'offensive et la défensive n'y seraient-elles pas établies avec autant d'égards que dans nos forteresses terrestres dont les vues, les escarpes, le défilement et le champ de tir ont été, de tout temps, l'objet d'études si consciencieuses, de la part de nos officiers du génie ? — Poser la question n'est-ce pas la résoudre ?

S'il appartient donc à l'ingénieur d'imaginer le système d'armement de nos forteresses flottantes, et à l'artilleur de fondre les canons et de construire des affuts en harmonie avec ce système, qui n'aperçoit que ces deux influences ne sauraient se combiner qu'à l'aide d'un troisième élément ? Ce troisième élément, destiné à jouer le rôle d'*arbitre* des deux autres, n'est-ce pas l'officier du corps militant, responsable du succès devant le pays et devant l'ennemi ? A lui donc la mission de concilier le génie et l'artillerie, c'est-à-dire mettre en harmonie toutes les nécessités nautiques et militaires du navire de guerre ! Le jour où les institutions auraient élevé son *autorité* à la même hauteur que sa *responsabilité*, un grand pas n'aurait-il pas été fait dans les voies de la logique et du bon sens ?

Le jour où sa prépondérance dans les questions *mixtes* de combat et de navigation aurait été nettement assurée, ainsi qu'en Angleterre et aux Etats-Unis, n'est-il pas vrai que tous les problèmes de ce genre seraient bien près d'être résolus, à la satisfaction de tous ceux qui ont à cœur le succès de nos armes et le bien du service?

Au temps de la marine en bois, la plupart des combats de mer pouvaient se résumer dans la formule : « Joindre l'ennemi et « faire pleuvoir sur lui la plus grande somme de fer bien dirigé, « dans le moins de temps possible. » — Sur mer comme sur terre, l'art du chef consistait alors à envelopper une partie de l'armée ennemie avec des forces prépondérantes. C'était l'époque de ces mêlées homériques où la manœuvre et notamment l'art de donner des feux d'*enfilade* par l'avant, et encore mieux par l'arrière, en passant à poupe de l'ennemi, jouaient un rôle si terrifiant et si décisif.

Avec des escadres de cuirassés à éperon, les combats de mer cessent d'être uniquement des combats d'artillerie. Car, ainsi que l'observait tout récemment, l'officier distingué déjà cité[1] : — « Les « nouveaux canons ne traversent les murailles cuirassées à 15%ₘ « actuellement à flot que jusqu'à 1000 et 1200 mètres, mais « seulement quand les projectiles arrivent sur la normale. » Or, dans un combat, ne sera-ce pas le cas très-exceptionel? Les boulets seront donc souvent inoffensifs.

Au lieu de cette grêle de projectiles qui naguère encore pleuvait si libéralement de ces excellents canons de 30 rayés, se chargeant par la bouche, si maniables et si éprouvés, avec lesquels nous avons vu tirer à bord du *Louis XIV*, 100 et 150 coups de suite, sans la moindre avarie, qu'on se représente un tableau tout différent ! — Un petit nombre d'énormes pièces se chargeant avec des précautions minutieuses, soumises à un grand nombre de petites avaries, se traduisant par des *arrêts* très-fréquents dans le tir ; un feu par suite très-lent, ne fût-ce que par la crainte de perdre des coups si précieux ; puis des champs de tir plus restreints que jamais, une grande difficulté pour le chef de pièce à découvrir le but, surtout à bord des cuirassés à casemate ou batterie couverte; des *croisements* ou passages *à contre-bord* (à petite distance et à grande vitesse), c'est-à-dire des trajets de 5 à 6 secondes à peine, à travers les secteurs battus. — Qu'on se figure donc une manœuvre d'artillerie que le poids des canons, la dimension et la susceptibilité de leurs utensiles rendent de plus en plus délicate, surtout avec le moindre roulis ! Dans

---

[1] M. de Keranstret.

ces nouvelles conditions, comment imaginer autre chose qu'un tir nécessairement très-rare et très-lent [1] ?

Il en est tellement ainsi que des officiers éclairés, après une certaine expérience des nouveaux canons, demandent instamment qu'on étende encore pour leur manœuvre le principe fécond de la division du travail. — Cette répartition des efforts physiques et des préoccupations, destinée à rendre au chef de pièce une plus grande liberté d'allure et d'action, ne pourrait-elle pas s'effectuer en bornant ses fonctions à la direction générale de la pièce et à l'opération capitale du *pointage?* — Un premier chargeur ou chef de pièce supplémentaire, assisté d'un second chargeur, serait exclusivement affecté à la manœuvre de la culasse mobile. — On ménagerait ainsi les forces, les nerfs et le sang-froid si indispensables du chef de pièce, aujourd'hui accablé de trop de soins, pour que, sous le coup d'une émotion bien naturelle, son calme et son coup d'œil ne s'en trouvent pas souvent plus ou moins altérés, lors du pointage et du tir de la bouche à feu ! — N'est-il pas évident d'ailleurs qu'en outre de cette division bien tranchée des fonctions à remplir, le rôle et l'autorité du chef de pièce doivent grandir avec l'importance du canon? Dans cet ordre d'idées, le chef d'une pièce de 24$\%_m$ ou de 27$\%_m$ devrait toujours être un second maître canonnier, et le premier chargeur, un quartier maître. — Serait-ce donc là des galons trop élevés, alors qu'il s'agit d'un matériel d'une si grande valeur, de projectiles si coûteux, si rares, et du commandement d'une vingtaine de servants? — Par analogie, la direction des passages de poudres et de projectiles réclame désormais l'autorité morale de deux seconds maîtres canonniers, et selon l'importance du bâtiment, la surveillance générale de l'artillerie doit appartenir à un maître canonnier *entretenu,* assisté d'un premier maître.

Après cette digression inévitable sur la convenance de mieux proportionner les hommes et les choses, dans la flotte cuirassée de haut-bord, revenons au rôle de l'artillerie, dans les luttes à l'éperon. — Si l'application des tourelles tournantes ou à barbette, si l'usage des *réduits* à sabords d'angles (évidés en creux, en forme de violon), permettent des champs de tir étendus, doubles ou triples de ceux des batteries à sabords ordinaires, n'ou-

---

[1] Ce raisonnement ne s'applique qu'à l'artillerie à grande puissance et nullement aux pièces volantes et plongeantes destinées à agir d'une façon tout opposée.

blions pas que ces derniers forment encore la règle! Pour un canon établi en tourelle ou en sabord d'angle et jouissant de toutes ses facultés de pointage, il sera facile d'en trouver *deux* ou *trois* emprisonnés dans des sabords insuffisants. — Par suite, à moins d'être assez heureux pour pénétrer la machine, les chaudières, soutes à poudre, l'hélice ou le gouvernail de l'ennemi, à moins de percer sa flottaison, ou d'allumer à son bord un incendie sérieux (circonstances qui d'ordinaire ne se produiront qu'assez rarement), un combat d'artillerie entre navires cuirassés pourra laisser longtemps la victoire indécise !

Dès lors, l'éventualité du combat à l'éperon s'impose d'elle-même à la pensée. — Ne suffira-t-il pas d'ailleurs, comme l'observe l'auteur déjà cité, d'une *seule* volonté, c'est-à-dire que l'un des adversaires se lance résolument sur l'autre, pour obliger ce dernier à *subordonner* son artillerie à sa manœuvre ? Dès ce moment, le tournoi à l'éperon sera commencé et le canon, en raison même de la lenteur actuelle de son feu, ne fera plus entendre sa voix qu'à de rares intervalles.

C'est ici le lieu d'exposer un nouveau principe, destiné à dominer et à régler le jeu éventuel de l'artillerie, principe de décentralisation intérieure et d'indépendance respective de l'éperon et du canon. — Voici comment un de nos amis, M. le capitaine de vaisseau Foullioy, qui commandait naguère dans l'escadre cuirassée, rend compte de ce nouvel état de choses:

« A bord de tout bâtiment destiné à combattre par l'éperon, le jeu de l'artillerie doit être rendu complètement indépendant des mouvements giratoires du navire. C'est l'expérience qui pose cette règle, c'est le bon sens qui la consacre ! — En effet, tout ce que peut faire le capitaine d'un *Ram* [1], c'est en conservant l'œil ouvert sur tous les mouvements de son adversaire (sans le perdre de vue un seul instant), de diriger son propre navire au moyen de la machine et de la barre, de manière à porter normalement ou à parer le coup d'éperon. — C'est tout bonnement comme un duel entre deux hommes! — A aucun prix, l'attention du capitaine ne devra être distraite de cet objet spécial, sous peine d'être *éperonné* par son adversaire. »

« Il ne devra donc en aucun cas modifier ses mouvements pour se plier aux exigences de son artillerie, « *in order to bring the guns to bear upon the enemy.* »

---

[1] Navire agissant comme bélier

« L'artillerie, sur un bâtiment à éperon, doit manœuvrer *pour son propre compte*, sans se subordonner au cap de bâtiment, ne tirer que de très-près et à coup sûr, éviter de faire de la fumée sans résultat certain de perforation, car il faut avant tout que le capitaine voie clair et qu'il ne perde pas de vue son ennemi un seul instant. — Il y a des circonstances où le capitaine défendra de tirer un seul coup. »

« Eh bien, ces conditions imposées par la nature des choses ne conduisent-elles pas à la conclusion que l'installation de l'artillerie, à bord d'un bâtiment de combat à éperon, exclut la casemate et exige la tourelle? »

« Le jeu de l'éperon ne se concilie avec le jeu de l'artillerie que par l'emploi de tours mobiles! »

En dehors des combats singuliers, quand des escadres formées de cuirassés de haut-bord se trouveront en présence, un des principes les plus anciens, dans l'art de la guerre, sera encore appelé à dominer les manœuvres : — « Réunir, en temps utile, « plusieurs navires, c'est-à-dire plusieurs éperons contre un « seul! » Telle sera sans doute la mission et le but principal des *groupes* de cuirassés, formés d'avance sous le nom de *camarades de combat!*

L'objectif de la lutte étant de s'aborder plutôt que de se canonner, à l'ordre de combat en ligne de file succèdera la tactique de *charger par groupes*, où les navires seront formés de manière à se servir de flanquement et de soutiens réciproques.

« L'application de cette nouvelle tactique exigera un personnel d'officiers et de mécaniciens dressés et exercés; il faudra que les corps d'armée de trois ou quatre cuirassés sachent manœuvrer avec autant d'ensemble que s'ils ne faisaient qu'une unité de combat; il faudra que l'amiral, monté sur sa hune, comme Farragut et Tegethoff, dirige ses groupes comme il ferait une partie d'échecs, et sache, au moment décisif, concentrer toutes ses forces sur une seule division ennemie pour l'accabler; de leur côté, les mécaniciens devront faire des prodiges de vigilance, de sang-froid, d'activité, pour obéir aux ordres précipités qui leur seront donnés. »

« L'idée fondamentale du fractionnement des flottes en escadres de trois ou quatre navires, a été pour la première fois, exposée par l'amiral Bouët-Willaumez dans un travail intitulé : *Batailles de terre et de mer* (Dumaine, édition de 1855); elle a été depuis reproduite et développée avec talent par l'amiral russe Boutakoff et par M. de Keranstret. (Voir : *Revue maritime et coloniale*, 1867 et 1868 [1].) »

« En ce qui concerne la tactique des combats d'escadres ou de garde-côtes, » observe très-judicieusement de son côté, M. le capitaine de vaisseau Foullioy, « le nombre des navires jouera un rôle considérable, mais il ne faut pas croire que l'on puisse utilement dans la pratique, *accoupler* plus de deux bâtiments pour une action combinée à l'éperon. Et encore dans cet accouplement, devra-t-il y avoir un *bâtiment directeur*, libre de ses allures, et un bâtiment *supporter*, ou bâtiment de soutien, réglant ses mouvements sur ceux de son matelot, pour profiter des bonnes chances et éperonner l'ennemi. »

Mais en dehors de ces règles très-sages et très-faciles à réunir dans un court *memorandum* de combat, croit-on qu'il sera au pouvoir d'un amiral de conserver la direction positive des mouvements de son escadre, après que cette dernière aura traversé et retraversé, à plusieurs reprises, l'ordre de combat de l'ennemi ? — Est-il personne qui puisse prévoir les événements qui signaleront ces mêlées, si semblables aux charges de cavalerie. — Si des abordages surviennent, les frégates qui se seront choquées ou raclées de long en long n'essuieront-elles pas telles avaries qui pourront les mettre hors d'état de regagner leurs postes, dans l'ordre de combat ? « Puis, lorsque la mêlée,
« comme il arrivera presque inévitablement, selon la juste re-
« marque de l'auteur des *Flottes militaires*, sera devenue con-
« fuse, que la fumée dérobera au chef de la flotte les mouve-
« ments de ses navires, il faudra que les capitaines sachent,
« comme Nelson le disait à ses officiers à la bataille de Trafalgar,
« que la patrie compte sur chacun pour faire son devoir. »

A mesure que se prolongera le combat et que se renouvelleront ces charges héroïques entre cuirassés, il paraît donc probable que la bataille se divisera en un certain nombre de tournois plus ou moins individuels, jusqu'à la défaite de l'un des deux partis.

Une école assez répandue est donc d'opinion que quels qu'aient été leurs ordres préparatoires de combat, deux escadres à vapeur qui se précipiteront franchement l'une sur l'autre, tomberont inévitablement un peu plus tôt ou un peu plus tard, dans une sorte de mêlée, analogue à celle qui suit les charges

---

[1] *Des flottes militaires*, par M. E. Sageret. — *Revue moderne*, 25 octobre 1867.

de cavalerie. — Dans cette mêlée, rendue plus confuse encore par d'épais nuages de fumée de canon, l'imprévu en matière de choc, ne jouera-t-il pas le principal rôle ? C'est assez dire que la victoire appartiendra au *nombre* des éperons, aux cuirassés *meilleurs évolueurs*, à l'artillerie la mieux comprise, mais par-dessus tout aux *capitaines* qui réuniront, pour cette heure décisive, le plus de coup d'œil, et de fermeté d'âme, unis avec le plus d'audace et de sentiment marin ! — C'est à cet instant suprême où les talents et le caractère du chef joueront le principal rôle, qu'il faudra pouvoir dire d'eux, ainsi que le poëte :

Illi robur et œs triplex, circa pectus erat !

Et ici, écoutons un général qui, dans un livre plein de patriotisme courageux, a admirablement dépeint les grandeurs et les vicissitudes de la guerre [1] :

« Le combat, dans sa réalité, est un drame saisissant. Il remue profondément l'âme humaine et la soumet, alors même qu'elle est préparée par de généreuses aspirations, par l'éducation, par l'habitude, à des épreuves multipliées, variables, imprévues. — Celles qui viennent assaillir les officiers chargés du commandement, à ses divers degrés, avec une responsabilité proportionnelle, diffèrent de celles qui atteignent la foule des combattants, mais tous en ont leur part, et la plus lourde pèse naturellement sur le commandement en chef. »

« Devant ces épreuves, les hommes sont très-inégaux entre eux. Et souvent il arrive qu'ils sont très-inégaux par rapport à eux-mêmes, c'est-à-dire par rapport à ce qu'ils ont été dans d'autres combats. C'est que le ressort, l'entrain, la bravoure, l'intelligence elle-même, ont leurs bons et leurs mauvais jours ! Des préoccupations de famille ou d'affaires, l'état du moral, l'état de la santé, l'excès du froid, l'excès du chaud, la fatigue, la faim, la soif influent invinciblement sur les dispositions que chacun apporte dans la lutte ! »

« O vous tous, hommes de gouvernement et de commandement, qui avez été les témoins de ces crises indescriptibles, dites, pensez vous *qu'à ce moment*, l'appât de la gloire pour quelques-uns, des récompenses pour quelques autres, suffise à soutenir les cœurs soumis à de telles épreuves ? Non, il leur faut un plu noble excitant. Il leur faut le haut sentiment des grands devoir

---

[1] *L'Armée française*, en 1867. — Paris, Amyot.

et du sacrifice. C'est alors que, dans leur liberté, ils marchent fermement et dignement à la mort. Et parmi eux, ceux-là seulement ont la sérénité, qui croient à une autre vie ! »

Si l'on admet avec nous ces prémisses, il ne paraîtra aucunement téméraire de prévoir que les ordres de combat proprement dits, ou si l'on aime mieux, les *formations-tactique*, ne joueront plus, dans les nouvelles batailles navales, un rôle à beaucoup près aussi considérable que par le passé. — Leur importance diminuera avec l'étendue même du champ de bataille. — Au temps des flottes à voiles, où une escadre de 20 vaisseaux, rangée en ligne de file, occupait en mer, un espace de plus d'une lieue marine (5555^m), on comprend que l'une des extrémités de cette longue ligne put être assaillie par des forces supérieures et détruite avant l'arrivée de secours efficaces. — Couper la ligne et envelopper le corps de bataille, en apportant avec soi la brise, comme l'amiral anglais, Rodney, à la funeste journée de la Dominique, c'était à la même époque, un de ces coups hardis, auxquels des intermittences de calme, la lenteur de locomotion des vaisseaux et la grande étendue du champ de bataille, donnèrent plus d'une fois la victoire !

Les temps sont bien changés ! — Aujourd'hui qu'un cuirassé coûte autant que deux ou trois vaisseaux d'autrefois, les escadres seront naturellement deux ou trois fois moins nombreuses. L'ancienne formation-tactique sur une longue ligne, étant remplacée par des ordres de *flanquement* ou ordres de bataille *endentés*, les flottes cuirassées rapides, mobiles, se groupant en ordre compact, n'occuperont désormais qu'une faible étendue de la plaine liquide. — Dès lors, plus de vaisseaux arriérés, souventés et hors d'état de prendre part à la lutte. Inutile désormais aux amiraux, de répéter le fameux signal. — « Le poste « de chaque capitaine est au plus fort du feu ! » Quelques minutes après leur arrivée à portée de canon, par la seule force des choses, les escadres lancées à toute vapeur se seront jointes et mêlées : — Tous les antagonistes se trouveront soudainement enveloppés dans les péripéties du combat par l'artillerie et l'éperon.

Dès ce moment qu'attendre des meilleurs signaux, prescrivant les formations-tactique les plus ingénieuses ? Rien ou peu s'en faut !

En revanche, les bâtiments bien armés et bien commandés, c'est-à-dire les véritables *unités de combat* (selon leur valeur spécifique, au matériel et au personnel), tiendront dans leurs mains, les destins de la bataille! — S'il en est ainsi, n'est-ce pas vers cette production d'unités de combat réelles que doit tendre dans tous les pays, l'ambition des ministres comme des grands ingénieurs et des chefs d'escadre, soucieux de la victoire ? — Or, comment se flatter d'atteindre à ce résultat, sinon par des efforts considérables de prévoyance, par un contrôle sérieux des armes de guerre, comme par une solide organisation des cadres. Pour bien comprendre le mécanisme de ces derniers, à la mer comme à terre, laissons encore la parole à l'éminent général déjà cité :

« Ainsi, pendant la crise, les troupes seraient à peu près abandonnées à elles-mêmes, si elles n'étaient soutenues, encouragées, dirigées par les officiers, par les sous-officiers et par l'ensemble des chefs inférieurs qui fonctionnent autour du rang et dans le rang. Et c'est ici que se montre dans tout son éclat, le rôle des cadres, en apparence si modeste, en réalité si grand ! Les échanges de chaque jour, les habitudes de la vie et du devoir en commun, ont créé entre ces hommes et le soldat une précieuse solidarité. — Il connaît leur voix, il obéit à leur geste ; ils sont ses tuteurs, ses éducateurs ; et s'ils lui ont appris à honorer leur caractère, à se confier à leur expérience, il les suit dans le péril *et ne sépare jamais sa fortune de la leur*. — Les cadres sont la force des armées, et l'éducation *morale et professionelle* des cadres, en vue de la guerre, devrait être la constante préoccupation des généraux vraiment dignes et vraiment capables de remplir leur mission auprès des troupes [1]. »

Le temps des équipages formés de non-valeurs et de conscrits est donc passé ! — Il faut que les administrations maritimes sachent renoncer à ces vieux expédients de congédiements forcés ou anticipés, d'engagements de courte durée et de mutations incessantes, moyens peut-être commodes, mais dissolvants certains de toute force de cohésion comme de toute valeur morale. — Sans des cadres solides, capables de produire en quelques mois d'exercices, des équipages bien *ameutés*, (selon une expression originale, mais parfaitement juste, de l'ancienne marine,) n'est-ce pas vainement qu'on aspirerait à la victoire? Ne nous las-

---

[1] *L'Armée française* en 1867, etc., etc.
[2] *Continuons service men*, des anglais. — Un marin formé, rengagé sous le pavillon, rendra souvent autant de services et coûtera moins cher que *deux* conscrits, laissés dans leurs foyers.

sons pas de le répéter! — « Le succès sera la récompense des
« meilleurs cadres, c'est-à-dire, des engagements à long terme [2],
« des pépinières de spécialités, comme des bâtiments depuis
« longtemps armés. »

Quant au contrôle des nouvelles machines de guerre, contrôle indispensable, dans ce temps d'agitation fiévreuse, de découvertes quotidiennes et d'engouements subits, pour séparer l'ivraie du bon grain et garantir au pays des armements efficaces, comment faut-il l'exercer ?—Ne serait-ce pas en étendant la compétence et en fortifiant l'action tutélaire des Conseils et des Comités spéciaux qui fonctionnent dans les hautes régions, comme en soumettant rigoureusement à leur arbitrage, tous les plans et projets de navires ou de canons, dès leur origine?

Des commissions d'*armement* permanentes, établies à demeure dans chaque port et fonctionnant, (non plus à la veille du départ quand aucun redressement *au matériel* n'est plus possible), mais à tout instant de l'armement, sur la demande des capitaines, achèveraient de rendre aux officiers militants, des garanties de bonne organisation et de succès, devenues indispensables.

Ne l'oublions pas ! Si les nouveaux engins maritimes peuvent être soumis à l'épreuve de la discussion, c'est seulement pendant le calme et les loisirs de la paix. — La guerre arrivant, il serait bien tard, (l'officier militant, eut-il à faire entendre de les plus justes réclamations), pour se prononcer sur le choix des armes mises entre ses mains.

Cette seule considération, d'une part et de l'autre, l'esprit d'investigation né du contact stimulant des marines étrangères, serviraient au besoin d'excuse au corps qui navigue et combat, si son désir d'être *consulté* et d'obtenir (par des choix judicieux opérés dans l'arsenal si vaste des nouvelles inventions), des machines de guerre vraiment efficaces, se manifestait parfois avec une sorte de vivacité. N'est-il pas d'ailleurs plus d'un marin d'esprit et de cœur qui pourrait répéter avec l'illustre Descartes :
— « Je passai ma jeunesse à voyager.... J'avais toujours un
« extrême désir d'apprendre à distinguer le vrai d'avec le faux,
« pour voir clair en mes actions et marcher avec assurance dans
« cette vie [1] ! »

Sans parler des considérations de justice et d'équité, personne au monde n'a plus d'intérêt bien entendu que les marins à ren-

---

[1] *Discours sur la Méthode.*

dre un légitime hommage aux hommes d'art et de science, voués à la préparation du matériel naval ! — Où pourraient-ils donc rencontrer des appréciateurs plus loyaux et plus jaloux de leur succès que ceux qui ont à utiliser et à montrer leurs œuvres, dans tous les pays du globe?

Non contents de vouloir atteindre leurs rivaux, dans cet assaut de moyens matériels, serait-il donc surprenant que nos officiers de mer, responsables devant l'ennemi, fissent de l'obtention de certains progrès ou du maintien de certains principes, non pas seulement une affaire d'amour-propre, mais une question d'honneur militaire ? — C'est qu'il s'agit pour eux, en ce moment, *to be or not to be!* — Bien conçues, bien préparées, les nouvelles machines de guerre peuvent devenir, dans leurs mains, des instruments de réputation, de fortune et de victoire ! Insuffisamment étudiées, peu préparées en vue des exigences de l'action navale, ces mêmes machines peuvent les conduire à un trépas glorieux, dans une prison ennemie ou sur les bancs d'un conseil de guerre ! Dans les pays soudainement frappés par des revers et blessés au vif dans leur amour propre national, l'opinion publique, sans entrer dans la considération des moyens d'action, sans remonter aux véritables causes, n'aurait-elle pas bientôt prononcé le fameux *Væ victis* ?

En face d'une pareille situation, quel esprit impartial oserait contester aux officiers responsables du succès et de l'honneur du pavillon, le droit et le devoir d'étudier et de discuter ce nouveau monde de questions nautiques et militaires que la révolution, en train de s'accomplir dans l'art de la guerre, impose chaque jour à leurs plus sérieuses méditations ?

Il n'y a pas à se dissimuler ! Ce n'est que par un travail incessant que les officiers de la marine, tout aussi bien que les ingénieurs et les artilleurs, pourront se tenir au courant des progrès de l'art naval.—Ce n'est que par l'amour du métier, allié à l'élévation du caractère, à une grande énergie de convictions, et pour nous servir d'une image fidèle, « à la sueur de son front, » que le corps militaire saura se montrer à la hauteur des grandes et périlleuses destinées que la Providence lui a faites, en ce siècle.

Si pour réveiller les goûts studieux parmi les officiers de notre armée, on a récemment jugé utile d'instituer dans tous les régiments, des *conférences* sur l'art militaire, les nouvelles armes et les nouveaux moyens d'action, combien ne serait-il pas utile qu'un mouvement analogue s'étendît dans la marine ? En

Angleterre comme aux Etats-Unis, par la presse comme par les brochures, l'opinion discute chaque jour, avec une entière indépendance, toutes les questions d'art naval.— La Russie elle-même, malgré ses institutions si différentes, vient d'entrer activement dans cette voie.— Pour favoriser les études de ses officiers et amener entre les différents corps, des échanges et des rapprochements d'idées, feconds en résultat pour le bien du service, l'Angleterre possède, depuis 1831, sous le nom de *United service Institution*, une sorte de conférence ou d'académie permanente des armées de terre et de mer [1].— C'est au sein de ces réunions d'ingénieurs, d'artilleurs, d'officiers de terre et de mer qu'ont lieu d'intéressantes *lectures*, sur les nouvelles inventions comme sur leurs applications à l'armée et à la marine britannique. Qui ne comprend combien ces rencontres, sur le terrain généreux de la science, peuvent être utiles pour faire disparaître les préjugés, l'exclusivisme des différents corps, *l'esprit de bouton* avec toutes ses exagérations ? C'est par ces études poursuivies en commun, entre un grand nombre d'esprits éclairés que la lumière se fait sur les questions les plus obscures et les plus controversées. — De là découlent comme de source, la condamnation des systèmes vicieux, la préconisation des découvertes utiles, c'est-à-dire les plus beaux résultats et le plus heureux concert, dans le domainedes sciences navales et militaires, comme dans l'art de la guerre ?

Sous Louis XVI, la France elle-même n'avait-elle pas son *académie de marine* dont les travaux ont laissé de si glorieuses traces aussi bien dans l'*Encyclopédie de Marine* [2] que dans les belles ordonnances de 1786 ?

Sans élever aussi haut nos prétentions, et en se bornant tout d'abord à favoriser l'institution des *cercles maritimes* comme à organiser de très modestes conférences dans les ports, dans les escadres, et à bord des grands bâtiments, quel bien ne pourrait-on pas produire ? — Vulgariser le progrès dans ses nombreuses applications, appeler l'opinion publique et le bon sens, à se prononcer sur des questions jusqu'ici à peu près inaborda-

---

[1] Consulter pour les statuts et l'esprit de cette belle création : *A brief description of the Royal United Service Institution.— Published under the Authority of the Council*. — Harrison and sons, St-Martin's lane, London, 1867. — Third édition.

[2] Vaste répertoire des sciences maritime. Magnifique ouvrage publié en 1783, sous les auspices du maréchal de Castries, ministre de la marine.

bles, pour la plupart des militaires et des marins [1] ! Ne serait-ce pas là aujourd'hui la mission des esprits prévoyants et des cœurs vraiment patriotiques ? Si ces études avaient pu contribuer à ce généreux réveil (ne fut-ce que dans la plus faible mesure), celui qui les a entreprises, y trouverait la récompense de ses labeurs; trop heureux, si, selon la belle expression d'un esprit éminent, du corps de la marine, il avait pu de loin montrer à son pays, « sous quel signe, il pourra vaincre ! »

---

[1] Sans remuer la poussière de trop volumineux dossiers, souvent d'un rare et difficile accès, comme sans une longue pratique des langues et des marines étrangères.

XI.

DE L'ATTITUDE A PRENDRE, DANS LES DIVERSES HYPOTHÈSES DE GUERRE MARITIME. — GRANDE GUERRE ET GUERRE DE CROISIÈRES.

> « De nos jours toute guerre doit
> « être dirigée de manière à ramener
> « une paix honorable, le plus promp-
> « tement possible ! »
> L'AUTEUR.

Pour tout esprit éclairé qui a su lire et méditer l'histoire et les enseignements trop peu connus de nos guerres maritimes, n'est-ce pas le moment de rechercher quelle devrait être, de nos jours, la conduite à tenir ou l'attitude stratégique à observer dans les diverses hypothèses de guerre maritime?

Si l'on admet l'excellente définition d'un de nos amiraux les plus compétents, pour une puissance navale de premier ordre, la marine comporterait trois champs d'action bien distincts :

1° L'attaque et la défense des côtes ;

2° La grande guerre ou guerre d'escadre, et d'expéditions combinées.

3° La guerre de croisière ou la course.

Selon sa politique et ses ressources, comme selon ses tendances et les besoins de sa situation géographique, il appartiendrait à chaque nation de préparer, plus ou moins, pendant la paix, les instruments de sa force navale, à figurer, le moment venu, sur chacun de ces champs de bataille.

Ainsi, naguère les Etats-Unis, sous l'influence de leur récente et terrible lutte, étaient amenés à créer deux flottes, l'une pour la défense des côtes, l'autre pour la guerre de croisières. — La France qui, dans ses nouvelles constructions, semblait n'avoir eu, tout d'abord, en vue que l'hypothèse de la grande guerre maritime et celle des transports de troupes, commence à faire une part aux navires de grande croisière, comme aux bâtiments spéciaux, destinés à la défense des côtes et des ports. — Enfin, l'Angleterre, d'abord un peu entraînée par notre exemple, dans la voie des grandes constructions, se trouve bientôt ramenée par sa vieille expérience des affaires maritimes, à attribuer une importance sérieuse aux deux autres champs d'action, la défense des côtes et la guerre de croisières.

En définitive, le problème posé à chaque nation maritime, semble être celui-ci :—« Etant donné un budget de la marine de « tant de millions par an, quelle doit être, au point de vue des « préparatifs, tels que constructions neuves, approvisionne-« ments, etc., etc., la part de la défense des côtes, celle de la « guerre de croisières et enfin, celle de la grande guerre mari-« time? » En dehors d'une réunion des hommes d'Etat et des marins les plus éminents, dans chaque pays, qui pourrait se flatter de répondre à cette grave question ? — En attendant que ce problème primordial ait été posé, discuté et résolu, dans le monde maritime, on nous permettra peut être, malgré notre insuffisance, de soumettre au lecteur quelques considérations stratégiques. — N'était-ce d'ailleurs la source autorisée où nous avons puisé la plupart de nos inspirations, cette entreprise eut pû assurément paraître téméraire ? — Mais la donnée principale qui se dégagera de ces pages, doit être considérée comme le *testament* naval et militaire du doyen de nos officiers généraux de la marine, acteur et témoin, pendant plus de quatre-vingts ans, des grands enseignements de notre histoire.

Après avoir longuement discuté dans les pages qu'on vient de lire, les moyens d'attaque et de défense des frontières maritimes et des ports, il nous reste à parler des deux autres théâtres où la marine pourrait se trouver appelée à agir. — Et, ici, nous ne voudrions pas encourir le reproche de partialité pour tel ou tel système de guerre !

Si l'on ouvre l'histoire de nos luttes par mer, on y trouvera que la France a souvent essayé, comme système principal, de la grande guerre et des expéditions combinées, mais plus rarement de la guerre de croisières.

Avec des gouvernements et des conseils habiles en fait de marine, c'est-à-dire sachant choisir leurs ministres et leurs chefs d'escadre, sous Louis XIV comme sous Louis XVI, nos flottes ont pratiqué alternativement la guerre d'escadre, la guerre de croisières et les expéditions coloniales, avec un mélange de succès et de revers qui n'en aboutit pas moins à des traités de paix toujours honorables.

Ainsi, après la longue et terrible guerre de la succession d'Espagne, malgré l'épuisement de la France, Louis XIV, à la paix d'Utrecht (1713), ne perd de notre vaste empire colonial que la seule île de Terre-Neuve, en conservant même sur les côtes de cette grande île, le droit de pêche dont nous jouissons encore aujourd'hui.

Après la guerre d'Amérique, à la paix de 1783, non-seulement la France conserve toutes ses colonies, mais elle réalise le but de sa politique, par l'affranchissement des Etats-Unis. — Et, en créant pour l'avenir à l'Angleterre, une rivalité maritime des plus sérieuses, elle fonde sur des bases désormais indestructibles, le grand principe de la liberté des mers! — Notre marine restaurée n'a jamais jeté un plus vif éclat qu'à la fin du règne de l'infortuné Louis XVI. — De 1774 à 1787, la marine française, sous les ministères patriotiques et habiles de M. de Sartines et du maréchal de Castries, accomplit les plus grandes choses et les plus sérieux progrès qu'elle eût connus depuis le temps des Colbert, des Duquesne, des Tourville, des Jean-Bart et des Dugauy-Trouin.

Louis XIV avait trouvé Colbert et Seignelay, Louis XVI sut distinguer M. de Sartines et le maréchal de Castries. — Selon l'heureuse expression d'un de nos amiraux : « Je trouve juste « qu'après la victoire, on n'oublie pas le ministre. — Un habile « ministre a sa part marquée d'avance, dans tous les succès ! « Mais n'oublions pas non plus, messieurs, le souverain qui, à « peine assis sur le trône, voulut s'occuper du bonheur de son « peuple et releva d'une main hardie, le drapeau humilié de la « France. — Louis XVI aima la marine ! — Il comprit que, sans « elle, il ne pouvait y avoir pour notre pays ni richesse, ni puis- « sance. — Il l'aima, et la marine, de son côté, lui demeura « fidèle » [1].

Au contraire, avec des hommes d'Etat moins experts à manier le trident de Neptune, c'est-à-dire sous Louis XV comme sous la République et le premier Empire, nos tentatives de grande guerre et surtout d'expéditions combinées d'outre-mer ne purent aboutir qu'à une série de revers, à jamais lamentables. — Ces derniers gouvernements, faute de comprendre leur situation d'infériorité et de décadence maritime, tentèrent-ils vainement de trouver une attitude conforme à leurs ressources et à notre génie national ? — Ou bien découragés des luttes

---

[1] Le vice-amiral Jurien de la Gravière, *Discours d'inauguration de la statue du Bailli de Suffren*. — Saint-Tropez, 1866.

directes sur l'Océan, songèrent-ils plutôt à agir par voie de diversion, et à transporter la guerre, soit sur les champs de bataille de terre ferme, soit dans les colonies, soit enfin au cœur même du pays ennemi ? — La seconde hypothèse paraît la plus probable.

En 1744, dès la première guerre de Louis XV contre l'Angleterre *alliée* de l'Autriche, « la marine française, observe un « historien éminent, *inférieure des deux tiers* à la marine an- « glaise, avait éprouvé de grands revers [1]. » — Cependant, au traité d'Aix-la-Chapelle, en 1748, la France et l'Angleterre s'étant restitué tout ce qu'elles s'étaient pris, nous pûmes sauver nos colonies et nous en fûmes quittes « pour avoir gravement « compromis notre marine. »

« A peine le traité était-il signé, continue le même historien, « que tout le monde fut convaincu que la guerre allait recom- « mencer. — Pitt voulait consommer la ruine de la marine « française ! » — Il faut en convenir, jamais pour l'Angleterre, l'occasion n'avait été plus belle ! — D'un côté, le gouvernement du pays par le pays, c'est-à-dire des ministres habiles, des choix compétents de généraux et d'amiraux, des finances en état, une politique et des opérations de guerre, subissant le salutaire contrôle de la nation et de l'opinion publique. — De l'autre, un pouvoir absolu, sans contre-poids, comme sans contrôle, abandonné par un prince fort peu digne de ce nom à des favoris; des finances gaspillées, c'est-à-dire les flottes et les armées négligées et manquant du nécessaire, des hommes de cour placés à la tête des escadres; des ministres parfois bien intentionnés, mais impuissants à lutter contre cette démoralisation générale, le pays appauvri et mécontent.

Aussi, malgré la valeur de quelques hommes héroïques, luttant avec la dernière énergie, sur mer ou dans nos colonies, malgré les Montcalm, les Drucourt, les Dupleix et les La Bourdonnaye, nos possessions lointaines devinrent-elles nécessairement la proie de l'ennemi ! Durant cette seconde guerre de Louis XV, contre l'Angleterre cette fois *alliée* de la Prusse, nos expéditions de terre et de mer, soit pour ravitailler nos colonies, soit pour menacer l'Ecosse, mal conçues ou mal commandées, tentées avec

---

[1] *La politique française sous Louis* XV, par M. Charvériat, *Correspondant* 25 septembre 1868, et *Histoire de France, depuis ses origines jusqu'à nos jours*, par M. Dareste, doyen de la faculté des lettres de Lyon. — Paris, Plon. — Ouvrage couronné par l'Académie française.

des forces inférieures, n'aboutirent qu'à des désastres : Déroute de l'escadre du maréchal de Conflans et destruction de celle de M. de la Clue, à Lagos, août et novembre 1759. — « Sur mer » dit le même historien, « les Français éprouvent de « véritables désastres ; nos côtes furent insultées, notre marine « ruinée, Louisbourg perdu ! » Aussi quand vint le traité de 1763, la guerre de sept ans nous avait-elle coûté le Canada, l'Acadie, l'Inde, La Louisiane et une partie des Antilles.

Pendant la guerre de la Révolution, même désordre, même ignorance de notre état réel et de nos possibilités d'action ; par suite, mêmes erreurs dans toutes les opérations navales et même continuité d'échecs ou de revers ! — Ainsi que sous Louis XV, alors que le mauvais état de notre marine nous commandait impérieusement une attitude prudente et sage, la guerre de détail, une stratégie circonspecte dont les croisières contre le commerce ennemi eussent formé la base principale, nous nous lançons follement dans les réunions de grandes escadres et dans les expéditions combinées d'outre-mer. Aussi par la seule force des choses, éprouvons-nous de grands désastres !

Bientôt, l'expédition d'Irlande, en 1796, celles d'Egypte et de Saint-Domingue, en 1798 et en 1801, et même le projet de descente en Angleterre, de 1803 à 1805, démontrèrent, en traits éclatants, l'impuissance radicale de cette tactique de *diversions*, pour quiconque n'était pas maître des grandes routes de la mer.

Rien de plus facile à expliquer cependant. — Point de grande guerre efficace, sans puissance de renouvellement ! Or, relativement parlant, et par comparaison à l'immense accroissement des marines de l'Angleterre et des Etats-Unis, notre puissance d'expansion maritime ne peut croître que lentement. — En renouvelant systématiquement la grande guerre, c'est-à-dire les expéditions et les batailles d'escadre, contre un antagoniste tel que l'Angleterre par exemple, la France ne ressemblerait-elle pas à ce joueur désespéré qui, en face d'un adversaire quatre ou cinq fois plus riche, engagerait sa fortune toute entière sur un seul coup de dés ?

Les batailles navales du 13 prairial, d'Aboukir, de Santo-Domingo, du cap Finistère et de Trafalgar, fournissent la preuve historique la moins contestable du danger des luttes d'escadre, pour une flotte inférieure en *qualité* ou en *nombre*. — Une seule fois, durant cette longue guerre, à la bataille du 13 prairial, nous cherchions l'ennemi, avec l'intention arrêtée de lui disputer la mer, pour protéger l'arrivée du convoi de blé, venant d'Amérique. — A Aboukir, nous fûmes surpris au mouillage, au lendemain d'un débarquement et dans le triste état de désorganisation navale et militaire qui, pour la marine, est la conséquence fatale d'un transport de troupes ! — A Santo-Domingo, nous appareillâmes à la hâte, et en désordre, pour ne pas être attaqués au mouillage. — Enfin à Trafalgar, comme au cap Finistère, nous fûmes joints par l'ennemi, en cours de navigation, (au lendemain comme à la veille du fameux plan de diversion qui devait nous rendre maîtres de la Manche), et contraints d'accepter deux batailles que nous n'avions point cherchées.

Au reste, selon une très-judicieuse observation que nous devons à la haute expérience de l'historien des *Batailles navales de la France*, une grande loi ne semble-t-elle pas se dégager de ces annales de la guerre maritime ? — C'est que jamais bataille navale, si décisive qu'elle ait été, n'a pu, comme tant de victoires terrestres, entraîner la conclusion immédiate de la paix ! — Cette impuissance de nos grandes boucheries maritimes à terminer les luttes sur l'Océan, n'est-elle pas une objection de plus contre le système de la guerre d'escadre, longtemps aussi avantageux pour l'Angleterre, que détestable pour ses adversaires ? — C'est de l'épuisement d'un peuple atteint dans son commerce, ses finances et son industrie, qu'il faudra toujours attendre le retour de la paix maritime !

Sous Louis XVI au contraire, la France avait une grande marine, des institutions remarquables et un état-major aussi brave que savant ; aussi Suffren, d'Estaing, d'Orvilliers et de Guichen purent-ils, sur toutes les mers, prêter le flanc aux flottes de l'Angleterre. — Mais la Révolution survint qui, de 1791 à 1793, engloutit à la fois l'état-major, la discipline comme les institutions, et gaspilla un superbe matériel naval. — Faut-il donc s'étonner s'il ne resta plus aux mains des officiers de l'Empire que des éléments mal coordonnés ? — Dans cette lutte sans espoir contre les vieux cadres anglais de la guerre d'Amérique, cette marine improvisée montra cependant plus d'une fois un courage stoïque. — Et si son dévoûment n'obtint guère de résultats que dans ces mers lointaines de l'Inde où de longues navigations avaient permis à quelques officiers habiles, de former des équipages et de rétablir des traditions, disons-le encore, ce fut bien moins la faute des marins de l'Empire que celle de la haute direction qui, des bords de la Seine, présida si longtemps à leurs destinées. — N'est-ce pas à cette malheureuse époque et avec la conscience de cette situation que Nelson s'écriait devant ses capitaines assemblés : — « Les ordres partis des bords de la Seine, ne tiendront compte ni du temps, ni du vent ! » Quand on songea enfin à mettre un terme à ces projets décousus, à ces tentatives impuissantes de grande guerre et d'expéditions d'outre-mer, comme à des choix malheureux, il était trop tard....

Voilà pour le passé ! Quant à présent, supposons que le principe absolu de la grande guerre vînt à l'emporter encore une fois dans les conseils du pays ? Ne faut-il pas, dans la mesure des prévisions humaines, se demander à l'avance quel serait le résultat final et certain d'une semblable stratégie ? Ici, c'est à la statistique qu'il appartient de répondre.

D'après les recherches du célèbre navigateur américain Maury et nos *Annales du commerce extérieur*, voici quelle serait, approximativement et en nombres ronds, cette statistique des trois principales marines des deux mondes :

STATISTIQUE des marines marchandes et des populations maritimes.	ANGLE-TERRE.	ÉTATS-UNIS.	FRANCE.	ITALIE.	PRUSSE et Confédération du Nord.	HOLLANDE
Tonnage maritime commercial (à voiles et à vapeur).	5,400,000 tonneaux	5,000,000 tonneaux (1865)	1,048,679 tonneaux (1865)	792,000 tonneaux (1867)	764,766 tonneaux (1867)	538,676 tonneaux
Rapport du tonnage français à celui des flottes étrangères.	5,15	4,77	1,00	»	»	»
Tonnage de la marine à vapeur.	1,270,240 tonneaux (1867)	977,960 tonneaux (1865)	133,158 tonneaux (1868)	»	»	»
Effectif général des gens de mer (mousses, novices, matelots, maîtres et capitaines),	420,000 hommes	350,000 hommes	120,000 hommes 1860	134, 95 hommes (1867)	»	»
Nombre de matelots de profession, valides pour le service de la guerre.	210,000 hommes	180,000 hommes	60,000 [1] hommes	»	»	»
Rapport des effectifs de marins valides.	3,50	3,00	1,00	»	»	»
Nombre total de navires..	38,000	30,000	15,602 [2]	»	»	»

[1] On peut hardiment élever ce chiffre à 90,000, en comprenant un tiers d'homme du recrutement dans les équipages.
[2] Pour la France, on comprend dans ce nombre, jusqu'aux embarcations de pêche.

Quintuple en mobilier naval et plus que *triple* en personnel valide, la richesse de l'Angleterre, comme celle des États-Unis, pourrait, d'ailleurs, aux yeux du penseur ainsi que de l'homme d'État, s'expliquer par les conditions d'existence, particulières à chacune de ces nations. — Cette disproportion des forces vives maritimes entre la France et l'Angleterre ne trouverait-elle pas ses causes premières dans la position géographique, la profondeur et la navigabilité des rivières, l'étendue relative des côtes, les mœurs et la vocation des deux peuples? — L'un absolument insulaire, l'autre plus qu'à moitié continental?

Aussi, à la seule inspection des chiffres du tableau qui donne la mesure de notre *puissance de renouvellement,* est-il permis d'entrevoir où nous conduirait en peu de temps, la guerre des grandes batailles et des gros bataillons, dussions-nous sortir vainqueurs d'un premier et formidable choc?

Les causes secondes de cette inégalité déjà ancienne se retrouvent encore dans l'histoire de nos fautes maritimes et coloniales. — Sous le règne de Louis XV, la France se laisse enlever l'Inde et le Canada, l'Acadie et la Louisiane, c'est-à-dire les plus beaux fleurons du magnifique empire colonial, légué à notre pays par les glorieux aventuriers du siècle de Louis XIV et de Louis XIII.

Après la guerre de l'indépendance des États-Unis, viennent les luttes par trop inégales de la Révolution et de l'Empire qui, soutenues avec un état-major décapité, des traditions ruinées et des équipages désorganisés, anéantissent pendant *vingt-trois* ans, notre commerce par mer, précipitent notre décadence maritime et coloniale, ruinent et déciment notre population du littoral. — A la paix d'Amiens en 1801, une occasion unique se présenta de relever notre marine et avec elle notre industrie et notre commerce extérieur, comme de recouvrer nos colonies perdues! — Rendre à notre pays son influence maritime et commerciale, inaugurer un régime réparateur de paix et de liberté, en conservant les magnifiques frontières que les guerres de la Révolution nous avaient léguées, n'était-ce pas là une mission bien digne de l'homme extraordinaire qui présidait alors à nos destinées? Un instant, il sembla en avoir la pensée et notre pays put en concevoir l'espérance; mais bientôt survint une nouvelle période de guerre, sans trêve et sans merci (de 1802 à 1815), qui acheva de consommer notre décadence maritime et coloniale.

— La perte de l'Ile-de-France, si heureusement située sur l'Océan-Indien, celle de Saint-Domingue surnommée la reine des Antilles et sacrifiée par un mot cruel, au fanatisme révolution-

---

1 « Périssent les colonies, plutôt qu'un principe! »

naire [1], eurent pour pendant celle de tous les marchés les plus anciens de notre commerce extérieur. — Aussi nos ports de commerce, nos industries d'exportation et la navigation nationale, furent-elles encore plus durement frappées de 1792 à 1815 que notre marine militaire elle-même.

Dans une région d'idées encore plus élevée, d'autres causes d'ordre moral ont été signalées pour expliquer l'ascendant maritime et colonial que la race anglo-saxonne a su prendre vis-à-vis de la race latine. — Parmi les nombreux arguments que les philosophes et les penseurs ont tour-à-tour invoqués, il en est deux qui nous ont toujours particulièrement touchés. — Aux avantages du *Self-Gouvernement* dont l'Angleterre a joui sans interruption depuis la Révolution de 1688, c'est-à-dire depuis près de deux siècles, notre pays n'a pu, pendant les trois quarts de cette longue période, opposer que des gouvernements *absolus*, sous des formes monarchiques, révolutionnaires ou dictatoriales. — La supériorité de la politique anglaise, habile à se créer des alliés sur le Continent, ne reconnaît peut-être point d'autres causes. — Une autre loi se dégage de ce long antagonisme des deux peuples. C'est qu'une seule fois dans l'histoire de nos longues guerres, durant la lutte pour l'indépendance des États-Unis, l'Angleterre et la France se sont rencontrées, *seule à seule*, et cette fois, c'est la politique française qui eut le dessus! — Chaque fois au contraire que la guerre maritime s'est trouvée compliquée de difficultés continentales, sous Louis XIV, pendant la guerre de la Succession, sous Louis XV, pendant la guerre de Sept ans, comme pendant toute la durée de la Révolution et le premier Empire, la politique française a toujours essuyé des revers. — N'est-ce pas là une de ces grandes morales que nos hommes d'État ne devraient jamais perdre de vue quand s'agitent les questions d'alliance? Accepter de nouveau la lutte sur nos frontières de terre et de mer, contre plusieurs ennemis à la fois, ne serait-ce pas une grave erreur de la part de la diplomatie ?

Veut-on apprécier quelles sont, à l'heure critique des revers, la force et l'énergie propres au *Self-Gouvernement* ? C'est un écrivain éminent qui va nous donner la réponse : il s'agit de la guerre de Crimée. — « Dans les premiers mois de cette guerre « imprévue qui venait d'éclater en Orient, l'administration de « l'Angleterre lui fait défaut [1]. La constitution aristocratique de

---

[1] *Des causes de la grandeur de l'Angleterre depuis les origines jusqu'à la paix de 1763*, par M. Gourand, consul de France. — Paris, 1856.

« son armée sembla devoir neutraliser la bravoure de ses sol-
« dats. — Son inexpérience de la grande guerre lui fait jouer un
« rôle secondaire peu digne de l'idée que l'on se formait de sa
« puissance.... —
« Alors, la presse, la tribune s'emparent de la question : les
« fautes commises sont signalées avec passion, avec exagéra-
« tion ; — toutes les plaies sondées jusqu'au vif ; — le mal
« avoué sans ménagement. — *Le véritable amour-propre na-
« tional ne consiste pas à nier les échecs, mais à les réparer...*
« Bientôt, sous l'influence de cette vive excitation de l'opi-
« nion, — de cette lumière jetée sur tous les actes de l'adminis-
« tration, celle-ci est obligée de sortir de sa léthargie. — Des ré-
« formes s'opèrent. — Des améliorations s'introduisent. — Et
« la seconde année de guerre voit l'armée anglaise plus forte
« que jamais, — mieux administrée, — largement pourvue de
« tout ce qui lui avait manqué, — traverser les rudes épreuves
« d'un second hiver, en perdant incomparablement moins de
« monde que ses alliés plus aguerris....
« Lorsque enfin la paix vint mettre un terme à cette effroyable
« consommation d'hommes et d'argent, — de toutes les puis-
« sances engagées dans la lutte, l'Angleterre était peut-être la
« mieux préparée à la continuer, à la fois sur les deux éléments
« où elle devait se décider.... »
Depuis 1815, il faut leur en savoir gré, tous les gouvernements qui se sont succédé en France ont tenté de généreux efforts, pour relever notre industrie d'exportation, nos pêcheries, notre navigation nationale comme pour se créer des colonies et reprendre place sur les marchés de l'étranger. — Ce n'est pas en vain qu'une nation peut, *vingt-trois* ans durant, s'isoler du monde extérieur ! Longtemps, nous porterons la peine des guerres de domination continentale du premier Empire ! — Car nos rivaux profitèrent tout naturellement de cette éclipse maritime du commerce français, pour prendre partout notre place. — A lui seul, cet état de choses, conséquence de notre passé, ne suffirait-il pas à légitimer dans notre pays, le maintien de certains droits protecteurs ? D'ailleurs, ainsi que nous l'avons montré au chapitre VIII, en traitant des intérêts de notre littoral, notre industrie des transports commerciaux par mer aura toujours à souffrir de la rareté de nos produits encombrants, c'est-à-dire de l'insuffisance de notre frêt de sortie. *Est natura rerum !*
— Cependant avec la paix, de bons traités de commerce, des règlements de navigation plus élastiques et plus libéraux, des

enquêtes commerciales fréquentes, des lignes de paquebots, le maintien de l'inscription maritime améliorée, notre commerce par mer ne peut que gagner du terrain. — Toutefois, ne l'oublions pas, en face de la redoutable concurrence de l'Angleterre et des Etats-Unis, notre renaissance maritime réclamera longtemps encore de nos gouvernants, une tutelle vigilante autant qu'éclairée.

Facile à saisir pour tout esprit cultivé, telle est la situation qui inspirait à un illustre marin ce jugement plein d'autorité : « La marine est beaucoup plus en France, une création de la « politique de nos rois, que le résultat d'un libre développement « du génie national ! » — Arbre de pleine terre en Angleterre et aux Etats-Unis, arbre exotique pour une notable partie de la France, c'est assez dire de quels soins vigilants, cette branche d'activité nationale a besoin d'être entourée pour s'acclimater et pousser de solides racines dans notre sol ! — Telles sont les considérations d'ordre moral que nos hommes d'État devront religieusement peser, si jamais les événements leur imposaient le devoir de choisir, pour la marine française, de nouveaux champs de bataille ! —Le ministre qui, d'un coup d'œil assuré, aurait su porter notre épée navale, sur un théâtre d'action vraiment en harmonie avec nos ressources et la vulnérabilité de nos ennemis, aurait plus fait pour la patrie que Colbert et Richelieu tout ensemble.

Bien différents furent, de tout temps, pour la France, les résultats de la grande guerre comparés à ceux de la guerre de croisières. — Rien qu'au souvenir des pertes que sous Louis XIV et même sous Louis XV, les armateurs de Saint-Malo et de Dunkerque infligèrent aux négociants de la cité de Londres, qui n'aperçoit les immenses ressources que la République et Napoléon Ier auraient pu trouver, à la condition d'employer persévéramment leurs marins et leurs vaisseaux à une guerre de course sagement organisée ? — Si ce grand génie, qui écrivait à Bernadotte : « *J'ai cent vaisseaux et pourtant je n'ai point de marine !* » eût employé ce même capital, à construire des navires rapides et bien armés, la guerre de partisans, poursuivie sur toutes les mers, lui eût offert d'amples dédommagements ! — En agissant ainsi, le premier Empire eût certainement rattaché à sa cause ces populations maritimes que la Révolution avait déjà épuisées de sacrifices, et auxquelles la prise et la vente des marchandises anglaises auraient offert une source de compensations devenues indispensables.

Tout en discutant, par voie de pure hypothèse, l'éventualité de jour en jour moins probable, d'une rupture avec l'Angleterre, il importe que le lecteur ne puisse, un seul instant, se méprendre sur notre pensée. — Quelque réserves que l'on soit en droit de faire sur le compte de l'ancienne politique anglaise, personne n'apprécie plus que nous les bienfaits d'une loyale entente avec cette grande et glorieuse nation ! — Et, nous croyons pouvoir l'affirmer ici, ce sentiment est partagé par la plupart des esprits éclairés qui, depuis quinze ans, se sont trouvés associés à l'armée et à la marine anglaise, en Crimée, comme en Chine et au Japon. — Le temps n'est peut-être pas si éloigné où toutes les forces de la France et de l'Angleterre devront encore une fois s'unir, pour tenir haut et ferme le drapeau de la civilisation et de la liberté, dans le monde ?

Si jamais, ce qu'à Dieu ne plaise, nous devions nous trouver encore en lutte avec la Grande-Bretagne, nous aimons à penser que, docile enfin aux leçons de l'histoire, notre pays, saurait cete fois adopter une stratégie plus habile. — Il est temps que la *furia francese*, renonçant à heurter le taureau par les cornes, ainsi qu'autrefois à Crécy, Poitiers et Azincourt, cède la place à une tactique plus digne du génie français !—Étudier le côté faible de nos voisins, comme nos pères à Villaviciosa et Briviesca, durant la guerre de la succession d'Espagne, ou à Fontenoy, sous Louis XV et plus tard, sous l'Empire, à Roliça et en Hollande, suffirait à changer la face de nos affaires. — Dès-lors, il ne s'agirait plus, selon l'heureuse expression d'un de nos hommes de guerre les plus habiles [1], de prendre comme objectif militaire, les 20,000 canons de la flotte britannique, mais bien les 50,000 navires de commerce, sans cesse occupés à transporter les richesses de l'Angleterre sur la plaine liquide.

Dès ce moment, l'hypothèse d'une rupture avec la Grande-Bretagne revêtirait un tout autre aspect. — D'inégale et d'inopinée qu'elle était presque toujours jadis, par notre absence de préparation et de stratégie, cette éventualité (si nous avions su nous y préparer de longue main), ne serait plus autrement de nature à nous inquiéter. — Une simple comparaison, fondée sur l'inégalité même des surfaces *vulnérables* (respectivement offertes par les colonies et la navigation marchande des deux nations), n'indiquerait-elle pas suffisamment de quel côté on aurait *le plus à perdre* et *le plus à gagner* ? Selon un mot

---

[1] M. le général Trochu.

heureux du doyen de nos amiraux : — « Cette inégalité même
« des surfaces vulnérables, exposées de part et d'autre, réta-
« blirait entre la France et l'Angleterre, comme une sorte d'é-
« quilibre ! »

Avec ses ressources normales, la marine française soutiendrait *indéfiniment*, s'il le fallait, une guerre de croisières sur mer. — Il est toutefois plus que probable que notre persévérance ne serait nullement soumise en pareil cas, à une épreuve d'aussi longue durée. — Rien que par l'élévation du taux des assurances à la Bourse de Londres, deux ou trois années de croisières bien dirigées suffiraient à enlever la clientèle des transports maritimes au pavillon ennemi, c'est-à-dire à tarir la principale source de sa prospérité nationale ! — De là, une détresse commerciale et financière qui ne tarderait guère à lasser cette phalange d'esprits sagaces et calculateurs qui, de tout temps, a conduit les affaires de l'Angleterre.

Comme points de ravitaillement de nos croisières, n'aurions-nous pas, sans parler de nos colonies, les côtes et les ports de toutes les nations neutres capables de faire respecter leur pavillon ? Dans cet ordre d'idées, ne trouverait-on pas des avantages réels, à faire recueillir dès à présent, dans chaque station navale, à l'étranger, les éléments d'une sorte de *vade-mecum* ou *Manuel du Croiseur*, renfermant sous une forme très-laconique, les renseignements indispensables pour trouver, dans toutes les parties du monde, les ressources les plus nécessaires en eau, vivres, charbon, etc., etc[1]. — Il va sans dire que la paix, soigneusement maintenue par notre diplomatie sur le Continent, augmenterait considérablement nos chances dans une lutte de ce genre. — En pareil cas, n'aperçoit-on pas à quel point, une alliance maritime éventuelle avec les États-Unis ou la Russie, nos alliés naturels sur l'Océan, étendrait nos bases d'opérations et pèserait d'un grand poids dans la balance ?

Le même raisonnement s'appliquerait à l'hypothèse, beaucoup plus improbable, d'une rupture avec la grande république américaine. — New-York, qui a des intérêts pareils à la cité de Londres, subirait la même impression et céderait sous la même influence ! — Ainsi que le constate le tableau statistique des ma-

---

[1] *Précis des campagnes de l'amiral Pierre Bouvet*, Paris, Michel Lévy, 1866. — *Croisières de l'*Alabama *et du* Sumter, *par le capitaine R. Semmes*, Paris, Dentu, 1864. — Ces deux ouvrages remplis d'enseignements, en matière de guerre de course, devraient aussi faire partie de la bibliothèque de tous les capitaines de croiseurs.

rines commerciales que nous avons donné plus haut, pour *un navire français qui pourrait tomber aux mains des croiseurs américains*, les croiseurs français, à nombre égal, ne captureraient pas, en moyenne, moins de *cinq* navires marchands portant le pavillon des États-Unis. — Il n'est pas de nation maritime au monde dont la France ne pût se faire craindre, en transportant la lutte sur ce terrain.

Mais, pour bien débuter dans la guerre de croisières, il est une condition indispensable. — Déterminer pendant la paix notre programme de guerre, nos *possibilités d'action* et en déduire, cette fois de science certaine, la marche à suivre dans la direction de nos constructions navales et la préparation de nos armements. — Ce programme de nos chantiers ne saurait donc demeurer du domaine exclusif de nos savants ingénieurs. — Les hommes d'art et de science subissent, parfois, même à leur insu, la fascination de leurs propres œuvres ou l'influence de théories trop absolues. — Le programme de nos constructions navales ne doit-il pas être la conséquence obligée de notre programme de guerre ? — Réfléchissons que l'emploi de notre budget du matériel, en bâtiments gigantesques et à grand tirant d'eau (beaucoup plus flatteurs pour l'amour-propre des ingénieurs qu'utiles dans la situation particulière de la France), nous ramènerait par une pente fatale et à peu près irrésistible, aux batailles d'escadre, aux grandes expéditions combinées, telles que les pratiquèrent Tourville et d'Orvilliers. — Aujourd'hui, ne serait-ce pas là un anachronisme ! Ne laissons pas engager légèrement notre liberté d'action ! — Sachons arrêter jusqu'aux élans du génie, s'il s'écartait des voies où la stratégie raisonnée, l'histoire, la logique et l'économie de nos ressources nous commandent de marcher. — Songeons plutôt à encourager ces types de gardes-côtes et de bâtiments de croisière répondant clairement à la double et permanente nécessité de défendre nos ports, comme à celle d'opérer au loin de puissantes diversions [1] !

Une réunion de nos hommes de mer et de nos ingénieurs les plus éminents pourrait seule, comme en 1857, trancher désormais avec autorité cette difficile question. En attendant les déci-

---

[1] Les corps voués à la conception et à la mise en œuvre du matériel naval (génie et artillerie de la marine) renferment aujourd'hui nombre d'hommes d'une grande distinction comme d'un véritable mérite. Et à la seule condition de laisser à chacun d'eux, une part d'initiative proportionnée à ses attributions, et de mettre au concours les *desiderata* nettement affirmés des hommes de guerre, nul doute qu'on ne parvienne à résoudre toutes les difficultés de la situation actuelle !

sions de ce haut comité que la révolution causée par l'application de la cuirasse, la disparition graduelle des vaisseaux et frégates en bois et les nouvelles exigencesde la guerre des croisières et de la défense mobile de ports, obligent à réviser le programme tracé en 1857, (pour la seule flotte en bois), cherchons à pressentir les grandes lignes de cette composition de notre flotte de combat, conséquence obligée de notre programme de guerre ?

— La France possède déjà une flotte de transports considérable, ainsi qu'une flotte cuirassée importante.— Notre flotte de transports, est, assure-t-on, capable de transporter un corps d'armée de 50,000 hommes, sous l'égide de notre flotte de combat. Quant à notre flotte cuirassée, c'est à la fois un instrument de guerre d'escadre, d'expédition combinée, d'attaque des ports, mais difficilement une ressource en cas de guerre de croisières ! — La France possède donc des moyens d'action considérables, soit qu'elle veuille, à un moment donné, opérer un grand transport de troupes, ou revenir momentanément à la grande guerre maritime. — Est-elle également bien préparée à figurer sur deux autres théâtres ? — La défense des ports et la guerre de grandes croisières ? Telle est la question que nous voudrions rapidement examiner !

Si l'on admet que d'une part, défendre vigoureusement nos ports, et de l'autre agir efficacement sur toutes les mers, constituent deux de nos principales et inévitables nécessités stratégiques, on est conduit tout naturellement à créer deux flottes spéciales, l'une de gardes-côtes et l'autre de grandes croisières. Si la flotte garde-côtes reconnaît comme éléments principaux, des *monitors* et des *béliers* à tourelles, sans oublier les canonnières et les batteries flottantes, le haut comité, dont nous parlions, aurait pour première mission d'apprécier, comme en 1857, la part qu'il conviendrait de faire à chacun de ces divers instruments d'attaque et de défense. — On répondrait ainsi clairement à l'obligation permanente de défendre chacun de nos ports, selon l'importance du matériel naval et industriel qu'il abrite. — Ce même comité, aurait à déterminer ensuite les meilleurs instruments de la guerre de grandes croisières : ces instruments devront-ils être des navires en bois ou des bâtiments cuirassés? S'il s'agissait d'opérer contre un grand commerce ennemi et éventuellement de contraindre à la paix l'Angleterre ou les États-Unis, la réponse ne serait guère douteuse. — Un premier choix fait dans la flotte des frégates et corvettes à hélice en bois, fournirait un certain nombre de croiseurs assez rapides et bien armés, portant beaucoup de de vivres et de charbon. — La tâche patriotique de compléter notre flotte de croisière, par un certain nombre d'*Alabamas*, n'exigerait pas de notre budget, des sacrifices à beaucoup près comparables à ceux réclamés par la création de corvettes ou de croiseurs cuirassés? Grâce à la sollicitude éclairée qui préside aux destinées de la marine, cette mesure est aujourd'hui en voie d'exécution.

L'unité de croisière ne doit-elle pas être un navire en bois plus rapide, naviguant mieux à la voile et trois ou quatre fois moins cher ? — « C'est-à-dire, selon l'expression d'un de nos
« amiraux, qu'au prix d'un croiseur cuirassé et à batterie cou-
« verte, on aurait trois ou quatre croiseurs en bois et à batterie
« barbette, plus rapides et plus aptes aux longues et lointaines
« croisières, en temps de guerre. » Pour découvrir les conditions essentielles de ces nouveaux *Alabamas*, examinons encore les enseignements tout récents de la guerre d'Amérique, et ici, nous ne saurions mieux faire que de laisser la parole à M. le vice-amiral Touchard qui, dans la *Revue maritime* [1], vient justement de traiter cette belle question, avec toute l'autorité et la haute compétence, depuis longtemps attachées à son nom.

« On sait ce qu'étaient les croiseurs confédérés. Sortis des
« chantiers industriels de l'Angleterre, ils n'avaient qu'un assez
« faible tonnage, 100 à 150 hommes d'équipage et 6 à 8 canons,
« dont deux à pivot de 68 lisse, ou de 100 *Armstrong*, en chasse
« et en retraite. Certes, quelle qu'en fût la valeur relative, cet
« armement n'eût pas suffi pour tenir en échec la marine fédé-
« rale, mais les croiseurs confédérés avaient en eux une autre
« force, la *vitesse*, et c'est par là qu'ils ont pu pendant deux ans
« défier les efforts d'un ennemi acharné à leur poursuite.

« Ainsi, et ce n'est pas un des moindres résultats de cette
« guerre si fertile en enseignements, il aura suffi de quel-
« ques navires comparativement rapides pour infliger au com-
« merce de l'*Union* de cruelles blessures. — Ce commerce, qui
« embrassait le monde, a vu son tonnage frappé d'une sorte
« d'interdit, et son pavillon, forcé de s'abriter dans ses ports, a
« cédé la place au pavillon rival de la neutre Angleterre. Du
« reste, cet enseignement, hâtons-nous de le reconnaître, n'a
« été perdu pour personne, et si, à l'origine, l'apparition des

---

[1] *Les navires de croisière et leur armement*, par M. le vice-amiral Touchard. — *Revue maritime* de mai 1868 et chez Arthus Bertrand, Paris.

« rapides croiseurs confédérés a pu être une surprise, cette sur-
« prise chèrement payée ne se reproduirait plus de nos jours.

« Cependant, il fallait aussi tenir compte des éventualités de
« la guerre de course, et pourvoir à la protection d'une immense
« flotte marchande. C'est en vue de ce dernier intérêt que l'on
« avait construit quelques navires propres aux croisières loin-
« taines, comme le *Kearsage* et le *Shenandoah*. Les premiers
« portaient deux canons à âme lisse de 11 pouces (0^{m}28) à
« double pivot, les autres en portaient trois. Les uns et les
« autres, outre les canons à pivot formant leur principal arme-
« ment, portaient deux à six canons de côté.

« A ces navires ainsi armés ce n'était pas la force qui man-
« quait pour combattre avec succès les croiseurs confédérés,
« c'était la vitesse, et les faits sont là pour le prouver. Car, si
« l'*Alabama* a été coulé par le *Kearsage*, c'est qu'il est allé au-
« devant de son adversaire pour lui offrir le combat ; si la *Flo-
« rida* a été enlevée par le *Wachusset*, c'est qu'elle a été surprise
« et attaquée de nuit dans un port neutre, au mépris des droits
« de la neutralité.

« L'insuffisance de vitesse une fois constatée, on se mit à
« construire des navires plus rapides, de 600 à 1,350 ton-
« neaux [1], armés comme les précédents, puis des navires de
« 3,200 à 3,700 tonneaux, comme l'*Ammonoosuc* et le *Chatta-
« noga*, portant 17 à 19 canons, tous en bois, à grande vitesse,
« armés d'une puissante artillerie et pourvus d'un système de
« voilure complet.

« Si maintenant nous portons nos regards de ce côté de
« l'Atlantique, voici ce qui se passe ! Dans la Chambre des Com-
« munes d'Angleterre en 1865, le premier secrétaire de l'Ami-
« rauté, lord Clarence Paget, faisant l'exposé du budget, s'expri-
« mait ainsi : « Nous construisons des navires en bois, sans
« cuirasse et très-rapides, armés d'une puissante artillerie (ca-
« nons à pivot et de côté) et dont la *force principale sera la
« vitesse*. Trois sont déjà sur les chantiers, et nous porterons ce
« nombre à 7 [2]. Ils sont destinés à la protection de notre com-
« commerce. »

« En France, outre nos grandes corvettes à batterie couverte,
« comme l'*Armorique*, la *Vénus*, etc., nous construisons des
« navires en bois de 1,900 tonneaux de déplacement, et d'une

---

[1] Ces chiffres expriment le *tonnage* du navire et non son déplacement.
[2] Le nombre de ces navires a été depuis cette époque porté à 12.

« longueur de 79 mètres. Leur vitesse présumée atteindra
« 14 nœuds, et ils porteront leur artillerie sur un pont décou-
« vert. » — (Type *Chateau Renaud*, *Infernet*, *du Petit-*
« *Thouars*, etc...)

M. le vice-amiral Touchard définit d'ailleurs le nouvel *Alabama*
dans les termes suivants : — vitesse *maxima*, — artillerie puissante par la qualité des pièces bien plus que par la *quantité*;
— faux-pont élevé, spacieux, aéré ; hauteur de batterie de 2^m50
à 3 mètres; réduction au strict nécessaire du *bouge* et de la *ton-
ture*; emplacements convenables, ménagés aux extrémités et
entre les mâts, pour recevoir *trois* gros canons montés sur des
affûts à double pivot. — Ainsi que l'observe l'auteur des *Navires
de croisières*, le poids des canons à établir à l'avant et à l'arrière, (bien que réparti sur une plus large base, au moyen de
l'affût à double pivot,) ne doit-il pas être sagement proportionné
au *déplacement* de la *tranche* destinée à les supporter? — Avant
tout, ne faut-il pas respecter la vitesse et les qualités nautiques?

Pendant qu'il n'est pas d'aviso de deuxième classe ou de canonnière qui ne puisse porter sur un affût de ce genre et au
centre du navire comme *poste de mer*, un canon de $16\%_m$, les
extrémités des avisos des deux classes ne sauraient, sans inconvénient, recevoir des poids plus lourds que les canons de
$12\%_m$ et de $14\%_m$, pour le tir en chasse et en retraite. Cette réserve n'a d'ailleurs que peu d'importance, puisque, ainsi que
semblerait le prouver le combat du *Kearsage* et de l'*Alabama*,
devant Cherbourg, ce sont les gros canons à pivot de la partie
centrale qui d'ordinaire frappent les coups décisifs! — Mais, si
l'on arrive aux corvettes de 400 chevaux et de 1700 tonneaux,
le poids d'un canon de $16\%_m$ à pivot, ainsi que l'observe l'auteur des *Navires de croisière*, en raison du volume des tranches
de déplacement qui le supportent, n'est plus à craindre pour
les extrémités. — On rentre dès lors dans les conditions générales de l'armement rationnel, proposé pour les nouveaux *Alabamas*.

« S'agit-il à présent des nouvelles corvettes de 1900 ton-
« neaux [1], le même ordre d'idées va présider à la composition
« de l'armement. Le poids disponible pour l'artillerie étant de
« 70 tonneaux, comment va-t-on utiliser ce poids? Ici se pré-
« sente la question de savoir s'il convient d'employer le calibre

---

[1] *Les Navires de croisière et leur armement*, pages 23, 24, 25.

« supérieur au 16^c/$_m$ modèle 1864, et de faire intervenir dans
« l'armement le 19^c/$_m$. Le canon de 19^c/$_m$ pèsera — avec l'affût —
« 10,000 kilogrammes, en admettant que l'affût à double pivot
« ne soit pas plus lourd que l'affût à pivot en service, et son
« projectile creux pèse 52 kilogrammes. Mais sa vitesse initiale
« est moindre que celle du 16^c/$_m$ (356 mètres au lieu de 365), sous
« le même angle de tir ses portées sont plus courtes, sa trajec-
« toire est moins tendue. Le 19^c/$_m$, avec ses grands effets balis-
« tiques, est destiné à percer les cuirasses. Sera-t-il bien à sa
« place sur le pont d'un navire qui n'est destiné à combattre ni
« des navires, ni des ouvrages cuirassés, sur le pont d'un navire
« sans cuirasse ? Nous ne le croyons pas. Nous croyons que l'ar-
« mement des navires dont nous nous occupons, croiseurs en
« bois ou en fer non cuirassés, ne doit pas aller jusque-là, que
» le 16^c/$_m$, (modèle 1864), en marque la limite supérieure ! »

La puissance balistique d'un croiseur armé, comme le propose M. le vice-amiral Touchard [1], serait considérable et résoudrait à notre sens, de la manière la plus heureuse, le problème de l'armement de nos nouveaux navires de croisière.

Nos nouveaux *Alabamas* posséderaient en effet les trois variétés d'artillerie, reconnues nécessaires pour faire face à toutes les phases d'un combat naval :

1° — Les 3 canons à double pivot ou *canons de position*, au centre du navire.

2° — Les 4 canons sur affût marin ou canons de *bordée*, artillerie mobile qui à la générale, doit toujours, (au moyen de passages convenables et d'un nombre suffisant de sabords), pouvoir, (pour qui connaît ou comprend la guerre,) se transporter et se réunir du côté de l'ennemi.

---

[1] « Cela posé, voici comment nous composerions l'armement de la corvette à barbette de 1,900 tonneaux :

	kilogr.
« Au centre, sur affût à double pivot, 1 canon de 16^c/$_m$, (modèle 1864)............	6,500
« En chasse et en retraite, *sur affût à double pivot*, 2 canons de 16^c/$_m$, (modèle 1860)............	8,940
« Aux sabords de côté, sur affût marin, 4 canons de 16^c/$_m$, modèle 1860............	17,880
« Aux sabords de côté, sur affût marin, 2 canons de 12^c/$_m$......	1,900
« Poids des projectiles { de 16^c/$_m$ p^r 3 canons à 210 coups par pièce	19,215
— 4 — 205 —	13,020
de 12^c/$_m$ 2 — 50 —	1,150
« Total, non compris le poids des poudres et caisses à poudre..	68,605

3° — Enfin l'artillerie *volante* ou *plongeante* [1], comme on voudra la nommer, représentée par les canons de 12$^c/_m$ établis sur des plates-formes de tir, dans les parties *élevées* du navire, réserve bien précieuse en cas d'abordage ou de combat bord à bord. — Si les gros canons à pivot sont indispensables, pour le cas d'un combat aux *grandes* et aux *moyennes* distances, les canons mobiles de bordée et les pièces plongeantes sont peut-être encore plus nécessaires pour projeter très-rapidement une grêle de mitraille et d'obus, dans la circonstance essentielle et critique d'une lutte très-rapprochée. — Sur ce point capital, ce ne sont assurément ni les ingénieurs, ni les artilleurs des ports qui voudraient contester le sentiment et l'expérience des hommes de guerre !

---

[1] « Le 12$^c/_m$ qui ne pèse que 620 kilogrammes, est une pièce essentiel-
« lement maniable et mobile, c'est une *artillerie volante*, dont on pourra
« se servir dans un combat rapproché pour battre en brèche et *crever le*
« *pont de l'ennemi*. Dans ce but, nous voudrions que la passerelle fût
« assez solidement établie pour supporter le tir des canons de 12, qu'on en
« fît une sorte de *spardeck* et que sur ce spardeck on pût mettre les deux
« canons de 12 en batterie de chaque bord. La muraille du navire — dans
« sa partie correspondante à la la largeur du *spardeck* — serait exhaussée
« à la hauteur d'un seuillet de sabord et c'est par dessus ce seuillet que
« les pièces tireraient en barbette. De cette position dominante, avec un
« pointage de 15 à 20°, on serait sûr d'atteindre l'ennemi dans ses parties
« vitales ; mais pour arriver à ce pointage négatif il faudrait une combi-
« naison d'affût particulière.

« C'est en vue des mêmes avantages que nous avons ajouté un canon de
« 12, à l'armement de la corvette de 1,600 tonneaux.

« Il conviendra d'en faire autant pour l'aviso de 1re classe ; ce sera une
« surcharge insignifiante de 1,525 kilogrammes, munitions comprises.

« Sur les avisos de 2e classe, dont l'armement se composera d'un canon
« de 16 centimètres et de 2 canons de 12, navires ras sur l'eau, il y aurait
« avantage dans la chasse et la retraite, aussi bien que dans un combat
« rapproché, à élever le tir de ces dernières pièces, et c'est à ce point de
« vue que la *teugue* et la *dunette* vont trouver un emploi utile. La teugue,
« sur les petits navires, offre aux hommes de quart un abri précieux, les
« deux canons de 12 y seraient mieux placés que sur le pont pour le tir
« en chasse. — Quant à la dunette, nous ne l'admettons que dans des condi-
« tions tout autres que les conditions ordinaires. Point de logement, ni de
« compartiments d'aucune sorte, pas de cloison transversale qui, vent de
« bout, fait obstacle à la marche. La dunette entièrement ouverte ne serait
« plus qu'une plate-forme capable de supporter le tir des canons de 12.
« Cette plate-forme n'occuperait pas l'emplacement des dunettes ordinaires ;
« il vaudrait mieux, pour alléger l'arrière, qu'elle fût portée un peu plus
« en avant, laissant un vide entre son *fronteau* arrière et le couronne-
« ment du navire : ce serait la *passerelle* agrandie et portée en arrière
« au lieu d'être au centre. »

N'oublions pas qu'avec sa justesse de tir sa pénétration, et la puissance explosive de ses projectiles de 30 kilogrammes, le 16c/m, (nous le disons avec une conviction profonde), est, dans ses deux modèles de 1860 et 1864, tout ce qu'on peut désirer de mieux. Pour détruire des navires en bois quels qu'ils soient, on peut l'appeler hardiment : — « Un canon égal à tous ! » — Possédant déjà deux pièces aussi accomplies, éprouvées et cependant maniables, vouloir aller au-delà, ne serait-ce pas céder à un entraînement regrettable pour le nouveau calibre de 19c/m ? Après avoir longtemps fait attendre à la marine les gros canons, vouloir en mettre indistinctement *partout*, ne serait-ce pas tomber d'un extrême dans l'autre ? — D'ailleurs abandonner et exclure les canons mobiles et légers de bordée, restreindre, en dessous de certaines limites, le *nombre* des pièces, comme la rapidité du tir, et le poids de fer lancé, admettre un canon trop lourd pour être toujours bien manœuvrant, surtout par une mer agitée, ne serait-ce pas enfreindre les lois de la prudence [1] ?

La question des parts de prise se lie intimement à celle de la guerre de croisières, dont elle fut de tout temps, le précieux stimulant. — Ne serait-il pas temps de procéder à une refonte radicale de notre législation, en matière de « prises maritimes, » où le souci exclusif de la *forme* l'emporte actuellement sur le *fond*, et d'adopter un mode de procédure simple et expéditif, comme celui des cours d'Amirauté anglaises ? — Décréter un mode plus pratique et plus prompt, pour le jugement des prises et le règlement des parts, en s'inspirant des ordonnances rendues en 1778, à l'origine de la guerre d'Amérique, ce serait là un encouragement précieux et d'un effet moral puissant, dans l'état de malaise de nos populations maritimes, auxquelles une rupture par mer impose toujours de si lourds sacrifices.

Qu'on ne l'oublie pas ! Il s'agit de l'exécution d'un contrat, passé depuis Colbert, entre l'État et cette population spéciale, connue sous le nom d'Inscription maritime. Frappé des diffi-

---

[1] Par les considérations invoquées aux chap. IX et X, relativement à la composition de l'artillerie, nous ne croyons pas nous tromper de beaucoup en répétant que le *nombre* de *canons*, ce grand élément de succès dans les combats de près, ne devrait guère descendre, dans la flotte en bois, au-dessous d'*une* pièce pour 200 tonneaux de déplacement. — Les affûts tournants et à masque en fer, adoptés pour les gros canons à pivot, paraissent devoir rendre de grands services, pourvu qu'à un moment donné, l'on puisse remplacer tel ou tel engrenage avarié par les anciens moyens rudimentaires, le palan et l'anspect !

cultés que ses intendants éprouvaient à recruter les flottes de Louis XIV, Colbert parlant au nom de la France, se tourna un jour vers nos populations riveraines et leur dit : « Soyez les « hommes liges du Roi pour servir sur la mer ! — A la première « réquisition de l'État, montez sur ses vaisseaux ! En échange « de vos services et de votre sang, le Roi vous accordera cer- « tains priviléges et, en outre, une part proportionnelle dans « les captures faites par ses vaisseaux ! » — Or, la colonie militaire à qui l'on tint ce langage, il y a deux siècles, existe encore et le pacte de Colbert n'a pas cessé d'être en vigueur.

Le droit attribué au capteur n'est-il pas éludé ou rendu illusoire, si, comme on l'a vu d'abord dans nos affaires du Tage, du Mexique et de la Plata, et plus tard après les guerres de Crimée, d'Italie et du Mexique, le jugement et le payement des prises aux ayants droit se font attendre pendant des années ?—Si, ce qu'à Dieu ne plaise, la France était de nouveau contrainte de lutter contre une puissance maritime prépondérante, ne serait-il pas d'une bonne politique de placer l'intérêt des familles, les droits acquis et le sang versé, au-dessus de vains scrupules de jurisprudence? Qu'on songe à l'effet moral produit sur nos populations maritimes et à la vieille maxime : « *Qui veut la fin, veut les moyens!* »

Ici, qu'on nous permette une courte digression dans le domaine du droit des gens. — Par la déclaration du 16 avril 1856, annexée au *Traité de Paris*, les principes libéraux qui suivent, ont été adoptés, en matière de droit des neutres :

1° La course est et demeure abolie.

2° Le pavillon neutre couvre la marchandise ennemie, à l'exception de la contrebande de guerre.

3° La marchandise neutre, à l'exception de la contrebande de guerre, n'est pas saisissable sous pavillon ennemi.

4° Les blocus, pour être obligatoires, doivent être effectifs, c'est-à-dire maintenus par une force suffisante, pour interdire réellement l'accès du littoral ennemi.

On s'est étonné que la France, à qui la course avait donné quelques unes de ses plus belles journées sur mer, comme des plus beaux noms de son histoire navale, tels que Jean-Bart, Duguay-Trouin, Cassard et Surcouf, ait eu la générosité inattendue de proposer, la première, la suppression des lettres de marque. — En revanche, il faut reconnaître que l'adoption de nos principes traditionnels, en matière de liberté des neutres et de blocus effectifs, constituait une sorte de compensation qu'il serait injuste d'oublier.

Il convient toutefois de remarquer que les États-Unis, l'Espagne et le Mexique firent leurs réserves, quant au droit d'armer des corsaires. De la part de puissances qui ne possédaient alors que des marines de guerre secondaires, ces réserves étaient d'autant plus naturelles que l'Europe n'accédait pas encore à la demande des États-Unis, d'une clause garantissant l'inviolabilité absolue de la propriété privée sur mer.

Avec leur instinct maritime habituel, les États-Unis refusèrent de s'associer à cette demi-mesure. — « Vous voulez, oui ou « non, répondaient les Américains, revêtir la propriété privée, « sur mer, d'un bénéfice d'inviolabilité? — Si vos intentions « sont sérieuses et sincères, alors affranchissez le commerce de « tout risque de capture, quelle qu'en soit la source! — Dès ce « moment, nous acceptons votre nouveau droit des gens, comme « un véritable progrès qui, de concert avec le libre-échange, « rendra la guerre à peu près impossible. — Mais si, en suppri- « mant les corsaires, vous laissez les bâtiments marchands « exposés aux saisies et à la destruction, de la part des croi- « seurs militaires, les maux que vous vous flattez de guérir, « n'auront fait que changer de nom. — La puissance la plus « riche en forces navales régulières dévastera et ruinera, en « maîtresse souveraine de la mer, le commerce de ses ennemis. « — Vous n'aboutirez en fin de compte qu'à augmenter la pré- « pondérance des grandes marines militaires! » — Ce raisonnement ne semble-t-il pas de nature à faire réfléchir les marines secondaires? Aussi le monde maritime se trouve-t-il actuellement dans une situation singulière. — L'Europe s'est interdit d'armer de corsaires, mais les États-Unis ont conservé le droit d'en couvrir les mers. — « Courir sus au commerce ennemi, en « lui faisant tout le mal possible, c'est tarir chez son adversaire, « une des sources les plus fécondes de la fortune publique et la « puissance de l'État. Tel est encore le droit de la guerre mari- « time, et si les puissances signataires du Traité de Paris en ont « restreint l'exercice, elles n'en ont point tempéré les ri- « gueurs [1]. »

Comment d'ailleurs ne pas remarquer ici cette autre contradiction que la propriété privée n'a jamais joui dans les guerres

---

[1] *Les navires de croisière et leur armement*, par M. le vice-amiral Touchard. — *Revue maritime*, mai 1868, page 8.

terrestres, de ce bénéfice d'inviolabilité dont on voudrait aujourd'hui investir la propriété maritime. — Serait-il nécessaire de rappeler les villes bombardées, prises d'assaut, livrées au sac et au pillage, ou frappées d'énormes contributions de guerre ? — Il n'y a pas jusqu'aux innocentes populations des campagnes qui, pendant la marche des armées, ne se voient pillées, foulées aux pieds, frappées des plus dures réquisitions. — Les nécessités du bivouac n'entraînent-elles pas, (dans les pays peu boisés), jusqu'à la démolition des plus humbles chaumières ?

L'Amérique se souvient toujours de son heureuse guerre maritime de 1812, soutenue contre l'Angleterre, par quelques bonnes frégates, plus rapides et mieux armées en hommes et en canons que celles des Anglais. En vérité, il suffit de se rappeler la terreur répandue, dans un commerce ennemi, par quelques croiseurs rapides, pour apprécier les ressources que cette tactique procure au faible contre le fort. — En 1863 et 1864, les seuls exploits de trois ou quatre croiseurs confédérés, la *Florida*, l'*Alabama*, la *Georgia*, etc., avaient chassé de l'Atlantique les flottes marchandes des États du Nord.

En France aussi plusieurs écrivains, parmi les plus éminents, ont tenté de faire comprendre à notre pays, à quelles conditions, il pourrait organiser avec fruit la guerre de croisières. Dans l'impossibilité de les nommer tous, nous renverrons le lecteur aux *Mémoires* du baron Portal et au dernier chapitre des *Guerres maritimes*, du capitaine de frégate Jurien de la Gravière. — Voici d'abord comment la comprenait un des plus habiles ministres qu'ait jamais eus la marine ! Interrogé au lendemain même de nos revers maritimes, sur les moyens d'en prévenir le retour, le baron Portal répondait au roi Louis XVIII :

— « Votre Majesté désire savoir quel est, dans mon opinion, le
« genre de guerre à faire à l'Angleterre, si malheureusement
« la France y était de nouveau contrainte? — Ce genre de
« guerre serait la course. — Je me ferai moi-même le chef de
« cette lutte. — J'y intéresserai l'honneur et l'amour-propre de
« notre littoral [1] ! »

Si nous avons renoncé aux corsaires, il est un fait patent, c'est que l'État, avec ses forces régulières, conserve le droit imprescriptible de faire le genre de guerre, le plus conforme à ses intérêts ? — Pour la marine la moins forte, réduite à n'opposer qu'*un* à *trois* ou à *quatre*, le bon sens, à lui seul, indiquerait

---

[1] *Mémoires* du baron Portal.

quelle doit être la tactique la plus habile, et l'arme nationale par excellence? Nul doute que si la puissance la moins riche en flotte militaire voulait jamais s'inspirer de ces principes, il ne devînt désirable d'incorporer soudainement, dans les rangs de ses croiseurs, bon nombre de paquebots rapides, tels que ceux de nos grandes compagnies transatlantiques et de l'Indo-Chine.

Avec un système libéral de primes d'enrôlement, affiché sur tous les quais du Continent, assurément ce ne seraient ni les caractères aventureux, ni les bons matelots qui feraient défaut, pour courir sus à l'ennemi ! — Au noyau national de marins de profession, devenu parfois insuffisant à la fin de nos longues guerres maritimes, pourquoi ne joindrait-on pas un précieux renfort de marins belges, hollandais, danois, suédois, espagnols et même des américains ? Cette pénurie de marins s'est tellement fait sentir à diverses époques de notre histoire, qu'on en retrouve la preuve dans l'interdiction, souvent répétée, d'armer des corsaires avec des inscrits. — Autres exemples ! — Interrogées à deux époques bien différentes, nos annales confirment l'extrême disette de marins, où l'on s'est trouvé, à la fin de nos guerres de quelque durée. — En 1783, après six ans d'une lutte glorieuse pour l'indépendance des États-Unis, les flottes de Louis XVI, en face d'une inscription maritime épuisée, furent réduites à embarquer des milices gardes-côtes, (sorte de garde nationale composée de paysans riverains). — En 1813, la plus grande partie de nos marins des classes ayant péri dans une guerre malheureuse ou languissant sur les pontons ennemis, nos équipages ne se recrutaient plus que de conscrits et de réfractaires. — Il faut lire le récit des campagnes d'un de nos plus glorieux croiseurs, le capitaine de vaisseau *Pierre Bouvet*, pour comprendre jusqu'où allait cette détresse.

Nous n'en sommes plus à ces préjugés d'un autre âge qui repoussaient, quand même, les auxiliaires étrangers, accueillis de tous temps, et tout au moins dans une certaine proportion, chez des nations libres et fières, comme l'Angleterre et les États-Unis ! On évalue à quelques milliers, le nombre des matelots français servant sous les pavillons anglais et américains. — C'est ainsi que s'explique, en grande partie, la disparition de ces dix ou douze mille matelots français qui figurent sur nos matricules, sous le titre : « d'absents sans nouvelles. [1] » — Pourquoi dès

---

[1] Les anciennes ordonnances permettaient de faire entrer dans l'équipage des corsaires un tiers ou un quart de marins étrangers. Il ne faut

lors une politique habile hésiterait-elle, dans un cas pressant, à user de représailles, en attirant adroitement à elle, les capitaux et les meilleurs matelots des neutres? — Un contrôle sévère, pour ne laisser sortir des ports que des croiseurs militaires, parfaitement aptes à cette mission, (c'est-à-dire, avant tout, *rapides*, bien commandés, bien armés en hommes et en canons de grande portée), la destruction immédiate de toutes les prises dont la rentrée au port serait douteuse (aussitôt la saisie des valeurs d'un transbordement facile), enfin, une formidable défense des rades et des ports, tels seraient, à en croire l'expérience des siècles, les traits principaux d'une guerre de cette espèce.

Ce ne serait plus la guerre des grands tirants d'eau, ni des gros bataillons, lutte toujours ruineuse pour la nation la moins favorisée, du côté du *nombre* et de la *puissance* de *renouvellement*, mais bien une guerre négative, conséquente avec la disproportion des forces entre les belligérants.

Voici comment un ancien officier de la guerre d'Amérique, héritier des traditions de la marine de Louis XVI, définissait cette position de la France : « Si deux puissances maritimes luttent
« ensemble, celle qui a le plus de marins et de vaisseaux, doit
« toujours chercher à *attaquer* la plus faible. — Cette dernière,
« au contraire, doit toujours *éviter les engagements douteux*,
« parce qu'elle ne peut pas avoir les mêmes avantages, sans
« éprouver des pertes qui l'affaiblissent. Ainsi, elle ne doit courir
« que les chances nécessaires à l'exécution de ses missions. —
« Éviter le combat en manœuvrant ou au moins, si l'on est for-
« cé d'engager, se donner des conditions favorables [1] ! »

Économique au matériel, le système des grandes croisières offrirait non moins d'avenir pour le personnel. A cette grande école des hasards de la mer, la France formerait, comme autrefois, des équipages solides et des capitaines féconds en ressources, à l'heure du danger. — C'est qu'aucun genre de lutte ne développe au même degré la valeur individuelle : ce fut la course qui, jadis, enfanta Jean-Bart, Cassard et Duguay-Trouin, et dans ce siècle lui-même, Bouvet et Robert Surcouf.

Pour peu que l'on maintînt énergiquement une telle attitude,

---

pas oublier que sur de petits vapeurs armés d'un canon à pivot, on pourrait parfaitement se contenter d'un équipage composé mi-partie de marins mi-partie d'aventuriers vigoureux.

[1] *Histoire maritime de la France*, par Léon Guérin.

la marine prépondérante ne pourrait plus se flatter, comme au temps de la guerre d'escadre et des grandes expéditions, de répéter sa manœuvre favorite, qui consistait, tout simplement, — « à « écraser, d'un seul coup, l'enjeu naval de son adversaire ! » Au lieu de ces bulletins triomphants de victoire, le plus souvent cette marine prépondérante ne trouverait prise nulle part ; pendant que son immense commerce, traqué sans relâche sur toutes les mers, la ramènerait bientôt à la philosophique pensée qu'il n'est pas, dans notre siècle, de guerre, (si heureuse qu'on la suppose), qui vaille tous les bienfaits de la paix !

S'il est un fait avéré dans notre histoire maritime : c'est le succès de la guerre de course, pendant les deux ou trois premières années d'une rupture. — Les croisières de Duperré, Bouvet, Lhermite, Vanstabel, Richery, Linois, Motard, Allemand, Willaumez, Missiessy, Roussin, Hamelin, Bompart, Bourayne, Bergeret, etc., etc., sont là pour servir de modèles. — La plupart de ces noms pourraient trouver leurs titres de noblesse dans les annales mêmes de la marine anglaise. Son historien, M. James[1] malgré l'embarras très-naturel qu'il éprouvait à raconter nos belles campagnes, se montre toujours très-précis et parfois même très-impartial, à l'endroit des capitaines français. A l'occasion d'une chasse appuyée à quelques vaisseaux anglais par une escadre française très-supérieure, il va même jusqu'à s'écrier : « Si « la France avait compté ce jour-là, à l'avant-garde, plusieurs « capitaines Bergeret, c'en était fait des vaisseaux anglais ! » — Plusieurs autres noms, parmi lesquels ceux de Bourayne [2] et du célèbre capitaine Bouvet [3], toujours vainqueur dans tous ses combats, ne sont pas l'objet d'éloges moins flatteurs, dans la bouche d'un historien ennemi. « Du 1er février 1793 au 31 décembre « 1795, les Français avaient enlevé à l'Angleterre 2,099 navires « marchands, dont 119 seulement étaient retombés aux mains « des croisières ennemies. Les pertes de notre marine marchande « se bornaient, durant la même période, à 319 bâtiments. Par « suite, tout compte fait, le bénéfice de la France, après trois

---

[1] *Naval History of Great Britain.*
[2] Bourayne, « *an experienced Seaman of the old French School and « a brave officer !* »
[3] Bouvet, « *à very active young officer !* »
..... « *Each captain did more to support the character of his « nation, than many an officer who has been decorated « with the Chaplet of Victory,* » Aréthuse *et* Amelia (1813).

« années de guerre, s'élevait à 1464 navires capturés³. » Ajoutons que cette quantité de prises qu'on n'évaluait pas, en l'an IV de la République, à une valeur de moins de 400 millions de francs (somme énorme pour l'époque), avait déjà rendu la guerre contre la France, tout à fait impopulaire dans les îles Britanniques. — « Que l'on suppose, observé dans ses *Mémoires*
« inédits, le doyen de nos amiraux, ces 400 millions légalement
« distribués aux marins capteurs, et Dieu seul peut savoir où se
« serait arrêté l'élan imprimé à la guerre de course ! » De ruineuse sans compensations, qu'elle était pour nos populations des côtes, la lutte contre l'Angleterre fût immédiatement devenue populaire : l'effet moral eût été immense !

« Il est indubitable, continuent les *Mémoires*, pour quiconque
« a vécu au temps de nos premières courses que, si la *République française eût pu payer fidèlement les parts de prises*
« *déjà rendues dans nos ports*, elle eût attiré tous les matelots
« neutres à son service, et que le résultat de la guerre eût été
« tout autre. Mais les prises ne furent jamais payées aux capteurs et durent faire face à des besoins plus urgents. »

Une fois les grandes nécessités satisfaites, les armées victorieuses et l'ordre rétabli dans les finances comme dans l'administration, ne semble-t-il pas qu'il eût été juste, de la part de l'État, de songer à indemniser les marins qui avaient rempli ses caisses, à l'heure du danger ? Il n'en fut rien ; et le souvenir de cette injustice pesa comme un legs fatal, sur toutes les opérations maritimes de cette triste époque.

Ce qui était vrai alors, l'est encore aujourd'hui ! — De tous les systèmes de guerre jusqu'ici préconisés, la guerre de croisières ne serait-elle pas la plus propre à atteindre un ennemi prépondérant au cœur, à abréger une lutte déplorable, et à rendre en quelques mois, le monde et les mers à tous les bienfaits de la paix ?

---

[1] *Histoire maritime de la France*, par Léon Guérin, t. VI, p. 110.

CONCLUSION.

Le lecteur qui aura parcouru ces pages avec quelque attention pourrait de lui-même formuler la morale qu'il convient d'en tirer.

L'histoire et l'expérience du passé, l'examen attentif de nos ressources et de notre puissance de renouvellement, les conseils de la sagesse la plus vulgaire, tout se réunit pour recommander à notre pays, deux attitudes radicalement différentes, selon les adversaires qu'il pourrait avoir en face.

Ainsi, se trouve-t-on en présence d'une puissance continentale ne possédant qu'une marine inférieure? Dès lors l'on devient prépondérant sur mer, et la stratégie maritime peut, avec une sécurité relative, se donner une sorte de carte blanche. Alliés de la première puissance navale et maîtres incontestés des grandes routes de l'Océan, la guerre de Crimée a pu nous fournir de 1854 à 1856, un heureux et saisissant exemple de grandes expéditions combinées d'outre-mer. — A la même époque, nous avons pu bloquer les ports russes de la mer Noire et de la Baltique et supprimer de fait, le commerce maritime de la Russie.

En 1859, dans la guerre contre l'Autriche, notre supériorité navale nous permettait encore de faire un choix parmi les opérations qui constituent la grande guerre maritime. — Ainsi, nous pûmes bloquer le littoral de cette puissance, balayer son commerce extérieur et entreprendre une grande diversion sur ses derrières.—Et, bien qu'expédiée dans l'Adriatique trop tardivement pour assiéger Venise et faire agir un corps de débarquement sur le littoral ennemi, la seule menace de ce grand armement n'en pesa pas moins, dans la balance des résolutions de l'Autriche, lors de la paix de Villafranca.

Si, toujours par voie d'hypothèse, les événements lui donnaient pour adversaire la Prusse, la France ne jouirait-elle pas des mêmes avantages et de toute la latitude de la grande guerre? Maîtresse de la mer, ne pourrait-elle pas, à son gré, bloquer les ports aujourd'hui nombreux de la Confédération du Nord et poursuivre activement sa navigation commerciale sur les mers que ce pavillon fréquente davantage? — Non contente du dommage qu'elle infligerait ainsi aux intérêts de Hambourg, Lubeck, Dantzic, etc., notre marine ne pourrait-elle pas attaquer le littoral ennemi, par la Baltique ou la mer du Nord, et y opérer telles grandes diversions, de nature à seconder puissamment les opérations qui s'exécuteraient au même moment sur le Rhin.

Mais, si au contraire, nous nous trouvions en face d'une puissance maritime prépondérante, telle que l'Angleterre ou, à un moindre degré, les États-Unis, la grande guerre ne devrait-elle pas devenir l'exception, tout autant que le système des croisières lointaines et de la défense du littoral, devrait demeurer la règle? — Notre attitude et notre stratégie ne changeraient-elles pas, du jour où les grandes routes de la mer, encore libres la veille, nous seraient sérieusement disputées? Dès ce moment, la flotte de transport se trouvant réduite à ne plus naviguer que sous l'escorte d'une escadre de combat, les mouvements de troupes et les expéditions combinées d'outre-mer, c'est-à-dire la grande guerre devient pour la France, le cas exceptionnel. — Par analogie, la guerre d'escadre ou guerre des gros bataillons qui ne se fait qu'à coup de marins, de matériel naval et de millions, ne doit-elle pas être résolument écartée, comme ruineuse pour la nation la moins riche en marins et en vaisseaux, comme en facultés de renouvellement ? Un intérêt national, puissant et incontestable, pourrait seul justifier une dérogation à cette loi du bon sens. — Le croirait-on aujourd'hui ? C'est faute d'avoir compris cette situation cependant si claire, que la France a éprouvé tous les revers maritimes de son histoire ! — (Louis XV, Révolution et Empire.)

Quelles que soient les inventions présentes, passées et futures, que la guerre se fasse comme autrefois, avec des vaisseaux à voiles, ou comme naguères, avec des flottes à vapeur en bois ou comme aujourd'hui avec des flottes cuirassées, il est une grande vérité qu'on ne saurait trop graver dans la mémoire de nos concitoyens, c'est qu'il n'est au pouvoir d'aucune force humaine, de déplacer soudainement le siége d'une prépondérance navale bien établie. — Résultante des mœurs, de l'assiette géographique, et de la vocation d'un peuple, tout autant que fruit de sa richesse et d'une longue série de succès, cette prépondérance est par-dessus tout l'œuvre du temps. Et la main de la Providence qui élève ou abaisse les nations, peut seule en modifier lentement les conditions ! — Qu'on ne croie pas d'ailleurs que nous ayons tracé, dans le cours de cette étude, un tableau assombri de notre situation maritime ! Ce n'est pas au corps militant de la marine qu'il peut être permis, (comme à certains publicistes complaisants ou utopistes), de se faire illusion sur une inégalité trop clairement révélée par la géographie, l'histoire et la statistique. Pas plus que la vapeur sur laquelle nous avons si longtemps compté, la cuirasse et l'éperon ne peuvent niveler telle différence de forces qui s'exprime par un contre deux, alors qu'elle n'atteint pas un contre trois. Il ne faut ni trop s'en plaindre ni trop s'en étonner, si l'on songe qu'avec une population maritime au moins quadruple, la supériorité de ses usines et de ses ressources matérielles, l'Angleterre peut consacrer à sa marine, un budget au moins *double* de celui qui est accordé à la flotte française.

Il est de ces grands faits d'ordre supérieur contre lesquels toute révolte de sentiment serait puérile ! — Sans doute, la Providence avait aussi son plan quand, au sein de ces îles brumeuses et ignorées, elle plaçait ces mines inépuisables et cette vigoureuse race qu'on ne saurait s'empêcher d'estimer, alors même qu'on désapprouverait la politique de son gouvernement. — Notre pays est, Dieu merci, assez grand et assez généreux pour reconnaître, en face de sa prépondérance militaire, la supériorité maritime de l'Angleterre. Sur mer comme sur terre, on est toujours sûr de commander le respect quand on s'appelle la France !

S'il faut savoir envisager courageusement la situation que la Providence nous a faite et qu'il n'est au pouvoir d'aucune invention de changer, comment ne pas réagir contre ces dangereux panégyriques, à l'aide desquels une certaine école se complaît à exalter périodiquement ce penchant à l'optimisme, l'un des traits les plus accusés de notre légèreté gauloise ? Si ces doctrines décevantes parvenaient jamais à prévaloir, loin de sentir l'aiguillon si nécessaire de la vérité et du progrès, le France et sa marine risqueraient de se préparer un pénible réveil. Nos officiers ne sont pas les derniers à apercevoir quelle fausse position ces illusions tendraient à leur créer. — Éditeurs responsables devant l'opinion et devant le pays, n'est-ce pas au corps militant de la flotte qu'incombe le devoir d'élever la voix et de signaler le danger pour appeler plus tôt le remède ? — Ce remède est entre nos mains.

C'est qu'aussi la marine est une science toute spéciale, une œuvre de temps, de sagacité et de longue prévoyance !

Sur mer, durant la manœuvre comme pendant le combat, l'action du marin est la plupart du temps individuelle, spontanée ! A l'activité et au courage du soldat dans la mêlée, bien souvent le marin doit joindre l'intelligence qui conçoit autant que le bras qui exécute ! — Le matelot, « *cet homme de main, bon à tout faire,* » ainsi que le définissait l'*Encyclopédie de marine,* il y a près d'un siècle, agit d'inspiration, et, dans bien des moments difficiles, hors de portée de tout contrôle de ses chefs directs ! — Aussi, sur une flotte, battant la mer avec ses seules ressources, en face du danger qui s'offre sous tant de formes, le personnel (selon sa valeur et son organisation), devient-il plus que sur tout autre théâtre, l'âme de tous les succès ou l'origine de tous les revers !

Ce sont là, dira-t-on, des vérités élémentaires ! C'est pourtant par ces définitions qu'il faut toujours terminer ! La marine semble demeurer pour la France, à l'état de légende poétique. — On l'aime sans la comprendre ! — Si tout Anglais ou Américain a une idée générale des choses de la mer, des éléments constitutifs d'une flotte ; comme tout Français possède une teinture plus ou moins exacte des choses de l'armée et de l'art militaire, le sentiment de l'art naval et des conditions de la puissance maritime ne se rencontre en France qu'à l'état d'exception très-rare. — Avec cette légèreté que nous avons héritée des Gaulois nos ancêtres, avec nos trop fréquentes révolutions, faut-il tant s'étonner si les traditions de la marine, c'est-à-dire celles reçues de père en fils, ou fruit d'une longue expérience personnelle, se sont comptées, dans tous les temps, au sein du département lui-même ? — Si les éléments existent, trop souvent la connaissance approfondie des détails et la coordination manquent; aussi, bien des fois (par le seul fait de cette ignorance des choses de la mer), notre légèreté ou nos erreurs fréquentes en matière d'affaires navales, sont-elles venues paralyser les plus généreux efforts de notre pays, sur le magnifique domaine de l'Océan ! — L'histoire de nos vicissitudes passées en offre, comme nous l'avons vu, plus d'un mémorable exemple !

Par la presse, par la tribune, par les livres, dans nos conversations de chaque jour, travaillons donc à faire l'éducation maritime de notre nation ! — En France aussi, cherchons à faire pénétrer les vrais principes de la marine, dans les conseils du pays, dans les assemblées délibérantes, comme dans le public éclairé lui-même ! Le succès de nos efforts est à ce prix !

Et, si en terminant cette laborieuse étude sur l'ensemble de notre histoire maritime, le lecteur curieux se demandait qu'elle est pour l'auteur, la morale qui s'en dégage? — Le respect dû à la vérité ne nous conduirait-il pas à répondre : — Que l'erreur capitale de notre pays a consisté le plus souvent à prendre des apparences maritimes pour des réalités et qu'en France, plus que partout ailleurs, dans les hautes régions, « on ne sau-« rait faire de la vraie et de la bonne marine qu'à la condition de « s'inspirer sans cesse du sentiment des marins ! » — *Amicus Plato, sed magis amica veritas !*

Depuis la renaissance de ses institutions maritimes, c'est-à-dire depuis l'établissement du principe des spécialités, des écoles professionnelles et des réadmissions, la France n'a peut-être jamais possédé un corps d'officiers et des équipages dont elle ait eu le droit d'être plus fière [1]. — Pour peu que notre pays comprenne enfin son attitude sur mer et sache adopter une tactique en harmonie avec ses moyens, ce n'est pas la disproportion des forces qui pourrait nous faire reculer. Si, ce qu'à Dieu ne plaise, il fallait jamais se préparer à une de ces grandes ruptures maritimes, toujours si calamiteuses pour les peuples, la guerre de course, telle que nous avons cherché à la dessiner, guerre négative mais fructueuse, appuyée sur une défense énergique des ports, tel serait, à n'en pas douter, le moyen d'égaliser les chances. — Sous de pareils auspices, il n'est pas un de nos marins qui ne s'en remît, avec une généreuse confiance, à la protection du Dieu des armées.

En définitive, ne nous lassons pas de le répéter, selon qu'elle aura affaire à une puissance *inférieure* ou *supérieure*, (ma-

---

[1] Spécialités, réadmissions, écoles professionnelles, telles ont été les bases de nos institutions actuelles, pour le personnel, bases d'autant plus logiques qu'elles découlaient naturellement pour la plupart des meilleures traditions de notre ancienne marine. (Ordonnances de 1786.)

Voici à peu près dans quel ordre s'est produite cette heureuse renaissance de nos institutions maritimes.

1º — École d'Angoulême et corvettes d'instruction.
2º — École navale et bâtiments d'application (*Jean-Bart* et *Obligado*) (1864).
3º — École des mousses de Brest (1834).
5º — Bâtiments-écoles des matelots-canonniers (1837).
5º — Bataillon-école des marins-fusiliers (1856).
6º — Décret sur l'institution des spécialités, dans les équipages de la flotte (1856).
7º — Institution de la Réserve, de l'atelier central, et des écoles de mécaniciens (1863).
8º — Bâtiments-écoles des novices, apprentis-canonniers, timoniers, gabiers (1865).
9º — École flottante des torpilleurs (1869).

ritimement parlant), la France demeure en présence de deux stratégies parfaitement distinctes, et radicalement opposées dans leurs moyens comme dans leurs conséquences : — La grande guerre ou la guerre de croisières ! — Connaissant l'ennemi contre lequel on devra lutter, selon qu'on sera ou non prépondérant sur la mer, c'est-à-dire maître ou non des grands chemins, le choix à faire entre ces deux stratégies, ne se réduit-il pas à une simple question de bon sens ? — Agir ainsi, n'est-ce pas d'ailleurs affirmer ce grand principe, commun à tous les esprits éclairés ? — « De nos jours, toute guerre doit être « dirigée de manière à ramener la paix, le plus promptement « possible ! »

2 mai 1869.

(Extrait de la *Revue maritime et coloniale*).

FIN.

Paris. — Imp. PAUL DUPONT, rue J.-J.-Rousseau 41.

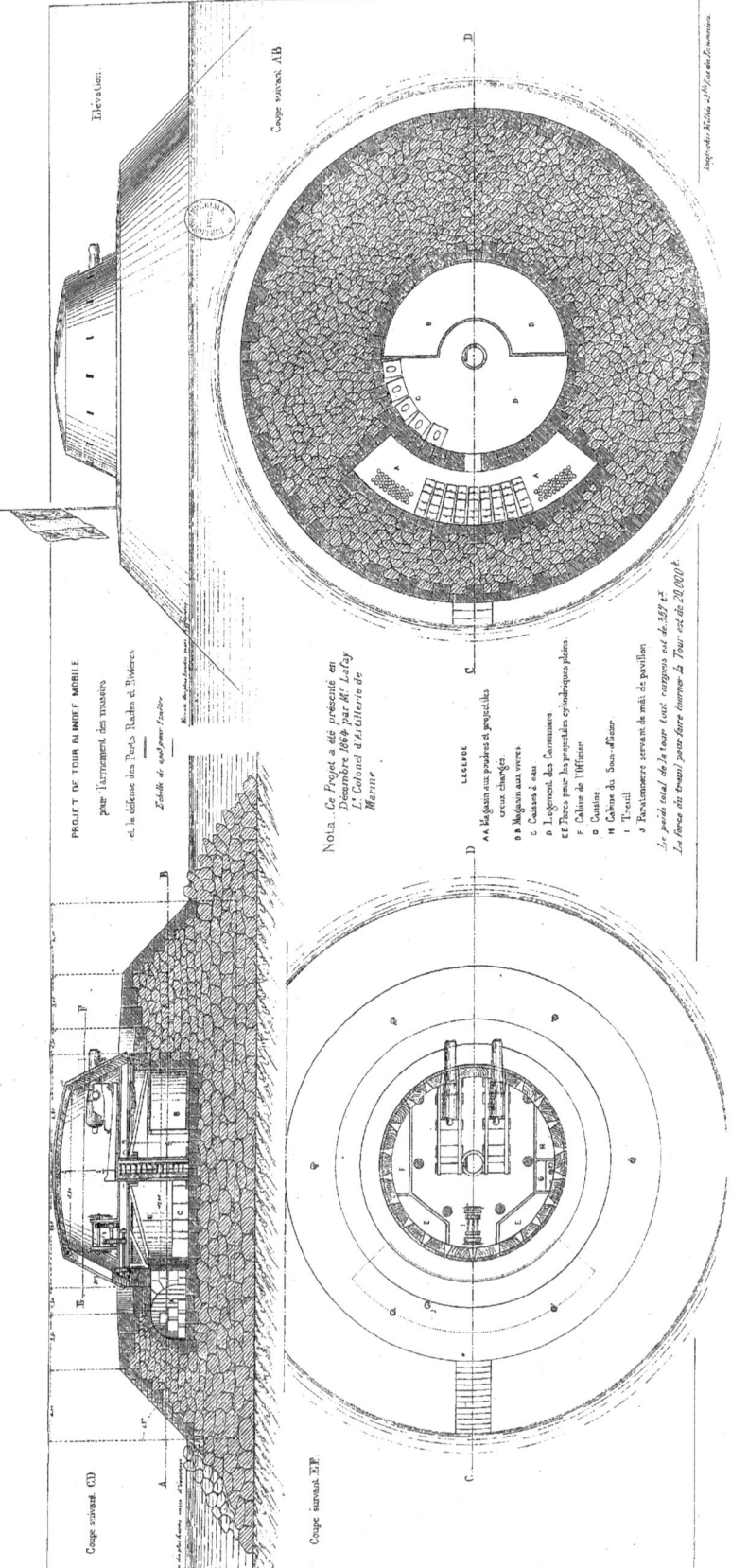

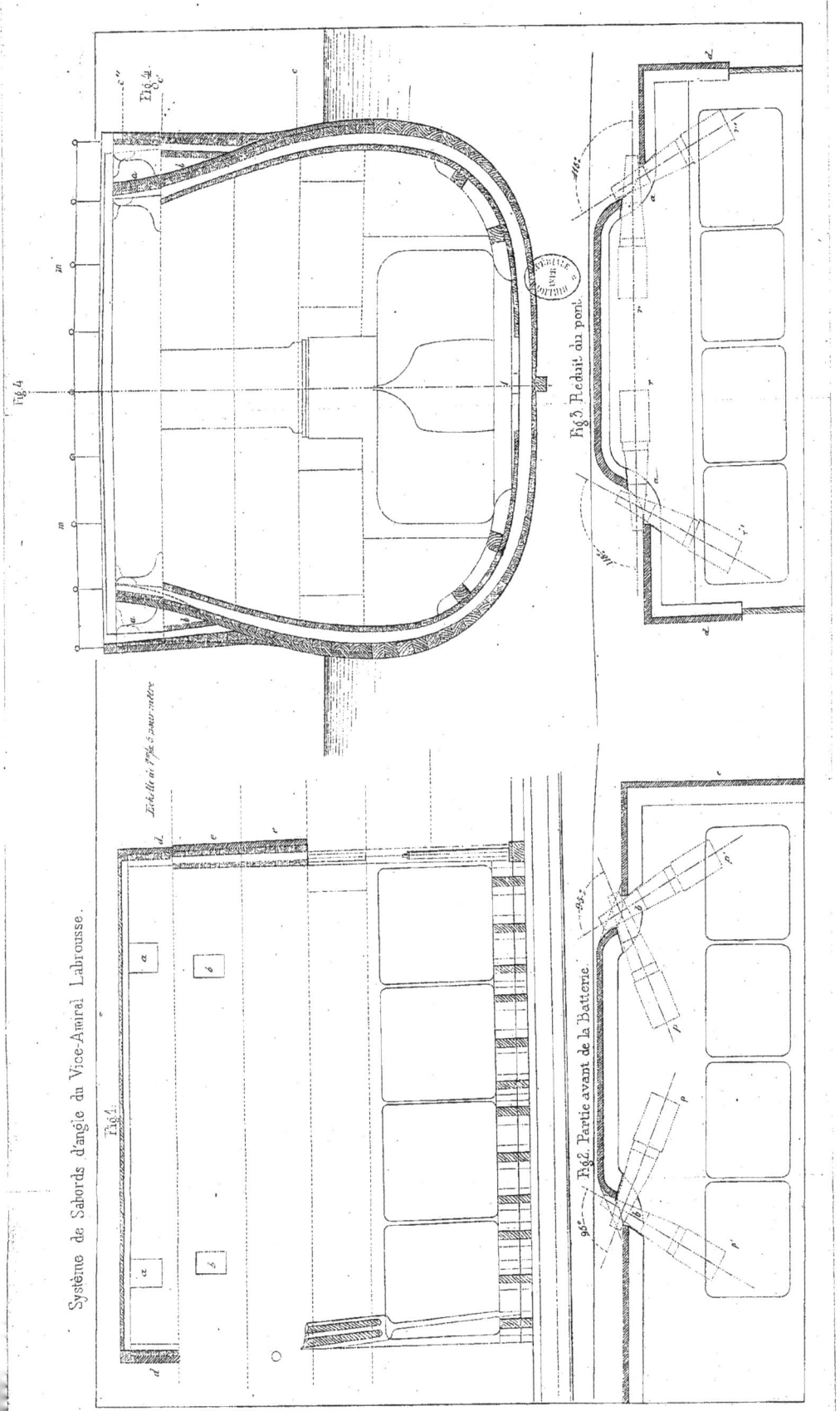

L'artillerie de la marine française en 1868, par M. *Gadaud*, lieutenant de vaisseau. In-8°, accompagné de 50 figures dans le texte.

Études sur l'artillerie navale de l'Angleterre et des États-Unis, par M. *Aloncle*, ancien élève de l'école polytechnique, chef d'escadron d'artillerie de marine. 1 très fort volume de 800 pages, accompagné de 11 grandes planches et renfermant 190 figures. 12 fr.

L'artillerie rayée en France et en Angleterre. — Opinions du commandant Robert Scott, du capitaine Fishbourne et de sir Williams Armstrong sur le meilleur canon pour la marine. — Dernières expériences de Shœburyness. — Résultats. — Conclusion. — Opinion des principaux officiers sur la valeur militaire des systèmes Armstrong. — Défense de sir Williams Armstrong. — État présent de la question. — Construction des canons aux États-Unis. — Systèmes Rodmann, Treadwell, Parott et Ames. — Tables de tir des canons lisses et rayés. — Renseignements divers sur les différents systèmes Jeffry, Britten, Thomas, Lancaster, Haddam, Scott, Armstrong et Français. — Résultat final des expériences entreprises en Angleterre pour la comparaison des rayures des canons se chargeant par la bouche. — Adoption officielle sur tous les navires de la flotte du canon de marine français modifié.

Note de l'auteur. — Conditions indispensables au canon destiné au service de la flotte. — Murailles cuirassées des navires. — Plaques d'armure. — Artillerie à grande puissance. — Projectiles perforants ou contondants. — Fabrique et rayure des canons et des projectiles. — Vitesse des projectiles. — Dernières expériences en France, etc., etc.

Perforation des cuirasses en fer par les projectiles massifs ou creux, en acier ou en fonte dure, épreuves de divers systèmes de blindage pour les navires et les casemates, par M. *Aloncle*, ancien élève de l'école polytechnique, chef d'escadron d'artillerie de marine. In-8° avec figures dans le texte et 3 grandes planches gravées. 4 fr.

Des mouvements de l'atmosphère, des vents dans les régions tempérées et tropicales de l'océan Atlantique, de l'équilibre et du mouvement de l'atmosphère, par M. *Bourgois*, contre-amiral. Brochure in-8° avec planche et figures dans le texte. 3 fr. 50

Études théoriques et pratiques sur les armes portatives, cours de tir, à l'usage des officiers qui n'ont pu suivre les cours de l'école normale du tir de Vincennes; développements des leçons professées à l'école normale impériale; étude pratique des armes à feu portatives; étude théorique et pratique du tir; étude des armes rayées et de leur projectilité; études complémentaires, etc., par M. *Cavelier de Cuverville*, capitaine de frégate. 1 volume accompagné de grandes planches gravées. 15 fr.

Théorie des relèvements polaires et leur application à diverses questions de **tactique navale**, par M. *Cordes*, lieutenant de vaisseau. In-8° avec planches gravées. 2 fr. 50

Note sur la marine des États-Unis, par M. *Dislere*, ingénieur de la marine. In-8° avec 3 grandes planches. 2 fr. 50

Marine des États-Unis pendant la guerre de la sécession. — Des monitors au point de vue nautique et au point de vue des qualités du combat. — Cuirasses. — Résistance des murailles cuirassées. — Différents types de monitors. — Bâtiments à batteries. — Bâtiments non cuirassés. — Canonnières. — Double-tenders. — Bâtiments confédérés. — Marine actuelle des États-Unis. — Monitors du nouveau type. — Artillerie. — Affût Ericson. — Arsenaux.

De la guerre maritime avant et depuis les nouvelles inventions; attaque et défense des côtes et des ports, par M. *Grivel*, capitaine de vaisseau. 1 beau volume in-8°.

L'attaque. — La guerre des côtes au temps passé. — Blocus. — Entrées de vive force. — Guerre des fleuves. — Barrages. — Obstructions. — Torpilles. — La marine en face des fortifications. — Attaques combinées de terre et de mer. — Sièges maritimes. — Expéditions navales. — Transport et débarquement des troupes. — Bombardements maritimes.
La défense. — Défense permanente des frontières maritimes. — Défense mobile des ports et des rades par la marine. — Flotte garde-côte. — Monitors. — Batteries. — Béliers cuirassés. — Les populations maritimes. — Le personnel et le commandement des côtes et des ports.
L'avenir. — Combat par le choc. — L'éperon et l'artillerie dans les batailles. — Considérations nautiques et militaires sur la flotte cuirassée de haut bord. — Attitudes diverses à prendre dans l'hypothèse d'une guerre maritime.

Les navires blindés de la Russie, d'après les derniers documents officiels, par M. *de la Planche*, capitaine de frégate. Brochure in-8° accompagnée de 6 grandes planches donnant le plan et les lignes d'eau, les dispositions intérieures, les dispositions de la cale, le pont intérieur, les section, coupe et plan d'une tour, etc. 2 fr.

Principes des évolutions navales et de la tactique des combats de mer pour les flottes cuirassées à hélice, par M. *Lewal*, capitaine de frégate. 1 volume grand in-8° accompagné d'un atlas renfermant 31 planches gravées et de très-nombreux tableaux d'expériences. 18 fr.

Guide pour l'instruction des batteries des vaisseaux, par M. *Lewal*. 1 volume in-8° accompagné d'une planche. 8 fr.

Pointage et chargement des pièces de mer. — Manœuvres, exercices et tirs des batteries, des gaillards des vaisseaux. — Instruction d'une deuxième batterie de vaisseau. — Instruction d'une première batterie de vaisseau armée de canons rayés. Manœuvres des pièces d'embarcations et des batteries de canons rayés de 4 employées à terre. — Manœuvres de force à bord et à terre. — Données d'expériences sur la manœuvre et le tir des bouches à feu marines.

Les machines à vapeur marines et les propulseurs à l'Exposition universelle de 1867; rapports adressés à son Exc. M. le ministre de la marine, par MM. *Bonnefoy, Hubac, Joublin, Morel, Mouche* et *Postec*, mécaniciens principaux de la marine. 1 beau volume in-8° accompagné de 36 grandes planches gravées. 11 fr.

Examen comparatif du canon à âme lisse et du canon rayé dans leurs applications à l'artillerie navale. — Armement des navires de guerre. — État actuel de la question de l'artillerie. — Conclusion, par M. *Owen* (le commandant), professeur d'artillerie à l'Académie royale de Woolwich. Brochure in-8°, avec une planche gravée. 1 fr. 25

Tactique des abordages en mer, théorie de la libre circulation des mers, éclairage permanent des navires, examen historique et critique des abordages, moyens de les prévenir, par M. *Prompt*, lieutenant de vaisseau. In-8° avec 2 grandes planches renfermant 25 fig. 3 fr.

Rapports de la commission du ministère de la marine sur l'Exposition universelle de 1867. 1 très fort volume accompagné d'un atlas renfermant 80 grandes planches contenant plus de 2,000 figures. 20 fr.

La commission était composée de MM. *Labrousse*, vice-amiral, président; *Lefebvre, Bourgois, de Jonquières*, capitaines de vaisseau; *Sapia*, colonel d'artillerie de marine; *de Fréminville, Mangin, Dislere*, ingénieurs de la marine; *Delbalat*, ingénieur-hydrographe.

Les torpilles sous-marines comme moyens de défense de guerre, systèmes divers. In-8° avec planche gravée. 1 fr. 25

Les navires de croisière et leur armement, par M. *Touchard*, vice-amiral. Brochure in-8°. 1 fr. 50

www.ingramcontent.com/pod-product-compliance
Lightning Source LLC
Chambersburg PA
CBHW070743170426
43200CB00007B/633